证券行业专业人员一般业务水平评价测试辅导教材（2023）

《证券市场基本法律法规》冲刺题库

证券行业专业人员一般业务水平评价测试辅导教材编写组　编

电子阅读

中国财经出版传媒集团
中国财政经济出版社

图书在版编目（CIP）数据

《证券市场基本法律法规》冲刺题库 / 证券行业专业人员一般业务水平评价测试辅导教材编写组编. --北京：中国财政经济出版社，2023.2

证券行业专业人员一般业务水平评价测试辅导教材.2023

ISBN 978-7-5223-1877-6

Ⅰ.①证… Ⅱ.①证… Ⅲ.①证券法-中国-资格考试-习题集 Ⅳ.①D922.287-44

中国国家版本馆 CIP 数据核字（2023）第 018350 号

责任编辑：张　莹　　责任校对：胡永立
封面设计：中通世奥　　责任印制：刘春年

《证券市场基本法律法规》冲刺题库
《ZHENGQUAN SHICHANG JIBEN FALYU FAGUI》CHONGCI TIKU

中国财政经济出版社 出版
URL：http：//www.cfeph.cn
E-mail：cfeph@cfeph.cn

社址：北京市海淀区阜成路甲 28 号　邮政编码：100142
营销中心电话：010-88191522
天猫网店：中国财政经济出版社旗舰店
网址：https：//zgczjjcbs.tmall.com
北京时捷印刷有限公司印刷　各地新华书店经销
成品尺寸：185mm×260mm　16 开　25 印张　527 000 字
2023 年 2 月第 1 版　2023 年 2 月北京第 1 次印刷
定价：60.00 元
ISBN 978-7-5223-1877-6
（图书出现印装问题，本社负责调换，电话：010-88190548）
本社质量投诉电话：010-88190744
打击盗版举报热线：010-88191661　QQ：2242791300

编写说明

“证券行业专业人员一般业务水平评价测试辅导教材（2023）”一套四种，对应“金融市场基础知识”和“证券市场基本法律法规”两门考试科目。“冲刺题库”和“模拟试卷”两类辅导教材，旨在帮助读者梳理、掌握应对证券业务水平评价测试和从事证券业务应知的金融市场基础知识和法律法规，为参加评价测试和证券行业执业的考生和读者提供重要参考。

“冲刺题库”一套两种，辅导内容各章节与教材章节一一对应，以教材、大纲为蓝本，以考试重点、难点、考点为主线，就每章知识点、考点和难点设计了近上千道试题，涵盖教材绝大部分内容。试题量大，题型全面，内容的系统性、难易度与实际考试接近。另外，对于易错、易混的题，都给出了详细的答案与解题思路。

“模拟试卷”一套两种，以实际考试为参考，题型、题量、题分及难易程度等与实际考试基本类似，希望考生能在规定的时间内完成，以熟悉考试进程，合理安排时间，并可对自身弱点进行针对性学习。

“电子阅读”：为方便考生熟悉考试场景，提升应试和实操能力，本套辅导教材的“冲刺题库”和“模拟试卷”均配套了“电子阅读”学习平台，方便读者和考生在碎片化的时间里利用手机、ipad等电子产品随时随地提高知识储备量。平台内容实时更新、云端同步，“教、学、练、考”有机结合，能达到事半功倍的备考效果。购买“冲刺题库”和“模拟试卷”辅导教材的读者可扫描扉页的“电子阅读”二维码访问、注册，并根据网页提示激活相关权限。注意，此二维码只能用一个手机号领用一次，可重复登陆。

“中财培训”：为帮助考生梳理易错易混的知识点，巩固知识点，讲解考点和难点，突破考试瓶颈，本套辅导教材配套了线上“中财培训”学习平台，就“金融市场基础知识”和“证券市场基本法律法规”两个考试科目往年试题分析和教材疑难解析进行线上培训，读者可以扫描本书封底“中财培训”二维码，进入相关学习界面，选择学习章节解读等更多升值、增值视频资料。

由于编写时间紧迫，书中难免有不足、疏漏和错误之处，恳请广大读者海涵并指正。有关本套辅导教材的勘误，也可扫描“电子阅读”二维码访问，以了解最新勘误情况。

再次感谢广大读者的支持与理解。

辅导教材编写组

2023 年 2 月

目　　录

第一章　证券市场基本法律法规

一、单项选择题。以下备选项中只有一项最符合题目要求，不选、错选均不得分。

1. 下列对法和法律关系的描述，正确的是（　　）。

A. 法律规范是动态的，随社会生活的变化而变化

B. 法律规范是静态的，一经制定生效范围内不变

C. 法律规定的权利和义务，仅指个人的权利和义务

D. 法律规定的权利和义务，不包括国家机关及其公职人员在执行公务过程中的职权及相应职责

答案：B

考点：本题考查法和法律规范的概念。社会生活是不断变化的，是动态的。而法律规范则是静态的，一经制定，除非立法机关根据一定程序对法律进行修改，否则在其生效范围内，法律规范不变，选项 B 正确。法是以权利和义务为内容的社会规范，法所规定的权利和义务，不仅指个人的权利和义务，也包括国家机关及其公职人员在执行公务过程中的职权及相应职责，选项 C、选项 D 错误。

2. 下列有关法律主体的说法，错误的是（　　）。

A. 在我国境内的外国人和无国籍人不属于法律主体

B. 国家可以作为国家所有权法律关系、刑事法律关系的主体

C. 非营利性法人或非法人组织属于法律主体

D. 在国际上，国家是与国际法有关的法律关系的主体

答案：A

考点：本题考查法律主体的种类。法律主体主要包括自然人、组织和国家三类，其中，可以成为法律主体的自然人包括我国公民以及在我国境内的外国人和无国籍人，选项 A 说法错误。

3. 按照法律主体在法律关系中的因果关系，可以将法律关系分为（　　）。

A. 双边法律关系与多边法律关系

B. 确认性法律关系与创设性法律关系

C. 第一性法律关系与第二性法律关系

D. 纵向法律关系与横向法律关系

答案：C

考点：本题考查法律关系的分类。按照不同法律关系之间的因果关系，可以将法律关系分为第一性法律关系与第二性法律关系，选项 C 正确。

4. 下列有关法律关系的说法，正确的是（　　）。

A. 确认性法律关系是法律规范对先前已存在的社会关系进行调整形成的法律关系

B. 第一性法律关系是根据法律规范而建立的全新的社会关系

C. 创设性法律关系是人们依法建立的不依赖于其他法律关系而独立存在的法律关系

D. 多边法律关系是指在特定的双方法律主体之间存在的权利义务关系

答案：A

考点：本题考查法律关系的分类。确认性法律关系是法律规范对先前已存在的社会关系进行调整形成的法律关系；创设性法律关系是根据法律规范而建立的全新的社会关系；第一性法律关系是人们依法建立的不依赖于其他法律关系而独立存在的法律关系；多边法律关系是指在三个或三个以上法律主体之间存在的权利义务关系。选项 A 正确，选项 B、选项 C、选项 D 错误。

5. 有限责任公司和股份有限公司，二者的主要区别不包括（　　）。

A. 有限责任公司中，股东以其认缴的出资额为限对公司承担责任；股份有限公司中，股东对公司承担无限连带责任

B. 股东人数上，有限责任公司设立时股东不得超过 50 人；股份有限公司股东人数无上限

C. 股份流动性上，有限责任公司股份转让前须征求其他股东意见；股份有限公司的资本划分为等额股份，股份转让相对便捷、自由

D. 股份有限公司可以公开发行股份募集资金；有限责任公司不可公开发行股份募集资金

答案：A

考点：本题考查有限责任公司和股份有限公司的区别。有限责任公司的股东以其认缴的出资额为限对公司承担责任；股份有限公司的股东以其认购的股份为限对公司承担责任，二者都是有限责任，选项 A 错误。

6. 下列有关分公司的说法，错误的是（　　）。

A. 分公司不具有法人资格，不能独立享有权利、承担责任，其一切行为的后果及责任由公司承担

B. 分公司没有独立的公司名称及章程，其对外从事经营活动必须以总公司的名义，

遵守总公司的章程

C. 分公司在人事上没有自主权，其主要管理人员由总公司决定并委任，但能够以自己的名义开展经营活动，从事各类民事活动

D. 分公司没有独立的财产，其所有资产属于总公司，并作为总公司的资产列入总公司的资产负债表中

答案：C

考点：本题考查分公司的法律地位。分公司在人事、经营上没有自主权，其主要业务活动及主要管理人员由总公司决定并委任，并根据总公司的委托或授权进行业务活动，选项 C 错误。

7. 法律、行政法规没有规定的，以募集设立作为公司设立的方式时，发起人认购的股份不得少于公司股份总数的（　　）。

A. 15%　　B. 25%　　C. 35%　　D. 55%

答案：C

考点：本题考查募集设立。募集设立时，发起人认购的股份不得少于公司股份总数的 35%。但是，法律、行政法规另有规定的，从其规定。

8. 以募集设立方式设立公司的，董事会应于创立大会结束后（　　）日内，向公司登记机关报送材料申请设立登记。

A. 30　　B. 20　　C. 15　　D. 10

答案：A

考点：本题考查公司设立登记要求。以募集设立方式设立公司的，董事会应于创立大会结束后 30 日内，向公司登记机关报送材料申请设立登记。

9. 依法设立的公司，由公司登记机关发给公司营业执照。公司营业执照签发日期为（　　）。

A. 公司开始营业日　　B. 董事会报送登记申请日

C. 公司成立日　　D. 发起人认足股份日

答案：C

考点：本题考查公司设立登记。公司营业执照签发日期为公司成立日。

10. 上市公司在 1 年内担保金额超过公司资产总额 30% 的，应当由股东大会作出决议，并经（　　）通过。

A. 出席会议的股东所持表决权的 1/2 以上

B. 出席会议的股东所持表决权的 2/3 以上

C. 全体股东所持表决权的 1/2 以上

D. 全体股东所持表决权的 1/3 以上

答案：B

考点：上市公司在 1 年内担保金额超过公司资产总额 30% 的，应当由股东大会作

出决议，并经出席会议的股东所持表决权的2/3以上通过。

11. 下列选项中，有限责任公司的股东不能用作出资的是（　　）。

A. 货币　　B. 知识产权　　C. 信用　　D. 土地使用权

答案：C

考点：本题考查股东的出资制度。有限责任公司股东可以用货币出资，也可以用实物、知识产权、土地使用权等可以用货币估价并可以依法转让的非货币资产作价出资；有限责任公司不得以劳务、信用、自然人姓名、商誉等作价出资。

12. 下列选项中，不符合有限责任公司应当具备条件的是（　　）。

A. 有符合公司章程规定的全体股东认缴的出资额

B. 应当由2人以上200人以下为发起人，其中须有半数以上发起人在中国境内有住所

C. 股东共同制定公司章程

D. 有公司住所

答案：B

考点：本题考查有限责任公司设立条件。选项B是股份有限公司的要求。

13. 甲公司是一家有限责任公司，下列有关该公司董事会的说法，错误的是（　　）。

A. 甲公司股东人数只有3人，规模较小，决定不设董事会

B. 甲公司决定不设副董事长

C. 董事李某任期内辞职导致董事会成员低于法定人数，在改选出的董事就任前，李某仍应当按照法律、行政法规和公司章程的规定，履行董事职务

D. 董事会中的职工代表由董事会民主选举产生

答案：D

考点：本题考查有限责任公司董事会的规定。董事会中的职工代表由公司职工通过职工代表大会、职工大会或其他形式民主选举产生。

14. 下列有关有限责任公司监事会的说法，正确的是（　　）。

A. 监事会主席由出席监事过半数选举产生

B. 监事会成员可以为2人

C. 监事会中，职工代表的比例不得低于1/3

D. 监事的任期每届为2年

答案：C

考点：本题考查有限责任公司监事会规定。有限责任公司监事会主席由全体监事过半数选举产生，选项A错误；监事会成员不得少于3人，选项B错误；监事的任期每届为3年，选项D错误。

15. 下列有关有限责任公司股权转让的说法，错误的是（　　）。

A. 有限责任公司的股东之间可以相互转让其全部或者部分股权

B. 股东向股东以外的人转让股权，应当经其他股东过半数同意

C. 其他股东半数以上不同意转让且不购买该股权，该股东不得转让

D. 经股东同意转让的股权，在同等条件下，其他股东有优先购买权

答案：C

考点：本题考查有限责任公司的股权转让。有限责任公司中，其他股东半数以上不同意转让的，不同意的股东应当购买该转让的股权；不购买的，视为同意转让。

16. 人民法院依照法律规定的强制执行程序转让有限责任公司股东的股权时，应当通知公司及全体股东，其他股东在同等条件下有优先购买权。其他股东自人民法院通知之日起满（　　）不行使优先购买权的，视为放弃优先购买权。

A. 10 日　　B. 15 日　　C. 20 日　　D. 45 日

答案：C

考点：本题考查有限责任公司股份转让。

17. 私募基金管理人提供的登记申请材料完备的，中国基金业协会应当自收齐登记材料之日起（　　）个工作日内，以通过网站公示私募基金管理人基本情况的方式，为私募基金管理人办结登记手续。

A. 10　　B. 20　　C. 30　　D. 60

答案：B

考点：考查非公开募集基金管理人的登记。

18. 基金管理公司变更持有（　　）以上股权的股东，变更公司的实际控制人，或者变更其他重大事项，应当报经国务院证券监督管理机构批准。

A. 1%　　B. 2%　　C. 3%　　D. 5%

答案：D

考点：考查根据《证券投资基金法》第十四条及第一百一十九条的规定，基金管理公司变更持有 5% 以上股权的股东，变更公司的实际控制人，或者变更其他重大事项，应当报经国务院证券监督管理机构批准。

19. 中国证监会根据证券公司评价积分的高低，将证券公司分为五大类十一级别，D 类公司为评价计分低于（　　）分的证券公司。

A. 20　　B. 30　　C. 50　　D. 60

答案：D

考点：考查证券公司基本类别。

20. 下列选项中，不符合股份有限公司设立应当具备条件的是（　　）。

A. 由符合公司章程规定的全体发起人认购的股东总额或者募集的实收股本总额

B. 发起人符合法定人数。应当有 2 人以上 200 人以下为发起人，其中须有半数以上发起人在中国境内有住所

C. 发起人共同制定公司章程，采用发起设立的经创立大会通过

D. 有公司住所

答案：C

考点：本题考查设立股份有限公司应当具备的条件。发起人共同制定公司章程，采用募集设立的经创立大会通过。选项 C 错误。

21. 下列选项中，不属于股份有限公司监事会职权的是（　　）。

A. 检查公司财务　　B. 执行股东会的决议

C. 向股东会会议提出提案　　D. 对董事、高级管理人员提起诉讼

答案：B

考点：本题考查股份有限公司监事会职权。股份有限公司中，执行股东会的决议属于董事会的职权，选项 A、C、D 均属于监事会职权。

22. 下列选项中，说法错误的是（　　）。

A. 股份有限公司可以不设董事长

B. 股份有限公司可以不设副董事长

C. 股份有限公司的董事任期每届不得超过 3 年

D. 股份有限公司董事会成员可以为 11 人

答案：A

考点：本题考查股份有限公司董事会的设定。股份有限公司中，董事会设董事长 1 人，可以设副董事长，选项 A 说法错误，选项 B 说法正确。股份有限公司设董事会，其成员为 5 人至 19 人。董事任期由公司章程规定，但每届任期不得超过 3 年，选项 C、D 均正确。

23. 下列有关股份有限公司股份发行的说法，错误的是（　　）。

A. 股份的发行，同种类的每一股份应当具有同等权利

B. 股票发行价格可以按票面金额，也可以超过或者低于票面金额

C. 公司的股份采取股票的方式，每一股的金额相等

D. 同次发行的同种类股票，每股的发行条件和价格应当相同

答案：B

考点：本题考查股份有限公司的股份发行。股票发行价格可以按票面金额，也可以超过票面金额，但不得低于票面金额，选项 B 错误。

24. 股份有限公司发起人持有的本公司股份，自公司成立之日起（　　）内不得转让。

A. 6 个月　　B. 1 年　　C. 18 个月　　D. 2 年

答案：B

考点：本题考查股份有限公司的股份转让。股份有限公司发起人持有的本公司股份，自公司成立之日起 1 年内不得转让。

25. 股份有限公司董事、监事、高级管理人员应当向公司申报所持有的本公司股权及其变动情况，在任职期间每年转让的股份不得超过其所持有本公司股份总数的（　　）。

A. 15%　　B. 20%　　C. 25%　　D. 35%

答案：C

考点：本题考查股份有限公司的股权转让。公司董事、监事、高级管理人员应当向公司申报所持有的本公司股权及其变动情况，在任职期间每年转让的股份不得超过其所持有本公司股份总数的25%。

26. 下列有关股份有限公司董事、监事、高级管理人员股份转让的限制，说法错误的是（　　）。

A. 离职后1年内，不得转让其所持有的本公司股份

B. 任职期间每年转让的股份不得超过其所持有本公司股份总数的25%

C. 持有的本公司股份，自公司股票上市交易之日起1年内不得转让

D. 公司章程可以对公司董事、监事、高级管理人员转让股份做出其他限制性规定

答案：A

考点：本题考查股份有限公司董事、监事、高级管理人员股份转让的限制。董事、监事、高级管理人员离职后半年内，不得转让其所持有的本公司股份。

27. 下列（　　）不属于国务院证券监督管理机构在处置证券公司风险工作中的职责。

A. 制订证券公司风险处置方案并组织实施

B. 派驻风险处置现场工作组

C. 制订维护社会稳定的预案

D. 人民法院认为应当对证券公司的违法行为立案稽查并予以处罚，国务院证券监督管理机构可以不进行行政清理

答案：C

考点：本题考查国务院证券监督管理机构在处置证券公司风险工作中的职责。制订维护社会稳定的预案是地方政府的责任。

28. 公开发行股票的股份有限公司必须公告其财务会计报告。股份有限公司的财务会计报告应当在召开股东大会年会的（　　）前置备于本公司。

A. 10日　　B. 15日　　C. 20日　　D. 30日

答案：C

考点：本题考查公司财务会计制度的要求。公开发行股票的股份有限公司必须公告其财务会计报告。股份有限公司的财务会计报告应当在召开股东大会年会的20日前置备于本公司。

29. 下列有关公司合并、分立的说法，错误的是（　　）。

A. 公司合并、分立的，债权人自接到通知书之日起 30 日内，未接到通知书的自公告之日起 45 日内，要求公司清偿债务或者提供担保

B. 公司应当自做出合并、分立决议之日起 10 日内通知债权人，并于 30 日内在报纸上公告

C. 有限责任公司合并或分立，必须经代表 2/3 以上表决权的股东通过

D. 股份有限公司合并或分立，必须经出席会议的股东所持表决权的 2/3 以上通过

答案：A

考点：本题考查公司合并、分立的程序。公司合并的，债权人自接到通知书之日起 30 日内，未接到通知书的自公告之日起 45 日内，要求公司清偿债务或者提供担保；公司分立的，分立前的债务由分立后的公司承担连带责任。因此，选项 A 错误。

30. 公司的高级管理人员，不包括（　　）。

A. 经理、副经理　　B. 经理助理

C. 上市公司董事会秘书　　D. 财务负责人

答案：B

考点：本题考查高级管理人员的概念。高级管理人员，指的是公司的经理、副经理、财务负责人，上市公司董事会秘书。经理助理不属于高级管理人员。

31. 公司的发起人、股东虚假出资，未交付或者未按期交付作为出资的货币或者非货币资产的，由公司登记机关责令改正，处以虚假出资金额（　　）的罚款。

A. 5% 以上 10% 以下　　B. 5% 以上 15% 以下

C. 10% 以上 15% 以下　　D. 15% 以上 20% 以下

答案：B

考点：本题考查公司虚假出资的法律责任。根据《公司法》规定，公司的发起人、股东虚假出资，未交付或者未按期交付作为出资的货币或者非货币资产的，由公司登记机关责令改正，处以虚假出资金额 5% 以上 15% 以下的罚款。

32. 公司的发起人、股东在公司成立后，抽逃其出资的，由公司登记机关责令改正，处以所抽逃出资金额（　　）的罚款。

A. 5% 以上 10% 以下　　B. 5% 以上 15% 以下

C. 10% 以上 15% 以下　　D. 15% 以上 20% 以下

答案：B

考点：本题考查公司抽逃出资的法律责任。

33. 违反《公司法》规定，在法定的会计账簿以外另立会计账簿的，由县级以上人民政府财政部门责令改正，处以（　　）的罚款。

A. 5 万元以上 50 万元以下　　B. 3 万元以上 30 万元以下

C. 1 万元以上 10 万元以下　　D. 3 万元以上 10 万元以下

答案：A

考点：本题考查私设账簿的法律责任。

34. 公司在合并、分立、减少注册资本或者进行清算时，不依照《公司法》规定通知或者公告债权人的，由公司登记机关责令改正，对公司处以（　　）的罚款。

A. 5 万元以上 50 万元以下　　B. 20 万元以下

C. 3 万元以上 10 万元以下　　D. 1 万元以上 10 万元以下

答案：D

考点：本题考查其他法律责任。

35. 下列企业中，全体出资人对企业债务承担无限责任的是（　　）。

A. 普通合伙企业　　B. 有限责任公司

C. 有限合伙企业　　D. 国有独资公司

答案：A

考点：本题考查企业的特征。普通合伙企业由普通合伙人组成，合伙人对合伙企业债务承担无限连带责任；有限合伙企业只是部分普通合伙人对合伙企业债务承担无限连带责任。选项 A 正确。

36. 下列有关合伙企业设立条件的说法，错误的是（　　）。

A. 有两个以上合伙人

B. 有合伙人认缴或者实际缴付的出资

C. 有书面合伙协议

D. 有合伙企业的名称，但不必有生产经营场所

答案：D

考点：本题考查合伙企业设立条件。根据《合伙企业法》第十四条的规定，设立合伙企业，应当具备下列条件：（1）有 2 个以上合伙人。合伙人为自然人的，应当具有完全民事行为能力。（2）有书面合伙协议。（3）有合伙人认缴或者实际缴付的出资。（4）有合伙企业的名称和生产经营场所。

37. 下列有关合伙企业财产的分割、转让和处分，说法错误的是（　　）。

A. 合伙企业的财产包括合伙人的出资、以合伙企业名义取得的收益和依法取得的其他财产

B. 合伙人在合伙企业清算前私自转移或者处分合伙企业财产的，合伙企业可以以此对抗善意第三人

C. 合伙人转让其合伙企业中的全部或者部分财产份额时，应当通知其他合伙人；除合伙企业另有规定的，须经其他合伙人一致同意

D. 合伙人以其在合伙企业中的财产份额出质的，须使其他合伙人一致同意

答案：B

考点：本题考查合伙企业财产的分割、转让和处分。根据《合伙企业法》第二十一条的规定，除法律另有规定外，合伙人在合伙企业清算前，不得请求分割合伙企业的

财产。合伙人在合伙企业清算前私自转移或者处分合伙企业财产的，合伙企业不得以此对抗善意第三人。选项 B 说法错误。

38. 按照合伙企业利润分配和亏损分担的原则，下列顺序正确的是（　　）。

①合伙协议未约定的合伙人协商决定

②按照合伙协议的约定办理

③无法确定出资比例的合伙人平均分配、分担

④协商不成的合伙人按照实缴出资比例分担

A. ①②④③　　B. ②③①④　　C. ①②③④　　D. ②①④③

答案：D

考点：本题考查《合伙企业法》的规定。根据《合伙企业法》第三十三条的规定，合伙企业利润分配和亏损分担的原则是：按照合伙协议的约定办理；合伙协议未约定或者约定不明确的，由合伙人协商决定；协商不成的，由合伙人按照实缴出资比例分配、分担；无法确定出资比例的，由合伙人平均分配、分担。

39. 根据《合伙企业法》规定，（　　）不符合当然退伙情形。

A. 个人丧失偿债能力

B. 合伙人在合伙企业中的全部财产份额被人民法院强制执行

C. 作为合伙人的自然人死亡或者被依法宣告死亡

D. 执行合伙事务时有不正当行为

答案：D

考点：本题考查《合伙企业法》有关规定。执行合伙事务时有不正当行为属于除名退伙的情形，选项 D 错误。

40. 甲企业是一家有限合伙企业，下列有关甲企业的做法，不符合规定的是（　　）。

A. 甲企业由 40 名合伙人设立

B. 甲企业有 5 名普通合伙人

C. 甲企业的有限合伙人以劳务出资

D. 甲企业的名称中应当标明“有限合伙”字样

答案：C

考点：本题考查有限合伙公司的规定。有限合伙企业由 2 个以上 50 个以下合伙人设立；但是，法律另有规定的除外。有限合伙企业至少应当有 1 个普通合伙人。选项 A、B 正确。有限合伙人不得以劳务出资，选项 C 错误。有限合伙企业名称中应当标明“有限合伙”字样，选项 D 正确。

41. 有限合伙人可以按照合伙协议的约定向合伙人以外的人转让其在有限合伙企业中的财产份额，但应当提前（　　）日通知其他合伙人。

A. 10　　B. 15　　C. 30　　D. 45

答案：C

考点：本题考查有限合伙企业财产份额的外部转让。有限合伙人可以按照合伙协议的约定向合伙人以外的人转让其在有限合伙企业中的财产份额，但应当提前30日通知其他合伙人。

42. 根据《合伙企业法》规定，下列不符合有限合伙人当然退伙情形的是（　　）。

A. 作为有限合伙人的法人或者其他组织依法被吊销营业执照、责令关闭、撤销，或者被宣告破产

B. 有限合伙人在合伙企业中的全部财产份额被人民法院强制执行

C. 作为有限合伙人的自然人死亡或者被依法宣告死亡

D. 个人丧失偿债能力

答案：D

考点：本题考查有限合伙人当然退伙。个人丧失偿债能力不属于有限合伙人当然退伙的情形。

43. 下列有关合伙企业的说法，错误的是（　　）。

A. 有限合伙企业仅剩有限合伙人的，应当解散

B. 普通合伙人转变为有限合伙人的，对其作为普通合伙人期间发生的债务承担无限连带责任

C. 普通合伙人和有限合伙人的相互转变，应当经合伙人过半数同意

D. 有限合伙人转变为普通合伙人的，对其作为有限合伙人期间发生的债务承担无限连带责任

答案：C

考点：本题考查有限合伙和普通合伙的转化。除合伙协议另有约定外，普通合伙人转变为有限合伙人，有限合伙人转变为普通合伙人，应当经全体合伙人一致同意。

44. 合伙企业清算结束后，清算人应当编制清算报告，经全体合伙人签名、盖章后，在（　　）日内向企业登记机关报送清算报告，申请办理合伙企业注销登记。

A. 15　　B. 20　　C. 25　　D. 30

答案：A

考点：本题考查合伙企业清算规则。合伙企业清算结束后，清算人应当编制清算报告，经全体合伙人签名、盖章后，在15日内向企业登记机关报送清算报告，申请办理合伙企业注销登记。

45. 甲有限合伙企业成立于2020年3月，顾某为普通合伙人，丁某为有限合伙人。2021年3月，潘某与甲公司签订《借款协议》约定，甲公司从潘某处借款800万元。2022年5月，甲的合伙人变更为乙公司（普通合伙人）和丙公司（有限合伙人），同时，顾某和丁某退休。后因甲迟迟不归还800万元借款及利息，潘某提起诉讼。下列说

法中错误的是（　　）。

A. 顾某作为甲公司普通合伙人，对该项债务承担无限责任

B. 丁某作为原有限合伙人已经退休，不再承担该项债务责任

C. 乙公司作为甲公司的新普通合伙人，应当对该项债务承担无限责任

D. 丙公司作为甲公司的新有限合伙人，对入伙前的该项债务以其认缴的出资额为限承担责任

答案：B

考点：本题考查合伙企业的债务清偿。根据《合伙企业法》第八十八条的规定，丁某作为原有限合伙人，以其退伙时从甲公司取回的财产承担责任。选项 B 错误。

46. 证券的发行、交易活动，必须遵循的原则不包括下列选项中的（　　）。

A. 公开　　B. 公平　　C. 有效　　D. 公正

答案：C

考点：本题考查证券发行和交易的原则。证券的发行、交易活动，必须遵循公开、公平、公正的“三公”原则。

47. 证券的发行、交易活动的当事人具有平等的法律地位，其行为准则不包括下列选项中的（　　）。

A. 自愿　　B. 无偿

C. 有偿　　D. 诚实信用

答案：B

考点：本题考查证券发行和交易的行为准则。证券的发行、交易活动的当事人具有平等的法律地位，应当遵守自愿、有偿、诚实信用的原则。

48. 下列有关证券承销业务的事项错误的是（　　）。

A. 发行人向不特定对象发行的证券，法律、行政法规规定应当由证券公司承销的，发行人应当同证券公司签订承销协议

B. 证券的代销、包销期限最长不得超过 90 日

C. 证券承销业务采取代销或者包销方式

D. 公开发行股票、代销、包销期限届满，发行人应当在规定的期限内将股票发行情况报中国证监会批准

答案：D

考点：本题考查证券承销业务的规定。公开发行股票、代销、包销期限届满，发行人应当在规定的期限内将股票发行情况报国务院证券监督管理机构备案。选项 D 错误。

49. 股票发行采用代销方式，代销期限届满，向投资者出售的股票数量未达到拟公开发行股票数量（　　）的，为发行失败。

A. 50%　　B. 60%　　C. 70%　　D. 80%

答案：C

考点：本题考查代销制度规定。股票发行采用代销方式，代销期限届满，向投资者出售的股票数量未达到拟公开发行股票数量70%的，为发行失败。发行人应当按照发行价并加算银行同期存款利息返还股票认购人。

50. 以下关于期货合约的说法错误的是（　　）。

A. 期货合约品种和标准化期权合约品种的上市应当符合国务院期货监督管理机构的规定

B. 期货合约品种和标准化期权合约品种的上市由期货交易场所依法报经国务院期货监督管理机构注册

C. 期货合约品种和标准化期权合约品种的中止上市由期货交易场所决定并向国务院期货监督管理机构备案

D. 期货合约品种和标准化期权合约品种应当具有经济价值，合约容易被操纵

答案：D

考点：考查合约品种的上市注册。期货合约品种和标准化期权合约品种应当具有经济价值，合约不易被操纵，符合社会公共利益。

51. 下列说法中，不符合内幕交易禁止性规定的是（　　）。

A. 内幕交易行为给投资者造成损失的，行为人应当依法承担赔偿责任

B. 证券交易内幕信息的知情人和非法获取内幕信息的人，在内幕信息公开前，不得泄露该信息，或者建议他人买卖该证券

C. 证券交易内幕信息的知情人和非法获取内幕信息的人，在内幕信息公开前，不得买卖该公司的证券

D. 证券交易内幕信息的知情人和非法获取内幕信息的人，在内幕信息公开前，不得买卖该公司的证券，但可以私人的身份建议他人买卖该证券

答案：D

考点：本题考查内幕交易的禁止性规定。证券交易内幕信息的知情人和非法获取内幕信息的人，在内幕信息公开前，不得买卖该公司的证券，或者泄露该信息，或者建议他人买卖该证券。内幕交易行为给投资者造成损失的，行为人应当依法承担赔偿责任。

52. 收购要约约定的收购期限不得少于（　　），并不得超过（　　）。

A. 15日；60日　　B. 15日；30日

C. 30日；45日　　D. 30日；60日

答案：D

考点：本题考查要约收购的收购期限。收购要约约定的收购期限不得少于30日，并不得超过60日。

53. 下列有关上市公司收购的方式，错误的是（　　）。

A. 以协议方式收购上市公司，达成协议后，收购人必须在3日内向国务院证券监督管理机构及证券交易所作出书面报告，并予公告

B. 采取要约收购的，收购人在收购期限内，可以采取要约规定以外的形式购入被收购公司股票

C. 收购要约约定的收购期限不得少于30日，并不得超过60日

D. 采取要约收购的，收购人在收购期间，不得卖出被收购公司的股票

答案：B

考点：本题考查上市公司收购方式。采取要约收购的，收购人在收购期限内，不得采取要约规定以外的形式和超出要约的条件买入被收购公司股票。

54. 在上市公司收购行为完成后，收购人应当在（　　）日内将收购情况报告国务院证券监督管理机构和证券交易所，并予公告。

A. 3　　B. 5　　C. 10　　D. 15

答案：D

考点：本题考查上市公司的收购。收购行为完成后，收购人应当在15日内将收购情况报告国务院证券监督管理机构和证券交易所，并予公告。

55. 因违法行为或者违纪行为被解除职务的证券交易所、证券登记结算机构的负责人或者证券公司的董事、监事、高级管理人员，自被解除职务之日起未逾（　　）年的，不得担任证券交易所的负责人。

A. 1　　B. 2　　C. 3　　D. 5

答案：D

考点：本题考查证券交易所的组织架构。

56. 因违法行为或者违纪行为被吊销执业证书或者被取消资格的律师、注册会计师或者其他证券服务机构的专业人员，自被吊销执业证书或者被取消资格之日起未逾（　　）年，不得担任证券交易所的负责人。

A. 1　　B. 2　　C. 3　　D. 5

答案：D

考点：本题考查证券交易所的组织架构。

57. 下列有关证券登记结算机构的说法，错误的是（　　）。

A. 证券登记结算结构不得挪用客户的证券

B. 投资者委托证券公司进行证券交易，应当申请开立证券账户

C. 在证券交易所或者国务院批准的其他全国性证券交易场所交易的证券，应当全部存管在证券交易所

D. 证券登记结算机构应当妥善保存登记、存管和结算的原始凭证及有关文件资料。其保存期限不得少于20年

答案：C

考点：本题考查证券登记结算机构的业务规则。在证券交易所或者国务院批准的其他全国性证券交易场所交易的证券，应当全部存管在证券登记结算机构。选项C错误。

58. 下列有关证券登记结算机构的说法，正确的是（　　）。

A. 证券登记结算结构可以以他人名义为投资者开立证券账户

B. 证券登记结算机构应当妥善保存登记、存管和结算的原始凭证及有关文件资料。其保存期限不得少于 10 年

C. 证券登记结算采取全国集中统一的运营方式

D. 证券登记结算机构可以挪用客户的证券

答案：C

考点：本题考查证券登记结算机构的业务规则。证券登记结算结构应当按照规定以投资者本人的名义为投资者开立证券账户。证券登记结算机构应当妥善保存登记、存管和结算的原始凭证及有关文件资料。其保存期限不得少于 20 年。证券登记结算机构不得挪用客户的证券。

59. 下列选项中，不属于基金份额持有人享有的权利是（　　）。

A. 按照规定要求召开基金份额持有人大会或者召集基金份额持有人大会

B. 对基金份额持有人大会审议事项行使表决权

C. 对所管理的不同基金财产分别管理、分别记账，进行证券投资

D. 依法转让或者申请赎回其持有的基金份额

答案：C

考点：本题考查《证券投资基金法》第四十六条的有关规定。对所管理的不同基金财产分别管理、分别记账，进行证券投资属于基金管理人的职责，选项 C 错误。

60. 下列选项中，基金托管人应当履行的职责不包括（　　）。

A. 按照规定开设基金财产的资金账户和证券账户

B. 按照规定召集基金份额持有人大会

C. 对基金财务会计报告、中期和年度基金报告出具意见

D. 办理与基金财产管理业务活动有关的信息披露事项

答案：D

考点：本题考查基金托管人应当履行的职责。选项 D，办理与基金财产管理业务活动有关的信息披露事项属于基金管理人的职责。

61. 非公开募集基金应当向合格投资者募集，合格投资者累计不得超过（　　）人。

A. 50　　B. 100　　C. 150　　D. 200

答案：D

考点：本题考查非公开募集基金。非公开募集基金应当向合格投资者募集，合格投资者累计不得超 200 人。

62. 私募基金管理人提供的登记申请材料完备的，中国证券投资基金业协会应当自收齐登记材料之日起（　　）个工作日内，以通过网站公示私募基金管理人基本情况

的方式，为私募基金管理人办结登记手续。

A. 10　　B. 15　　C. 20　　D. 30

答案：C

考点：本题考查非公开募集资金管理人的登记。

63. 未经批准擅自设立基金管理公司或者未经核准从事公开募集基金管理业务的，由证券监督管理机构予以取缔或者责令改正，没收违法所得，并处罚款；没有违法所得或者违法所得不足100万元的，并处（　　）罚款。

A. 30万元以上60万元以下　　B. 10万元以上100万元以下

C. 违法所得1倍以上5倍以下　　D. 违法所得1倍以上10倍以下

答案：B

考点：本题考查《证券投资基金法》的规定。

64. 未经核准，擅自从事基金托管业务的，责令停止，没收违法所得，并处罚款。对直接负责的主管人员和其他直接责任人员给予警告，并处（　　）罚款。

A. 30万元以上60万元以下　　B. 3万元以上30万元以下

C. 3万元以上10万元以下　　D. 10万元以上100万元以下

答案：B

考点：本题考查《证券投资基金法》第三十二条第一百二十五条规定。

65. 违反《证券投资基金法》规定，未经登记，使用“基金”或者“基金管理”字样或者近似名称进行证券投资活动的，没收违法所得，并处违法所得1倍以上5倍以下罚款；没有违法所得或者违法所得不足100万元的，并处（　　）罚款。

A. 30万元以上60万元以下　　B. 3万元以上30万元以下

C. 3万元以上10万元以下　　D. 10万元以上100万元以下

答案：D

考点：本题考查《证券投资基金法》的规定。

66. 违反《证券投资基金法》规定，未经登记，使用“基金”或者“基金管理”字样或者近似名称进行证券投资活动的，没收违法所得，并处罚款。对直接负责的主管人员和其他直接责任人员给予警告，并处（　　）罚款。

A. 30万元以上60万元以下　　B. 3万元以上30万元以下

C. 3万元以上10万元以下　　D. 10万元以上100万元以下

答案：B

考点：本题考查《证券投资基金法》第九十条及第一百三十三条规定。

67. 擅自从事公开募集基金的基金服务业务的，责令改正，没收违法所得，并处罚款。对直接负责的主管人员和其他直接责任人员给予警告，并处（　　）罚款。

A. 30万元以上60万元以下　　B. 3万元以上10万元以下

C. 3万元以上30万元以下　　D. 10万元以上100万元以下

答案：B

考点：本题考查《证券投资基金法》第九十七条第一百三十六条规定。

68. 擅自变更持有 5% 以上股权的股东、实际控制人或者其他重大事项的，责令改正，没收违法所得，并处违法所得 1 倍以上 5 倍以下罚款；没有违法所得或者违法所得不足 50 万元的，并处（　　）罚款。

A. 5 万元以上 50 万元以下　　B. 5 万元以上 30 万元以下

C. 3 万元以上 10 万元以下　　D. 10 万元以上 100 万元以下

答案：A

考点：本题考查《证券投资基金法》第十四条第一百一十九条规定。

69. 基金托管人应当对所托管的不同基金财产分别设置账户，确保基金财产的完整与独立。基金托管人违反上述规定，未对基金财产实行分别管理或者分账保管，责令改正，处（　　）的罚款。

A. 5 万元以上 30 万元以下　　B. 5 万元以上 50 万元以下

C. 3 万元以上 10 万元以下　　D. 10 万元以上 100 万元以下

答案：B

考点：本题考查基金托管人对所托管的不同基金财产的管理规定。

70. 基金管理人、基金托管人及其董事、监事、高级管理人员以及基金托管人的专门基金托管部门的高级管理人员和其他从业人员将其固有财产或者他人财产混同于基金财产从事基金投资的，责令改正，没收违法所得，处以罚款。没有违法所得或者违法所得不足 100 万元的，处以（　　）罚款。

A. 5 万元以上 30 万元以下　　B. 5 万元以上 50 万元以下

C. 3 万元以上 10 万元以下　　D. 10 万元以上 100 万元以下

答案：D

考点：本题考查基金管理人、基金托管人及其董事、监事、高级管理人员以及基金托管人的专门基金托管部门的高级管理人员和其他从业人员将其固有财产或者他人财产混同于基金财产从事基金投资的相关处罚规定。

71. 基金募集期间，动用募集的资金的，责令返还，没收违法所得，并处违法所得（　　）罚款；没有违法所得或者违法所得不足 50 万元的，并处（　　）罚款。

A. 1 倍以上 5 倍以下；1 万元以上 50 万元以下

B. 1 倍以上 5 倍以下；5 万元以上 50 万元以下

C. 1 倍以上 10 倍以下；1 万元以上 50 万元以下

D. 1 倍以上 10 倍以下；10 万元以上 50 万元以下

答案：B

考点：本题考查《证券投资基金法》第六十条及第一百二十八条的规定。

72. 基金信息披露人，不依法披露基金信息或者披露的信息有虚假记载、误导性陈述或者重大遗漏的，对直接负责的主管人员和其他直接责任人员给予警告、暂停或者撤销基金从业资格，并处（　　）。

A. 1 万元以上 10 万元以下罚款　　B. 1 万元以上 30 万元以下罚款

C. 3 万元以上 10 万元以下罚款　　D. 3 万元以上 30 万元以下罚款

答案：D

考点：本题考查《证券投资基金法》的有关规定。

73. 非公开募集基金募集完毕，基金管理人未向基金行业协会备案的，处（　　）。

A. 1 万元以上 30 万元以下罚款　　B. 10 万元以上 30 万元以下罚款

C. 1 万元以上 50 万元以下罚款　　D. 10 万元以上 50 万元以下罚款

答案：B

考点：本题考查《证券投资基金法》的有关规定。

74. 基金销售支付机构未按照规定划付基金销售结算资金的，处（　　）。

A. 1 万元以上 30 万元以下罚款　　B. 10 万元以上 30 万元以下罚款

C. 1 万元以上 50 万元以下罚款　　D. 10 万元以上 50 万元以下罚款

答案：B

考点：本题考查《证券投资基金法》的有关规定。

75. 信息技术系统服务机构未向国务院证券监督管理机构提供相关技术系统资料，或者提供的信息技术系统资料虚假、有重大遗漏的，责令改正，处（　）罚款。

A. 1 万元以上 10 万元以下　　B. 1 万元以上 30 万元以下

C. 3 万元以上 10 万元以下　　D. 3 万元以上 30 万元以下

答案：C

考点：本题考查《证券投资基金法》的有关规定。

76. 基金服务机构未建立应急等风险管理制度和灾难备份系统，或者泄露与基金份额持有人、基金投资运作相关的非公开信息的，处（　　）罚款。

A. 1 万元以上 30 万元以下　　B. 10 万元以上 30 万元以下

C. 1 万元以上 50 万元以下　　D. 10 万元以上 50 万元以下

答案：B

考点：本题考查《证券投资基金法》的有关规定。基金服务机构为建立应急等风险管理制度和灾难备份系统，或者泄露与基金份额持有人、基金投资运作相关的非公开信息的，处 10 万元以上 30 万元以下罚款。

77. 以下关于衍生品交易的说法中错误的是（　　）。

A. 组织开展衍生品交易的场所制定的交易规则，应当公平保护交易参与各方合法权益和防范市场风险

B. 金融机构开展衍生品交易业务，应当依法经过批准或者核准，履行交易者全面管理义务

C. 进行衍生品交易，可以依法通过质押等方式提供履约保障

D. 依法采用主协议方式从事衍生品交易的，发生约定的情形时，可以依照协议约定终止交易

答案：B

考点：考查衍生品交易。金融机构开展衍生品交易业务，应当依法经过批准或者核准，履行交易者适当性管理义务，并应当遵守国家有关监督管理规定。

78. 以下关于衍生品结算的说法中错误的是（　　）。

A. 衍生品交易，由国务院授权的部门或者国务院期货监督管理机构批准的结算机构作为中央对手方进行集中结算的，可以依法进行终止净额结算

B. 结算财产应当优先用于结算和交割，不得被查封、冻结、扣押或者强制执行

C. 结算财产在结算和交割完成前，交易双方经过协商可以申请动用

D. 依法进行的集中结算，不因参与结算的任何一方依法进入破产程序而中止、无效或者撤销

答案：C

考点：考查衍生品的结算制度。结算财产应当优先用于结算和交割，不得被查封、冻结、扣押或者强制执行；在结算和交割完成前，任何人不得动用。

79. 以下关于未到期期货合约发生的追加保证金或平仓行为的说法中错误的是（　　）。

A. 结算参与人的保证金不符合期货结算机构业务规则规定标准的，期货结算机构应当按照业务规则的规定通知结算参与人在规定时间内追加保证金或者自行平仓

B. 结算参与人未在规定时间内追加保证金或者自行平仓的，通知期货交易场所强行平仓

C. 交易者的保证金不符合结算参与人与交易者约定标准的，结算参与人应当按照约定通知交易者在约定时间内追加保证金或者自行平仓

D. 以有价证券等作为保证金，期货结算机构、结算参与人按照规定强行平仓的，不得对有价证券等进行处置

答案：D

考点：考查期货合约的结算与交割。以有价证券等作为保证金，期货结算机构、结算参与人按照规定强行平仓的，可以对有价证券等进行处置。

80. 以下关于到期期货合约交割的说法中错误的是（　　）。

A. 期货合约到期时，交易者应当通过实物交割或者现金交割，了结到期未平仓合约

B. 期货合约采取实物交割的，由期货结算机构负责组织货款与标准仓单等合约标的物权利凭证的交付

C. 期货合约采取现金交割的，由期货结算机构以交割结算价为基础，划付持仓双

方的盈亏款项

D. 标准仓单，是指期货结算机构开具并经期货交易场所登记的标准化提货凭证

答案：D

考点：考查期货合约的结算与交割。标准仓单，是指交割库开具并经期货交易场所登记的标准化提货凭证。

81. 经营机构的了解及告知义务不包括（　　）。

A. 应当按照规定充分了解交易者的基本情况、财产状况、金融资产状况、交易知识和经验、专业能力等相关信息

B. 如实说明服务的重要内容，充分揭示交易风险

C. 期货经营机构违反规定导致交易者损失的，应当承担相应的赔偿责任

D. 交易者在参与期货交易和接受服务时，未按照要求提供信息的，期货经营机构可以不告知其后果，并继续提供服务

答案：D

考点：考查交易者适当性管理制度。交易者在参与期货交易和接受服务时，应当按照期货经营机构明示的要求提供上述所列真实信息。拒绝提供或者未按照要求提供信息的，期货经营机构应当告知其后果，并按照规定拒绝提供服务。

考点：考查期货公司的业务许可制度。

82. 对于国务院期货监督管理机构规定的其他重大事项，国务院期货监督管理机构应当自受理申请之日起（　　）日内做出核准或者不予核准的决定。

A. 5　　B. 10　　C. 20　　D. 30

答案：C

考点：考查期货公司的业务许可制度。对于国务院期货监督管理机构规定的其他重大事项，国务院期货监督管理机构应当自受理申请之日起 20 日内做出核准或者不予核准的决定。

83. 根据《期货和衍生品法》第六十三条的规定，期货公司经国务院期货监督管理机构核准可以从事的期货业务包括（　　）。

A. 期货经纪　　B. 期货交易咨询

C. 期货做市交易　　D. 以上全部

答案：D

考点：考查期货公司的业务许可范围。

84. 下列关于期货公司业务的说法中，正确的是（　　）。

A. 期货公司的设立需在国务院期货监督管理机构登记

B. 国务院期货监督管理机构登记后，期货公司可以经营期货经纪业务、期货交易咨询业务

C. 期货公司以经营为目的的使用了带有“期货”“期权”名称，不用经国务院期货

监督管理机构核准及登记

D. 期货公司从事资产管理业务的，符合《证券投资基金法》等法律、行政法规的规定

答案：D

考点：考查期期货公司的业务许可范围。未经国务院期货监督管理机构核准，任何单位和个人不得设立或者变相设立期货公司，经营或者变相经营期货经纪业务、期货交易咨询业务，也不得以经营为目的使用“期货”“期权”或者其他可能产生混淆或者误导的名称。

85. 根据《期货和衍生品法》第八十九条的规定，下列关于突发性事件对于期货交易影响的说法中，错误的是（　　）。

A. 为维护期货交易正常秩序和市场公平，期货交易场所可以按照《期货和衍生品法》和业务规则规定采取必要的处置措施

B. 对于突发性事件，期货交易场所应当及时向中国人民银行报告

C. 对于突发性事件，期货交易场所应当及时向国务院期货监督管理机构报告

D. 因突发性事件导致期货交易结果出现重大异常，按交易结果进行结算、交割将对期货交易正常秩序和市场公平造成重大影响的，期货交易场所可以按照业务规则采取取消交易等措施

答案：B

考点：考查期货交易所的内部管理制度。根据《期货和衍生品法》第八十九条的规定，因突发性事件影响期货交易正常进行时，为维护期货交易正常秩序和市场公平，期货交易场所可以按照本法和业务规则规定采取必要的处置措施，并应当及时向国务院期货监督管理机构报告。

86. 下列关于跨境监管协作的说法中错误的是（　　）。

A. 境外期货监督管理机构应当提供有关案件材料，并说明其正在就被调查当事人涉嫌违反请求方当地期货法律法规的行为进行调查

B. 境外期货监督管理机构不得在中华人民共和国境内直接进行调查取证等活动

C. 未经国务院期货监督管理机构和国务院有关主管部门同意，任何单位和个人不得擅自向境外监督管理机构提供与期货业务活动有关的文件和资料

D. 国务院期货监督管理机构不得与境外期货监督管理机构达成的监管合作安排，请求境外期货监督管理机构进行调查取证

答案：D

考点：考查跨境监管协作。国务院期货监督管理机构可以依照与境外期货监督管理机构达成的监管合作安排，请求境外期货监督管理机构进行调查取证。

87. 根据《期货和衍生品法》第一百二十五条的规定，违反本法第十二条的规定，操纵期货市场或者衍生品市场的，责令改正，没收违法所得，并处以违法所得（　　）

倍以上（　　）倍以下的罚款。

A. 1；3　　　　B. 1；5

C. 1；10　　　　D. 1；20

答案：C

考点：考查违反交易规定的法律责任。

88. 根据《期货和衍生品法》第一百二十五条的规定，违反本法第十二条的规定，操纵期货市场或者衍生品市场的，没有违法所得或者违法所得不足 100 万元的，处以（　　）万元以上（　　）万元以下的罚款。

A. 100；300　　　　B. 100；500

C. 100；1 000　　　　D. 100；2 000

答案：C

考点：考查违反交易规定的法律责任。

89. 根据《期货和衍生品法》第一百二十五条的规定，违反本法第十二条的规定，单位操纵市场的，应当对直接负责的主管人员和其他直接责任人员给予警告，并处以（　　）万元以上（　　）万元以下的罚款。

A. 10；50　　　　B. 10；100

C. 50；300　　　　D. 50；500

答案：D

考点：考查违反交易规定的法律责任。

90. 根据《期货和衍生品法》第一百二十六条的规定，违反本法第十三条的规定从事内幕交易的，责令改正，没收违法所得，并处以违法所得（　　）倍以上（　　）倍以下的罚款。

A. 1；3　　　　B. 1；5

C. 1；10　　　　D. 1；20

答案：C

考点：根据：考查违反交易规定的法律责任。

91. 根据《期货和衍生品法》第一百二十六条的规定，违反本法第十三条的规定从事内幕交易的，没有违法所得或者违法所得不足 50 万元的，处以（　　）万元以上（　　）万元以下的罚款。

A. 50；100　　　　B. 50；300

C. 50；500　　　　D. 100；1 000

答案：C

考点：考查违反交易规定的法律责任。

92. 根据《期货和衍生品法》第一百二十六条的规定，单位从事内幕交易的，还应当对直接负责的主管人员和其他直接责任人员给予警告，并处以（　　）万元以上

（　　）万元以下的罚款。

A. 10；100　　B. 20；200

C. 50；500　　D. 100；1 000

答案：B

考点：考查违反交易规定的法律责任。

93. 根据《期货和衍生品法》第一百二十七条的规定，违反本法第十六条第一款、第三款的规定，编造、传播虚假信息或者误导性信息，扰乱期货市场、衍生品市场的，没收违法所得，并处以违法所得（　　）倍以上（　　）倍以下的罚款。

A. 1；3　　B. 1；5

C. 1；10　　D. 1；20

答案：C

考点：考查违反交易规定的法律责任。

94. 根据《期货和衍生品法》第一百二十七条的规定，违反本法第十六条第一款、第三款的规定的，没有违法所得或者违法所得不足20万元的，处以（　　）万元以上（　　）万元以下的罚款。

A. 20；40　　B. 20；60

C. 20；100　　D. 20；200

答案：D

考点：考查违反交易规定的法律责任。

95. 根据《期货和衍生品法》第一百二十七条的规定，违反本法第十六条第一款、第三款的规定，编造、传播虚假信息或者误导性信息，扰乱期货市场、衍生品市场的，对直接负责的主管人员和其他直接责任人员给予警告，并处以（　　）万元以上（　　）万元以下的罚款。

A. 5；50　　B. 10；100

C. 20；200　　D. 50；500

答案：B

考点：考查违反交易规定的法律责任。

96. 下列（　　）不属于地方政府在处置证券公司风险工作中的职责。

A. 支持和配合公安部门查处证券公司风险处置中涉嫌犯罪的案件

B. 按照国家有关规定配合证券公司风险处置工作，制订维护社会稳定的预案

C. 组织相关单位的人员成立个人债权甄别确认小组，按照国家规定对已登记的个人债权进行甄别确认

D. 协调证券交易所、证券登记结算机构、证券投资者保护基金管理机构，保障被处置证券公司证券经纪业务正常进行

答案：D

考点：本题考查地方政府在处置证券公司风险工作中的职责。协调证券交易所、证券登记结算机构、证券投资者保护基金管理机构，保障被处置证券公司证券经纪业务正常进行是国务院证券监督管理机构的责任。

97. 按照《证券法》规定，设立证券公司，主要股东及公司的实际控制人具有良好的财务状况和诚信记录，最近（　　）年无重大违法违规记录。

A. 2　　B. 3　　C. 4　　D. 5

答案：B

考点：本题考查《证券法》。

98.《证券公司监督管理条例》第九条规定，证券公司股东的非货币财产出资总额不得超过证券公司注册资本的（　　）。

A. 10%　　B. 15%　　C. 30%　　D. 40%

答案：C

考点：本题考查《证券公司监督管理条例》第九条的规定。证券公司股东的非货币财产出资总额不得超过证券公司注册资本的 30%。

99.《证券公司监督管理条例》第十条规定，因故意犯罪被判处刑罚，刑罚执行完毕未逾（　　）年的个人，不得成为持有证券公司 5% 以上股权的股东、实际控制人。

A. 1　　B. 2　　C. 3　　D. 5

答案：C

考点：本题考查《证券公司监督管理条例》第十条的规定。

100. 证券公司合并、分立、停业、解散、破产，应当经（　　）批准。

A. 国务院证券监督管理机构　　B. 证券交易所

C. 国务院金融监督管理机构　　D. 证券业协会

答案：A

考点：证券公司合并、分立、停业、解散、破产，应当经国务院证券监督管理机构核准。

101. 证券公司合并、分立的，国务院证券监督管理机构应当对合并、分立的申请进行审查，并在自受理之日起（　　）个月内做出批准或者不予批准的书面决定。

A. 1　　B. 2　　C. 3　　D. 4

答案：C

考点：证券公司合并、分立的，国务院证券监督管理机构应当对合并、分立的申请进行审查，并在自受理之日起 3 个月内做出批准或者不予批准的书面决定。

102. 国务院证券监督管理机构应当对停业、解散、破产的申请进行审查，并在自受理之日起（　　）个工作日内做出批准或者不予批准的书面决定。

A. 10　　B. 15　　C. 20　　D. 30

答案：D

考点：国务院证券监督管理机构应当对停业、解散、破产的申请进行审查，并在自受理之日起30个工作日内做出批准或者不予批准的书面决定。

103. 违反《期货和衍生品法》第十六条第二款的规定，在期货交易、衍生品交易活动中做出虚假陈述或者信息误导的，责令改正，处以（　　）万元以上（　　）万元以下的罚款。

A. 5；50　　B. 10；100

C. 20；200　　D. 50；500

答案：C

考点：考查违反交易规定的法律责任。

104. 违反《期货和衍生品法》第十六条第三款的规定，从事与其工作职责发生利益冲突的期货交易、衍生品交易的，没收违法所得，并处以违法所得一倍以下的罚款，没有违法所得或者违法所得不足10万元的，处以（　　）的罚款。

A. 10万元以上30万元以下　　B. 10万元以上50万元以下

C. 10万元以上100万元以下　　D. 10万元以下

答案：D

考点：考查违反交易规定的法律责任。

105. 根据《期货和衍生品法》第一百二十八条的规定，违反本法第十八条第二款的规定，出借自己的期货账户或者借用他人的期货账户从事期货交易的，责令改正，给予警告，可以处（　　）的罚款。

A. 10万元以上50万元以下　　B. 20万元以上100万元以下

C. 10万元以下　　D. 50万元以下

答案：D

考点：考查违反交易规定的法律责任。

106. 按照《证券公司业务范围审批暂行规定》第七条的规定，中国证监会另有规定的除外，依照法定条件对新设证券公司核准的业务一般不超过（　　）种。

A. 3　　B. 4　　C. 5　　D. 6

答案：B

考点：按照《证券公司业务范围审批暂行规定》第七条的规定，中国证监会另有规定的除外，依照法定条件对新设证券公司核准的业务一般不超过4种。但中国证监会另有规定的除外。

107. 下列选项中不属于证券公司及其分支机构的业务经营的外部约束的是（　　）。

A. 注册资本要求　　B. 业务审批

C. 禁止同业竞争　　D. 防范和控制风险

答案：D

考点：防范和控制风险及加强对分支机构的管理属于内部约束。

108. 按照《证券公司监督管理条例》第二十八条的规定，证券公司为证券资产管理客户开立的证券账户，应当自开户之日起（　　）个交易日内报证券交易所备案。

A. 1　　B. 2　　C. 3　　D. 5

答案：C

考点：本题考查《证券公司监督管理条例》第二十八条的规定。

109. 按照《证券法》第一百四十七条的规定，证券账户的设立是（　　）的职能。

A. 国务院证券监督管理机构　　B. 证券交易所

C. 国务院金融监督管理机构　　D. 证券登记结算机构

答案：D

考点：本题考查《证券法》第一百四十七条的规定。

110. 按照《证券公司监督管理条例》第五十七条的规定，证券公司从事（　　），其客户的交易结算资金应当存放在（　　），以每个客户的名义独立立户管理。

A. 证券经纪业务；商业银行

B. 证券资产管理；证券交易所

C. 证券经纪业务；国务院证券监督管理机构

D. 证券承销业务；证券登记结算有限公司

答案：A

考点：本题考查《证券公司监督管理条例》第五十七条的规定。

111. 按照《证券公司监督管理条例》第六十条的规定，下列（　　）情况下，证券公司可以动用客户的交易结算资金或者委托资金。

A. 客户担保账户内的证券或者资金与其债务的比例低于规定的最低维持担保比例

B. 证券公司通知客户在一定的期限内补齐差额但客户未能按期交足差额

C. 到期未偿还融资融券债务

D. 客户支付与证券交易有关的佣金、费用或者税款

答案：D

考点：本题考查《证券公司监督管理条例》第六十条的规定，证券公司可以在符合一定条件的情况下，对客户交易结算资金或者委托资金、客户担保账户内的证券或者资金等客户进行单方面的处理。动用客户的交易结算资金或者委托资金的情形：（1）客户进行证券的申购、证券交易的结算或者客户提款；（2）客户支付与证券交易有关的佣金、费用或者税款；（3）法律规定的其他情形。

112. 以下不属于定期报送的内容是（　　）。

A. 年度报告　　B. 每日报告

C. 月度报告　　D. 临时报告

答案：B

考点：本题考查证券公司监督管理中信息、材料的报送的有关规定。定期报送包括年度、月度报告和临时报告。

113. 证券公司应当自每月结束之日起（　　）个工作日内，报送月度报告。

A. 3　　B. 5　　C. 7　　D. 10

答案：C

考点：本题考查证券公司监督管理中信息、材料的报送的有关规定。

114. 国务院证券监督管理机构有权或者得到机构负责人批准后，采取下列（　　）措施，对证券公司的业务活动、财务状况、经营管理情况进行检查。

①询问证券公司的董事、监事、工作人员，要求其对有关检查事项作出说明

②进入证券公司的办公场所或者营业场所进行检查

③查阅、复制与检查事项有关的文件、资料，对可能被转移、隐匿或者毁损的文件、资料、电子设备予以封存

④查询证券公司及与证券公司有控股或者实际控制关系企业的银行账户

⑤检查证券公司的计算机信息管理系统，复制有关数据资料

⑥检查为证券公司提供服务的证券服务机构的银行账户

A. ①②③④⑤　　B. ②③④⑤⑥

C. ①②③④⑥　　D. ①②④⑤⑥

答案：A

考点：检查的对象不包括为证券公司提供服务的证券服务机构的银行账户。

115. 任何单位或者个人未经批准，持有或者实际控制证券公司（　　）以上股权的，国务院证券监督管理机构应当责令其限期改正；改正前，相应股权不具有表决权。

A. 5%　　B. 10%　　C. 15%　　D. 20%

答案：A

考点：本题考查对违法控制证券公司5%以上股权情形进行责令限期整改的监督管理措施。

116. 未经批准，委托他人或者接受他人委托持有或者管理证券公司的股权，或者认购、受让或者实际控制证券公司的股权的，责令改正，给予警告，没收违法所得，并处以违法所得1倍以上5倍以下的罚款；没有违法所得或者违法所得不足10万元的，处以10万元以上（　　）万元以下的罚款。

A. 30　　B. 40　　C. 50　　D. 60

答案：D

考点：本题考查违反规定持有或者管理证券公司股权的法律责任。

117. 未经批准，委托他人或者接受他人委托持有或者管理证券公司的股权，或者认购、受让或者实际控制证券公司的股权的，对直接负责的主管人员和其他直接责任人

员给予警告，并处以 3 万元以上（　　）万元以下的罚款。

A. 10　　B. 20　　C. 30　　D. 50

答案：C

考点：本题考查违反规定持有或者管理证券公司股权的法律责任。

118. 合规负责人未按照规定向国务院证券监督管理机构或者有关自律组织报告违法违规行为的，责令改正，给予警告，没收违法所得，并处以违法所得等值罚款；没有违法所得或者违法所得不足 3 万元的，处以（　　）万元以下的罚款。

A. 3　　B. 5　　C. 7　　D. 10

答案：A

考点：本题考查证券公司组织机构规定的法律责任。

119. 证券公司未按照规定对离任的法定代表人或者高级管理人员进行审计，并报送审计报告的，责令改正，给予警告，没收违法所得，并处以违法所得 1 倍以上（　　）倍以下的罚款。

A. 3　　B. 5　　C. 7　　D. 10

答案：B

考点：本题考查证券公司组织机构规定的法律责任。

120. 证券公司未按照规定对离任的法定代表人或者高级管理人员进行审计，并报送审计报告的，责令改正，给予警告，没收违法所得，并处以违法所得 1 倍以上 5 倍以下的罚款；没有违法所得或者违法所得不足 3 万元的，处以 3 万元以上（　　）万元以下的罚款。

A. 10　　B. 20　　C. 30　　D. 50

答案：C

考点：本题考查证券公司组织机构规定的法律责任。

121. 证券公司未按照规定对离任的法定代表人或者高级管理人员进行审计，并报送审计报告的，对直接负责的主管人员和其他直接责任人员单处或者并处警告、3 万元以上（　　）万元以下的罚款。

A. 5　　B. 10　　C. 15　　D. 20

答案：B

考点：本题考查证券公司组织机构规定的法律责任。

122. 证券公司违反规定，与他人合资、合作经营管理分支机构，或者将分支机构承包、租赁或者委托给他人经营管理的，责令改正，给予警告，没收违法所得，并处以违法所得 1 倍以上（　　）倍以下的罚款。

A. 3　　B. 5　　C. 7　　D. 10

答案：B

考点：本题考查证券公司组织机构规定的法律责任。

123. 证券公司违反规定，与他人合资、合作经营管理分支机构，或者将分支机构承包、租赁或者委托给他人经营管理的，责令改正，给予警告，没收违法所得，并处以违法所得 1 倍以上 5 倍以下的罚款；没有违法所得或者违法所得不足 3 万元的，处以 3 万元以上（　　）万元以下的罚款。

A. 10　　B. 20　　C. 30　　D. 50

答案：C

考点：本题考查证券公司组织机构规定的法律责任。

124. 证券公司诱使客户进行不必要的证券交易，处以 1 万元以上（　　）万元以下的罚款。

A. 3　　B. 5　　C. 10　　D. 30

答案：C

考点：本题考查违反证券经纪业务规定的法律责任。

125. 证券公司违反规定，从事证券自营业务、证券资产管理业务，投资范围或者投资比例违反规定的，对直接负责的主管人员和其他直接责任人员，给予警告，并处以 3 万元以上（　　）万元以下的罚款。

A. 10　　B. 30　　C. 50　　D. 60

答案：A

考点：本题考查证券自营业务规定的法律责任。

126. 证券公司从事证券资产管理业务时，使用客户资产进行不必要的证券交易的，责令改正，处（　　）的罚款。

A. 1 万元以上 3 万元以下　　B. 1 万元以上 5 万元以下

C. 3 万元以上 5 万元以下　　D. 1 万元以上 10 万元以下

答案：D

考点：证券公司从事证券资产管理业务时，使用客户资产进行不必要的证券交易的，责令改正，处 1 万以上 10 万以下的罚款。

127. 证券公司从事证券管理业务，投资范围或投资比例违反规定的，责令改正，给予警告，没收违法所得，没违法所得或者违法所得不足 10 万元的，处以（　　）万元以上（　　）万元以下的罚款。

A. 5；10　　B. 10；30

C. 10；20　　D. 20；30

答案：B

考点：本题考查证券公司从事证券管理业务，投资范围或投资比例违反规定的处罚办法。

128. 证券公司从事证券资产管理业务，接受一个客户的单笔委托资产价值低于规定的最低限额的，责令改正，给予警告，没收违法所得，并处以（　　）；没有违法所得或者违法所得不足10万元的，处以（　　）万元以上30万元以下的罚款。

A. 1倍以上3倍以下；10　　B. 1倍以上5倍以下；10

C. 1倍以上5倍以下；5　　D. 5倍以上10倍以下；5

答案：B

考点：本题考查证券公司从事证券资产管理业务，接受一个客户的单笔委托资产价值低于规定的最低限额的处罚办法。

129. 证券公司在证券自营账户与证券资产管理账户之间或者不同的证券资产管理账户之间进行交易，且无充分证据证明已依法实现有效隔离的，对直接负责的主管人员和其他直接责任人员，给予警告，并处以3万元以上（　　）万元以下的罚款。

A. 5　　B. 10　　C. 20　　D. 30

答案：B

考点：本题考查违反证券资产管理业务规定的法律责任。

130. 证券公司未按照规定未按照规定存放、管理客户的交易结算资金、委托资金和客户担保账户内的资金、证券的，责令改正，给予警告，没收违法所得，并处以违法所得1倍以上（　　）倍以下的罚款。

A. 3　　B. 5　　C. 7　　D. 10

答案：B

考点：本题考查违反客户资产的保护规定的法律责任。

131. 信息披露义务人未按照《证券法》规定报送有关报告或者履行信息披露义务的，责令改正，给予警告，并处以（　　）的罚款。

A. 30万元以上300万元以下　　B. 30万元以上500万元以下

C. 50万元以上500万元以下　　D. 20万元以上200万元以下

答案：C

考点：根据《证券法》第一百九十七条的规定。

132. 信息披露义务人报送的报告或者披露的信息有虚假记载、误导性陈述或者重大遗漏的，责令改正，给予警告，并处以（　　）的罚款。

A. 30万元以上300万元以下　　B. 30万元以上500万元以下

C. 50万元以上500万元以下　　D. 100万元以上1 000万元以下

答案：D

考点：本题考查《证券法》。

133. 信息披露义务人报送的报告或者披露的信息有虚假记载、误导性陈述或者重大遗漏的，对直接负责的主管人员和其他直接责任人员给予警告，并处以（　　）的罚款。

A. 30万元以上300万元以下　　B. 30万元以上500万元以下

C. 50万元以上500万元以下　　D. 100万元以上1 000万元以下

答案：C

考点：本题考查《证券法》。

134. 根据《期货和衍生品法》第一百三十一条的规定，法律、行政法规和国务院期货监督管理机构规定禁止参与期货交易的人员，违反本法第五十三条的规定，直接或者以化名、借他人名义参与期货交易的，责令改正，给予警告，没收违法所得，并处以（　　）万元以上（　　）万元以下的罚款。

A. 5；50　　B. 10；100

C. 20；200　　D. 50；500

答案：A

考点：考查违反交易规定的法律责任。

135. 对证券公司报送的年度报告、月度报告，国务院证券监督管理机构应当指定专人进行审核，并制作审核报告。（　　）应当在审核报告上签字。

A. 董事长　　B. 指定专人

C. 审核人员　　D. 总经理

答案：C

考点：对证券公司报送的年度报告、月度报告，国务院证券监督管理机构应当指定专人进行审核，并制作审核报告。审核人员应当在审核报告上签字。

136. 证券公司应当依法向社会公开披露的有关信息的具体办法由（　　）制定。

A. 国务院证券监督管理机构　　B. 中国人民银行

C. 中国证监会　　D. 中国证券业协会

答案：A

考点：证券公司应当依法向社会公开披露其基本情况、参股及控股情况、负债及或有负债情况、经营管理状况、财务收支状况、高级管理人员薪酬和其他有关信息。具体办法由国务院证券监督管理机构制定。

137. 根据《期货和衍生品法》第一百二十九条的规定，违反本法第二十一条的规定，采取程序化交易影响期货交易场所系统安全或者正常交易秩序的，责令改正，并处以（　　）万元以上（　　）万元以下的罚款。

A. 5；50　　B. 10；100

C. 20；200　　D. 50；500

答案：D

考点：考查违反交易规定的法律责任。

138. 根据《期货和衍生品法》第一百三十二条的规定，非法设立期货公司，或者未经核准从事相关期货业务的，予以取缔，没收违法所得，没有违法所得或者违法所得不足100万元的，处以（　　）万元以上（　　）万元以下的罚款。

A. 100；200　　B. 100；300

C. 100；500　　D. 100；1 000

答案：D

考点：考查非法设立、经营期货公司的法律责任。

139. 擅自公开或者变相公开发行证券的，责令停止发行，退还所募资金并加算银行同期存款利息，处以（　　）的罚款。

A. 非法所募资金金额 1% 以上 5% 以下

B. 非法所募资金金额 5% 以上 50% 以下

C. 违法所得 1 倍以上 5 倍以下

D. 违法所得 5 倍以上 10 倍以下

答案：B

考点：本题考查《证券法》。

140. 对擅自公开或者变相公开发行证券设立的公司，由依法履行监督管理职责的机构或者部门会同县级以上地方人民政府予以取缔。对直接负责的主管人员和其他直接责任人员给予警告，并处以（　　）的罚款。

A. 10 万元以上 100 万元以下　　B. 20 万元以上 200 万元以下

C. 30 万元以上 300 万元以下　　D. 50 万元以上 500 万元以下

答案：D

考点：本题考查《证券法》。

141. 发行人在其公告的证券发行文件中隐瞒重要事实或者编造重大虚假内容，尚未发行证券的，处以（　　）以下的罚款。

A. 100 万元以上 1 000 万元以下　　B. 200 万元以上 2 000 万元以下

C. 300 万元以上 3 000 万元以下　　D. 50 万元以上 500 万元以下

答案：B

考点：本题考查《证券法》。

142. 发行人违反《证券法》第十四条、第十五条的规定擅自改变公开发行证券所募集资金的用途的，责令改正，处以（　　）的罚款。

A. 10 万元以上 100 万元以下　　B. 20 万元以上 200 万元以下

C. 30 万元以上 300 万元以下　　D. 50 万元以上 500 万元以下

答案：D

考点：本题考查《证券法》。

143. 证券公司承销或者销售擅自公开发行或者变相公开发行的证券的，责令停止承销或者销售，没收违法所得，并处以（　　）的罚款。

A. 违法所得 3 倍以上 10 倍以下　　B. 违法所得 1 倍以上 3 倍以下

C. 违法所得 1 倍以上 10 倍以下　　D. 违法所得 5 倍以上 10 倍以下

答案：C

考点：本题考查《证券法》。

144. 保荐人出具有虚假记载、误导性陈述或者重大遗漏的保荐书，或者不履行其他法定职责的，责令改正，给予警告，没收业务收入，没有业务收入或者业务收入不足100万元的，处以（　　）的罚款。

A. 10万元以上100万元以下　　B. 50万元以上500万元以下

C. 200万元以上500万元以下　　D. 100万元以上1 000万元以下

答案：D

考点：本题考查《证券法》。

145. 上市公司、股票在国务院批准的其他全国性证券交易场所交易的公司持有5%以上股份的股东、董事、监事、高级管理人员，将其持有的该公司的股票或者其他具有股权性质的证券在买入后（　　）个月内卖出，或者在卖出后（　　）个月内又买入，由此所得收益归该公司所有，公司董事会应当收回其所得收益。

A. 3；3　　B. 3；6

C. 6；6　　D. 6；12

答案：C

考点：本题考查《证券法》。

146. 证券交易内幕信息的知情人或者非法获取内幕信息的人，违反《证券法》第五十三条的规定从事内幕交易的，责令依法处理非法持有的证券，没收违法所得，并处以（　　）的罚款。

A. 3万元以上30万元以下　　B. 30万元以上60万元以下

C. 违法所得1倍以上5倍以下　　D. 违法所得1倍以上10倍以下

答案：D

考点：本题考查《证券法》。

147. 证券交易内幕信息的知情人或者非法获取内幕信息的人，违反《证券法》第五十三条的规定从事内幕交易的，责令依法处理非法持有的证券，没收违法所得，没有违法所得或者违法所得不足50万元的，处以（　　）的罚款。

A. 3万元以上30万元以下　　B. 30万元以上60万元以下

C. 50万元以上500万元以下　　D. 违法所得1倍以上10倍以下

答案：C

考点：本题考查《证券法》。

148. 单位从事内幕交易的，还应当对直接负责的主管人员和其他直接责任人员给予警告，并处以（　　）下的罚款。

A. 3万元以上30万元以下　　B. 20万元以上200万元以下

C. 30万元以上60万元以下　　D. 50万元以上500万元以下

答案：B

考点：本题考查《证券法》。

149. 违反《证券法》第五十五条规定，操纵证券市场的，责令依法处理其非法持有的证券，没收违法所得，并处以（　　）的罚款。

A. 3 万元以上 30 万元以下　　B. 30 万元以上 60 万元以下

C. 违法所得 1 倍以上 5 倍以下　　D. 违法所得 1 倍以上 10 倍以下

答案：D

考点：本题考查《证券法》。

150. 根据《证券法》第一百九十六条的规定，收购人未按照《证券法》规定履行上市公司收购的公告、发出收购要约义务的，责令改正，给予警告，并处以（　　）的罚款。

A. 3 万元以上 30 万元以下　　B. 20 万元以上 200 万元以下

C. 30 万元以上 60 万元以下　　D. 50 万元以上 500 万元以下

答案：D

考点：本题考查《证券法》第一百九十六条的规定。

151. 下列关于法的特征的描述，正确的是（　　）。

A. 法是调整人们的行为或社会关系的规范，具有规范性

B. 法是由社会规定的社会规范

C. 法的内容主要以权利为主

D. 法不依靠国家强制力来保障

答案：A

考点：本题考查法的特征。法是调整人们的行为或社会关系的规范，具有规范性；法是由国家制定或认可的社会规范，具有国家意志性；法是以权利和义务为内容的社会规范；法是依靠国家强制力来保障实施的规范，具有国家强制性。

152. 下列有关国家强制力保障法律实施的说法，正确的是（　　）。

A. 国家通过强制力来保障法的实施，不用按照程序

B. 只有犯罪行为，才会受到国家强制力的制裁

C. 国家强制力是保障法实施的唯一手段

D. 国家强制力保障法律实施是法与其他社会规范相区别的重要标志

答案：D

考点：国家通过强制力来保障法的实施，需要按照一定程序，依法进行。任何违法行为，都将受到国家强制力的制裁。法的实施还需要社会舆论、道德观念等因素的力量来保障。国家强制力是保障法实施的最后手段，但不是唯一手段。

153. 法律关系分类中不包括（　　）。

A. 双边法律关系与多边法律关系

B. 确认性法律关系与创设性法律关系

C. 第一性法律关系与第二性法律关系

D. 客观法律关系与主观法律关系

答案：D

考点：本题考查法律关系的分类。确认性法律关系与创设性法律关系，纵向法律关系与横向法律关系，双边法律关系与多边法律关系，第一性法律关系与第二性法律关系。

154. 两种法律之间存在因果关系，这两种法律之间的关系属于（　　）。

A. 双边法律关系与多边法律关系

B. 确认性法律关系创设性法律关系

C. 第一性法律关系与第二性法律关系

D. 纵向法律关系横向法律关系

答案：C

考点：按照不同法律关系之间的因果关系，可以将法律关系分为第一性法律关系与第二性法律关系。

155. 下列选项中，不属于作为法律主体中的组织的是（　　）。

A. 北京市第八中学　　B. 和兴实业有限公司

C. 某无国籍人　　D. 红十字会

答案：C

考点：本题考查法律关系主体种类。法律主体中，组织可以分为三类：一是国家机关；二是营利性法人或非法人组织；三是非营利性法人或社会组织。我国公民以及我国境内的外国人和无国籍人，属于法律主体中的自然人，不属于法律主体中的组织。

156. 下列选项中，不属于法律关系客体的是（　　）。

A. 某明星的脸　　B. 某明星的肖像

C. 某明星的演唱会门票　　D. 卖门票的演艺公司

答案：D

考点：本题考查法律关系客体种类。实践中，法律关系客体包括下列几类：（1）物；（2）人身、人格；（3）精神成果，又称为智力成果；（4）行为，包括作为和不作为两种情形。组织是法律关系的主体。

157. 现行证券市场法律不包括（　　）。

A.《证券法》　　B.《刑法》

C.《反洗钱法》　　D.《物权法》

答案：D

考点：本题考查现行的证券市场法律。《民法典》附则规定，自 2020 年 1 月 1 日起，《物权法》等废止。

158. 根据《期货和衍生品法》第一百三十二条的规定，非法设立期货公司，或者未经核准从事相关期货业务的，对直接负责的主管人员和其他直接责任人员给予警告，并处以（　　）万元以上（　　）万元以下的罚款。

A. 5；50　　B. 10；100

C. 20；200　　D. 50；500

答案：C

考点：考查非法设立、经营期货公司的法律责任。

159. 根据《期货和衍生品法》第一百三十三条的规定，提交虚假申请文件或者采取其他欺诈手段骗取期货公司设立许可、重大事项变更核准或者期货经营机构期货业务许可的，撤销相关许可，没收违法所得，没有违法所得或者违法所得不足 20 万元的，处以（　　）万元以上（　　）万元以下的罚款。

A. 20；40　　B. 20；100

C. 20；200　　D. 20；500

答案：C

考点：考查非法设立、经营期货公司的法律责任。

160. 下列有关公司的说法，正确的是（　　）。

A. 公司不是法人

B. 公司以其全部资产对外承担民事责任

C. 我国《公司法》适用于有限责任公司、股份有限公司和无限责任公司

D. 公司股东对公司承担无限连带责任

答案：B

考点：本题考查公司的定义。公司是指以营利为目的，由 1 个或者特定人数的股东投资组建的企业法人，股东以其投资额为限对公司负责，公司以其全部财产对外承担民事责任，公司以其全部资产对外承担民事责任。我国《公司法》适用于有限责任公司、股份有限公司。

161. 不具有法人资格，不能独立享有权利、承担责任，没有独立的财产的公司是（　　）。

A. 分公司　　B. 子公司

C. 以上都是　　D. 以上都不是

答案：A

考点：本题考查分公司的法律地位。分公司具有非独立性，主要表现是：分公司不具有法人资格，不能独立享有权利、承担责任，其一切行为的后果及责任由公司承担；二是分公司没有独立的公司名称及章程，其对外从事经营活动必须以总公司的名义，遵守总公司的章程；三是分公司在人事、经营上没有自主权，其主要业务活动及主要管理人员由总公司决定并委任，并根据总公司的委托或授权进行业务活动；四是分公司没有独立的财产，其所有资产属于总公司，并作为总公司的资产列入总公司的资产负债表

中。因此选项 A 正确。

162. 子公司是指一定数额的股份被另一公司控制或按照协议被另一公司控制、支配的公司。以下选项中关于子公司特征的表述正确是（　　）。

A. 没有独立法人人格

B. 没有独立公司章程

C. 拥有独立的组织机构和财产，能够自负盈亏，独立核算

D. 一切行为后果及责任由母公司承担

答案：C

考点：本题考查子公司的特征。子公司具有如下特征：子公司是独立的法人，具有独立的法人人格；拥有独立的公司名称和公司章程；拥有独立的组织机构；拥有独立的财产，能够自负盈亏，独立核算；以自己的名义开展经营活动，从事各类民事活动；独立承担公司行为所带来的后果和责任。

163. 下面有关公司设立方式的说法，错误的是（　　）。

A. 发起设立适用于有限责任公司、股份有限公司

B. 募集设立适用于股份有限公司

C. 募集设立时，全部股份均向社会公开募集

D. 发起设立时，由发起人认购公司应发行的全部股份

答案：C

考点：本题考查公司的设立方式。发起设立适用于有限责任公司和股份有限公司，募集设立只适用于股份有限公司。募集设立时，发起人认购公司应发行股份的一部分，其余股份向社会公开募集或者向特定对象募集而设立公司。发起设立，是指由发起人认购公司应发行的全部股份而设立公司。

164. 下列对于公司章程的描述，正确的是（　　）。

A. 公司登记机关可以先登记公司再让公司报送章程

B. 公司章程是公司治理的重要依据

C. 公司章程仅对公司股东、高级管理人员有效

D. 公司章程与法律冲突的，以章程为准

答案：B

考点：本题考查公司章程。如果公司设立登记时没有报送公司章程，公司登记机关将会拒绝登记。公司章程是公司组织或活动的基本准则，它对公司、股东、董事、监事、高级管理人员具有同样的约束力。公司章程只能在强制性法规的范围内发生效力，违反了强制性法规的章程不具有约束力。

165. 公司章程中记载事项中不记载可导致章程无效的事项是（　　）。

A. 不必要记载事项　　B. 绝对必要记载事项

C. 相对必要记载事项　　D. 任意记载事项

答案：B

考点：本题考查记载事项。绝对必要记载事项是法律规定的必须记载的事项，如不记载，可导致章程无效。

166. 下列关于公司章程记载事项的说法，错误的是（　　）。

A. 公司章程记载事项区分为必要记载事项和任意记载事项

B. 必要记载事项又可进一步区分为绝对必要记载事项和相对必要记载事项

C. 相对必要记载事项是法律规定应当记载的事项，如不记载，可导致章程无效

D. 任意记载事项是可根据需要由当事人自己决定的任何不违背法律的事项。但任意记载事项一经记载，即产生法律效力，对当事人发生约束力。

答案：C

考点：本题考查记载事项。一般将公司章程记载事项区分为必要记载事项和任意记载事项。必要记载事项又可进一步区分为绝对必要记载事项和相对必要记载事项。绝对必要记载事项是法律规定的必须记载的事项，如不记载，可导致章程无效。相对必要记载事项是法律规定应当记载的事项，如不记载，法律可采取补救措施。任意记载事项是可根据需要由当事人自己决定的任何不违背法律的事项。任意记载事项一经记载，即产生法律效力，对当事人发生约束力。

167. 根据《公司法》中关于公司提供担保的规定，下列做法正确的是（　　）。

A. 某公司高管张三未经董事会或股东会决议，直接以公司名义进行担保

B. 公司章程规定担保总额为 1 000 万元，高管张三以公司名义担保了 1 200 万元

C. 股东张三是 A、B 两家公司的股东，张三参加了 A 股东会中关于对 B 担保的表决

D. 公司为计划公司股东张三担保，此事必须经股东会或者股东大会决议

答案：D

考点：此处考查《公司法》中关于公司提供担保的事项。公司向其他企业投资或者为他人提供担保，依照公司章程的规定，由董事会或者股东会、股东大会决议；公司章程对投资或者担保的总额及单项投资或者担保的数额有限额规定的，不得超过规定的限额。公司为公司股东或者实际控制人提供担保的，必须经股东会或者股东大会决议。对于被担保人股东或者受被担保实际控制人支配的股东，不得参加该担保事项的表决。该项表决由出席会议的其他股东所持表决权的过半数通过。

168. 下列有关有限责任公司经理的表述中，不正确的是（　　）。

A. 经理直接对股东会负责

B. 经理主持公司的生产经营管理工作，组织实施董事会决议

C. 经理制定公司的具体规章

D. 经理提请聘任或者解聘公司副经理、财务负责人

答案：A

考点：本题考查《公司法》中有关有限责任公司经理的职权。经理对董事会负责，而不是直接对股东大会负责。

169. 下列有关有限责任公司的说法，正确的是（　　）。

A. 股东可以以劳动出资

B. 有限责任公司董事会成员为 50 人至 100 人

C. 有限责任公司必须设董事会

D. 监事会成员由股东会选举产生，或者由职工代表大会、职工大会或其他方式民主选举产生。

答案：D

考点：本题考查有限公司董事会的规定。股东可以用货币出资，也可以用实物、知识产权、土地使用权等可以用货币估价并可以依法转让的非货币财产作价出资，但是劳动不是财产。有限责任公司董事会成员为 3 人至 13 人。股东人数较少或者规模较小的有限责任公司，可以不设董事会。监事会成员由股东会选举产生，或者由职工代表大会、职工大会或其他方式民主选举产生。

170. 下列有关有限责任公司的说法，错误的是（　　）。

A. 有限责任公司设董事会，其成员为 3 人至 13 人

B. 执行董事的职权由公司章程规定

C. 监事任期届满，不得连任

D. 有限责任公司可以设经理

答案：C

考点：本题考查有限责任公司的组织机构。有限责任公司监事任期届满，连选可以连任。

171. 两个以上的国有企业或者两个以上的其他国有投资主体投资设立的有限责任公司，其董事会成员中应当有（　　）。

A. 总会计师　　B. 人事处处长

C. 采购经理　　D. 公司职工代表

答案：D

考点：本题考查有限责任公司的特殊规定。

172. 下列事项属于有限责任公司监事会职权的是（　　）。

①检查公司财务

②拟订公司内部管理机构设置方案

③当董事、高级管理人员的行为损害公司的利益时，要求董事、高级管理人员予以纠正

④召集股东会会议，并向股东会报告工作

⑤对公司增加或者减少注册资本做出决定

⑥向股东会会议提出提案

A. ①②⑥　　B. ②③⑤

C. ③④⑤　　D. ①③⑥

答案：D

考点：本题考查有限责任公司监事会的职权，其中①③⑥属于监事会职权，而⑤属于股东会职权，②是经理职权，④是董事会职权。

173. 下列关于公司股权的说法，错误的是（　　）。

A. 公司合并、分立、转让主要财产的，股东会回购股权决议投反对票的股东可以请求公司按照合理的价格收购其股权

B. 因股权的自愿让与或强制执行产生的股权转让，公司应当注销原股东的出资证明书，向新股东签发出资证明书

C. 自然人股东死亡后，其合法继承人可以继承股东资格

D. 人民法院依照法律规定的强制执行程序转让股东的股权时，不用通知公司及全体股东

答案：D

考点：人民法院依照法律规定的强制执行程序转让股东的股权时，应当通知公司及全体股东。

174. 自然人A、B、C决定发起设立股份有限公司。公司注册资本1 000万元。A认缴200万元，B认缴300万元，C认缴500万元。B、C在认缴时实缴全部资金，A认缴时实缴100万元。（　　）的做法是符合规定（不考虑其他规定）。

A. A　　B. B

C. C　　D. 全部

答案：D

考点：本题考查认缴与实缴。A、B、C三人认缴了全部注册资本。实缴额可以与认缴额不同。认缴后可以指定日后缴足款项。

175. 下列有关股份有限公司设立的说法，错误的是（　　）。

A. 如无特殊规定，募集设立时，发起人认购的股份不得少于公司股份总数的35%

B. 发起人可以都不在中国境内有住所

C. 董事会应于创立大会结束后30日内，向公司登记机关报送文件，申请登记

D. 股份有限公司可以通过募集设立的方式来设立公司

答案：B

考点：本题考查股份有限公司的设立。选项B，须有半数以上的发起人在中国境内有住所。

176. 下列有关股份有限公司监事会的说法，正确的是（　　）。

A. 监事会发现公司经营情况异常，可以进行调查；必要时，可以聘请会计师事务

所等协助其工作，费用由公司承担

B. 监事会无权对董事会决议事项进行质询或者建议

C. 监事会无权列席董事会会议

D. 监事会行使职权所必需的费用，由监事会承担

答案：A

考点：本题考查股份有限公司监事会的规定。股份有限公司中，监事会可以列席董事会会议，并对董事会决议事项提出质询或者建议，监事会发现公司经营情况异常，可以进行调查；必要时，可以聘请会计师事务所等协助其工作，费用由公司承担。监事会行使职权所必需的费用，由公司承担。

177. 下列有关股份有限公司股份发行的说法，错误的是（　　）。

A. 股票发行价格可以按票面金额，也可以超过票面金额，但不得低于票面金额

B. 发行无记名股票的，公司应当记载其股票数量、编号及发行日期

C. 公司向发起人、法人发行的股票，可以是记名股票，也可以是无记名股票

D. 股票采用纸面形式或者国务院证券监督管理机构规定的其他形式

答案：C

考点：本题考查股票发行。选项 C，公司发行的股票，可以为记名股票，也可以为无记名股票。但公司向发起人、法人发行的股票，应当为记名股票。

178. 下列有关股份有限公司股份转让的规定，错误的是（　　）。

A. 非上市公司，股东大会召开前 20 日内或者公司决定分配股利的基准日前 5 日内，不得进行股东名册的变更登记

B. 无记名股票，由股东将该股票交付给受让人后即可

C. 上市公司必须依照法律、行政法规的规定，每会计年度公布一次财务会计报告即可

D. 公司董事、监事、高级管理人员离职后半年内，不得转让其所持有的本公司股份

答案：C

考点：本题考查股份有限公司股份转让。上市公司必须依照法律、行政法规的规定，公开其财务状况、经营情况及重大诉讼，在每会计年度内半年公布一次财务会计报告。

179. 公司可以回购股份的情形不包含（　　）。

A. 减少公司注册资本

B. 与持有本公司股份的其他公司合并

C. 将股份用于转换上市公司发行的可转换为股票的公司债券

D. 某股东撤资

答案：D

考点：本题考查公司股份回购。撤资不属于法定可以回购股份的情形。

180. 有关上市公司特别规定说法，正确的是（　　）。

A. 上市公司在 1 年内购买、出售重大资产或者担保金额超过公司资产总额 30% 的，应当由股东大会决议，并经出席会议的股东所持有表决权的 2/3 以上通过

B. 上市公司董事与董事会会议决议事项所涉及的企业有关联关系的，可以对该项决议行使表决权

C. 出席董事会的无关联关系董事人数不足 3 人的，决议事项可以直接由董事会决定

D. 上市公司董事与董事会会议决议事项所涉及的企业有关联关系的，可以代理其他董事行使表决权

答案：A

考点：本题考查上市公司的特别规定。上市公司在 1 年内购买、出售重大资产或者担保金额超过公司资产总额 30% 的，应当由股东大会决议，并经出席会议的股东所持表决权的 2/3 以上通过。上市公司董事与董事会会议决议事项所涉及的企业有关联关系的，不得对该项决议行使表决权，也不得代理其他董事行使表决权。上述董事会会议，出席董事会的无关联关系董事人数不足 3 人的，应将该事项提交上市公司股东大会审议。

181. 下列有关公积金的说法，正确的是（　　）。

A. 法定公积金转为资本时，所留存的该项公积金不得少于转增前公司注册资本的 60%

B. 公司的法定公积金不足弥补以前年度亏损的，在提取法定公积金之前，应当先用当年利润弥补亏损

C. 公司应当提取税后利润的 30% 列入公司法定公积金

D. 公司法定公积金累计额为公司注册资本的 10% 以上的，可以不再提取

答案：B

考点：本题考查公司提取法定积金的规定。法定积金为资本，所存的该项公积金不得少于转增前公司注册资本的 25%。公司分配当年税后利润时，应当提取利润的 10% 列入公司法定公积金。公司法定公积金累计额为公司注册资本的 50% 以上的，可以不再提取。

182. 下列有关公积金的说法，正确的是（　　）。

A. 公司的公积金不可以用于扩大公司生产经营

B. 公司的法定公积金不足弥补以前年度亏损的，可以直接提取法定公积金

C. 资本公积金不能用于弥补亏损

D. 公司的公积金不可以转增资本

答案：C

考点：本题考查公积金的用途。公司的公积金用于弥补公司亏损、扩大公司生产经营或者转为增加公司资本，资本公积不得用于弥补公司的亏损。公司的法定公积金不足弥补以前年度亏损的，在提取法定公积金之前，应当先用当年利润弥补亏损。

183. 下列有关公司利润分配的说法，错误的是（　　）。

A. 如公司章程无特殊规定，股份有限公司不能同股不同利

B. 可以在公司弥补亏损前向股东分配利润

C. 公司持有的本公司股份不得分配利润

D. 公司新增资本时，股东有权优先按照实缴的出资比例认缴出资

答案：B

考点：本题考查公司的利润分配。股份有限公司按照股东持有的股份比例分配，但股份有限公司章程规定不按持股比例分配的除外。公司弥补亏损和提取公积金后所余税后利润才能分配。公司持有的本公司股份不得分配利润。

184. 有关公司法律责任的说法，错误的是（　　）。

A. 虚报注册资本、提交虚假材料或者采取其他欺诈手段隐瞒重要事实取得公司登记的，由公司登记机关责令改正

B. 对虚报注册资本的公司，处以虚报注册资本金额 5% 以上 15% 以下的罚款

C. 公司的发起人、股东虚假出资，未交付或者未按期交付作为出资的货币或者非货币财产的，由公司登记机关责令改正，处以虚假出资金额 5% 以上 15% 以下的罚款

D. 公司在依法向有关主管部门提供的财务会计报告等材料上，做虚假记载或者隐瞒重要事实的，由有关主管部门对股东处以 3 万元以上 30 万元以下的罚款

答案：D

考点：本题考查公司法律责任。违反《公司法》规定，在法定的会计账簿以外另立会计账簿的，由县级以上人民政府财政部门责令改正，处以 5 万元以上 50 万元以下的罚款。

185. 关于普通合伙企业的出资，下列说法正确的是（　　）。

A. 以实物出资，需要评估作价的，只能由全体合伙人委托法定评估机构评估

B. 合伙人不可以劳务出资

C. 合伙人以劳务出资的，评估方法由一半以上合伙人协商确定

D. 合伙人以劳务出资的，评估方法由全体合伙人协商确定

答案：D

考点：本题考查合伙人的出资方式。合伙人以实物、知识产权、土地使用权或者其他财产权利出资，需要评估作价的，可以由全体合伙人协商确定，也可以由全体合伙人委托法定评估机构评估。合伙人以劳务出资的，其评估方法由全体合伙人协商确定，并在合伙协议中载明。

186. 下列选项中，可以作为普通合伙人的是（　　）。

A. 中国石油化工股份有限公司　　B. 张三

C. 全国文联　　D. 国家图书馆

答案：B

考点：本题考查普通合伙人的主体适格性限制。为保护国有资产和上市公司股东的利益，国有独资公司、国有企业、上市公司不得成为普通合伙人。另外，公益性的事业单位、社会团体也不得成为普通合伙人。

187. 下列有关合伙事务执行的规定，说法错误的是（　　）。

A. 委托 1 个或者数个合伙人执行合伙事务的，其他合伙人不再继续执行合伙事务

B. 不执行合伙事务的合伙人有权监督执行事务的合伙人执行合伙事务的情况

C. 受委托执行合伙事务的合伙人不按照合伙协议或者全体合伙人的决定执行事务的，其他合伙人有权决定撤销该委托

D. 合伙协议未约定或者约定不明确的，可以按照一人多票，并经全体合伙人过半数票通过

答案：D

考点：本题考查合伙事务执行。合伙协议未约定或者约定不明确的，实行合伙人一人一票并经全体合伙人过半数通过的表决方法，故 D 选项错误。

188. 下列有关合伙企业债务清偿的说法，正确的是（　　）。

A. 合伙企业不能清偿到期债务的，合伙人对其承担无限连带责任

B. 合伙企业对合伙人执行合伙事务以及对外代表合伙企业权利的限制，可以对抗善意第三人

C. 合伙人由于承担无限连带责任，清偿数额超过其亏损分担比例的，无权向其他合伙人追偿

D. 人民法院强制执行合伙人的财产份额时，无须通知全体合伙人

答案：A

考点：本题考查合伙企业的债务清偿。合伙企业对合伙人执行合伙事务以及对外代表合伙企业权利的限制，不得对抗善意第三人，故 B 项错误。合伙人由于承担无限连带责任，清偿数额超过其亏损分担比例的，有权向其他合伙人追偿，故 C 项错误。人民法院强制执行合伙人的财产份额时，应当通知全体合伙人，其他合伙人有优先购买权，故 D 项错误。

189. 下列关于退伙的说法，正确的是（　　）。

A. 退伙分为法定退伙和自愿退伙两种

B. 经 1/2 合伙人一致同意时可退伙

C. 发生合伙人难以继续参加合伙的事由，可以退伙

D. 合伙协议未约定合伙期限的，合伙人在不给合伙企业事务执行造成不利影响的情况下，可以退伙，但应当提前 5 日通知其他合伙人

答案：C

考点：本题考查合伙企业退伙。退伙包括自愿退伙、法定退伙和除名退伙三种情形。在合伙企业存续期间，发生合伙人难以继续参加合伙的事由，或经全体合伙人一致同意，合伙人可以退伙。合伙协议未约定合伙期限的，合伙人在不给合伙企业事务执行造成不利影响的情况下，可以退伙，但应当提前30日通知其他合伙人。

190. 特殊普通合伙企业的特殊之处表现为（　　）。

A. 特殊的普通合伙企业名称中应当标明“特殊普通合伙”字样

B. 1个合伙人或者数个合伙人在执业活动中因故意或者重大过失造成合伙企业债务的，其他合伙人应当承担无限责任或者无限连带责任

C. 合伙人执业活动中，因故意或者重大过失造成的合伙企业债务，以合伙企业财产对外承担责任后，该合伙人应当按照合伙协议的约定对给合伙企业造成的损失承担赔偿责任

D. 合伙人在执业活动中，非因故意或者重大过失造成的合伙企业债务以及企业的其他债务，其他合伙人以其在合伙企业中的财产份额为限承担责任

答案：C

考点：本题考查特殊普通合伙企业。1个合伙人或者数个合伙人在执业活动中因故意或者重大过失造成合伙企业债务的，应当承担无限责任或者无限连带责任，其他合伙人以其在合伙企业中的财产份额为限承担责任。合伙人在执业活动中非因故意或者重大过失造成的合伙企业债务以及合伙企业的其他债务，由全体合伙人承担无限连带责任。合伙人执业活动中因故意或者重大过失造成的合伙企业债务，以合伙企业财产对外承担责任后，该合伙人应当按照合伙协议的约定对合伙企业造成的损失承担赔偿责任。

191. 以下关于有限合伙的表述正确的是（　　）。

A. 有限合伙人可以同本有限合伙企业进行交易，但是合伙协议另有约定的除外

B. 有限合伙人不可以自营或者同他人合作经营与本有限合伙企业相竞争的业务

C. 有限合伙人不可以将其在有限合伙企业中的财产份额出质

D. 有限合伙人不可以向合伙人以外的人转让其在有限合伙企业中的财产份额

答案：A

考点：本题考查有限合伙企业的特殊性。有限合伙人可以同本有限合伙企业进行交易；但是，合伙协议另有约定的除外。有限合伙人可以自营或者同他人合作经营与本有限合伙企业相竞争的业务，但是合伙协议另有约定的除外。有限合伙人可以将其在有限合伙企业中的财产份额出质。有限合伙人可以向合伙人以外的人转让其在有限合伙企业中的财产份额，但应当提前30天通知其他合伙人。

192. 下列有关有限合伙人的说法，错误的是（　　）。

A. 第三人有理由相信有限合伙人为普通合伙人并与其交易的，该有限合伙人对该笔交易承担与普通合伙人同样的责任

B. 人民法院强制执行有限合伙人的财产份额时，应当通知全体合伙人。在同等条件下，其他合伙人有优先购买权

C. 有限合伙人死亡，继承人或者权利承受人可以依法取得该有限合伙人在有限合伙企业中的资格

D. 有限合伙人退伙后，对基于其退伙前的原因发生的债务，承担无限责任

答案：D

考点：本题考查有限合伙人。第三人有理由相信有限合伙人为普通合伙人并与其交易的，该有限合伙人对该笔交易承担与普通合伙人同样的责任。人民法院强制执行有限合伙人的财产份额时，应当通知全体合伙人。在同等条件下，其他合伙人有优先购买权。作为有限合伙人的自然人死亡、被依法宣告死亡或者作为有限合伙人的法人及其他组织终止时，其继承人或者权利承受人可以依法取得该有限合伙人在有限合伙企业中的资格。有限合伙人退伙后，对基于其退伙前的原因发生的有限合伙企业债务，以其退伙时从有限合伙企业中取回的财产承担责任。

193. 合伙企业财产进行清偿的顺序为（　　）。

①清偿债务

②清缴所欠税款

③支付清算费用和职工工资

④依照普通合伙企业利润分配

A. ①②③④　　B. ①③④②

C. ③②①④　　D. ①②④③

答案：C

考点：本题考查企业清算时的清偿顺序。合伙企业财产在支付清算费用和职工工资、社会保险费用、法定补偿金以及缴纳税款、清偿债务后的剩余财产，依照普通合伙企业利润分配、亏损分担规则进行分配。

194. 2022 年 3 月 1 日，张三、李四、王五三人到工商局办理合伙企业登记。在办理过程中，为了获得更多纳税优惠，三人称该企业是高新技术企业并以此登记了合伙企业，但实际上并未从事相关的业务。该企业名为“张三李四王五集团”。2022 年 8 月，该集团为了扩展业务，三人一拍即合，没办其他手续就直接在某电商平台上开了一家网店出售自制食品，销量颇佳。后王五看销量不错，自己单独去仓库装了一批货并以王五网店的名义售卖，且收益归自己。上述案例中出现了（　　）个违法事项。

A. 1　　B. 2

C. 3　　D. 4

答案：D

考点：本题考查合伙企业的违法事项。违法事项有 4 个：（1）谎称自己是高新技术企业而取得登记。（2）公司名未标注“普通合伙”。（3）未领取食品经营营业执照。

（4）王五职务侵占公司财产。

195. 有关证券的代销、包销说法，错误的是（　　）。

A. 证券包销，是指证券公司代发行人发售证券，在承销期结束时，将未售出的证券全部退还给发行人的承销方式

B. 证券代销，是指证券公司代发行人发售证券，在承销期结束时，将未售出的证券全部退还给发行人的承销方式

C. 证券公司承销证券，应当对公开发行募集文件的真实性、准确性、完整性进行核查

D. 证券的代销、包销期限最长不得超过 90 日

答案：A

考点：本题考查证券的销售。证券包销，是指证券公司将发行人的证券按照协议全部购入，或者在承销期结束时将售后剩余证券全部自行购入的承销方式。

196. 公司代发行人发售证券，在承销期结束时，将未售出的证券全部退还给发行人。这是（　　）。

A. 统销　　B. 包销

C. 代销　　D. 直销

答案：C

考点：本题考查证券承销业务的种类。证券代销，是指证券公司代发行人发售证券，在承销期结束时，将未售出的证券全部退还给发行人的承销方式。证券包销，是指证券公司将发行人的证券按照协议全部购入，或者在承销期结束时将售后剩余证券全部自行购入的承销方式。

197. 下列有关上市公司收购的说法，错误的是（　　）。

A. 收购行为完成后，收购人与被收购单位合并，并将该公司解散的，被解散公司的原有股票由收购人依法更换

B. 收购人应当在 15 日内将收购情况报告国务院证券监督管理机构和证券交易所，并予公告

C. 收购行为完成后，被收购公司不再具备股份有限公司条件的，该上市公司的股票应当由证券交易所依法终止上市交易

D. 收购人持有的被收购的上市公司的股票，在收购行为完成后的 6 个月内不得转让

答案：D

考点：本题考查收购行为。在上市公司收购中，收购人持有的被收购的上市公司的股票，在收购行为完成后的 18 个月内不得转让。

198. 下列有关证券交易所的规定中，正确的是（　　）。

A. 实行会员制的证券交易所设理事会，并设总经理 1 人，由国务院证券监督管理

机构任免

B. 证券交易所章程的制定和修改，必须经全体会员同意后生效

C. 证券交易所的财产积累归会员所有，在其存续期间，每一会计年度期末进行分配

D. 个人不得使用证券交易所或者近似的名称，但是单位可以

答案：A

考点：本题考查证券交易所的规定。实行会员制的证券交易所设理事会、监事会，并设总经理 1 人，总经理由国务院证券监督管理机构任免。证券交易所章程的制定和修改，必须经国务院证券监督管理机构批准。证券交易所在其存续期间，不得将其财产积累分配给会员。证券交易所必须在其名称中标明“证券交易所”字样其他任何单位或者个人不得使用证券交易所或者近似的名称。

199. 下列有关证券交易所的交易规则，错误的是（　　）。

A. 进入实习会员制的证券交易所参与集中交易的，必须是证券交易所的会员

B. 投资者应当与证券公司签订证券交易委托协议，并在证券公司实名开立账户

C. 上市公司可以向证券交易所申请其上市交易股票的停牌或者复牌，但不得滥用停牌或者复牌损害投资者的合法权益

D. 证券公司可以将投资者的账户提供给他人使用

答案：D

考点：本题考查证券交易所交易规则。进入实习会员制的证券交易所参与集中交易的，必须是证券交易所的会员。证券公司为投资者开立账户，应当按照规定对投资者提供的身份信息进行核对。证券公司不得将投资者的账户提供给他人使用。上市公司可以向证券交易所申请其上市交易股票的停牌或者复牌，但不得滥用停牌或者复牌损害投资者的合法权益。

200. 下列关于设立证券登记结算机构的条件的说法，错误的是（　　）。

A. 自有资金不少于人民币 20 亿元

B. 具有证券登记、存管和结算服务所必需的场所和设施

C. 国务院证券监督管理机构规定的其他条件

D. 证券登记结算机构的名称中应当标明“证券登记结算”字样

答案：A

考点：本题考查证券登记结算机构的成立条件。自有资金不少于人民币 2 亿元。

201. 下列选项不属于证券登记结算机构职能的是（　　）。

A. 证券的存管和过户

B. 受发行人的委托派发证券权益

C. 撮合交易

D. 国务院证券监督管理机构批准的其他业务

答案：C

考点：本题考查证券登记结算机构的职能。证券登记结算机构应履行下列职能：证券账户、结算账户的设立；证券的存管和过户；证券持有人名册登记；证券交易的清算和交收；受发行人的委托派发证券权益；办理与上述业务有关的查询、信息服务；国务院证券监督管理机构批准的其他业务。

202. 下列选项中，不属于基金管理人职责的是（　　）。

A. 编制中期和年度基金报告

B. 办理基金备案手续

C. 对所管理的不同基金财产分别管理、分别记账，进行证券投资

D. 安全保管基金财产

答案：D

考点：本题考查《证券投资基金法》中有关基金管理人职责的规定。安全保管基金财产是基金托管人的职责。

203. 下列不符合非公开募集基金合格投资者条件的是（　　）。

A. 慈善基金

B. 最近 3 年年均收入不低于 50 万元的个人

C. 社会保障基金

D. 金融资产应不低于 200 万元的个人

答案：D

考点：本题考查非公开募集基金的合格投资者的要求。合格的个人投资者，金融资产应不低于 300 万元或者最近 3 年个人年均收入不低于 50 万元。社会保障基金、企业年金等养老基金，慈善基金等社会公益基金也是合格投资者。

204. A 公司未经批准擅自设立基金管理公司，违法获利 90 万元，应当被证券监督管理机构予以取缔，没收违法所得，并处（　　）万元罚款。

A. 9　　B. 60

C. 130　　D. 180

答案：B

考点：本题考查《证券投资金法》的处罚规定。未经批准擅自设立基金管理公司或者未经核准从事公开募集基金管理业务的，由证券监督管理机构予以取缔或者责令改正，没收违法所得，并处违法所得 1 倍以上 5 倍以下罚款；没有违法所得或者违法所得不足 100 万元的，并处 10 万元以上 100 万元以下罚款。

205. A 公司擅自公开或者变相公开募集基金，基金主管为张三，基金额度 1 000 万元，被监管机构责令停止，返还所募资金和加计的银行同期存款利息，没收违法所得，并对 A 公司处（　　）万元罚款，对张三处（　　）万元罚款。

A. 9；1　　B. 30；20

C. 100；4　　D. 30；60

答案：B

考点：本题考查《证券投资金法》的处罚规定。擅自公开或者变相公开募集基金的，责令停止，返还所募资金和加计的银行同期存款利息，没收违法所得，并处所募资金金额1%以上5%以下罚款。对直接负责的主管人员和其他直接责任人员给予警告，并处5万元以上50万元以下罚款。

206. A公司推出“美股投资基金”业务，实际上并未进行基金登记，违法获利300万元，需要接受的处罚为责令改正，没收违法所得，并处（　　）万元罚款。

A. 150　　B. 1 600

C. 600　　D. 200

答案：C

考点：本题考查《证券投资金法》的处罚规定。擅自从事投资基金业务的，责令改正，没收违法所得，并处违法所得1倍以上5倍以下罚款；没有违法所得或者违法所得不足30万元的，并处10万元以上30万元以下罚款。

207. A基金公司（旗下有10支公募基金），私下变更了实际控制人并收取好处费60万元，未按照国务院证券监督管理机构的规定及时履行重大事项报告义务，应当接受的处罚为没收违法所得，并处罚款（　　）万元。

A. 1　　B. 20

C. 200　　D. 300

答案：B

考点：本题考查《证券投资金法》的处罚规定。基金管理人的股东、实际控制人按照国务院证券监督管理的规定行重大事项报告义务的，没收违法所得，并处违法所得1倍以上5倍以下罚款。没有违法所得或者违法所得不足100万元的，并处10万元以上100万元以下罚款。

208. A基金管理人的实际控制人要求基金管理人利用基金财产为自己的子公司输送利润1 000万元，损害了基金份额持有人利益。被监管机构调查后责令改正，没收违法所得，并处罚款（　　）万元。

A. 900　　B. 2 000

C. 6 000　　D. 8 000

答案：B

考点：本题考查《证券投资金法》的处罚规定。基金管理人的股东、实际控制人要求基金管理人利用基金财产为自己或者他人牟取利益，损害基金份额持有人利益的，责令改正，没收违法所得，并处违法所得1倍以上5倍以下罚款；没有违法所得或者违法所得不足100万元的，并处10万元以上100万元以下罚款。

209. A基金份额登记机构篡改了基金份额登记数据，被责令改正，处（　　）万元罚款。

A. 5　　B. 14

C. 150　　D. 200

答案：B

考点：本题考查《证券投资金法》的处罚规定。基金份额登记机构隐匿、伪造、篡改、毁损基金份额登记数据的，责令改正，处10万元以上100万元以下罚款。

210. 根据《期货和衍生品法》第一百三十三条的规定，提交虚假申请文件或者采取其他欺诈手段骗取期货公司设立许可、重大事项变更核准或者期货经营机构期货业务许可的，对直接负责的主管人员和其他直接责任人员给予警告，并处以（　　）万元以上（　　）万元以下的罚款。

A. 5；50　　B. 10；100

C. 20；200　　D. 50；500

答案：C

考点：考查非法设立、经营期货公司的法律责任。

211. 根据《期货和衍生品法》第一百四十五条的规定，境外期货交易场所和期货经营机构违反本法第一百一十八条和第一百二十条的规定，未向国务院期货监督管理机构申请注册的，责令改正，没收违法所得，没有违法所得或者违法所得不足50万元的，处以（　　）万元以上（　　）万元以下的罚款。

A. 50；100　　B. 50；150

C. 50；250　　D. 50；500

答案：D

考点：考查跨境交易过程中的法律责任。

212. 根据《期货和衍生品法》第一百四十五条的规定，境外期货交易场所和期货经营机构违反本法第一百一十八条和第一百二十条的规定，未向国务院期货监督管理机构申请注册的，对直接负责的主管人员和其他直接责任人员给予警告，并处以（　　）万元以上（　　）万元以下的罚款。

A. 5；50　　B. 10；100

C. 20；200　　D. 50；500

答案：B

考点：考查跨境交易过程中的法律责任。

213. 根据《期货和衍生品法》第一百四十七条的规定，境外期货交易场所在境内设立的代表机构及其工作人员违反本法第一百二十一条的规定，从事或者变相从事任何经营活动的，责令改正，给予警告，没收违法所得，没有违法所得或者违法所得不足50万元的，处以（　　）万元以上（　　）万元以下的罚款。

A. 50；100　　B. 50；150

C. 50；250　　D. 50；500

答案：D

考点：考查跨境交易过程中的法律责任。

214. 根据《期货和衍生品法》第一百四十七条的规定，境外期货交易场所在境内设立的代表机构及其工作人员违反本法第一百二十一条的规定，从事或者变相从事任何经营活动的，对直接负责的主管人员和其他直接责任人员给予警告，并处以（　　）万元以上（　　）万元以下的罚款。

A. 5；50　　B. 10；100

C. 20；200　　D. 50；500

答案：B

考点：考查跨境交易过程中的法律责任。

215. 根据《期货和衍生品法》第一百四十八条的规定，违反本法第一百二十二条的规定在境内从事市场营销、推介及招揽活动的，责令改正，给予警告，没收违法所得，没有违法所得或者违法所得不足50万元的，处以（　　）万元以上（　　）万元以下的罚款。

A. 50；100　　B. 50；150

C. 50；250　　D. 50；500

答案：D

考点：考查跨境交易过程中的法律责任。

216. 根据《期货和衍生品法》第一百四十八条的规定，违反本法第一百二十二条的规定在境内从事市场营销、推介及招揽活动的，对直接负责的主管人员和其他直接责任人员给予警告，并处以（　　）万元以上（　　）万元以下的罚款。

A. 5；50　　B. 10；100

C. 20；200　　D. 50；500

答案：B

考点：考查跨境交易过程中的法律责任。

217. 根据《证券公司监督管理条例》第二条的规定，（　　）和（　　）是对证券公司的正常经营提出的重要要求。

A. 依法经营；诚信经营　　B. 合规经营；诚信经营

C. 依法经营；审慎经营　　D. 合规经营；审慎经营

答案：C

考点：考查依法审慎经营、履行诚信义务的规定。依法审慎经营是对证券公司的正常经营提出的重要要求。这一要求包括两方面内容：一是“依法经营”；二是“审慎经营”。

218. 根据《证券公司监督管理条例》第十条的规定，发生（　　）情形，不得成为持有证券公司 5% 以上股权的股东、实际控制人。

A. 因故意犯罪被判处刑罚，刑罚执行完毕超过 3 年

B. 净资产高于实收资本的 50%，或者或有负债低于净资产的 50%

C. 净资产低于实收资本的 50%，或者或有负债达到净资产的 50%

D. 可以清偿到期债务

答案：C

考点：考查成为持有证券公司 5% 以上股权的股东、实际控制人资格的禁止性规定。根据《证券公司监督管理条例》第十条的规定，有下列情形之一的单位或者个人，不得成为持有证券公司 5% 以上股权的股东、实际控制人：（1）因故意犯罪被判处刑罚，刑罚执行完毕未逾 3 年；（2）净资产低于实收资本的 50%，或者或有负债达到净资产的 50%；（3）不能清偿到期债务。

219. 按照《证券公司内部控制指引》第二条的规定，下列属于证券公司内部控制内容的是（　　）。

A. 经纪业务　　B. 委外业务

C. 法务管理　　D. 操作风险

答案：A

考点：本题考查《证券公司内部控制指引》第二条的规定。证券公司内部控制的主要内容包括经纪业务内部控制、自营业务内部控制、投资银行业务内部控制、受托投资管理业务内部控制、研究咨询业务内部控制、业务创新的内部控制、分支机构内部控制、财务管理内部控制、会计系统内部控制、信息系统内部控制、人力资源管理内部控制等方面。

220. 按照《企业破产法》第一百三十四条的规定，证券公司不能清偿到期债务，且资产不足以清偿全部债务或者明显缺乏清偿能力的，（　　）可以向人民法院提出对证券公司进行重整或者破产清算的申请。

A. 持有证券公司 5% 以上股权的股东

B. 国务院金融监督管理机构

C. 国务院证券监督管理机构

D. 债权人

答案：B

考点：本题考查《企业破产法》第一百三十四条的规定。

221. 证券公司在业务经营中，必须遵守法律、法规、规章及其他规范性法律文件的规定，接受国务院证券监督管理机构的监督管理，监督管理措施不包括（　　）。

A. 信息、材料的报送　　B. 信息披露

C. 检查　　D. 合规

答案：D

考点：本题考查证券公司的监督管理。国务院证券监督管理机构依法对证券公司采取的监督管理措施有：信息、材料的报送，信息披露，检查，行政监管措施。

222. A证券公司在2023年1月2日，向国务院证券监督管理机构报送2022年度报告。这样做是否合规（　　）。

A. 是　　B. 否

C. 无相关规定　　D. 不要求报送

答案：A

考点：本题考查证券公司监督管理中信息、材料的报送的有关规定。证券公司应当自每一会计年度结束之日起4个月内，向国务院证券监督管理机构报送年度报告。

223. 发生影响或者可能影响证券公司经营管理、财务状况、风险控制指标或者客户资产安全的重大事件的，证券公司应当向国务院证券监督管理机构报送月度报告，说明事件的起因、目前的状态、可能产生的后果和拟采取的相应措施。这样做（　　）。

A. 正确　　B. 不正确，应该为临时报告

C. 不正确，应当为年度报告　　D. 无相关规定

答案：B

考点：本题考查证券公司监督管理中信息、材料的报送的有关规定，上述事项属于突发性事件，因此报送的报告为临时报告。

224. 国务院证券监督管理机构对治理结构不健全、内部控制不完善、经营管理混乱、设立账外账或者进行账外经营、拒不执行监督管理决定、违法违规的证券公司，应当责令其限期改正，并对证券公司进行临时接管，并进行全面核查。这样做是否合法（　　）。

A. 合法

B. 违法，国务院证券监督管理机构无此项权力

C. 违法，应当先进行询问

D. 无相关规定

答案：A

考点：本题考查对经营混乱情形进行责令限期整改的监督管理措施，上述内容皆是相应的监管措施。

225. 证券公司未经批准，委托他人或者接受他人委托持有或者管理证券公司的股权，或者认购、受让或者实际控制证券公司的股权，违法所得3万元的，没收违法所得，并处以罚款（　　）万元。

A. 3　　B. 6

C. 12　　D. 70

答案：C

考点：本题考查违反规定持有或者管理证券公司股权的法律责任。未经批准，委托

他人或接受他人委托持有或管理证券司的股权，或者认购、受让或实际控制证券公司的股权的，责令改正，给予警告，没收违法所得，并处以违法所得1倍以上5倍以下的罚款。没有违法所得或者违法所得不足10万元的，处以10万元以上60万元以下的罚款，情节严重的，撤销相关业务许可。

226. 张三持有A证券公司超过5%的股权且未经批准，应被罚款（　　）。

A. 10万元

B. 50万元

C. 100万元

D. 无罚款规定，国务院证券监督管理机构应当责令其限期改正；改正前，相应股权不具有表决权

答案：D

考点：本题考查《证券公司监督管理条例》中信息披露要求。任何单位或者个人未经批准，持有或者实际控制证券公司5%以上股权的，国务院证券监督管理机构应当责令其限期改正；改正前，相应股权不具有表决权。

227. A证券公司违反规定，与他人合资、合作经营管理分支机构，应对直接负责的主管人员和其他直接责任人员单处或者并处警告、罚款（　　）万元。

A. 1　　B. 2

C. 5　　D. 20

答案：C

考点：本题考查证券公司组织机构规定的法律责任。证券公司违反规定，与他人合资、合作经营管理分支机构，或者将分支机构承包、租赁或者委托给他人经营管理的，责令改正，给予警告，没收违法所得，对直接负责的主管人员和其他直接责任人员单处或者并处警告、3万元以上10万元以下的罚款。

228. A证券公司从事证券自营业务、证券资产管理业务，投资比例违反规定，但尚无违法所得。应责令改正，给予警告，处以（　　）万元罚款。

A. 5　　B. 15

C. 40　　D. 60

答案：B

考点：本题考查证券自营业务规定的法律责任。证券公司违反规定，从事证券自营业务、证券资管理业务，投资范围或投资比例违反规定的，责令改正，给予警告，没收违法所得，并处以违法所得1倍以上5倍以下的罚款；没有违法所得或者违法所得不足10万元的，处以10万元以上30万元以下的罚款。

229. 证券公司从事证券管理业务，投资范围或投资比例违反规定的，责令改正，给予警告，没收违法所得，并处（　　）的罚款。

A. 1倍以上3倍以下　　B. 1倍以上5倍以下

C. 3 倍以上 5 倍以下　　D. 5 倍以上 10 倍以下

答案：B

考点：证券公司从事证券管理业务，投资范围或投资比例违反规定的，责令改正，给予警告，没收违法所得，并处以违法所得 1 倍以上 5 倍以下的罚款。

230. 证券公司未按照规定存放、管理客户的交易结算资金、委托资金和客户担保账户内的资金、证券，违法获利 1 万元。应处以（　　）万元罚款。

A. 1　　B. 5

C. 60　　D. 100

答案：B

考点：本题考查违反客户资产的保护规定的法律责任。证券公司未按照规定存放、管理客户的交易结算资金、委托资金和客户担保账户内的资金、证券的，责令改正，给予警告，没收违法所得，并处以违法所得 1 倍以上 5 倍以下的罚款；没有违法所得或者违法所得不足 3 万元的，处以 3 万元以上 30 万元以下的罚款。

231. 以下不属于证券公司动用客户的交易结算资金或者委托资金的情形的是（　　）。

A. 客户进行证券的申购

B. 客户支付与证券交易有关的佣金、费用或者税款

C. 客户支付的违约金

D. 客户进行证券交易的结算

答案：C

考点：考查证券公司客户资产不得动用的例外情形。证券公司动用客户的交易结算资金或者委托资金的情形：（1）客户进行证券的申购、证券交易的结算或者客户提款；（2）客户支付与证券交易有关的佣金、费用或者税款；（3）法律规定的其他情形。

232. 证券公司股东张三指使证券公司以证券经纪客户或者证券资产管理客户的资产提供融资或者担保的，对直接负责的主管人员和其他直接责任人员给予警告，并处（　　）万元罚款。

A. 1　　B. 5

C. 40　　D. 100

答案：B

考点：本题考查违反客户资产的保护规定的法律责任。证券公司股东、实际控制人强令、指使、协助、接受证券公司以证券经纪客户或者证券资产管理客户的资融资或保的，令正，予警告，法所，对的主管人员和其他直接责任人员给予警告，并处以 3 万元以上 30 万元以下的罚款。

233. 证券公司未按照规定公开披露信息，或者公开披露的信息中有虚假记载、误导性陈述或者重大遗漏的，责令改正，给予警告，并处以 3 万元以上 20 万元以下的罚

款；对直接负责的主管人员和其他直接责任人员，给予警告，可以处以（　　）万元以下的罚款。

A. 3　　B. 5

C. 10　　D. 20

答案：A

考点：本题考查违反监督管理措施的法律责任。证券公司未按照规定公开披露信息，或者公开披露的信息中有虚假记载、误导性陈述或者重大遗漏的，责令改正，给予警告，并处以 3 万元以上 20 万元以下的罚款；对直接负责的主管人员和其他直接责任人员，给予警告，可以处以 3 万元以下的罚款。

234. 证券公司控股或者实际控制的企业、资产托管机构、证券服务机构未按照规定向国务院证券监督管理机构报送、提供有关信息、资料，应当责令改正，给予警告，并处以（　　）万元罚款。

A. 1　　B. 10

C. 50　　D. 60

答案：B

考点：本题考查违反监督管理措施的法律责任。证券公司控股或者实际控制的企业、资产托管机构、证券服务机构未按照规定向国务院证券监督管理机构报送、提供有关信息、资料，或者报送、提供的信息、资料中有虚假记载、误导性陈述或者重大遗漏的，责令改正，给予警告，并处以 3 万元以上 20 万元以下的罚款。对直接负责的主管人员和其他直接责任人员，给予警告，可以处 3 万元以下的罚款。

235.《证券法》的内容不包括（　　）。

A. 公开发行证券的有关规定　　B. 证券上市的条件

C. 投资者保护制度　　D. 合伙企业的相关规定

答案：D

考点：本题考查《证券法》的框架。合伙企业的相关规定是《合伙企业法》的内容。

236. 甲公司为上市公司，尚有债券在外发行，存在债券违约情况且未解决。此时甲公司（　　）。

A. 可继续发行新债券

B. 不得再次公开发行公司债券

C. 在经过审计后可继续发行新债券

D. 在经过审计且出具无保留意见后可继续发行新债券

答案：B

考点：企业对已发行的公司债券或其他债务有违约或延付本息的事实，仍处于继续状态；违反《证券法》规定，改变公开发行公司债券所募资金的用途时，不得再次公开发行公司债券。

237. A某在2018年1月8日通过协议与他人共同持有一家上市公司已发行的有表决权股份达到5%。2月1日以同样方法又购买了1%，8月1日减持了6%。他需要公告几次（　　）。

A. 不用公告　　B. 公告1次

C. 公告2次　　D. 公告3次

答案：D

考点：投资者持有或者通过协议、其他安排与他人共同持有1个上市公司已发行的有表决权股份达到5%之时，以及之后每增减1%，都应公告。

238. 在上市公司收购中，收购人持有的被收购的上市公司的股票，在收购行为完成后的（　　）个月内不得转让。

A. 6　　B. 12

C. 18　　D. 24

答案：C

考点：本题考查《证券法》关于收购行为完成后的事项。

239. A证券公司未在规定时间内向顾客提供交易的确认文件。这属于（　　）。

A. 损害客户利益的行为　　B. 虚假陈述或信息误导行为

C. 操纵证券市场　　D. 内幕信息交易

答案：A

考点：根据《证券法》规定，该行为属于损害顾客利益的行为。

240. 某公司想设立证券登记结算机构。该公司自有资金1亿元，具有证券登记、存管和结算服务所必需的场所和设施，也符合国务证券管理规定的其他条件。是否可以设立证券登记结算机构（　　）。

A. 是

B. 是，证券登记结算机构的名称中应当标明“证券登记结算”字样

C. 需要先由国务院证券监督管理机构审批

D. 否

答案：D

考点：本题考查证券登记结算机构。根据《证券法》规定，设立证券登记结算机构，自有资金不少于人民币2亿元。

241. A证券公司违反规定持有或者管理证券公司股权，且取得了20万元违法所得，应做（　　）处理。

A. 没收违法所得，处以违法所得2倍以上5倍以下罚款

B. 没收违法所得，处以违法所得1倍以上5倍以下罚款

C. 没收违法所得，并处以3万元以上30万元以下的罚款

D. 没收违法所得，直接撤销相关业务许可

答案：B

考点：对违规持有或者管理证券公司股权的，责令改正，给予警告，没收违法所得，处以违法所得1倍以上5倍以下罚款；没有违法所得或者违法所得不足10万元的，处以10万元以上60万元以下罚款；情节严重的，撤销相关业务许可。

242. 发行人的控股股东、实际控制人组织、指使信息披露义务人未按照《证券法》规定报送有关报告或者履行信息披露义务的，对发行人的控股股东、实际控制人处以（　　）的罚款。

A. 30万元以上300万元以下　　B. 30万元以上500万元以下

C. 50万元以上500万元以下　　D. 20万元以上200万元以下

答案：C

考点：本题考查《证券法》中违反信息披露规则的法律责任。发行人的控股股东、实际控制人组织、指使信息披露义务人不按照《证券法》规定报送有关报告或者履行信息披露义务的，处以50万元以上500万元以下的罚款。

243. 基金管理人、基金托管人有承销证券、违反规定向他人贷款或者提供担保，且在过程中运用基金财产并取得财产和收益，该财产和收益（　　）。

A. 没收

B. 归入基金财产

C. 上缴国库

D. 归管理人、托管人旗下所有基金的所有者共有

答案：B

考点：基金管理人、基金托管人存在承销证券、违反规定向他人贷款或者提供担保等违法行为，运用基金财产而取得的财产和收益，归入基金财产。

244. A证券公司被责令停业整顿。在此期间，A公司出现重大风险，经国务院证券监督管理机构批准，通知出境入境管理机关依法阻止其董事出境。这样做（　　）。

A. 合法

B. 不合法，国务院证券监督管理机构无权限制人身自由

C. 无相关法规

D. 不合法，只有公安部门才能通知出入境管理部门

答案：A

考点：本题考查行政监管措施。在证券公司被责令停业整顿、被依法指定托管、接管或者清算期间，或者出现重大风险时，经国务院证券监督管理机构批准，可以对该证券公司直接负责的董事、监事、高级管理人员和其他直接责任人员采取通知出境入境管理机关依法阻止其出境的措施。

245. 证券公司应当依法向社会公开披露的有关信息包括（　　）。

A. 证券公司中小股东姓名　　B. 高级管理人员的家庭成员的薪酬状况
C. 参股及控股情况　　D. 监事配偶的收支状况

答案：C

考点：根据《证券公司监督管理条例》第六十六条的规定，证券公司应当依法向社会公开披露其基本情况、参股及控股情况、负债及或有负债情况、经营管理状况、财务收支状况、高级管理人员薪酬和其他有关信息。

246.《证券公司风险处置条例》规定的协调配合与快速反应机制参与单位不包括（　　）。

A. 中国人民银行　　B. 国务院财政部门
C. 国务院公安部门　　D. 县级人民政府

答案：D

考点：本题考查《证券公司风险处置条例》的总体原则中的风险协调配合与快速反应机制。在证券公司风险处置过程中，国务院证券监督管理机构会同中国人民银行、国务院财政部门、国务院公安部门、国务院其他金融监督管理机构以及省级（而非县级）人民政府建立处置证券公司风险的协调配合与快速反应机制，以维护社会稳定。

247. 下列关于证券公司风险处置措施中的“停业整顿”措施，描述正确的是（　　）。

A. 停业整顿不是自我整改的一种处置措施

B. 国务院证券监督管理机构发现证券公司存在重大风险隐患，可以派出风险监控现场工作组对证券公司进行专项检查，且不用向有关地方人民政府通报情况

C. 在规定期限内未能完成整改的，国务院证券监督管理机构必须责令证券公司停止全部业务进行整顿

D. 停业整顿的期限不超过3个月

答案：D

考点：本题考查证券公司风险处置措施中的停业整顿措施的相关规定。停业整顿是自我整改的一种处置措施。国务院证券监督管理机构发现证券公司存在重大风险隐患，可以派出风险监控现场工作组对证券公司进行专项检查，并及时向有关地方人民政府通报情况。在规定期限内未能完成整改的，国务院证券监督管理机构可以责令证券公司停止部分或者全部业务进行整顿。停业整顿的期限不超过3个月。

248. 下列关于证券公司风险处置措施中的“行政托管”措施，描述正确的是（　　）。

A. 行政托管是自我整改的一种处置措施

B. 托管是对无自我整改能力的证券公司，委托专门的托管机构经营管理，保证正常交易，保护投资者利益

C. 必须先行政撤销或关闭才能行政托管

D. 托管期限一般不超过 36 个月

答案：B

考点：本题考查证券公司风险处置措施中的行政托管的相关规定。托管是对无自我整改能力的证券公司，委托专门的托管机构经营管理，保证正常交易，保护投资者利益。此时证券公司已无自我整改能力。托管有两种模式，可以先行政撤销或关闭，或者可以选择适当时机将其行政撤销或关闭。托管期限一般不超过 12 个月。

249. 某证券公司在 2017 年 6 月 1 日被行政托管，原定于 2018 年 5 月 31 日解除托管。而 2018 年 5 月 31 日发现，到此时尚无法解除托管，故决定延期到 2020 年 7 月 1 日。关于上述行为，正确的是（　　）。

A. 原定托管时间和延期托管时间符合《证券公司风险处置条例》要求

B. 原定托管时间符合《证券公司风险处置条例》要求，延期托管时间不符合

C. 延期托管时间符合《证券公司风险处置条例》要求，原定托管时间不符合

D. 原定托管时间和延期托管时间都不符合《证券公司风险处置条例》要求

答案：B

考点：本题考查证券公司风险处置措施中的行政托管的相关规定。托管期限一般不超过 12 个月。满 12 个月，确实需要继续托管的，证券监管机构可以决定延期，延期最长不超过 12 个月。

250. 下列关于证券公司风险处置措施中的“行政托管”措施中，对托管组自托管之日行使职责表述正确的是（　　）。

A. 保障证券公司证券经纪业务正常合规运行

B. 不需要垫付营运资金和客户交易结算资金

C. 不需要采取有效措施维护托管期间客户资产的安全

D. 核查证券公司存在的风险，及时向证券监管机构报告业务运行中出现的紧急情况，但无须提出解决方案

答案：A

考点：本题考查证券公司风险处置措施中的行政托管的相关规定。托管组自托管之日行使下列职责：保障证券公司证券经纪业务正常合规运行，必要时依照规定垫付营运资金和客户交易结算资金；采取有效措施维护托管期间客户资产的安全；核查证券公司存在的风险，及时向证券监管机构报告业务运行中出现的紧急情况，并提出解决方案；证券监管机构要求履行的其他职责。

251. 根据《证券公司监督管理条例》第六十八条的规定，国务院证券监督管理机构有权采取下列措施，对证券公司的进行检查，这些措施不包括（　　）。

A. 责令增加内部合规检查的次数并提交合规检查报告

B. 进入证券公司的办公场所或者营业场所进行检查

C. 查阅、复制与检查事项有关的文件、资料，对可能被转移、隐匿或者毁损的文件、资料、电子设备予以封存

D. 检查证券公司的计算机信息管理系统，复制有关数据资料

答案：A

考点：考查证券公司的监督管理。选项 A 属于行政监管措施中的对经营混乱情形的监督管理措施，不属于检查措施。

252. 根据《证券公司监督管理条例》第七十条的规定，国务院证券监督管理机构对治理结构不健全、内部控制不完善、经营管理混乱、设立账外账或者进行账外经营、拒不执行监督管理决定、违法违规的证券公司，应当责令其限期改正，并可以采取一定的措施，其中不包括（　　）。

A. 对证券公司及其有关董事、监事、高级管理人员、境内分支机构负责人给予谴责

B. 责令处分有关责任人员，并报告结果

C. 责令更换董事、监事、高级管理人员或者限制其权利

D. 对证券公司进行临时接管，并进行部分核查

答案：D

考点：考查证券公司的监督管理。选项 D 中，对证券公司进行临时接管，应进行全面核查而不是部分核查。

253. 根据《证券公司监督管理条例》第八十六条的规定，未经批准，委托他人或者接受他人委托持有或者管理证券公司的股权，或者认购、受让或者实际控制证券公司的股权的，责令改正，给予警告，没收违法所得，没有违法所得或者违法所得不足 10 万元的，处以（　　）万元以上（　　）万元以下的罚款。

A. 10；30　　B. 10；50

C. 10；60　　D. 10；100

答案：C

考点：考查违反规定持有或者管理证券公司股权的法律责任。

254. 根据《证券公司监督管理条例》第八十九条的规定，合规负责人未按照规定向国务院证券监督管理机构或者有关自律组织报告违法违规行为的，责令改正，给予警告，没收违法所得，并处以违法所得等值罚款；没有违法所得或者违法所得不足 3 万元的，处以（　）的罚款。

A. 3 万元以上 15 万元以下　　B. 3 万元以上 18 万元以下

C. 3 万元以上 30 万元以下　　D. 3 万元以下

答案：D

考点：考查违反证券公司组织机构规定的法律责任。

255. 下列关于证券公司风险处置措施中的“行政重组”措施，表述止确的是

（ ）。

A. 证券公司出现重大风险，且财务信息不真实、完整的，可进行行政重组

B. 证券公司进行行政重组，可以采取注资、股权重组、债务重组、资产重组、合并或者其他方式

C. 在停业整顿、托管、接管过程中达到正常经营条件的，证券公司不可向证监会申请行政重组

D. 行政重组期限一般不超过 18 个月

答案：B

考点：本题考查证券公司风险处置措施中的行政重组的相关规定。行政重组是对出现重大风险，但财务信息真实、完整，省级人民政府或者有关方面予以支持，有可行的重组计划的证券公司，向证监会申请进行行政重组。证券公司进行行政重组，可以采取注资、股权重组、债务重组、资产重组、合并或者其他方式。在停业整顿、托管、接管过程中达到正常经营条件的，证券公司也可以向证监会申请行政重组。行政重组期限一般不超过 12 个月。

256. 下列（ ）不属于禁止参与处置证券公司风险工作的机构或人员。

A. 曾受过刑事处罚或者涉嫌犯罪正在被立案侦查、起诉

B. 与被处置证券公司处置事项无利害关系

C. 仍处于证券市场禁入期

D. 国务院证券监督管理机构认定不宜参与处置证券公司风险工作的其他情形

答案：B

考点：本题考查禁止参与处置证券公司风险工作的机构或人员。与被处置证券公司处置事项有利害关系的人不能参与处置工作。

257. 某证券公司在 2017 年 8 月 1 日开始行政重组。关于下列行为，符合《证券公司风险处置条例》规定的是（ ）。

A. 2017 年 12 月 31 日完成重组

B. 2018 年 8 月 11 日完成重组，且未申请延期

C. 2018 年 7 月 31 日获批准延期，延期到 2019 年 8 月 1 日

D. 上述选项均不符合规定

答案：A

考点：本题考查证券公司风险处置措施中的行政重组的相关规定。行政重组期限一般不超过 12 个月。满 12 个月，行政重组未完成的，可向国务院证券监督管理机构申请延长期限 6 个月。

258. 下列关于证券公司风险处置措施中的“行政撤销”措施，表述正确的是（ ）。

A. 在停业整顿、托管、接管过程中达到正常经营条件的，证券公司只能向证监会

申请行政撤销

B. 被撤销证券业务许可的证券公司可以继续经营证券业务

C. 证券公司经停业整顿、托管、接管或者行政重组在规定期限内仍达不到正常经营条件，而且不清偿到期债务的，国务院证券监督管理机构直接撤销该证券公司

D. 行政撤销后，可以将客户直接安置到其他证券公司

答案：C

考点：本题考查证券公司风险处置措施中的行政撤销的相关规定。

259. 根据《证券投资基金法》第十三条的规定，设立管理公开募集基金的基金管理公司，注册资本不低于（　　）亿元人民币，且必须为实缴货币资本。

A. 1　　B. 2　　C. 3　　D. 5

答案：A

考点：考查根据设立管理公开募集基金的基金管理公司，应当具备的条件。

260. 下列关于证券公司风险处置措施中的“行政清理”的说法，表述正确的是（　　）。

A. 行政清理是被处置证券公司破产清算的前置程序

B. 行政清理组清理被撤销证券公司账户的结果，可以由任意会计师事务所审计

C. 行政清理组清理被撤销证券公司账户的结果无须报国务院证券监督管理机构认定

D. 地方财政部门可以做出撤销证券公司的决定

答案：A

考点：本题考查证券公司风险处置措施中的行政清理的相关规定。行政清理是被处置证券公司破产清算的前置程序。行政清理组清理被撤销证券公司账户的结果，应当经具有证券、期货相关业务资格的会计师事务所审计，并报国务院证券监督管理机构认定。证券监管部门做出撤销证券公司的决定，并按照规定程序选择律师事务所、会计师事务所等专业机构成立行政清理组，对该证券公司进行行政清理。

261. 下列关于证券公司风险处置措施中的“行政清理”的说法中，表述错误的是（　　）。

A. 证券公司行政清理期间，证券经纪等涉及客户的业务，由证券监管机构按照规定程序选择的证券公司等专业机构进行托管，以保证正常经纪客户的交易稳定

B. 证券公司设立和实际控制的关联公司，其资产、人员、财务或者业务与被撤销证券公司混合的，应直接纳入行政清理范围

C. 被撤销证券公司股东会或者股东大会、董事会、监事会以及经理、副经理停止履行职责

D. 被撤销证券公司股东不得自行组织清算，不得参与行政清理工作

答案：B

考点：本题考查证券公司风险处置措施中的行政清理的相关规定。

262. 下列关于证券公司风险处置措施中的“行政清理”措施中错误的是（　　）。

A. 国务院证券监督管理机构对证券公司做出撤销决定的，应当予以公告

B. 撤销决定的公告日期为处置日，撤销决定自公告之时生效

C. 自证券公司被撤销之日起，证券公司的债务停止计算利息

D. 行政清理期间，被处置证券公司应缴纳行政性收费和增值税、营业税等行政法规规定的税收

答案：D

考点：本题考查证券公司风险处置措施中的行政清理的相关规定。行政清理期间，被处置证券公司免缴行政性收费和增值税、营业税等行政法规规定的税收。

263. 下列关于证券公司风险处置措施中的“行政清理”的说法中，正确的是（　　）。

A. 证券公司的债权债务关系不因处置决定而变化

B. 行政清理组应当自成立之日起 10 日内，将债权人需要登记的相关事项予以公告。符合国家有关规定的债权人应当自公告之日起 50 日内，持相关证明材料向行政清理组申报债权，行政清理组按照规定登记

C. 由地方财政部门按照国家规定，收购债权、弥补客户的交易结算资金

D. 行政清理组一律不得对债务进行个别清偿

答案：A

考点：本题考查证券公司风险处置措施中的行政清理的相关规定。证券公司的债权债务关系不因处置决定而变化。行政清理组应当自成立之日起 10 日内，将债权人需要登记的相关事项予以公告。符合国家有关规定的债权人应当自公告之日起 90 日内，持相关证明材料向行政清理组申报债权，行政清理组按照规定登记。证券投资者保护基金管理机构负责按照国家规定，收购债权、弥补客户的交易结算资金。行政清理组不得对债务进行个别清偿，但为保护客户和债权人利益的情形除外。

264. 关于基金公开募集与非公开募集区别的说法错误的是（　　）。

A. 募集方式和对象不同

B. 投资范围可以相同

C. 基金管理人的类型及产生方式不同

D. 信息披露要求不同

答案：B

考点：考查基金公开募集与非公开募集的区别。

265. 证券公司风险处置措施中的“破产清算和重组”的说法中，正确的是（　　）。

A. 重整计划的相关事项未获国务院证券监督管理机构批准，或者重整计划未获人

民法院批准的，国务院证券监督管理机构裁定终止重整程序，并宣告证券公司破产

B. 重整程序终止，人民法院宣告证券公司破产的，国务院证券监督管理机构应当对证券公司做出撤销决定，地方人民政府依照《企业破产法》的规定组织破产清算

C. 经批准的重整计划由证券公司执行，管理人负责监督

D. 人民法院认为应当对证券公司进行行政清理的，国务院证券监督管理机构可以不进行行政清理

答案：C

考点：本题考查证券公司风险处置措施中的行政清理的相关规定。经批准的重整计划由证券公司执行，管理人负责监督。重整计划的相关事项未获国务院证券监督管理机构批准，或者重整计划未获人民法院批准的，人民法院裁定终止重整程序，并宣告证券公司破产；重整程序终止，人民法院宣告证券公司破产的，国务院证券监督管理机构应当对证券公司做出撤销决定，人民法院依照《企业破产法》的规定组织破产清算。人民法院认为应当对证券公司进行行政清理的，国务院证券监督管理机构按照《证券公司风险处置条例》规定成立行政清理组。

二、多项选择题。以下备选项中有两项或两项以上符合题目要求，多选、少选、错选均不得分。

1. 下列对法的概念的描述，正确的是（　　）。

A. 法是由国家制定或认可并由国家强制力保证实施的

B. 法是反映特定物质生活条件所决定的统治阶级意志

C. 法是以确认、保护和发展对统治阶级有利的社会关系和社会秩序为目的的规范系统

D. 法以保障和约束为内容

答案：ABC

考点：本题考查法的概念。法是由国家制定或认可并由国家强制力保证实施的，反映特定物质生活条件所决定的统治阶级意志，以权利和义务为内容，以确认、保护和发展对统治阶级有利的社会关系和秩序为目的的规范系统。

2. 法律主体是法律关系的参加者。下列属于法律主体的是（　　）。

A. 我国公民　　B. 在我国境内的外国人

C. 组织　　D. 国家

答案：ABCD

考点：本题考查法律主体的种类。法律主体主要包括自然人、组织和国家三类，其中，可以成为法律主体的自然人包括我国公民以及在我国境内的外国人和无国籍人，选项 ABCD 均正确。

3. 下列事项属于有限责任公司股东会职权的是（　　）。

A. 决定公司的经营方针和投资计划

B. 对公司合并、分立、解散、清算或者变更公司形式做出决议

C. 修改公司章程

D. 对发行公司债券做出决议

答案：ABCD

考点：本题考查有限责任公司股东会的职权。其中，ABCD 均属于股东会职权。

4. 下列事项属于有限责任公司董事会职权的是（　　）。

A. 决定公司的经营计划和投资方案

B. 执行股东会的决议

C. 制定公司的基本管理制度

D. 决定公司内部管理机构的设置

答案：ABCD

考点：本题考查有限责任公司董事会的职权。其中，ABCD 均属于董事会职权。

5. 股票采用纸面形式或者国务院证券监督管理机构规定的其他形式。股票应当载明的事项包括（　　）。

A. 公司名称

B. 股票种类、票面金额及代表的股份数

C. 各股东所持股份数

D. 公司成立日期

答案：ABD

考点：本题考查股票的形式和记载。股票应当载明下列主要事项：公司名称；公司成立日期；股票种类、票面金额及代表的股份数；股票的编号。C 选项，各股东所持股份数属于公司发行记名股票应当记载的事项，故，选项 ABD 错误。

6. 股份有限公司不得收购本公司股份。但是，有下列（　　）情形的，可以收购。

A. 减少公司注册资本

B. 与持有本公司股份的其他公司合并

C. 用于员工持股计划或者股权激励

D. 股东因对股东大会组出的公司合并决议持异议，要求公司收购其股份

答案：ABCD

考点：本题考查公司股份回购。

7. 下列有关公司增加或者减少注册资本的说法，正确的是（　　）。

A. 公司应当自做出减少注册资本决议之日起 10 日内通知债权人，并于 30 日内在报纸上公告

B. 公司应当自做出减少注册资本决议之日起 30 日内通知债权人，并于 45 日内在报纸上公告

C. 债权人自接到通知书之日起 10 日内，未接到通知书的自公告之日起 30 日内，要求公司清偿债务或者提供担保

D. 债权人自接到通知书之日起 30 日内，未接到通知书的自公告之日起 45 日内，要求公司清偿债务或者提供担保

答案：AD

考点：本题考查公司增资、减资程序。公司应当自做出减少注册资本决议之日起 10 日内通知债权人，并于 30 日内在报纸上公告；债权人自接到通知书之日起 30 日内，未接到通知书的自公告之日起 45 日内，要求公司清偿债务或者提供担保。选项 AD 正确。

8. 公司在进行清算时，隐匿财产，对资产负债表或者财产清单作虚假记载或者在未清偿债务前分配公司财产的，由公司登记机关责令改正，对公司处于隐匿财产或者未清偿债务前分配公司财产金额（　　）的罚款；对直接负责的主管人员和其他直接负责人员处以（　　）的罚款。

A. 5% 以上 15% 以下　　B. 5% 以上 10% 以下

C. 3 万元以上 10 万元以下　　D. 1 万元以上 10 万元以下

答案：BD

考点：本题考查公司的其他法律责任。

9. 基金份额持有人大会由全体基金份额持有人组成，行使（　　）职权。

A. 决定更换基金管理人、基金托管人

B. 决定修改基金合同的重要内容或者提前终止基金合同

C. 决定调整基金管理人、基金托管人的报酬标准

D. 决定基金扩募或者延长基金合同期限

答案：ABCD

考点：考查《证券投资基金法》第四十七条的规定。

10. 根据合伙企业法律制度的规定，下列各项中，属于普通合伙企业特点的是（　　）。

A. 由普通合伙人组成

B. 除法律另有规定外，合伙人对合伙企业的债务承担无限连带责任

C. 普通合伙人可以是自然人、法人和其他组织

D. 对普通合伙人承担责任的形式有特别规定的，从其规定

答案：ABCD

考点：本题考查普通合伙企业。普通合伙企业由普通合伙人组成，A 正确；普通合伙人对合伙企业债务承担无限连带责任，但对普通合伙人承担责任的形式有特别规定的，从其规定，BD 正确；普通合伙人可以是自然人、法人和其他组织，C 正确。

11. 合伙企业发生的（　　）应当经全体合伙人一致同意。

A. 以合伙企业名义为他人提供担保

B. 处分合伙企业的不动产

C. 改变合伙企业的名称

D. 改变合伙企业的经营范围、主要经营场所的地点

答案：ABCD

考点：考查合伙企业的事务执行。

12. 下列有关证券登记结算机构的说法，正确的是（　　）。

A. 投资者委托证券公司进行证券交易，可以不开立证券账户

B. 在证券交易所或者国务院批准的其他全国性证券交易场所交易的证券，应当全部存管在证券登记结算机构

C. 证券账户应当以证券公司的名义开立

D. 证券登记结算机构按照业务规则收取的各类结算资金和证券，必须存放于专门的清算交收账户

答案：BD

考点：本题考查证券登记结算机构的业务规则。投资者委托证券公司进行证券交易，应当申请开立证券账户；在证券交易所或者国务院批准的其他全国性证券交易场所交易的证券，应当全部存管在证券登记结算机构；证券登记结算机构应当按照规定，以投资者本人的名义为投资者开立证券账户；证券登记结算机构按照业务规则收取的各类结算资金和证券，必须存放于专门的清算交收账户。因此 AC 说法错误，BD 说法正确。

13. 下列有关证券登记结算机构的说法，正确的是（　　）。

A. 投资者委托证券公司进行证券交易，可以不开立证券账户

B. 证券登记结算机构不得挪用客户的证券

C. 证券登记结算机构应当按照规定，以投资者本人的名义为投资者开立证券账户

D. 证券登记结算机构按照业务规则收取的各类结算资金和证券，必须存放于专门的清算交收账户

答案：BCD

考点：本题考查证券登记结算机构的业务规则。投资者委托证券公司进行证券交易，应当申请开立证券账户；证券登记结算机构不得挪用客户的证券；证券登记结算机构应当按照规定，以投资者本人的名义为投资者开立证券账户；证券登记结算机构按照业务规则收取的各类结算资金和证券，必须存放于专门的清算交收账户。因此 A 说法错误，B、C、D 说法正确。

14. 从事证券投资基金活动，应当遵循（　　）的原则，不得损害国家利益和社会公共利益。

A. 自愿　　B. 公正　　C. 公平　　D. 诚实信用

答案：ACD

考点：本题考查从事证券投资基金活动，应当遵循自愿、公平、诚实信用的原则，不得损害国家利益和社会公共利益。

15. 下列选项中，属于《证券投资基金法》的立法宗旨的是（　　）。

A. 促进证券投资基金和资本市场的健康发展

B. 规范证券投资基金活动

C. 保护投资人及相关当事人的合法权益

D. 提高基金的投资效率

答案：ABC

考点：本题考查《证券投资基金法》的立法宗旨。D 不属于其立法宗旨。

16. 下列选项中，属于基金合同当事人的是（　　）。

A. 基金监管者　　B. 基金托管人

C. 基金管理人　　D. 基金份额持有人

答案：BCD

考点：本题考查合同当事人概念。合同当事人包括基金份额持有人、基金管理人和基金托管人。

17. 下列选项中，属于基金份额持有人享有的权利是（　　）。

A. 按照规定要求召开基金份额持有人大会或者召集基金份额持有人大会

B. 对基金份额持有人大会审议事项行使表决权

C. 依法转让或者申请赎回其持有的基金份额

D. 参与分配清算后的剩余基金财产

答案：ABCD

考点：本题考查《证券投资基金法》第四十六条的有关规定。

18. 以下属于《证券法》适用范围的是（　　）。

A. 股票的发行和交易

B. 存托凭证的发行和交易

C. 政府债券、证券投资基金份额的上市交易

D. 公司债券的发行和交易

答案：ABCD

考点：考查《证券法》的适用范围。

19. 基金财产债权债务独立性的意义，主要体现在（　　）。

A. 有利于保障基金财产的安全

B. 有利于保护基金份额持有人的合法权益

C. 有利于基金财产的稳定运作，提高基金的运作效率

D. 有利于维护基金财产的独立性

答案：ABCD

考点：本题考查基金财产债权债务独立性的意义。主要体现在：有利于维护基金财产的独立性；有利于保障基金财产的安全；有利于保护基金份额持有人的合法权益；有利于基金财产的稳定运作，提高基金的运作效率。

20. 以下属于期货交易的基本制度的是（　　）。

A. 账户实名制　　B. 保证金制度

C. 程序化交易报备制度　　D. 持仓不限额制度

答案：ABC

考点：考查期货交易的基本制度。期货交易的基本制度包括账户实名制、保证金制度、持仓限额制度、实际控制关系报备制度、程序化交易报备制度。

21. 期货交易实行保证金制度，其中保证金的形式包括（　　）。

A. 现金　　B. 股票

C. 基金份额　　D. 国债

答案：ABCD

考点：考查期货交易中保证金的形式。

22. 期货交易者有权查询的信息包括（　　）。

A. 委托记录　　B. 交易记录

C. 保证金余额　　D. 与其接受服务有关的其他重要信息

答案：ABCD

考点：考查对交易者的保护措施。

23. 根据《期货和衍生品法》第六十二条的规定，期货公司办理下列（　　）业务，应当经国务院期货监督管理机构核准。

A. 合并、分立、停业、解散或者申请破产

B. 变更主要股东或者公司的实际控制人

C. 变更注册资本且调整股权结构

D. 变更业务范围

答案：ABCD

考点：考查期货公司的行政许可事项。

24. 期货交易所应当履行的职责包括（　　）。

A. 提供交易的场所、设施和服务

B. 设计期货合约、标准化期权合约品种，安排期货合约、标准化期权合约品种上市

C. 对期货交易进行实时监控和风险监测

D. 开展交易者教育和市场培育工作

答案：ABCD

考点：考查期货交易所的职责。

25. 根据《期货和衍生品法》第八十七条的规定，当期货市场出现异常情况时，期货交易所可以按照其章程规定的权限和程序采取的紧急措施包括（　　）。

A. 调整保证金　　B. 调整涨跌停板幅度

C. 强行平仓　　D. 暂时停止交易

答案：ABCD

考点：考查期货交易所的内部管理制度。根据《期货和衍生品法》第八十七条的规定，当期货市场出现异常情况时，期货交易所可以按照其章程规定的权限和程序，决定采取下列紧急措施，并应当立即报告国务院期货监督管理机构：（1）调整保证金；（2）调整涨跌停板幅度；（3）调整会员、交易者的交易限额或持仓限额标准；（4）限制开仓；（5）强行平仓；（6）暂时停止交易；（7）其他紧急措施。

26. 下列选项中属于《证券公司监督管理条例》立法宗旨的是（　　）。

A. 加强对证券公司的监督管理　　B. 规范证券公司的行为

C. 防范证券公司的风险　　D. 履行诚信义务

答案：ABC

考点：依法审慎经营、履行诚信义务是属于证券公司的一般性规定。《证券公司监督管理条例》立法宗旨有：（1）加强对证券公司的监督管理；（2）规范证券公司的行为；（3）防范证券公司的风险；（4）保护投资者的合法权益和社会公共利益；（5）促进证券业健康发展。

27. 按照《证券法》第一百二十一条的规定，证券公司经营（　　）及与证券交易、证券投资活动有关的财务顾问三项业务的，注册资本最低限额为人民币 5 000 万元。

A. 证券经纪　　B. 证券投资咨询

C. 证券自营　　D. 证券资产管理

答案：AB

考点：本题考查《证券法》第一百二十一条的规定。

28. 证券法法律体系的组成包括（　　）。

A. 法律：包括《证券法》和《公司法》

B. 行政法规

C. 部门规章及规范性文件

D. 证券交易所、中国证券业协会等制定的自律性规则

答案：ABCD

考点：本题考查证券法法律体系。

29. 以下符合公司首次公开发行新股的条件的是（　　）。

A. 具备健全且运行良好的组织机构

B. 具有持续经营能力

C. 最近 2 年财务会计报告被出具无保留意见审计报告

D. 经国务院批准的国务院证券监督管理机构规定的其他条件

答案：ABD

考点：公司首次公开发行新股，应当符合最近 3 年财务会计报告被出具无保留意见审计报告的条件，所以 C 错误，正确答案选 ABD。

30. 公开发行债券需要遵循的条件和规则包括（　　）。

A. 最近 3 年平均可分配利润足以支付公司债券 1 年的利息

B. 具备健全且运行良好的组织机构

C. 最近 2 年平均可分配利润足以支付公司债券 1 年的利息

D. 国务院规定的其他条件

答案：ABD

考点：公开发行公司债券，应当符合下列条件：(1) 具备健全且运行良好的组织机构；(2) 最近 3 年平均可分配利润足以支付公司债券 1 年的利息；(3) 国务院规定的其他条件。正确答案选 ABD。

31. 证券公司的一般组织机构包括（　　）。

A. 独立董事　　B. 薪酬与提名委员会

C. 董事会秘书　　D. 合规负责人

答案：ABC

考点：考查证券公司的一般组织机构。

32. 国务院证券监督管理机构可以要求（　　），在指定的期限内提供与证券公司经营管理和财务状况有关的资料、信息。

A. 证券公司的董事、监事、工作人员

B. 证券公司的股东、实际控制人

C. 证券公司的股东、实际控制人的配偶

D. 为证券公司提供服务的证券服务机构

答案：ABD

考点：国务院证券监督管理机构可以要求下列单位或者个人，在指定的期限内提供与证券公司经营管理和财务状况有关的资料、信息：(1) 证券公司的董事、监事、工作人员；(2) 证券公司的股东、实际控制人；(3) 证券公司控股或者实际控制的企业；(4) 证券公司的开户银行、指定商业银行、资产托管机构、证券交易所、证券登记结算机构；(5) 为证券公司提供服务的证券服务机构。

33. 下列有关法律关系的描述，错误的是（　　）。

A. 人与人之间的关系就是一种法律关系

B. 存在不以特定的法律规范为依据的法律关系

C. 社会关系只有经过法律规范的确认或认可才会上升为法律关系

D. 没有相应法律规定，就不受法律规范的约束

答案：ABD

考点：法律关系是法律主体之间的社会关系，而不是一般意义上人与人之间的关系，选项 A 说法是错误的。法律规范是法律关系产生的前提和基础，任何一种法律关系均以特定法律规范为依据，选项 B、选项 D 说法错误。一种社会关系只有经过法律规范的确认或认可才会上升为法律关系，选项 C 说法正确。

34. 法律关系是以法律规范为基础、以权利和义务为内容的社会关系。下列有关法律关系主体的资格说法正确的是（　　）。

A. 权利能力和行为能力是成为法律关系主体的必备资格

B. 权利能力是指法律关系主体依法享有一定权利和承担一定义务的法律资格

C. 没有权利能力的也可以享受权利

D. 对于自然人来说，有权利能力并不等于一定有行为能力

答案：ABD

考点：本题考查法律主体的权利能力。权利能力和行为能力是成为法律关系主体的必备资格。权利能力是指法律关系主体依法享有一定权利和承担一定义务的法律资格，是法律关系主体实际取得权利、承担义务的前提条件。对于自然人来说，有权利能力并不等于一定有行为能力。

35. 按照不同法律关系之间的因果关系，可以将法律关系分为第一性法律关系与第二性法律关系。下列说法中错误的是（　　）。

A. 程序法律关系是第一性法律关系

B. 实体法律关系是第二性法律关系

C. 主合同所对应的债权、债务法律关系是第一性法律关系

D. 担保合同所对应的担保法律关系是第二性法律关系

答案：AB

考点：本题考查法律关系的分类。按照不同法律关系之间的因果关系，可以将法律关系分为第一性法律关系与第二性法律关系。第一性法律关系是人们依法建立的不依赖于其他法律关系而独立存在的法律关系，第二性法律关系是由第一性法律关系派生出来的、具有从属地位的法律关系。比如，实体法律关系与程序法律关系，实体法律关系是第一性法律关系，程序法律关系是第二性法律关系；在债权、债务及担保的法律关系中，主合同所对应的债权、债务法律关系是第一性法律关系，担保合同所对应的担保法律关系是第二性法律关系。

36. 按照法律关系的主体数量，可以将法律关系分为双边法律关系与多边法律关系下列选项中，属于三边法律关系的是（　　）。

A. 民事借贷中的债权、债务法律关系

B. 民事诉讼中原告、被告之间的诉讼法律关系

C. 股份有限公司股东之间的法律关系

D. 劳务派遣中用人单位、用工单位和劳动者之间的劳务派遣法律关系。

答案：CD

考点：本题考查法律关系的分类。双边法律关系是指在特定的双方法律主体之间存在的权利义务关系，如民事借贷中的债权、债务法律关系；多边法律关系是指在三个或三个以上法律主体之间存在的权利义务关系，如股份有限公司各股东的法律关系、股东与债权人的法律关系、房屋租赁合同中房主、租户、中介的法律关系、劳务派遣的劳务派遣法律关系。

37. 下列选项中，一般不能成为实践中的法律关系客体的是（　　）。

A. 物　　B. 人身、人格

C. 国家　　D. 自然人

答案：CD

考点：本题考查法律关系客体种类实践中，法律关系客体包括下列几类：(1) 物；(2) 人身、人格；(3) 精神成果，又称为智力成果；(4) 行为。国家、自然人是法律主体。

38. 以下关于股份有限公司董事会会议的召集和主持程序的表述正确的是（　　）。

A. 董事长不能履行职务或者不履行职务的，由副董事长履行职务

B. 副董事长不能履行职务或者不履行职务的，由半数以上董事共同推举 1 名董事履行职务

C. 董事长负责召集和主持董事会会议

D. 副董事长不能履行职务或者不履行职务的，由股东大会履行职务

答案：ABC

考点：本题考查董事会会议。董事长召集和主持董事会会议，检查董事会决议的实施情况。副董事长协助董事长工作，董事长不能履行职务或者不履行职务的，由副董事长履行职务；副董事长不能履行职务或者不履行职务的，由半数以上董事共同推举 1 名董事履行职务。

39. 合伙企业与公司的区别包括（　　）。

A. 公司具有独立的法人主体资格，是企业法人；合伙企业不是法人，是非法人企业

B. 公司的财产独立于股东；合伙企业的财产与合伙人仅相对独立，合伙企业的财产属于合伙人共有

C. 股东对公司的责任以出资为限，承担有限责任；而合伙企业中，普通合伙人对合伙企业承担无限责任

D. 合伙企业具有高度的人合性

答案：ABCD

考点：本题考查合伙企业与公司的区别。

40. 根据合伙人对合伙企业债务承担的责任不同，合伙企业可分为（　　）。

A. 混合合伙企业　　B. 普通合伙企业

C. 特殊合伙企业　　D. 有限合伙企业

答案：BD

考点：本题考查合伙企业的种类。根据合伙人对合伙企业债务承担的责任不同，合伙企业可分为普通合伙企业和有限合伙企业。

41. 根据《合伙企业法》规定，下列（　　）符合除名退伙情形。

A. 作为合伙人的自然人死亡或者被依法宣告死亡

B. 个人丧失偿债能力

C. 因故意或重大过失给合伙企业造成损失

D. 执行合伙事务时有不正当行为

答案：CD

考点：本题考查《合伙企业法》有关规定。根据《合伙企业法》第四十九条的规定，合伙人有下列情形之一的，经其他合伙人一致同意可以决议将其除名：未履行出资义务；因故意或者重大过失给合伙企业造成损失；执行合伙事务时有不正当行为；发生合伙协议约定的事由。作为合伙人的自然人死亡或者被依法宣告死亡、个人丧失偿债能力属于当然退伙的情形。

42. 下列有关合伙企业清算的说法，正确的是（　　）。

A. 清算人由全体合伙人担任

B. 自合伙企业解散事由出现之日起 15 日内未确定清算人的，合伙人或者其他利害关系人可以申请人民法院指定清算人

C. 经全体合伙人 1/3 以上同意，可以自合伙企业解散事由出现后 15 日内指定 1 个或者数个合伙人，或者委托第三人，担任清算人

D. 债权人自接到通知书之日起 30 日内，未接到通知书的自公告之日起 45 日内，向清算人申报债权

答案：ABD

考点：本题考查合伙企业清算程序。经全体合伙人过半数同意，可以自合伙企业解散事由出现后 15 日内指定 1 个或者数个合伙人，或者委托第三人，担任清算人。

43. 下列选项中，属于操纵证券市场行为的是（　　）。

A. 某人与其他人一起买了一只小股票的 60% 以上流通股并拉升股价

B. 股票"名嘴"网上推荐大家购买某只股票

C. 张三和李四约好 1 月 25 日 14 点按照预定价格大量交易来做空股价

D. 王五在自己实际控制的 10 个账户之间进行证券交易

答案：ABCD

考点：本题考查操纵证券市场的行为。禁止任何人以下列手段操纵证券市场，影响或者意图影响证券交易价格或者证券交易量：（1）单独或者通过合谋，集中资金优势、持股优势或者利用信息优势联合或者连续买卖；（2）与他人串通，以事先约定的时间、价格和方式相互进行证券交易；（3）在自己实际控制的账户之间进行证券交易；（4）利用虚假或者不确定的重大信息，诱导投资者进行证券交易。故ABCD全部正确。

44. 证券登记结算机构职能包括（　　）。

A. 证券账户、结算账户的设立

B. 证券持有人名册登记

C. 证券的存管和过户

D. 国务院证券监督管理机构批准的其他业务

答案：ABCD

考点：本题考查证券登记结算机构的职能。

45. 下列有关封闭式和开放式基金的区别，正确的是（　　）。

A. 存续期限不同

B. 封闭式基金的基金合同期限不固定

C. 基金投资策略不同

D. 基金投资规模不同

答案：ACD

考点：本题考查封闭式基金与开放式基金的区别。二者区别在于：（1）存续期间不同；（2）申购和赎回份额的限制不同；（3）基金规模不同；（4）基金份额交易方式不同；（5）基金投资策略不同。

46. 诚信原则是民商事活动应遵循的重要原则。根据《证券公司治理准则》第二条的规定，证券公司对客户负有诚信义务，不得侵犯客户的（　　）。

A. 财产权　　B. 选择权

C. 公平交易权　　D. 知情权

答案：ABCD

考点：考查履行诚信义务。根据《证券公司治理准则》第二条的规定，证券公司对客户负有诚信义务，不得侵犯客户的财产权、选择权、公平交易权、知情权及其他合法权益。

47. 按照《证券法》第一百二十七条、第一百二十八条的规定，证券公司必须将其证券资产管理业务和（　　）业务分开办理，不得混合操作。

A. 证券经纪业务　　B. 证券承销业务

C. 证券自营业务　　D. 证券做市业务

答案：ABCD

考点：本题考查《证券法》第一百二十七条、第一百二十八条的规定。

48. A 证券公司在证券自营账户与证券资产管理账户之间或者不同的证券资产管理账户之间进行交易，且无充分证据证明已依法实现有效隔离的，情节严重。除了责令改正，给予警告，没收违法所得以外，还需要进行（　　）的处罚。

A. 对公司处以 30 万元以上 60 万元以下的罚款

B. 对公司处以 3 万元以上 10 万元以下的罚款

C. 暂停或者撤销其相关证券业务许可

D. 直接开除责任人

答案：AC

考点：本题考查违反证券资产管理业务规定的法律责任。

49. 证券公司股东、实际控制人强令、指使、协助、接受证券公司以证券经纪客户或者证券资产管理客户的资产提供融资或者担保的，处罚措施应包括（　　）。

A. 责令改正，给予警告

B. 没收违法所得

C. 并处以违法所得 2 倍以上 10 倍以下的罚款，至少 10 万元

D. 并处以违法所得 1 倍以上 5 倍以下的罚款

答案：ABD

考点：本题考查违反客户资产的保护规定的法律责任。证券公司股东、实际控制人强令、指使、协助、接受证券公司以证券经纪客户或者证券资产管理客户的资产提供融资或者担保的，责令改正，给予警告，没收违法所得，并处以违法所得 1 倍以上 5 倍以下的罚款。

50. 证券公司未按照规定公开披露信息，或者公开披露的信息中有虚假记载、误导性陈述或者重大遗漏的，处罚措施应包括（　　）。

A. 责令改正，给予警告

B. 没收违法所得

C. 并处以违法所得 1 倍以上 5 倍以下的罚款

D. 并处以 3 万元以上 20 万元以下的罚款

答案：AD

考点：本题考查违反监督管理措施的法律责任。证券公司未按照规定公开披露信息，或者公开披露的信息中有虚假记载、误导性陈述或者重大遗漏的，责令改正，给予警告，并处以 3 万元以上 20 万元以下的罚款。

51. 上市公司采取要约收购时不得存在以下（　　）情形。

A. 收购期限小于 30 日

B. 收购期限 40 日

C. 减少预定收购份数额

D. 收购期限为 90 日

答案：ACD

考点：本题考查上市公司要约收购。根据《证券法》规定，收购要约约定的收购

期限不得少于30日，并不得超过60日。不得存在下列情形：降低收购价格，减少预定收购股份数额，缩短收购期限，国务院证券监督管理机构规定的其他情形。

52. 现行《证券公司风险处置条例》包含（　　）方面的内容。

A. 证券公司风险处置方式　　B. 破产清算和重整

C. 监督协调　　D. 法律责任

答案：ABCD

考点：本题考查《证券公司风险处置条例》的框架。现行《证券公司风险处置条例》全文共七章六十四条，涉及证券公司风险处置方式、破产清算和重整、监督协调、法律责任等内容。

53. 证券公司风险处置措施包括（　　）。

A. 停业整顿　　B. 破产清算和重整

C. 撤销　　D. 罢免

答案：ABC

考点：本题考查证券公司风险处置措施。证券公司风险处置措施包括：停业整顿、托管、接管、行政重组、撤销及破产清算和重整。

54. 根据《证券公司风险处置条例》第八条的规定，证券公司有下列（　　）情形之一的，国务院证券监督管理机构可以将其证券经纪等涉及客户的业务进行托管。

A. 治理混乱、管理失控

B. 挪用客户资产并且不能自行弥补

C. 在证券交易结算中多次发生交收违约或者交收违约数额较大

D. 风险控制指标不符合规定，发生重大财务危机

答案：ABCD

考点：本题考查证券公司风险处置措施中的行政托管的相关规定。

55. 证券公司风险处置措施中的“行政重组”措施中，可以采取的措施包括（　　）。

A. 注资　　B. 股权重组

C. 债务重组、资产重组　　D. 合并或者其他方式

答案：ABCD

考点：本题考查证券公司风险处置措施中的行政重组的相关规定。

56. 证券公司风险处置措施中的“行政清理”措施中，涉及的行政清理主体包括（　　）。

A. 律师事务所　　B. 会计师事务所

C. 证券监管部门　　D. 地方政府

答案：ABD

考点：本题考查证券公司风险处置措施中的行政清理的相关规定。

57. 证券公司风险处置措施中的“行政清理”措施中，行政清理组在证券公司风险处置行政清理期间的工作范围包括（　　）。

A. 接管公司　　B. 确定处置日

C. 债权登记　　D. 证券类资产转让

答案：ABCD

考点：本题考查证券公司风险处置措施中的行政清理的相关规定。

58. 证券公司风险处置措施中的“破产清算和重组”的说法中，正确的是（　　）。

A. 自债权人会议各表决组通过重整计划草案之日起 10 日内，证券公司或者管理人应当向人民法院提出批准重整计划的申请

B. 债权人会议部分表决组未通过重整计划草案，但重整计划草案符合《企业破产法》第八十七条第二款规定条件的，证券公司或者管理人可以申请人民法院批准重整计划草案

C. 人民法院裁定受理证券公司重整或者破产清算申请的，只有证券公司可以向人民法院推荐管理人人选

D. 人民法院裁定证券公司重整的，证券公司或者管理人应当同时向债权人会议、国务院证券监督管理机构和人民法院提交重整计划草案

答案：ABD

考点：本题考查证券公司风险处置措施中的破产清算和重组的相关规定。人民法院裁定受理证券公司重整或者破产清算申请的，国务院证券监督管理机构可以向人民法院推荐管理人人选，故 C 选项错误。

59. 证券公司风险处置中各主体责任的说法中，正确的是（　　）。

A. 被处置证券公司的股东以及债权人有证据证明托管组、接管组、行政清理组以及其工作人员未依法履行职责的，可以向公安机关投诉

B. 证券投资者保护基金管理机构应当按照国家规定，收购债权、弥补客户的交易结算资金

C. 风险处置现场工作组、行政清理组和管理人需要从公安机关扣押资料中查询、复制与其工作有关资料的，公安机关应当支持和配合

D. 被处置证券公司的股东、实际控制人、债权人以及与被处置证券公司有关的机构和人员，应当配合证券公司风险处置工作

答案：BCD

考点：本题考查证券公司风险处置过程中各主体的义务。被处置证券公司的股东以及债权人有证据证明托管组、接管组、行政清理组以及其工作人员未依法履行职责的，可以向国务院证券监督管理机构投诉。

三、判断题。不选、错选均不得分。

1. 法是由国家制定或认可的社会规范，具有社会意志性。（　　）

答案：错误

考点：法区别于其他社会规范的一个重要特征是：法是由国家制定或认可的，体现了国家的意志与权威。

2. 法是依靠公民自觉来保障实施的规范。（　　）

答案：错误

考点：所有社会规范均依靠一定的力量来保障实施，具有某种强制性。与其他社会规范不同的是，法具有特殊的强制性。这种特殊性体现在法是依靠国家强制力来保障实施。

3. 按照法律关系所依据的法律部门，可以将法律关系分为宪法法律关系、民商事法律关系、行政法律关系、劳动法律关系、诉讼法律关系。（　　）

答案：正确

考点：按照法律关系所依据的法律部门，可以将法律关系分为宪法法律关系、民商事法律关系、行政法律关系、劳动法律关系、诉讼法律关系等不同部门的法律关系。

4.《公司法》是为规范公司的组织和行为，保护公司、股东和债权人的合法权益，维护社会经济秩序，促进社会主义市场经济的发展而制定的。（　　）

答案：正确

考点：《公司法》是为规范公司的组织和行为，保护公司、股东和债权人的合法权益，维护社会经济秩序，促进社会主义市场经济的发展而制定的。《公司法》是规定公司的设立、组织、运营、变更、解散、股东权利与义务和公司内部、外部关系的法律。

5. 在股东人数上，有限责任公司设立时股东在 20 人以下；股份有限公司股东人数在 50 人以下。（　　）

答案：错误

考点：在股东人数上，有限责任公司设立时股东在 50 人以下；股份有限公司股东人数无上限。

6. 公司可以设立分公司，分公司的民事责任自行承担。（　　）

答案：错误

考点：公司可以设立分公司，分公司不具有法人资格，其民事责任由公司承担。

7. 公司可以设立子公司，子公司独立承担民事责任。（　　）

答案：正确

考点：公司可以设立子公司，子公司具有法人资格，依法独立承担民事责任。

8. 有限责任公司董事会成员中必须有公司职工代表。（　　）

答案：错误

考点：两个以上的国有企业或者两个以上的其他国有投资主体投资设立的有限责任公司，其董事会成员中应当有公司职工代表；其他有限责任公司董事会成员中可以有公司职工代表。

9. 股权的自愿让与有限责任公司的股东之间可以相互转让其全部或者部分股权。股东向股东以外的人转让股权，应当经其他股东过半数同意。股东应就其股权转让事项书面通知其他股东征求同意，其他股东自接到书面通知之日起满 15 日未答复的，视为同意转让。（　）

答案：错误

考点：股权的自愿让与有限责任公司的股东之间可以相互转让其全部或者部分股权。股东向股东以外的人转让股权，应当经其他股东过半数同意。股东应就其股权转让事项书面通知其他股东征求同意，其他股东自接到书面通知之日起满 30 日未答复的，视为同意转让。

10. 人民法院依照法律规定的强制执行程序转让股东的股权时，其他股东在同等条件下有优先购买权。其他股东自人民法院通知之日起满 10 日不行使优先购买权的，视为放弃。（　）

答案：错误

考点：人民法院依照法律规定的强制执行程序转让股东的股权时，应当通知公司及全体股东，其他股东在同等条件下有优先购买权。其他股东自人民法院通知之日起满 20 日不行使优先购买权的，视为放弃优先购买权。

11. 公司连续 3 年不向股东分配利润，而公司该 3 年连续盈利，并且符合《公司法》规定的分配利润条件的，对股东会回购股权决议投反对票的股东，可以请求公司按照合理的价格收购其股权。（　）

答案：错误

考点：公司连续 5 年不向股东分配利润，而公司该 5 年连续盈利，并且符合《公司法》规定的分配利润条件的，对股东会回购股权决议投反对票的股东，可以请求公司按照合理的价格收购其股权。

12. 设立股份有限公司，应当有 2 人以上 200 人以下为发起人。（　）

答案：正确

考点：发起人符合法定人数。设立股份有限公司，应当有 2 人以上 200 人以下为发起人，其中须有半数以上的发起人在中国境内有住所。

13. 股份有限公司设董事会，其成员为 5 至 13 人，董事会成员中必须有公司职工代表。（　）

答案：错误

考点：股份有限公司设董事会，其成员为 5 至 19 人，董事会成员中必须有公司职工代表。

14. 股份有限公司设监事会，其成员不得少于5人。（　　）

答案：错误

考点：股份有限公司设监事会，其成员不得少于3人。监事会应当包括股东代表和适当比例的公司职工代表，其中职工代表的比例不得低于1/3，具体比例由公司章程规定。

15. 股东大会召开前15日内或者公司决定分配股利的基准日前5日内，不得进行股东名册的变更登记。（　　）

答案：错误

考点：股东大会召开前20日内或者公司决定分配股利的基准日前5日内，不得进行股东名册的变更登记。但是，法律对上市公司股东名册变更登记另有规定的，从其规定。

16. 公司董事、监事、高级管理人员在任职期间每年转让的股份不得超过其所持有本公司股份总数的25%。（　　）

答案：正确

考点：公司董事、监事、高级管理人员应当向公司申报所持有的本公司的股份及其变动情况，在任职期间每年转让的股份不得超过其所持有本公司股份总数的25%；所持本公司股份自公司股票上市交易之日起1年内不得转让。

17. 法定公积金转为资本时，所留存的该项公积金不得少于转增前公司注册资本的25%。（　　）

答案：正确

考点：法定公积金转为资本时，所留存的该项公积金不得少于转增前公司注册资本的25%。

18. 有限责任公司合并或分立，必须经代表2/3以上表决权的股东通过。（　　）

答案：正确

考点：公司合并或分立，应当由公司的股东（大）会做出决议。有限责任公司，必须经代表2/3以上表决权的股东通过。

19. 公司合并的，债权人自接到通知书之日起20日内，未接到通知书的自公告之日起30日内，可以要求公司清偿债务或者提供相应的担保。（　　）

答案：错误

考点：公司合并的，债权人自接到通知书之日起30日内，未接到通知书的自公告之日起45日内，可以要求公司清偿债务或者提供相应的担保。

20. 控股股东，是指其出资额占有限责任公司资本总额50%以上的股东。（　　）

答案：正确

考点：控股股东，是指其出资额占有限责任公司资本总额50%以上或者其持有的股份占股份有限公司股本总额50%以上的股东。

21. 普通合伙企业的投资人数为3人以上，无上限规定；而有限合伙企业的投资人数为3人以上50人以下，且至少有1个普通合伙人。（ ）

答案：错误

考点：普通合伙企业的投资人数为2人以上，无上限规定；而有限合伙企业的投资人数为2人以上50人以下，且至少有1个普通合伙人。

22. 国有独资公司、国有企业、上市公司不得成为普通合伙人。（ ）

答案：正确

考点：为保护国有资产和上市公司股东的利益，国有独资公司、国有企业、上市公司不得成为普通合伙人。

23. 合伙协议未约定合伙期限的，合伙人在不给合伙企业事务执行造成不利影响的情况下，可以退伙，但应当提前15日通知其他合伙人。（ ）

答案：错误

考点：合伙协议未约定合伙期限的，合伙人在不给合伙企业事务执行造成不利影响的情况下，可以退伙，但应当提前30日通知其他合伙人。

24. 合伙企业解散，应当由托管人进行清算。（ ）

答案：错误

考点：合伙企业解散，应当由清算人进行清算。清算人由全体合伙人担任；经全体合伙人过半数同意，可以自合伙企业解散事由出现后15日内指定1个或者数个合伙人，或者委托第三人，担任清算人。

25. 自合伙企业解散事由出现之日起15日内未确定清算人的，合伙人可以申请人民检察院指定清算人。（ ）

答案：错误

考点：自合伙企业解散事由出现之日起15日内未确定清算人的，合伙人或者其他利害关系人可以申请人民法院指定清算人。

26. 清算人自被确定之日起15日内将合伙企业解散事项通知债权人。（ ）

答案：错误

考点：清算人自被确定之日起10日内将合伙企业解散事项通知债权人，并于60日内在报纸上公告。

27. 提交虚假文件或者采取其他欺骗手段，取得合伙企业登记的，由企业登记机关责令改正，处以5 000元以上5万元以下的罚款。（ ）

答案：正确

考点：违反《合伙企业法》规定，提交虚假文件或者采取其他欺骗手段，取得合伙企业登记的，由企业登记机关责令改正，处以5 000元以上5万元以下的罚款；情节严重的，撤销企业登记，并处以5万元以上20万元以下的罚款。

28. 证券的发行、交易活动，必须遵循公开、公平、公正的“三公”原则。（　）

答案：正确

考点：证券的发行、交易活动，必须遵循公开、公平、公正的“三公”原则。

29. 公司首次公开发行新股，最近 5 年财务会计报告必须被出具无保留意见审计报告。（　）

答案：错误

考点：公司首次公开发行新股，最近 3 年财务会计报告必须被出具无保留意见审计报告。

30. 公开发行公司债券，最近 3 年平均可分配利润应足以支付公司债券 1 年的利息。（　）

答案：正确

考点：公开发行公司债券，最近 3 年平均可分配利润足以支付公司债券 1 年的利息。

31. 证券的代销、包销期限最长不得超过 120 日。（　）

答案：错误

考点：证券的代销、包销期限最长不得超过 90 日。

32. 发行人及其董事、监事、高级管理人员属于证券交易内幕信息的知情人。（　）

答案：正确

考点：发行人及其董事、监事、高级管理人员属于证券交易内幕信息的知情人。

33. 要约收购时，收购要约约定的收购期限不得少于 15 日。（　）

答案：错误

考点：要约收购时，收购要约约定的收购期限不得少于 30 日，并不得超过 60 日。在收购要约确定的承诺期限内，收购人不得撤销其收购要约。

34. 投资者持有或者通过协议、其他安排与他人共同持有一家上市公司已发行的有表决权股份达到 10% 后，其所持该上市公司已发行的有表决权股份比例每增加或者减少 1%，应当在该事实发生的次日通知该上市公司，并予公告。（　）

答案：错误

考点：投资者持有或者通过协议、其他安排与他人共同持有一家上市公司已发行的有表决权股份达到 5% 后，其所持该上市公司已发行的有表决权股份比例每增加或者减少 1%，应当在该事实发生的次日通知该上市公司，并予公告。

35. 证券交易所必须在其名称中标明“证券交易所”字样。其他单位或者个人也可以使用“证券交易所”或者近似的名称。（　）

答案：错误

考点：证券交易所必须在其名称中标明“证券交易所”字样。其他任何单位或者个人不得使用“证券交易所”或者近似的名称。

36. 进入实行会员制的证券交易所参与集中交易的，应该是证券交易所的会员。证券交易所也可以允许非会员直接参与股票的集中交易。 （ ）

答案：错误

考点：进入实行会员制的证券交易所参与集中交易的，必须是证券交易所的会员。证券交易所不得允许非会员直接参与股票的集中交易。

37. 设立证券登记结算机构，自有资金不少于人民币 1 亿元。 （ ）

答案：错误

考点：设立证券登记结算机构，自有资金不少于人民币 2 亿元。

38. 对擅自公开或者变相公开发行证券设立的公司，对直接负责的主管人员和其他直接责任人员处以 50 万元以上 500 万元以下的罚款。 （ ）

答案：正确

考点：对擅自公开或者变相公开发行证券设立的公司，对直接负责的主管人员和其他直接责任人员给予警告，并处以 50 万元以上 500 万元以下的罚款。

39. 发行人在其公告的证券发行文件中编造重大虚假内容，尚未发行证券的，处以 200 万元以上 500 万元以下的罚款。 （ ）

答案：错误

考点：发行人在其公告的证券发行文件中隐瞒重要事实或者编造重大虚假内容，尚未发行证券的，处以 200 万元以上 2 000 万元以下的罚款。

40. 发行人在其公告的证券发行文件中隐瞒重要事实或者编造重大虚假内容，已经发行证券的，对直接负责的主管人员和其他直接责任人员，处以 100 万元以上 1 000 万元以下的罚款。 （ ）

答案：正确

考点：发行人在其公告的证券发行文件中隐瞒重要事实或者编造重大虚假内容，已经发行证券的，处以非法所募资金金额 10% 以上 1 倍以下的罚款。对直接负责的主管人员和其他直接责任人员，处以 100 万元以上 1 000 万元以下的罚款。

41. 发行人擅自改变公开发行证券所募集资金的用途的，责令改正，处以 100 万元以上 500 万元以下的罚款。 （ ）

答案：错误

考点：根据《证券法》第一百八十五条的规定，发行人违反《证券法》第十四条、第十五条的规定擅自改变公开发行证券所募集资金的用途的，责令改正，处以 50 万元以上 500 万元以下的罚款；对直接负责的主管人员和其他直接责任人员给予警告，并处以 10 万元以上 100 万元以下的罚款。

42. 保荐人出具有虚假记载、误导性陈述或者重大遗漏的保荐书，处以业务收入 1

倍以上 10 倍以下的罚款。 （ ）

答案：正确

考点：根据《证券法》第一百八十二条的规定，保荐人出具有虚假记载、误导性陈述或者重大遗漏的保荐书，或者不履行其他法定职责的，责令改正，给予警告，没收业务收入，并处以业务收入 1 倍以上 10 倍以下的罚款；没有业务收入或者业务收入不足 100 万元的，处以 100 万元以上 1 000 万元以下的罚款。

43. 持有上市公司 5% 以上股份的股东、董事、监事、高级管理人员，将其持有的本公司的股票或者其他具有股权性质的证券在买入后 6 个月内卖出，收益归自己所有。 （ ）

答案：错误

考点：根据《证券法》第四十四条的规定，上市公司、股票在国务院批准的其他全国性证券交易场所交易的公司持有 5% 以上股份的股东、董事、监事、高级管理人员，将其持有的该公司的股票或者其他具有股权性质的证券在买入后 6 个月内卖出，或者在卖出后 6 个月内又买入，由此所得收益归该公司所有，公司董事会应当收回其所得收益。

44. 操纵证券市场的，责令依法处理其非法持有的证券，没收违法所得，并处以违法所得 1 倍以上 10 倍以下的罚款。 （ ）

答案：正确

考点：根据《证券法》第一百九十二条的规定，违反《证券法》第五十五条的规定，操纵证券市场的，责令依法处理其非法持有的证券，没收违法所得，并处以违法所得 1 倍以上 10 倍以下的罚款；没有违法所得或者违法所得不足 100 万元的，处以 100 万元以上 1 000 万元以下的罚款。

45. 在证券交易活动中做出虚假陈述或者信息误导的，责令改正，处以 10 万元以上 200 万元以下的罚款。 （ ）

答案：错误

考点：违反《证券法》第五十六条第二款的规定，在证券交易活动中做出虚假陈述或者信息误导的，责令改正，处以 20 万元以上 200 万元以下的罚款；属于国家工作人员的，还应当依法给予处分。

46. 证券公司及其从业人员有损害客户利益的行为的，给予警告，没收违法所得，并处以违法所得 1 倍以上 10 倍以下的罚款。 （ ）

答案：正确

考点：证券公司及其从业人员违反《证券法》第五十七条的规定，有损害客户利益的行为的，给予警告，没收违法所得，并处以违法所得 1 倍以上 10 倍以下的罚款；没有违法所得或者违法所得不足 10 万元的，处以 10 万元以上 100 万元以下的罚款。

47. 信息披露义务人未履行信息披露义务的，责令改正，给予警告，并处以 100 万

元以上500万元以下的罚款。（ ）

答案：错误

考点：信息披露义务人未按照《证券法》的规定报送有关报告或者履行信息披露义务的，责令改正，给予警告，并处以50万元以上500万元以下的罚款；对直接负责的主管人员和其他直接责任人员给予警告，并处以20万元以上200万元以下的罚款。

48. 证券公司未对投资者开立账户提供的身份信息进行核对的，责令改正，给予警告，并处以10万元以上50万元以下的罚款。（ ）

答案：错误

考点：根据《证券法》第二百零一条的规定，证券公司违反《证券法》第一百零七条第一款的规定，未对投资者开立账户提供的身份信息进行核对的，责令改正，给予警告，并处以5万元以上50万元以下的罚款。对直接负责的主管人员和其他直接责任人员给予警告，并处以10万元以下的罚款。

49. 擅自设立证券公司，没收违法所得，并处以违法所得5倍以上10倍以下的罚款。（ ）

答案：错误

考点：根据《证券法》第二百零二条的规定，违反《证券法》第一百一十八条、第一百二十条第一款、第四款的规定，擅自设立证券公司、非法经营证券业务或者未经批准以证券公司名义开展证券业务活动的，责令改正，没收违法所得，并处以违法所得1倍以上10倍以下的罚款；没有违法所得或者违法所得不足100万元的，处以100万元以上1 000万元以下的罚款。

50. 基金合同当事人包括基金份额持有人、基金管理人和基金清算人。（ ）

答案：错误

考点：基金合同当事人包括基金份额持有人、基金管理人和基金托管人。

51. 设立管理公开募集基金的基金管理公司，注册资本不低于10亿元人民币，且必须为实缴货币资本。（ ）

答案：错误

考点：设立管理公开募集基金的基金管理公司，注册资本不低于1亿元人民币，且必须为实缴货币资本。

52. 公开募集基金的基金管理人及其董事、监事、高级管理人员可以将其固有财产或者他人财产混同于基金财产从事证券投资。（ ）

答案：错误

考点：公开募集基金的基金管理人及其董事、监事、高级管理人员不能将其固有财产或者他人财产混同于基金财产从事证券投资。

53. 私募基金管理人及其从业人员从事私募基金业务不能侵占、挪用基金财产。（ ）

答案：正确

考点：私募基金管理人及其从业人员从事私募基金业务不能侵占、挪用基金财产。

54. 基金财产的债权，不得与基金管理人、基金托管人固有财产的债务相抵销；不同基金财产的债权债务，经过股东大会同意，可以相互抵销。（　　）

答案：错误

考点：基金财产的债权，不得与基金管理人、基金托管人固有财产的债务相抵销；不同基金财产的债权债务，不得相互抵销。

55. 公开募集基金包括向不特定对象募集资金，或者向特定对象募集资金并且累计超过 200 人。（　　）

答案：正确

考点：公开募集基金包括向不特定对象募集资金，向特定对象募集资金累计超过 200 人，以及法律、行政法规规定的其他情形。

56. 非公开募集基金财产只能用于投资上市交易的股票、债券或国务院证券监督管理机构规定的其他证券及其衍生品种。（　　）

答案：错误

考点：公开募集基金财产只能用于投资上市交易的股票、债券或国务院证券监督管理机构规定的其他证券及其衍生品种。而非公开募集基金财产的投资包括买卖股票、股权、债券、期货、期权、基金份额及投资合同约定的其他投资标的。

57. 公募基金的运作方式必须是开放式。（　　）

答案：错误

考点：公募基金的运作方式可以采用封闭式、开放式或者其他方式。

58. 远期合约，是指约定在将来某一特定时间内相互交换特定标的物的金融合约。（　　）

答案：错误

考点：互换合约，是指约定在将来某一特定时间内相互交换特定标的物的金融合约；远期合约，是指期货合约以外的，约定在将来某一特定的时间和地点交割一定数量标的物的金融合约。

59. 期货交易实行交易者实际控制关系报备管理制度。（　　）

答案：正确

考点：期货交易实行交易者实际控制关系报备管理制度。交易者应当按照国务院期货监督管理机构的规定向期货经营机构或者期货交易场所报备实际控制关系。

60. 金融机构开展衍生品交易业务，应当依法经过批准或者核准。（　　）

答案：正确

考点：金融机构开展衍生品交易业务，应当依法经过批准或者核准，履行交易者适当性管理义务，并应当遵守国家有关监督管理规定。

61. 期货交易实行次日无负债结算制度。 ( )

答案：错误

考点：期货交易实行当日无负债结算制度。

62. 交易者未在约定时间内追加保证金或者自行平仓的，不能强行平仓。 ( )

答案：错误

考点：交易者未在约定时间内追加保证金或者自行平仓的，按照约定强行平仓。

63. 结算担保金，是指结算参与人以自有资金向期货结算机构缴纳的，用于担保履约的资金。 ( )

答案：正确

考点：结算担保金，是指结算参与人以自有资金向期货结算机构缴纳的，用于担保履约的资金。

64. 期货合约到期时，交易者可以不用结算，继续续约。 ( )

答案：错误

考点：期货合约到期时，交易者应当通过实物交割或者现金交割，了结到期未平仓合约。

65. 期货交易者可以分为普通交易者和特殊交易者。 ( )

答案：错误

考点：根据财产状况、金融资产状况、交易知识和经验、专业能力等因素，期货交易者可以分为普通交易者和专业交易者。

66. 操纵期货市场或者衍生品市场的，责令改正，没收违法所得，并处以违法所得1倍以上10倍以下的罚款。 ( )

答案：正确

考点：根据《期货和衍生品法》第一百二十五条的规定，违反本法第十二条的规定，操纵期货市场或者衍生品市场的，责令改正，没收违法所得，并处以违法所得1倍以上10倍以下的罚款；没有违法所得或者违法所得不足100万元的，处以100万元以上1 000万元以下的罚款。

67. 非法设立期货公司，或者未经核准从事相关期货业务的，予以取缔，没收违法所得，并处以违法所得1倍以上10倍以下的罚款。 ( )

答案：正确

考点：根据《期货和衍生品法》第一百三十二条的规定，非法设立期货公司，或者未经核准从事相关期货业务的，予以取缔，没收违法所得，并处以违法所得1倍以上10倍以下的罚款；没有违法所得或者违法所得不足100万元的，处以100万元以上1 000万元以下的罚款。

68. 设立证券公司，主要股东及公司的实际控制人具有良好的财务状况和诚信记录，最近5年无重大违法违规记录。 ( )

答案：错误

考点：根据《证券法》第一百一十八条的规定，设立证券公司，应当具备：主要股东及公司的实际控制人具有良好的财务状况和诚信记录，最近3年无重大违法违规记录。

69. 证券公司合并、分立的，国务院证券监督管理机构应当对合并、分立的申请进行审查，并在自受理之日起2个月内做出批准或者不予批准的书面决定。（　）

答案：错误

考点：证券公司合并、分立的，国务院证券监督管理机构应当对合并、分立的申请进行审查，并在自受理之日起3个月内做出批准或者不予批准的书面决定。

70. 证券公司的独立董事，不得在本证券公司担任董事会外的职务。（　）

答案：正确

考点：证券公司可以设独立董事。证券公司的独立董事，不得在本证券公司担任董事会外的职务，不得与本证券公司存在可能妨碍其做出独立、客观判断的关系。

71. 证券公司设法务负责人，对证券公司经营管理行为的合法合规性进行审查、监督或者检查。（　）

答案：错误

考点：证券公司设合规负责人，对证券公司经营管理行为的合法合规性进行审查、监督或者检查。

72. 证券公司经营证券经纪业务，注册资本最低限额为人民币3 000万元。（　）

答案：错误

考点：证券公司经营证券经纪、证券投资咨询，与证券交易、证券投资活动有关的财务顾问业务的，注册资本最低限额为人民币5 000万元。

73. 证券公司经营证券承销与保荐业务，注册资本最低限额为人民币1亿元。（　）

答案：正确

考点：证券公司经营证券承销与保荐、证券融资融券、证券做市交易、证券自营、其他证券业务之一的，注册资本最低限额为人民币1亿元。

74. 证券公司风险控制指标不符合有关规定，国务院证券监督管理机构可以责令证券公司停止部分或者全部业务进行整顿。停业整顿的期限不超过3个月。（　）

答案：正确

考点：证券公司风险控制指标不符合有关规定，在规定期限内未能完成整改的，国务院证券监督管理机构可以责令证券公司停止部分或者全部业务进行整顿。停业整顿的期限不超过3个月。

75. 证券公司进行行政重组，可以采取资产重组方式。（　）

答案：正确

考点：证券公司进行行政重组，可以采取注资、股权重组、债务重组、资产重组、合并或者其他方式。行政重组期限一般不超过12个月。

76. 证券公司的董事、监事、高级管理人员等对该证券公司被处置负有主要责任的，暂停其任职资格5年。 （ ）

答案：错误

考点：证券公司的董事、监事、高级管理人员等对该证券公司被处置负有主要责任的，暂停其任职资格1至3年。

77. 被处置证券公司的董事拒绝配合现场工作组、托管组、接管组、行政清理组依法履行职责，处以其年收入5倍以上10倍以下的罚款。 （ ）

答案：错误

考点：被处置证券公司的董事拒绝配合现场工作组、托管组、接管组、行政清理组依法履行职责，应处以其年收入1倍以上2倍以下的罚款，并可以暂停其任职资格、证券从业资格；情节严重的，撤销其任职资格、证券从业资格，处以其年收入2倍以上5倍以下的罚款，并可以按照规定对其采取证券市场禁入的措施。

78. 证券公司治理混乱、管理失控，情况严重的，中国人民银行可以将其证券经纪等涉及客户的业务进行托管。 （ ）

答案：错误

考点：证券公司治理混乱、管理失控，情况严重的，国务院证券监督管理机构可以将其证券经纪等涉及客户的业务进行托管。

79. 证券投资者保护基金管理机构应当按照国家规定，弥补客户的交易结算资金。 （ ）

答案：正确

考点：证券投资者保护基金管理机构应当按照国家规定，收购债权、弥补客户的交易结算资金。

80. 托管组、接管组、行政清理组以及被责令停业整顿、托管和行政重组的证券公司，应当按照规定向中国人民银行及其相关部门报告工作情况。 （ ）

答案：错误

考点：托管组、接管组、行政清理组以及被责令停业整顿、托管和行政重组的证券公司，应当按照规定向国务院证券监督管理机构报告工作情况。

四、综合题。每问备选答案中有一项或多项符合题目要求，不选、错选均不得分。

（一）甲股份有限公司按照法律的规定设立了分公司A和子公司B。请回答以下问题。

（1）关于甲公司设立的分公司A，下列说法错误的是（ ）。

A. A 公司不具有法人资格，其民事责任由甲公司承担

B. A 公司不能独立享有权利、承担责任，其一切行为的后果及责任由 A 公司承担

C. A 公司没有独立的公司名称及章程，其对外从事经营活动必须以 A 公司的名义

D. A 公司在人事、经营上没有自主权，其主要业务活动及主要管理人员由甲公司决定并委任

（2）关于甲公司设立子公司 B，下列说法错误的是（　　）。

A. B 公司具有法人资格，依法独立承担民事责任

B. 甲公司对 B 公司有控制权

C. B 公司的重大决策无须甲公司决定

D. B 公司不得以自己的名义开展经营活动，从事各类民事活动

（3）下列关于 A 公司和 B 公司的说法中，正确的有（　　）。

A. A 公司没有独立的财产，其所有资产属于甲公司

B. B 公司拥有独立的财产，其所有资产仍属于甲公司

C. A 公司需要根据甲公司的委托或授权进行业务活动

D. B 公司需要根据甲公司的委托或授权进行业务活动

答案：（1）BC；（2）CD；（3）AC

解析：（1）分公司不能独立享有权利、承担责任，其一切行为的后果及责任由甲公司承担，故选项 B 错误。分公司没有独立的公司名称及章程，其对外从事经营活动必须以甲公司的名义，故选项 C 错误。（2）子公司的重大决策仍需甲公司决定，故选项 C 错误。子公司可以以自己的名义开展经营活动，从事各类民事活动，故选项 D 错误。（3）子公司拥有独立的财产，能够自负盈亏，独立核算，故选项 B 错误。子公司无须根据甲公司的委托或授权进行业务活动，故选项 D 错误。

（二）王某依法向公司登记机关申请设立 A 有限责任公司并进行了登记，同时依法制定了公司章程。请回答以下问题。

（1）下列关于 A 有限责任公司设立登记的要求中，说法正确的有（　　）。

A. 设立 A 公司必须报经批准的，应当在公司登记前依法办理批准手续

B. 依法设立的 A 公司，由公司登记机关发给 A 公司营业执照

C. A 公司营业执照签发日期为 A 公司成立日期

D. A 公司营业执照记载的事项发生变更的，A 公司可以不办理变更登记，只向公司登记机关说明即可

（2）下列关于 A 公司章程的说法中，正确的有（　　）。

A. A 公司章程是由 A 公司依法制定的，规定了 A 公司名称、住所、经营范围、经营管理制度等重大事项的基本文件

B. A 公司章程是 A 公司组织或活动的基本准则

C. A 公司章程对公司、股东、董事、监事、高级管理人员不具有约束力

D. A 公司章程是依照 A 公司成员的法律行为而设立的规则，对 A 公司内部关系进行规范

(3) 下列关于 A 公司章程记载事项的说法中，错误的是（　　）。

A. A 公司章程记载事项分为必要记载事项和任意记载事项

B. A 公司章程应当载明公司名称和住所、公司经营范围、公司注册资本等信息

C. A 公司章程应当载明公司设立方式、公司股份总数、每股金额和注册资本等信息

D. A 公司向其他企业投资或者为他人提供担保，依照公司章程的规定，只能由股东大会决议

答案：(1) ABC；(2) ABD；(3) CD

解析：(1) A 公司营业执照记载的事项发生变更的，公司应当依法办理变更登记，由公司登记机关换发营业执照，故选项 D 错误。(2) A 公司章程对公司、股东、董事、监事、高级管理人员具有约束力，故选项 C 错误。(3) A 公司是有限责任公司，公司章程不应当载明公司股份总数、每股金额信息，故选项 C 错误。A 公司向其他企业投资或者为他人提供担保，依照公司章程的规定，可以由董事会或者股东会、股东大会决议，故选项 D 错误。

(三) S 有限责任公司依法设立了股东会、董事会、经理。请回答以下问题。

(1) 下列关于 S 有限责任公司股东会的说法中，正确的有（　　）。

A. S 公司股东会可以决定公司的经营方针和投资计划

B. S 公司股东会可以审议批准董事会的报告

C. S 公司股东会可以决定公司内部管理机构的设置

D. S 公司股东会可以修改公司章程

(2) 下列关于 S 有限责任公司董事会的说法中，正确的有（　　）。

A. S 公司董事会可以召集股东会会议，并向股东会报告工作

B. S 公司董事会可以制订公司的年度财务预算方案、决算方案

C. S 公司董事会可以制订公司的利润分配方案和弥补亏损方案

D. S 公司董事会可以提请聘任或者解聘公司副经理、财务负责人

(3) 下列关于 S 有限责任公司经理的说法中，正确的有（　　）。

A. S 公司经理可以主持公司的生产经营工作，组织实施董事会决议

B. S 公司经理可以组织实施公司年度经营计划和投资方案

C. S 公司经理可以制定公司的基本管理制度

D. S 公司经理可以拟订公司内部管理机构设置方案

答案：(1) ABD；(2) ABC；(3) ABD

解析：(1) 董事会决定公司内部管理机构的设置，故选项 C 错误。(2) 提请聘任或者解聘公司副经理、财务负责人属于经理职权，故选项 D 错误。(3) 经理可以拟订

公司的基本管理制度，董事会才能制定公司的基本管理制度，故选项 C 错误。

（四）P 有限责任公司近日发生了一系列股权转让事项。请回答以下问题。

（1）P 公司 A 股东欲将股权转让出去，下列做法正确的有（　　）。

A. A 股东可以将所持全部 P 公司股权转让给 P 公司的其他股东

B. A 股东如若将股权转让给 P 公司股东之外的人，应当经 A 公司其他股东过 1/3 数同意

C. A 股东应就其股权转让事项书面通知 A 公司其他股东征求同意，其他股东自接到书面通知之日起满 15 日未答复的，视为同意转让

D. A 公司其他股东半数以上不同意转让的，不同意的股东应当购买 A 股东转让的股权

（2）P 公司的 B 股东未履行出资义务即转让股权，受让人王某对此知道的情况下，下列说法正确的有（　　）。

A. P 公司可以请求 B 股东履行出资义务、王某对此承担连带责任

B. P 公司债权人可以请求 B 股东在未出资本息范围内对公司债务不能清偿的部分承担补充赔偿责任

C. P 公司债权人可以请求 B 股东的受让人王某对此承担连带责任

D. 王某根据前款规定承担责任后，不得向 B 股东追偿

（3）下列属于 C 股东可以请求 P 公司按照合理的价格收购其股权的情形的有（　　）。

A. P 公司连续 3 年不向股东分配利润，而公司该 3 年连续盈利，并且符合《公司法》规定的分配利润条件的

B. P 公司合并、分立、转让主要财产

C. P 公司章程规定的营业期限届满或者章程规定的其他解散事由出现，股东会会议通过决议修改章程使公司存续

D. 自股东会会议决议通过之日起 60 日内，C 股东与 P 公司不能达成股权收购协议的，C 股东可以自股东会会议决议通过之日起 90 日内向人民法院提起诉讼

答案：（1）AD；（2）ABC；（3）BCD

解析：（1）股东向股东以外的人转让股权，应当经其他股东过半数同意。股东应就其股权转让事项书面通知其他股东征求同意，其他股东自接到书面通知之日起满 30 日未答复的，视为同意转让，故选项 B、C 错误。（2）受让人根据前款规定承担责任后，可以向该未履行或者未全面履行出资义务的股东追偿，故选项 D 错误。（3）公司连续 5 年不向股东分配利润，而公司该 5 年连续盈利，并且符合《公司法》规定的分配利润条件的，属于上述情形，故选项 A 错误。

（五）F 公司是刚成立不久的股份有限公司，近日，F 公司计划发行股份。请回答以下问题。

（1）下列关于F公司股份发行原则的说法中，正确的有（　　）。

A. F公司股份的发行，实行公平、公正的原则

B. F公司同种类的每一股份应当具有同等权利

C. F公司同次发行的同种类股票，每股的发行条件和价格可以不同

D. 任何单位或者个人所认购的F公司股份，每股应当支付相同价额

（2）下列关于F公司股票的形式和记载的说法中，正确的有（　　）。

A. F公司股票采用纸面形式或者国务院证券监督管理机构规定的其他形式

B. F公司股票应当载明F公司名称以及成立日期

C. 股票由F公司法定代表人签名，由F公司盖章

D. F公司发行的股票，只能为记名股票，不得为无记名股票

（3）如若此次F公司发行股份属于发行新股，那么下列关于其说法正确的有（　　）。

A. F公司发行新股，F公司的股东大会应当对新股种类及数额、新股发行价格等作出决议

B. F公司报经国务院证券监督管理机构注册后公开发行新股时，必须公告新股招股说明书和财务会计报告，无须制作认股书

C. F公司向社会公开募集股份，应当由依法设立的证券公司承销，签订承销协议

D. F公司发行新股，可以根据公司经营情况和财务状况，确定其作价方案

答案：（1）ABD；（2）ABC；（3）ACD

解析：（1）同次发行的同种类股票，每股的发行条件和价格应当相同，故选项C错误。（2）公司发行的股票，可以为记名股票，也可以为无记名股票，故选项D错误。（3）公司报经国务院证券监督管理机构注册后公开发行新股时，必须公告新股招股说明书和财务会计报告，并制作认股书，故选项B错误。

（六）G公司是刚成立不久的股份有限公司，甲、乙、丙分别是G公司的董事、经理以及副经理。请回答以下问题。

（1）下列关于G公司董事甲的下列行为中，错误的是（　　）。

A. 甲可以挪用公司资金

B. 甲可以将公司资金以其个人名义或者以其他个人名义开立账户存储

C. 甲可以未经股东会、股东大会或者董事会同意，将公司资金借贷给他人或者以公司财产为他人提供担保

D. 甲可以擅自披露公司秘密

（2）下列关于G公司经理乙的下列行为中，属于董事、高级管理人员不得有的行为的是（　　）。

A. 乙遵守公司章程的规定，与本公司订立合同或者进行交易

B. 乙未经股东会或者股东大会同意，利用职务便利为自己或者他人谋取属于公司

的商业机会

C. 乙接受他人与公司交易的佣金归为己有

D. 乙存在违反对公司忠实义务的其他行为

（3）下列关于G公司副经理丙的下列情形的说法中，正确的有（　　）。

A. G公司股东大会要求丙列席会议时，丙应当列席并接受股东的质询

B. 丙应当如实向G公司监事会提供有关情况和资料，不得妨碍监事会或者监事行使职权

C. 丙应当遵守法律、行政法规和公司章程，对G公司负有忠实义务，不负有勤勉义务

D. 丙不得利用职权收受贿赂或者其他非法收入，不得侵占G公司的财产

答案：（1）ABCD；（2）BCD；（3）ABD

解析：（1）董事、高级管理人员不得有下列行为：挪用公司资金；将公司资金以其个人名义或者以其他个人名义开立账户存储；违反公司章程的规定，未经股东会、股东大会或者董事会同意，将公司资金借贷给他人或者以公司财产为他人提供担保；擅自披露公司秘密，故选项ABCD全部错误。（2）乙遵守公司章程的规定，与本公司订立合同或者进行交易不属于董事、高级管理人员不得有的行为，故选项A错误。（3）董事、监事、高级管理人员应当遵守法律、行政法规和公司章程，对公司负有忠实义务和勤勉义务，故选项C错误。

（七）H公司是刚成立不久的股份有限公司，该公司依据法律规定，设立了财务会计制度。请回答以下问题。

（1）下列关于H公司财务会计制度的说法中，正确的有（　　）。

A. H公司应当依照法律、行政法规和国务院财政部门的规定建立本公司的财务、会计制度

B. H公司应当在每一会计年度终了时编制财务会计报告，并依法经会计师事务所审计

C. H公司的财务会计报告应当依照法律、行政法规和国务院财政部门的规定制作

D. H公司的财务会计报告应当在召开股东大会年会的30日前置备于本公司，供股东查阅

（2）下列关于H公司财务会计制度中提取公积金的说法中，正确的有（　　）。

A. H公司分配当年税后利润时，应当提取利润的10%列入公司法定公积金

B. H公司法定公积金累计额超过公司注册资本的50%时，可以不再提取

C. H公司的法定公积金不足以弥补以前年度亏损的，在提取法定公积金之前，应当先用当年利润弥补亏损

D. H公司从税后利润中提取法定公积金后，经股东会或者股东大会决议，不得从税后利润中提取任意公积金

（3）下列关于H公司财务会计制度中利润分配的说法中，正确的有（　　）。

A. H公司应按照股东持有的股份比例进行利润分配

B. H公司股东大会违反规定，在公司弥补亏损和提取法定公积金之前向股东分配利润的，股东必须将违反规定分配的利润退还公司

C. H公司持有的本公司股份可以分配利润

D. H公司章程规定不按持股比例进行利润分配，那么H公司无须按照股东持有的股份比例分配

答案：（1）ABC；（2）ABC；（3）ABD

解析：（1）股份有限公司的财务会计报告应当在召开股东大会年会的20日前置备于本公司，供股东查阅，故选项D错误。（2）公司从税后利润中提取法定公积金后，经股东会或者股东大会决议，还可以从税后利润中提取任意公积金，故选项D错误。（3）公司持有的本公司股份不得分配利润，故选项C错误。

（八）周某、李某和王某共同成立了K普通合伙企业，请回答以下问题。

（1）下列关于K合伙企业设立的说法中，正确的有（　　）。

A. K合伙企业的合伙人周某、李某和王某应为自然人，具有完全民事行为能力

B. 与具有人合性特征的公司不同，K合伙企业具有较强的资合性特征

C. 设立K合伙企业的周某、李某和王某应当以书面方式签订合伙协议

D. 周某、李某和王某签订的合伙协议应包括合伙企业的名称和主要经营场所的地点等信息

（2）下列关于周某、李某和王某出资方式的说法中，正确的有（　　）。

A. 周某出资了现金100万元

B. 李某出资了价值50万元的生产机器一台

C. 王某出资了价值20万元的专利权

D. 王某以自身劳务出资，该评估办法由全体合伙人协商确定，无须在合伙协议中载明

（3）下列关于K合伙企业的名称和生产经营场所的说法中，正确的有（　　）。

A. K合伙企业应当有区别于其他组织的名称

B. 根据《合伙企业法》第十五条的规定，K合伙企业名称中应当标明“合伙”字样

C. K合伙企业从事经营活动必须具备生产经营场所，否则将无法存续下去

D. 设立K合伙企业还应当具备法律、行政法规规定的其他条件

答案：（1）ACD（2）ABC（3）ACD

解析：（1）与具有资合性特征的公司不同，合伙企业具有较强的人合性特征，故选项B错误。（2）合伙人以劳务出资的其评估办法由全体合伙人协商确定并在合伙协议中载明，故选项D错误。（3）根据《合伙企业法》第十五条的规定合伙企业名称中

应当标明“普通合伙”字样，故选项 B 错误。

（九）田某、舒某和杨某共同成立了 I 普通合伙企业，请回答以下问题。

（1）王某想要加入 I 普通合伙企业成为新合伙人，应当符合的条件包括（　　）。

A. 除合伙协议另有约定外，王某入伙应当经全体合伙人一致同意

B. 王某应当依法订立书面入伙协议

C. 新入伙的王某与田某、舒某和杨某享有同等权利，承担同等责任

D. 王某对入伙前 I 合伙企业的债务无须承担无限连带责任

（2）若田某想要退伙，下面关于其退伙的条件，说法正确的有（　　）。

A. 当合伙协议约定的退伙事由出现时，田某可以退伙

B. 经全体合伙人半数以上同意时，田某可以退伙

C. 田某发生了难以继续参加合伙的事由时，可以退伙

D. 其他合伙人严重违反合伙协议约定的义务时，田某可以退伙

（3）合伙人杨某发生下列（　　）情形时，属于当然退伙。

A. 杨某患上重病，但未丧失偿债能力

B. 杨某作为 I 合伙企业的法人，I 合伙企业依法被吊销营业执照

C. 法律规定或者合伙协议约定合伙人必须具有相关资格而杨某丧失该资格

D. 杨某被依法宣告死亡

答案：（1）ABC；（2）ACD；（3）BCD

解析：（1）新合伙人对入伙前合伙企业的债务承担无限连带责任，故选项 D 错误。（2）经全体合伙人一致同意属于合伙人可以退伙的情形，故选项 B 错误。（3）个人丧失偿债能力属于当然退伙的情形，故选项 A 错误。

（十）赵某、钱某、孙某、李某是 L 普通合伙企业的合伙人。L 合伙企业由于经营不善、业绩不佳准备解散。请回答以下问题。

（1）L 合伙企业解散的原因可能是（　　）。

A. 合伙期限届满，赵某、钱某、孙某、李某决定不再经营

B. 合伙协议约定的解散事由出现

C. 赵某、钱某决定解散，孙某、李某不同意

D. L 合伙企业依法被吊销营业执照、责令关闭或者被撤销

（2）下列有关 L 合伙企业的清算规则，说法正确的有（　　）。

A. L 合伙企业解散，应当由清算人进行清算

B. 清算人不可以由 L 合伙企业的全体合伙人担任

C. 经全体合伙人过半数同意，可以自 L 合伙企业解散事由出现后 15 日内指定 1 个合伙人担任清算人

D. 自 L 合伙企业解散事由出现之日起 10 日内未确定清算人的，合伙人可以申请人民法院指定清算人

(3) 李某被指定成了清算人，下列关于其义务说法正确的有（　　）。

A. 李某应当清理合伙企业财产，分别编制资产负债表和财产清单

B. 李某应该处理与清算有关的 L 合伙企业未了结事务

C. 李某应该清缴所欠税款

D. 李某可以不清理债权、债务

答案：(1) ABD；(2) AC；(3) ABC

解析：(1) 当全体合伙人决定解散时应当解散，故选项 C 错误。(2) 清算人由全体合伙人担任，故选项 B 错误。自合伙企业解散事由出现之日起 15 日内未确定清算人的，合伙人或者其他利害关系人可以申请人民法院指定清算人，故选项 D 错误。(3) 清理债权、债务属于清算人的义务，故选项 D 错误。

（十一）Q 股份有限公司计划公开发行证券或者首次公开发行新股，请回答以下问题。

(1) 下列关于 Q 公司公开发行证券的说法中，正确的有（　　）。

A. Q 公司如果要公开发行证券，必须符合法律、行政法规规定的条件

B. Q 公司如果要公开发行证券，需要依法报经国务院证券监督管理机构或者国务院授权的部门注册

C. 如果未经依法注册，Q 公司不得公开发行证券

D. Q 公司证券发行注册制的具体范围、实施步骤，由国务院规定

(2) 下列关于 Q 公司公开发行新股的条件和规则的说法中，正确的有（　　）。

A. Q 公司应具备健全且运行良好的组织机构

B. Q 公司应具有持续经营能力

C. Q 公司最近 2 年财务会计报告应被出具无保留意见审计报告

D. Q 公司的控股股东、实际控制人最近 3 年不存在贪污、贿赂、侵占财产、挪用财产或者破坏社会主义市场经济秩序的刑事犯罪

(3) 公开发行新股时，Q 公司应当报送募股申请和下列（　　）文件。

A. Q 公司的营业执照

B. Q 公司的公司章程

C. Q 公司的股东大会决议

D. Q 公司的审计报告

答案：(1) ABCD；(2) ABD；(3) ABC

解析：(1) 公开发行证券，必须符合法律、行政法规规定的条件，并依法报经国务院证券监督管理机构或者国务院授权的部门注册。未经依法注册，任何单位和个人不得公开发行证券。证券发行注册制的具体范围、实施步骤，由国务院规定，故选项 ABCD 均正确。(2) 最近 3 年财务会计报告被出具无保留意见审计报告属于首次公开发行新股应符合的条件，故选项 C 错误。(3) 审计报告不属于公司公开发行新股应当报

送的文件，故选项 D 错误。

（十二）F 公司是一家证券公司，其承接了 G 股份有限公司的发售证券的业务。请回答以下问题。

（1）下列关于 F 公司承销业务的说法中，正确的有（　　）。

A. F 公司可采取代销或者包销方式来承销业务

B. F 公司代 G 公司发售证券，在承销期结束时，将未售出的证券全部退还给 G 公司的承销方式是指证券包销

C. F 公司将 G 公司的证券按照协议全部购入的承销方式属于证券代销

D. G 公司向不特定对象发行的证券，法律、行政法规规定应当由证券公司承销的，G 公司应当同 F 公司签订承销协议

（2）G 公司同 F 公司签订了承销协议，下列关于该协议应载明事项的说法中，正确的有（　　）。

A. G 公司和 F 公司的名称、住所及法定代表人姓名

B. F 公司代销、包销证券的种类、数量、金额及发行价格

C. F 公司代销、包销的期限及起止日期

D. F 公司的违约责任

（3）F 公司承销证券时，不得存在以（　　）行为。

A. F 公司进行虚假的或者误导投资者的广告宣传或者其他宣传推介活动

B. F 公司以不正当竞争手段招揽承销业务

C. F 公司存在其他违反证券承销业务规定的行为

D. F 公司通过正当的竞争手段所进行的推广活动

答案：（1）AD；（2）ABCD；（3）ABC

解析：（1）证券代销，是指证券公司代发行人发售证券，在承销期结束时，将未售出的证券全部退还给发行人的承销方式。证券包销，是指证券公司将发行人的证券按照协议全部购入，或者在承销期结束时将售后剩余证券全部自行购入的承销方式，故选项 BC 均错误。（2）证券公司承销证券，应当同发行人签订代销或者包销协议，载明下列事项：当事人的名称、住所及法定代表人姓名；代销、包销证券的种类、数量、金额及发行价格；代销、包销的期限及起止日期；代销、包销的付款方式及日期；代销、包销的费用和结算办法；违约责任；国务院证券监督管理机构规定的其他事项，故选项 ABCD 均正确。（3）F 公司通过正当的竞争手段所进行的推广活动不属于证券公司承销证券不得存在的行为，故选项 D 错误。

（十三）冯某是普通投资者，马某是某笔证券交易的内部信息知情人，冯某准备利用马某给出的内幕信息进行交易，购买了 P 公司的证券。请回答以下问题。

（1）马某可能是（　　）。

A. P 公司证券发行人及其董事、监事、高级管理人员

B. P公司控股或者实际控制的公司的董事、监事、高级管理人员

C. 因职务、工作可以获取内幕信息的证券交易场所、证券公司、证券登记结算机构、证券服务机构的有关人员

D. 因职责、工作可以获取内幕信息的证券监督管理机构工作人员

（2）冯某获得的内幕信息可能是（　　）。

A. P公司的经营方针和经营范围的重大变化

B. P公司订立重要合同、提供重大担保或者从事关联交易，可能对公司的资产、负债、权益和经营成果产生重要影响

C. P公司发生重大债务和未能清偿到期重大债务的违约情况

D. P公司1/4的监事发生变动，仍然可以履行职责

（3）下列关于马某提供内幕信息的说法中，正确的有（　　）。

A. 马某在内幕信息公开前，不得买卖P公司的证券

B. 马某在内幕信息公开前，不得泄露该信息

C. 马某在内幕信息公开前，不得建议他人买卖该证券

D. 内幕交易行为给投资者造成损失的，投资者应当依法承担赔偿责任

答案：（1）ABCD；（2）ABC；（3）ABC

解析：（1）证券发行人及其董事、监事、高级管理人员，证券发行人控股或者实际控制的公司及其董事、监事、高级管理人员，因职务、工作可以获取内幕信息的证券交易场所、证券公司、证券登记结算机构、证券服务机构的有关人员，因职责、工作可以获取内幕信息的证券监督管理机构工作人员都属于内幕信息的知情人，故选项ABCD均正确。（2）公司的董事、1/3以上监事或者经理发生变动，董事长或者经理无法履行职责时属于内幕信息，故选项D错误。（3）内幕交易行为给投资者造成损失的，行为人应当依法承担赔偿责任，故选项D错误。

（十四）上市公司R公司准备收购上市公司T公司。请回答以下问题。

（1）如果R公司的收购方式是要约收购，那么下列有关该收购的说法中，正确的有（　　）。

A. R公司与T公司收购要约约定的收购期限不得少于30日，并不得超过60日

B. R公司需要变更收购要约时，应当及时公告，载明具体变更事项

C. R公司可以降低收购价格

D. R公司可以缩短收购期限

（2）如果R公司的收购方式是要约收购，下列有关该收购条件的说法中，正确的有（　　）。

A. R公司可以减少预定收购股份数额

B. R公司收购要约提出的各项收购条件，适用于T公司的所有股东

C. 上市公司发行不同种类股份的，R公司可以针对不同种类股份提出不同的收购条件

D. 采取要约收购方式的，R 公司在收购期限内，不得卖出 T 公司的股票，也不得采取要约规定以外的形式和超出要约的条件买入 T 公司的股票

（3）如果 R 公司的收购方式是协议收购，那么下列有关该收购的说法中，正确的有（　　）。

A. R 公司可以依照法律、行政法规的规定同 T 公司的股东以协议方式进行股份转让

B. 以协议方式收购 T 时，达成协议后，收购人必须在 2 日内将该收购协议向国务院证券监督管理机构及证券交易所作出书面报告，并予公告

C. 采取协议收购方式的，R 公司和 T 公司可以临时委托证券登记结算机构保管协议转让的股票，并将资金存放于指定的银行

D. 采取协议收购方式的，R 公司收购或者通过协议、其他安排与他人共同收购 T 公司已发行的有表决权股份达到 20% 时，继续进行收购的，应当依法向 T 公司所有股东发出收购 T 公司全部或者部分股份的要约

答案：（1）AB；（2）BCD；（3）AC

解析：（1）收购人需要变更收购要约的，应当及时公告，载明具体变更事项，且不得降低收购价格，缩短收购期限，故选项 CD 错误。（2）减少预定收购股份数额属于要约收购不得存在的情形，故选项 A 错误。（3）以协议方式收购上市公司时，达成协议后，收购人必须在 3 日内将该收购协议向国务院证券监督管理机构及证券交易所作出书面报告，并予公告。采取协议收购方式的，收购人收购或者通过协议、其他安排与他人共同收购一家上市公司已发行的有表决权股份达到 30% 时，继续进行收购的，应当依法向该上市公司所有股东发出收购上市公司全部或者部分股份的要约，故选项 BD 错误。

（十五）上市公司 S 公司依法制定了相关的信息披露制度，发布了定期报告和临时报告。请回答以下问题。

（1）下列关于 S 公司信息披露制度的说法中，正确的有（　　）。

A. S 公司应当及时依法履行信息披露义务

B. S 公司披露的信息，应当真实、准确、完整，简明清晰，通俗易懂

C. S 公司披露的信息，不得有虚假记载、误导性陈述或者重大遗漏

D. S 公司披露的信息应当同时向所有投资者披露，可以提前向任何单位和个人泄露

（2）下列关于 S 公司发布定期报告的说法中，正确的有（　　）。

A. S 公司应当按照国务院证券监督管理机构和证券交易场所规定的内容和格式编制定期报告

B. S 公司应当在每一会计年度结束之日起 4 个月内，报送并公告年度报告

C. S 公司应该在每一会计年度的上半年结束之日起 3 个月内，报送并公告中期

报告

D. S公司的董事、高级管理人员应当对证券发行文件和定期报告签署书面确认意见

（3）S公司发布临时报告的内容可能是（　　）。

A. S公司的经营方针和经营范围发生了重大变化

B. S公司出售了重大资产超过公司资产总额20%

C. S公司订立了重要合同、提供重大担保或者从事关联交易，可能对公司的资产、负债、权益和经营成果产生重要影响

D. S公司发生了重大亏损或者重大损失

答案：（1）ABC；（2）ABD；（3）ACD

解析：（1）信息披露义务人披露的信息应当同时向所有投资者披露，不得提前向任何单位和个人泄露，故选项D错误。（2）在每一会计年度的上半年结束之日起2个月内，报送并公告中期报告，故选项C错误。（3）公司的重大投资行为，公司在一年内购买、出售重大资产超过公司资产总额30%，或者公司营业用主要资产的抵押、质押、出售或者报废一次超过该资产的30%的属于重大事件，故选项B错误。

（十六）L机构是经国务院证券监督管理机构批准，新成立的一家证券登记结算机构，主要为证券交易提供集中登记、存管与结算服务。请回答以下问题。

（1）下列关于L机构的设立应具备条件的说法中，正确的有（　　）。

A. L机构需要有自有资金不少于人民币1亿元

B. L机构需要具有证券登记、存管和结算服务所必需的场所和设施

C. L机构需要满足国务院证券监督管理机构规定的其他条件

D. L机构的名称中应当标明“证券登记结算”字样

（2）下列关于L机构履行职能的说法中，正确的有（　　）。

A. L机构需要负责证券账户、结算账户的设立

B. L机构需要负责证券的存管和过户

C. L机构需要负责证券持有人名册登记

D. L机构无法接受发行人的委托派发证券权益

（3）下列关于L机构业务规则的说法中，正确的有（　　）。

A. L机构在证券交易所和国务院批准的其他全国性证券交易场所交易的证券的登记结算，应当采取全国集中统一的运营方式

B. L机构应当依法制定章程和业务规则，并经国务院证券监督管理机构批准

C. 证券登记结算业务参与人应当遵守L机构制定的业务规则

D. L机构可以挪用客户的证券

答案：（1）BCD；（2）ABC；（3）ABC

解析：（1）设立证券登记结算机构，应当具备自有资金不少于人民币2亿元，故

选项 A 错误。(2) 证券登记结算机构可以受发行人的委托派发证券权益，故选项 D 错误。(3) 证券登记结算机构不得挪用客户的证券，故选项 D 错误。

(十七) 投资者白某使用现金 20 万元购买了一笔基金，取得了一定的基金份额，已知该基金的管理人是刘某，托管人是蔡某。请回答以下问题。

(1) 下列关于白某权利的说法中，正确的有（　　）。

A. 白某有权分享基金财产收益

B. 白某有权参与分配清算后的剩余基金财产

C. 白某有权依法转让其基金份额，无权赎回其持有的基金份额

D. 白某有权按照规定要求召开基金份额持有人大会

(2) 下列关于刘某职权的职责与权利的说法中，正确的有（　　）。

A. 刘某可以决定基金扩募或者延长基金合同期限

B. 刘某应当依法募集资金，办理基金份额的发售和登记事宜

C. 刘某应当办理基金备案手续

D. 刘某应当对所管理的不同基金财产集中管理、合并记账，进行证券投资

(3) 下列关于蔡某职责的说法中，正确的有（　　）。

A. 蔡某应当安全保管基金财产

B. 蔡某应当按照规定开设基金财产的资金账户和证券账户

C. 蔡某应当保存基金托管业务活动的记录、账册、报表和其他相关资料

D. 蔡某应当计算并公告基金资产净值，确定基金份额申购、赎回价格

答案：(1) ABD；(2) BC；(3) ABC

解析：(1) 基金份额持有人有权依法转让或者申请赎回其持有的基金份额，故选项 C 错误。(2) 决定基金扩募或者延长基金合同期限属于基金份额持有人大会的职权。基金管理人应当对所管理的不同基金财产分别管理、分别记账，进行证券投资，故选项 AD 错误。(3) 计算并公告基金资产净值，确定基金份额申购、赎回价格属于基金管理人的职责，故选项 D 错误。

(十八) 张某欲成立甲有限责任公司。请回答以下问题。

(1) 关于甲有限责任公司的设立，下列说法正确的是（　　）。

A. 张某可通过发起设立和募集设立的方式设立甲有限责任公司

B. 张某设立甲公司，应当依法向公司登记机关申请设立登记

C. 张某设立甲公司，由公司登记机关发给公司营业执照。公司营业执照签发日期为甲公司成立日期

D. 甲公司成功设立后，张某再依法制定公司章程

(2) 张某设立甲有限责任公司，应该具备的条件包括（　　）。

A. 有公司住所，有公司名称，建立符合有限责任公司要求的组织机构

B. 股东符合法定人数，有限责任公司由 50 个以下股东出资设立

C. 股东共同制定公司章程

D. 有符合公司章程规定的全体股东认缴的出资额

答案：(1) BC；(2) ABCD

解析：(1) 有限责任公司只能适用发起设立的方式设立公司，故A项错误；公司章程是设立公司的必备条件之一。如果公司设立登记时没有报送公司章程，公司登记机关将会拒绝登记，故D项错误。(2) 设立有限责任公司，应当具备下列条件：股东符合法定人数，有限责任公司由50个以下股东出资设立；有符合公司章程规定的全体股东认缴的出资额；股东共同制定公司章程；有公司名称，建立符合有限责任公司要求的组织机构；有公司住所。

(十九) 甲是一家有限责任公司，孙某是甲公司经理。请回答以下问题。

(1) 关于甲有限责任公司的组织机构说法正确的是（　　）。

A. 甲公司设立董事会，董事会由郭某等15人组成

B. 甲公司设立董事会，董事长由赵某担任，每届任期为5年

C. 甲公司设立监事会，监事会由李某和田某2人组成

D. 甲公司设立监事会，监事会由徐某一人担任主席，每届任期为3年

(2) 关于孙某的职权，下列说法正确的有（　　）。

A. 主持公司的生产经营管理工作，组织实施董事会决议

B. 组织实施公司年度经营计划和投资方案

C. 制定公司的具体规章

D. 提请聘任或者解聘公司副经理、财务负责人

答案：(1) D；(2) ABCD

解析：(1) 有限责任公司设董事会，其成员为3至13人，故A项错误；董事会设董事长1人，董事任期由公司章程规定，但每届任期不得超过3年，故B项错误；有限责任公司设监事会，其成员不得少于3人，故C项错误。(2) 有限责任公司经理对董事会负责，行使下列职权：主持公司的生产经营管理工作，组织实施董事会决议；组织实施公司年度经营计划和投资方案；拟订公司内部管理机构设置方案；拟订公司的基本管理制度；制定公司的具体规章；提请聘任或者解聘公司副经理、财务负责人；应由董事会决定聘任或者解聘以外的负责管理人员；董事会授予的其他职权。

(二十) 高某是甲有限责任公司股东。请回答以下问题。

(1) 若高某预转让其股权，关于股权转让的相关规定，下列说法错误的有（　　）。

A. 高某向股东以外的人转让股权，应当经其他股东过半数同意

B. 高某应就其股权转让事项书面通知其他股东征求同意，其他股东自接到书面通知之日起满10日未答复的，视为同意转让

C. 其他股东半数以上不同意高某转让股权的，则高某不能转让其股权

D. 经股东同意转让的股权，在同等条件下，其他股东有优先购买权

（2）若高某的股权被人民法院强制执行，则下列说法正确的有（　　）。

A. 人民法院依照法律规定的强制执行程序转让高某的股权时，应当通知公司及全体股东

B. 其他股东在同等条件下有优先购买权

C. 其他股东自人民法院通知之日起满 30 日不行使优先购买权的，视为放弃优先购买权

D. 高某因强制执行产生股权转让，公司应当注销高某的出资证明书

答案：（1）BC；（2）ABD

解析：（1）股东应就其股权转让事项书面通知其他股东征求同意，其他股东自接到书面通知之日起满 30 日未答复的，视为同意转让，故 B 项错误；其他股东半数以上不同意转让的，不同意的股东应当购买该转让的股权；不购买的，视为同意转让，故 C 项错误。（2）其他股东自人民法院通知之日起满 20 日不行使优先购买权的，视为放弃优先购买权，故 C 项错误。

（二十一）许某是甲公司股东。请回答以下问题。

（1）若许某对股东会回购股权决议投反对票，出现（　　）情形，许某可以请求公司按照合理的价格收购其股权。

A. 公司连续 5 年不向股东分配利润，而公司该 5 年连续盈利，并且符合《公司法》规定的分配利润条件的

B. 公司合并、分立、转让主要财产的

C. 公司章程规定的营业期限届满，股东会会议通过决议修改章程使公司存续的

D. 章程规定的其他解散事由出现，股东会会议通过决议修改章程使公司存续的

（2）自甲公司股东会会议决议通过之日起（　　）日内，许某与甲公司不能达成股权收购协议的，许某可以自股东会会议决议通过之日起（　　）日内向人民法院提起诉讼。

A. 30；45　　　　B. 30；90

C. 60；45　　　　D. 60；90

答案：（1）ABCD；（2）D

解析：（1）有下列情形之一的，对股东会回购股权决议投反对票的股东可以请求公司按照合理的价格收购其股权：①公司连续 5 年不向股东分配利润，而公司该 5 年连续盈利，并且符合《公司法》规定的分配利润条件的；②公司合并、分立、转让主要财产的；③公司章程规定的营业期限届满或者章程规定的其他解散事由出现，股东会会议通过决议修改章程使公司存续的。（2）自股东会会议决议通过之日起 60 日内，股东与公司不能达成股权收购协议的，股东可以自股东会会议决议通过之日起 90 日内向人

民法院提起诉讼。

（二十二）乙公司是一家股份有限公司。请回答以下问题。

（1）设立乙股份有限公司，应当具备的条件包括（　　）。

A. 设立乙股份有限公司，应当有 2 人以上 200 人以下为发起人

B. 乙公司若采取发起设立方式设立，注册资本为在公司登记机关登记的全体发起人认购的股本总额

C. 乙公司若采取募集方式设立，注册资本为在公司登记机关登记的实收股本总额

D. 发起人制订公司章程，采用募集方式设立的经创立大会通过

（2）关于乙股份有限公司的组织机构说法正确的有（　　）。

A. 乙公司设立董事会，董事会由郭某等 15 人组成

B. 乙公司董事赵某每届任期不得超过 3 年，任期届满，连选可以连任

C. 乙公司设立监事会，监事会由李某和田某 2 人组成

D. 乙公司设立监事会，监事会由徐某一人担任主席，每届任期为 3 年

答案：（1）ABCD；（2）ABD

解析：（1）设立股份有限公司，应当具备下列条件：①发起人符合法定人数。设立股份有限公司，应当有 2 人以上 200 人以下为发起人，其中须有半数以上的发起人在中国境内有住所；②有符合公司章程规定的全体发起人认购的股本总额或者募集的实收股本总额。股份有限公司采取发起设立方式设立的，注册资本为在公司登记机关登记的全体发起人认购的股本总额。在发起人认购的股份缴足前，不得向他人募集股份。股份有限公司采取募集方式设立的，注册资本为在公司登记机关登记的实收股本总额。法律、行政法规以及国务院决定对股份有限公司注册资本实缴、注册资本最低限额另有规定的，从其规定；③股份发行、筹办事项符合法律规定；④发起人制订公司章程，采用募集方式设立的经创立大会通过；⑤有公司名称，建立符合股份有限公司要求的组织机构；⑥有公司住所。（2）股份有限公司设监事会，其成员不得少于 3 人，故 C 项错误。

（二十三）乙股份有限公司预发行股票。请回答以下问题。

（1）乙股份有限公司预发行票面金额为 5 元的股票，下列说法正确的有（　　）。

A. 乙股份有限公司发行股票，实行公平、公正的原则，每一股份应当具有同等权利

B. 乙股份有限公司发行股票的发行价格为每股 4 元

C. 乙股份有限公司发行的股票由法定代表人签名，公司盖章

D. 乙股份有限公司发行的股票为记名股票

（2）乙股份有限公司采用纸面形式发行股票，应当载明的主要事项包括（　　）。

A. 公司名称

B. 公司成立日期

C. 股票种类、票面金额及代表的股份数

D. 股票的编号

答案：(1) ACD；(2) ABCD

解析：(1) 股票发行价格可以按票面金额，也可以超过票面金额，但不得低于票面金额。(2) 股票采用纸面形式或者国务院证券监督管理机构规定的其他形式。股票应当载明下列主要事项：①公司名称；②公司成立日期；③股票种类、票面金额及代表的股份数；④股票的编号。

(二十四) 乙股份有限公司预发行新股。请回答以下问题。

(1) 乙股份有限公司发行新股，股东大会应当对（　　）事项做出决议。

A. 新股种类及数额

B. 新股发行价格

C. 新股发行的起止日期

D. 向原有股东发行新股的种类及数额

(2) 关于乙股份有限公司报经国务院证券监督管理机构注册后公开发行新股，下列说法正确的有（　　）。

A. 必须公告新股招股说明书和财务会计报告，并制作认股书

B. 乙股份有限公司发起人向社会公开募集股份，应当由依法设立的证券公司承销，签订承销协议

C. 乙股份有限公司起人向社会公开募集股份，应当同银行签订代收股款协议

D. 乙股份有限公司发行新股募足股款后，必须向公司登记机关办理变更登记，并公告

答案：(1) ABCD；(2) ABCD

解析：(1) 公司发行新股，股东大会应当对下列事项作出决议：①新股种类及数额；②新股发行价格；③新股发行的起止日期；④向原有股东发行新股的种类及数额。(2) 公司报经国务院证券监督管理机构注册后公开发行新股时，必须公告新股招股说明书和财务会计报告，并制作认股书。发起人向社会公开募集股份，应当由依法设立的证券公司承销，签订承销协议。发起人向社会公开募集股份，应当同银行签订代收股款协议。代收股款的银行应当按照协议代收和保存股款，向缴纳股款的认股人出具收款单据，并负有向有关部门出具收款证明的义务。公司发行新股，可以根据公司经营情况和财务状况，确定其作价方案。公司发行新股募足股款后，必须向公司登记机关办理变更登记，并公告。

(二十五) 甲是有限责任公司，乙是股份有限公司。请回答以下问题。

(1) 下列关于甲、乙公司财务会计制度基本要求的说法中，正确的有（　　）。

A. 甲、乙公司应当在每一会计年度终了时编制财务会计报告，并依法经会计师事务所审计

B. 甲公司应当依照公司章程规定的期限将财务会计报告送交各股东

C. 乙公司的财务会计报告应当在召开股东大会年会的10日前置备于本公司，供股东查阅

D. 甲、乙公司应当向聘用的会计师事务所提供真实、完整的会计凭证等会计材料

（2）下列关于甲、乙公司财务会计制度内容的说法中，正确的有（ ）。

A. 甲、乙公司分配当年税后利润时，应当提取利润的10%列入公司法定公积金

B. 甲、乙公司的资本公积金可以用于弥补公司的亏损

C. 甲、乙公司从税后利润中提取法定公积金后，经股东会或者股东大会决议，还可以从税后利润中提取任意公积金

D. 公司弥补亏损和提取公积金后所余税后利润，甲公司股东按照实缴的出资比例分取红利

答案：（1）ABD；（2）ACD

解析：（1）股份有限公司的财务会计报告应当在召开股东大会年会的20日前置备于本公司，供股东查阅。（2）公司的公积金用于弥补公司的亏损、扩大公司生产经营或者转为增加公司资本。但是，资本公积金不得用于弥补公司的亏损。

（二十六）甲、乙是合伙企业，丙是一家公司。请回答以下问题。

（1）甲、乙合伙企业与丙公司的区别主要包括（ ）。

A. 法律地位不同

B. 财产独立性不同

C. 承担的责任不同

D. 营利方式不同

（2）甲、乙是合伙企业，其中甲是普通合伙企业，乙是有限合伙企业，甲合伙企业和乙合伙企业的主要区别在于（ ）。

A. 合伙人数量

B. 合伙人权利

C. 利润分配

D. 关联交易

答案：（1）ABC；（2）ABCD

解析：（1）合伙企业与公司的区别主要有：法律地位不同；财产独立性不同；承担的责任不同。（2）普通合伙企业和有限合伙企业的主要区别在于：①合伙人对企业债务的责任方面；②合伙人数量方面；③合伙人权利方面；④利润分配方面；⑤竞业禁止方面；⑥关联交易方面；⑦出资份额出质方面。

（二十七）甲是一家普通合伙企业。请回答以下问题。

（1）根据《合伙企业法》第十四条的规定，设立甲合伙企业，应当具备的条件包括（ ）。

A. 有2个以上合伙人；合伙人为自然人的，应当具有完全民事行为能力

B. 有书面合伙协议

C. 有合伙人认缴或者实际缴付的出资

D. 有合伙企业的名称和生产经营场所

（2）原合伙人刘某预退出甲合伙企业。在（　　）情形下，刘某可以退伙。

A. 合伙协议约定的退伙事由出现

B. 经全体合伙人一致同意

C. 发生合伙人难以继续参加合伙的事由

D. 其他合伙人严重违反合伙协议约定的义务

答案：（1）ABCD；（2）ABCD

解析：（1）根据《合伙企业法》第十四条的规定，设立合伙企业，应当具备下列条件：①有 2 个以上合伙人；合伙人为自然人的，应当具有完全民事行为能力。②有书面合伙协议。③有合伙人认缴或者实际缴付的出资。④有合伙企业的名称和生产经营场所。（2）根据《合伙企业法》第四十五条、第四十六条规定，合伙协议约定合伙期限的，在合伙企业存续期间，有下列情形之一的，合伙人可以退伙：①合伙协议约定的退伙事由出现；②经全体合伙人一致同意；③发生合伙人难以继续参加合伙的事由；④其他合伙人严重违反合伙协议约定的义务。

（二十八）投资者张某采取要约收购方式收购甲上市公司。请回答以下问题。

（1）下列关于要约收购的说法正确的有（　　）。

A. 收购要约约定的收购期限不得少于 30 日，并不得超过 60 日

B. 在收购要约确定的承诺期限内，张某可以撤销其收购要约

C. 收购要约提出的各项收购条件，适用于甲公司的所有股东

D. 张某在收购期限内，不得卖出被收购公司的股票，但可以采取要约规定以外的形式和超出要约的条件买入甲公司的股票

（2）张某变更收购要约，应当及时公告，载明具体变更事项，且不得存在（　　）情形。

A. 降低收购价格

B. 减少预定收购股份数额

C. 缩短收购期限

D. 国务院证券监督管理机构规定的其他情形

答案：（1）AC；（2）ABCD

解析：（1）在收购要约确定的承诺期限内，收购人不得撤销其收购要约，故 B 项错误。采取要约收购方式的，收购人在收购期限内，不得卖出被收购公司的股票，也不得采取要约规定以外的形式和超出要约的条件买入被收购公司的股票，故 D 项错误。（2）收购人需要变更收购要约的，应当及时公告，载明具体变更事项，且不得存在下列情形：①降低收购价格；②减少预定收购股份数额；③缩短收购期限；④国务院证券

监督管理机构规定的其他情形。

（二十九）甲、乙属于公开募集基金，其中甲是封闭式基金，乙是开放式基金，丙属于非公开募集基金。请回答以下问题。

（1）甲、乙基金与丙基金的区别包括（　　）。

A. 募集方式和对象不同

B. 基金管理人的类型及产生方式不同

C. 投资范围不同

D. 信息披露要求不同

（2）甲、乙基金存在的区别包括（　　）。

A. 存续期限不同

B. 申购和赎回份额的限制不同

C. 基金规模不同

D. 基金投资策略不同

答案：（1）ABCD；（2）ABCD

解析：（1）基金公开募集与非公开募集存在下列区别：①募集方式和对象不同；②基金管理人的类型及产生方式不同；③投资范围不同；④信息披露要求不同。（2）封闭式基金与开放式基金的区别：①存续期限不同；②申购和赎回份额的限制不同；③基金规模不同；④基金份额交易方式不同；⑤基金投资策略不同。

第二章　证券经营机构管理规范

一、单项选择题。以下备选项中只有一项最符合题目要求，不选、错选均不得分。

1. 按照《证券市场基本法律法规》的要求，以下（　　）不属于证券公司治理的基本要求。

A. 建立健全组织架构、明确职责划分

B. 不得侵犯客户的合法权益

C. 有效管理内幕信息和未公开信息

D. 建立完备的内部控制体系

答案：C

考点：本题考查证券公司治理基本要求的有关规定。选项 C 为证券公司合规经营的基本原则与应遵守的基本要求。

2. 独立董事与其他董事任期相同，连任时间不得超过（　　）年。

A. 3　　B. 4

C. 5　　D. 6

答案：D

考点：独立董事与其他董事任期相同，连任时间不得超过 6 年。

3. 独立董事最多可以在（　　）家证券公司担任独立董事。

A. 2　　B. 3

C. 4　　D. 5

答案：A

考点：任何人员最多可以在 2 家证券公司担任独立董事。

4. 根据《证券法》规定，证券公司任免董事、监事、高级管理人员，应当报（　　）备案。

A. 中国证监会　　B. 中国证券业协会

C. 中国银保监会　　D. 国务院证券监督管理机构

答案：D

考点：考查证券公司董监高的任免条件。《证券法》规定，证券公司任免董事、监事、高级管理人员，应当报国务院证券监督管理机构备案。

5. 证券公司董事会每年至少召开（　　）次会议。

A. 1　　B. 2

C. 3　　D. 4

答案：B

考点：证券公司董事会每年至少召开2次会议。

6. 董事会表决有关关联交易的议案时，与交易对方有关联关系的董事应当回避。该次董事会会议由过（　　）的无关联交易董事出席即可举行，董事会会议所做决议须经无关联关系董事过（　　）通过。

A. 半数；半数　　B. 2/3；2/3

C. 2/3；半数　　D. 半数；1/3

答案：A

考点：董事会表决有关关联交易的议案时，与交易对方有关联关系的董事应当回避。该次董事会会议由过半数的无关联交易董事出席即可举行，董事会会议所做决议须经无关联关系董事过半数通过。

7. 证券公司董事会决议内容违反法律、行政法规或者中国证监会的规定的，（　　）应当要求（　　）纠正，经理层应当拒绝执行。

A. 监事会；董事会　　B. 董事会；高级管理人员

C. 证监会；监事会　　D. 证监会；董事会

答案：A

考点：证券公司董事会决议内容违反法律、行政法规或者中国证监会的规定的，监事会应当要求董事会纠正，经理层应当拒绝执行。

8. 薪酬与提名委员会、审计委员会的负责人应该由（　　）担任。

A. 董事长　　B. 总经理

C. 独立董事　　D. 选举产生

答案：C

考点：薪酬与提名委员会、审计委员会的负责人应该由独立董事担任。

9.《证券基金经营机构董事、监事、高级管理人员及从业人员监督管理办法》规定，拟任证券基金经营机构高级管理人员的，曾担任证券基金经营机构部门负责人以上职务应当不少于（　　）年，或者曾担任金融机构部门负责人以上职务不少于（　　）年，或者具有相当职位管理经历。

A. 2；4　　B. 3；4　　C. 3；2　　D. 2；3

答案：A

考点：考查证券公司董监高任职的基本条件。

10.《证券基金经营机构董事、监事、高级管理人员及从业人员监督管理办法》规定，独立董事与公司其他董事任期相同，连任时间不得超过（　　）年。

A. 3　　B. 5　　C. 4　　D. 6

答案：D

考点：考查独立董事连任时间。

11. 某证券公司为了维护客户的知情权，应当向客户披露董事、监事、高级管理人员薪酬管理信息，以下（　　）不是必要披露项目。

A. 薪酬管理的基本制度及决策程序

B. 年度薪酬总额和在董事、监事、高级管理人员之间的分布情况

C. 薪酬延期支付和非现金薪酬情况

D. 对董事、高级管理人员的考核建议

答案：D

考点：本题考查证券公司与客户关系的基本原则。对董事、高级管理人员的考核建议是薪酬与提名委员会的主要职责之一。

12. 以下关于证券公司内部控制制度建设的基本要求中说法错误的是（　　）。

A. 证券公司业务授权应当采用书面形式

B. 应当提高工作效率，比如资金清算人员由技术部人员兼任，以及时解决资金收支时发生的技术难题

C. 应当建立完备的业务台账系统，并通过业务台账系统和会计核算系统交叉印证，防止出现账外经营、账目不清等问题

D. 重要合同和票据应有连号控制、作废控制等专门措施

答案：B

考点：本题考查证券公司内部控制制度机制建设的基本要求。资金清算人员不得由电脑部门人员和交易部门人员兼任。

13. 按照《证券公司内部控制指引》的要求，证券公司内部控制的组织结构要求设立严密有效的三道业务防线，其中，第一道防线、第二道防线和第三道防线分别是（　　）。

①建立相关部门、相关岗位之间相互制衡、监督的防线

②建立重要一线岗位双人、双职、双责为基础的防线

③建立独立的监督检查部门对各项业务、各部门、各分支机构、各岗位全面实施监控、检查和反馈的防线

A. ①②③　　B. ②③①

C. ②①③　　D. ③①②

答案：C

考点：本题考查证券公司内部控制组织结构要求的有关规定。第一道防线、第二道防线和第三道防线分别是重要一线岗位、部门之间和岗位之间、各项业务和各岗位等全方面。

14. 以下属于投资银行类业务内部控制的是（　　）。

A. 项目组诚实守信、勤勉尽责开展执业活动，业务部门加强对业务人员的管理，确保其规范执业

B. 建立相关部门、相关岗位之间相互制衡、监督的防线

C. 建立重要一线岗位双人、双职、双责为基础的防线

D. 建立独立的监督检查部门对各项业务、各部门、各分支机构、各岗位全面实施监控、检查和反馈的防线

答案：A

考点：区分证券公司的三道业务监控防线与投资银行类业务三道内部控制防线。

15. 根据《证券公司投资银行类业务内部控制指引》规定，证券公司投资银行类业务专职内部控制人员数量不得低于投资银行类业务人员总数的（　　）。

A. 1/3　　B. 1/4　　C. 1/5　　D. 1/10

答案：D

考点：考查证券公司投资银行类业务内部控制。

16. 证券公司在开展业务创新时，在可行性研究的基础上，应当及时与（　　）沟通，履行创新业务的报备（报批）程序。

A. 中国证券业协会　　B. 中国证监会

C. 中国证监会派出机构　　D. 中国证券登记结算有限责任公司

答案：B

考点：本题考查证券公司业务创新的有关规定。在可行性研究的基础上，应当及时与中国证监会沟通，履行创新业务的报备（报批）程序。

17. 证券公司应当建立合理的内部控制监督、检查与评价机制，确保内部控制的有效性。（　　）负责督促、检查和评价证券公司各项内部控制制度的建立与执行情况，对内部控制的有效性负最终责任。

A. 董事会　　B. 监事会　　C. 经理层　　D. 内控部门

答案：A

考点：考查证券公司的内部控制监督、检查与评价机制。

18. 证券公司应当建立合理的内部控制监督、检查与评价机制，确保内部控制的有效性。下列关于董事会、监事会、经理人员等各层级内部控制职责的说法错误的是（　　）。

A. 董事会对内部控制的有效性负最终责任，每年至少进行一次全面的内部控制检查评价工作，并形成相应的专门报告

B. 监事会应对董事会、经理人员履行职责的情况进行监督，督促其及时纠正内部控制缺陷

C. 证券公司有保密限制的专项会议只能有特定层级人员参加，专门负责证券公司内部控制的监督、检查与评价工作的高级管理人员和监督检查部门的负责人不得列席该类保密会议

D. 负责监督检查部门的高级管理人员不得兼管业务部门

答案：C

考点：本题考查证券公司内部控制监督、检查与评价机制的有关规定。专门负责证券公司内部控制的监督、检查与评价工作的高级管理人员和监督检查部门的负责人可列席证券公司任何会议。

19. 证券公司应当建立合理的内部控制监督、检查与评价机制，确保内部控制的有效性。证券公司应当设立监督检查部门或岗位，监督检查部门应加强对内部控制执行情况的现场检查、非现场检查和常规稽核、非常规稽核，并将检查结果报（　　）。

A. 证券公司注册地中国证监会派出机构

B. 证券公司注册地证券业协会

C. 证券公司所在地中国证监会派出机构

D. 证券公司所在地证券业协会

答案：A

考点：本题考查证券公司内部控制监督、检查与评价机制的有关规定。

20. 按照《证券公司合规管理实施指引》的要求，证券公司应当对证券公司内部规章制度、重大决策、新产品和新业务方案等进行合规审查，也应当对下属各单位及其工作人员的经营管理和执业行为的合规性进行检查。以下关于合规审查和合规检查的说法正确的是（　　）。

A. 合规负责人对申请材料或报告中的基本事实和业务数据的真实性、准确性及完整性负责

B. 证券公司不采纳合规负责人的合规审查意见的，应当将有关事项提交股东（大）会决定

C. 证券公司应当建立新产品、新业务评估与决策机制、合规负责人和合规部门应当对新产品、新业务发表合规审查意见

D. 按照合规检查的主体分类，合规检查包括例行检查与突击检查

答案：C

考点：本题考查证券公司合规负责人职责的有关规定。其他相关高级管理人员等人员对申请材料或报告中的基本事实和业务数据的真实性、准确性及完整性负责；证券公司不采纳合规负责人的合规审查意见的，应当将有关事项提交董事会决定；按照合规检查发生的情形分类，合规检查包括例行检查与专项检查。

21. 按照《证券公司合规管理实施指引》的要求，证券公司应当为业务部门和分支机构配备合规管理人员。以下关于业务部门、分支机构合规管理人员配备的说法错误的是（　　）。

A. 证券公司业务部门、分支机构应当配备具备 3 年以上的证券、金融、法律、会计、信息技术等有关领域工作经历的合规管理人员

B. 合规管理人员不得兼任其他任何职务

C. 证券公司从事自营、投资银行、债券等合规风险管控难度较大的部门、工作人员人数在 15 人以上的分支机构以及证券公司异地总部等，应当配备专职合规管理人员

D. 证券公司业务部门、分支结构应当配备具备与履行合规管理职责相适应的专业知识和技能的合规管理人员

答案：B

考点：本题考查证券公司业务部门、分支机构合规管理人员配备的有关规定。合规管理人员可以兼任与合规管理职责不相冲突的职务。

22. 证券公司管理敏感信息的基本原则是（　　），这是信息隔离墙制度中敏感信息管理的核心原则。

A. 责任自负原则　　B. 需知原则

C. 分散投资原则　　D. 理智投资原则

答案：B

考点：本题考查证券公司管理敏感信息的基本原则。证券公司应当按照需知原则管理敏感信息，确保敏感信息仅限于存在合理业务需求或管理职责需要的工作人员。

23. 除了基于分类监管要求确定证券公司基本类别之外，证券公司还可能因为发生违法违规等事项被监管机构调整基本类别。比如，未在确定分类结果期限之前上报自评结果的，将公司分类结果直接认定为（　　）。

A. CC 类　　B. C 类

C. D 类　　D. E 类

答案：C

考点：本题考查证券公司基本类别的调整。

24. 证券公司风险控制指标体系的核心是（　　）。

A. 收益性和安全性　　B. 净资本和收益性

C. 净资本和流动性　　D. 安全性和流动性

答案：C

考点：证券公司风险控制指标体系的核心是净资本和流动性。

25. 除了证券公司风险控制指标体系中主要的风险控制指标之外，证券公司经营（　　）、为客户提供（　　）的，应当符合中国证监会对该项业务的风险控制指标标准。

A. 证券自营业务；融资或融券服务

B. 证券经纪业务；融资或融券服务

C. 证券自营业务；资产管理服务

D. 证券经纪业务；资产管理服务

答案：A

考点：本题考查证券公司风险控制指标管理基本规定中的风险控制指标体系。

26. 对于未规定风险控制指标标准及计算要求的新产品、新业务，证券公司在投资该产品或者开展该业务前，应当按照规定事先向（　　）、（　　）报告或者报批。

A. 中国证监会；公司所在地的中国证监会派出机构

B. 中国证监会；公司注册地的中国证监会派出机构

C. 中国人民银行；公司所在地的中国证监会派出机构

D. 中国人民银行；公司注册地的中国证监会派出机构

答案：B

考点：本题考查证券公司风险控制指标管理基本规定。

27. 证券公司应当根据自身资产负债状况和业务发展情况，建立（　　）的风险控制指标监控和资本补足机制，确保净资本等各项风险控制指标在（　　）都符合规定标准。

A. 静态；任一时点　　B. 静态；某些时点

C. 动态；任一时点　　D. 动态；某些时点

答案：C

考点：本题考查证券公司风险控制指标管理基本规定中的基本要求。

28. 证券公司经营经纪业务的，其净资本不得低于人民币（　　）。

A. 1 000 万元　　B. 2 000 万元

C. 5 000 万元　　D. 1 亿元

答案：B

考点：本题考查证券公司从事相关证券业务的净资本标准。

29. 证券公司经营证券承销与保荐、证券自营、证券资产管理、其他证券业务等业务之一的，其净资本不得低于人民币（　　）。

A. 1 000 万元　　B. 2 000 万元

C. 5 000 万元　　D. 1 亿元

答案：C

考点：本题考查证券公司从事相关证券业务的净资本标准。

30. 证券公司经营经纪业务，同时经营证券承销与保荐、证券自营、证券资产管理、其他证券业务等业务之一的，其净资本不得低于人民币（　　）。

A. 1 000 万元　　B. 2 000 万元

C. 5 000 万元　　D. 1 亿元

答案：D

考点：本题考查证券公司从事相关证券业务的净资本标准。

31. 证券公司经营证券承销与保荐、证券自营、证券资产管理、其他证券业务中两项及两项以上的，其净资本不得低于人民币（　　）。

A. 2 000 万元　　B. 5 000 万元

C. 1 亿元　　D. 2 亿元

答案：D

考点：本题考查证券公司从事相关证券业务的净资本标准。

32. 证券公司必须持续符合的下列风险控制指标标准错误的是（　　）。

A. 风险覆盖率不得低于 100%

B. 资本杠杆率不得低于 8%

C. 流动性覆盖率不得低于 100%

D. 净稳定资金率不得低于 80%

答案：B

考点：本题考查证券公司应持续符合的风险控制指标标准。净稳定资金率不得低于 80%。

33. 证券公司应当至少每半年经（　　）签署确认后，向公司全体董事报告一次公司净资本等风险控制指标的具体情况和达标情况。

A. 主要负责人、首席风险官

B. 主要负责人 、总经理

C. 主要负责人、合规负责人

D. 全体高级管理人员

答案：A

考点：本题考查风险控制指标报告的有关要求。

34. 证券公司应当至少每半年经（　　）签署确认后，向公司全体股东报告一次公司净资本等风险控制指标的具体情况和达标情况，并至少获得主要股东的签收确认证明文件。

A. 董事会　　B. 监事会

C. 股东（大）会　　D. 高级管理人员

答案：A

考点：本题考查风险控制指标报告的有关要求。

35. 净资本指标与上月相比发生 20% 以上不利变化或不符合规定标准时，证券公司应当在（　　）个工作日内向公司全体董事报告，（　　）个工作日内向公司全体股东报告。

A. 5；15　　　　B. 10；15

C. 5；10　　　　D. 10；20

答案：C

考点：本题考查风险控制指标报告的有关要求。

36. 证券公司应当在每月结束之日起（　　）个工作日内，向中国证监会及其派出机构报送月度风险控制指标监管报表。

A. 5　　　　B. 7

C. 10　　　　D. 15

答案：B

考点：本题考查风险控制指标报告的有关要求。

37. 证券公司的净资本等风险控制指标与上月相比发生不利变化超过20%的，应当在该情形发生之日起（　　）个工作日内，向中国证监会及其派出机构报告，说明基本情况和变化原因。

A. 3　　　　B. 5

C. 7　　　　D. 10

答案：A

考点：本题考查风险控制指标报告的有关要求。

38. 证券公司的净资本等风险控制指标达到预警标准或者不符合规定标准的，应当分别在该情形发生之日起（　　）个、（　　）个工作日内，向中国证监会及其派出机构报告，说明基本情况、问题成因以及解决问题的具体措施和期限。

A. 3；1　　　　B. 5；1

C. 5；3　　　　D. 7；5

答案：A

考点：本题考查风险控制指标报告的有关要求。

39. 证券公司未按照监管部门要求报送风险控制指标监管报表，或者风险控制指标监管报表存在重大错报、漏报以及虚假报送情况，（　　）可以根据情况采取出示警示函、责令改正、监管谈话、责令处分有关人员等监管措施。

A. 自律组织　　　　B. 中国证券业协会

C. 中国证监会及其派出机构　　　　D. 中国人民银行

答案：C

考点：本题考查风险控制指标监管报表报送或者编制方面问题的监管措施。

40. 证券公司净资本或者其他风险控制指标不符合规定标准的，派出机构应当责令公司限期改正，在（　　）个工作日制定并报送整改计划，整改期限最长不超过（　　）个工作日。

A. 5；10　　　　B. 7；20

C. 5；20　　D. 7；20

答案：C

考点：本题考查风险控制指标不符合规定标准的监管措施。

41. 证券公司净资本或者其他风险控制指标不符合规定标准的，派出机构应当责令公司限期改正；证券公司未按时报送整改计划的，派出机构应当（　　）。

A. 督促其加快整改　　B. 立即限制其业务活动

C. 延长整改期限　　D. 不予理睬

答案：B

考点：本题考查风险控制指标不符合规定标准的监管措施。

42. 证券公司净资本或者其他风险控制指标不符合规定标准的，派出机构应当责令公司限期改正；证券公司整改后，经派出机构验收符合有关风险控制指标的，中国证监会及其派出机构应当自验收完毕之日起（　　）个工作日内解除对其采取的有关措施。

A. 1　　B. 3

C. 5　　D. 7

答案：B

考点：本题考查风险控制指标不符合规定标准的监管措施。

43. 证券公司净资本或者其他风险控制指标不符合规定标准的，派出机构应当责令公司限期改正；证券公司未按期完成整改、风险控制指标情况继续恶化，严重危及该证券公司的稳健运行的，中国证监会可以（　　）。

A. 督促其加快整改　　B. 撤销其有关业务许可

C. 延长整改期限　　D. 限制其业务活动

答案：B

考点：本题考查风险控制指标不符合规定标准的监管措施。

44. 按照《证券公司全面风险管理规范》的要求，（　　）的职责包括：任免、考核首席风险官，确定其薪酬待遇；建立与首席风险官的直接沟通机制。

A. 监事会　　B. 经理层

C. 董事会　　D. 风险管理部门

答案：C

考点：本题考查全面风险管理的责任主体。

45. 按照《证券公司全面风险管理规范》的要求，（　　）对全面风险管理承担主要责任。

A. 监事会　　B. 经理层

C. 董事会　　D. 各业务部门、分支机构和子公司

答案：B

考点：本题考查全面风险管理的责任主体。

46. 按照《证券公司全面风险管理规范》的要求，（　　）承担全面风险管理的直接责任。

A. 监事会　　B. 经理层

C. 董事会　　D. 各业务部门、分支机构和子公司

答案：D

考点：本题考查全面风险管理的责任主体。

47. 按照《证券公司全面风险管理规范》的要求，（　　）承担全面风险管理的监督责任，负责监督检查董事会和经理层在风险管理方面的履职尽责情况并督促整改。

A. 监事会　　B. 经理层

C. 董事会　　D. 各业务部门、分支机构和子公司

答案：A

考点：本题考查全面风险管理的责任主体。

48. 按照《证券公司全面风险管理规范》的要求，（　　）的职责包括：制定风险偏好、风险容忍度以及重大风险限额等的具体执行方案，确保其有效落实；对其进行监督，及时分析原因。

A. 监事会　　B. 经理层

C. 董事会　　D. 风险管理部门

答案：B

考点：本题考查全面风险管理的责任主体。

49. 按照《证券公司全面风险管理规范》的要求，（　　）的职责包括：审议批准公司的风险偏好、风险容忍度以及重大风险限额；审议公司定期风险评估报告。

A. 监事会　　B. 经理层

C. 董事会　　D. 风险管理部门

答案：C

考点：本题考查全面风险管理的责任主体。

50. 按照《证券公司全面风险管理规范》的要求，（　　）的职责包括：建立健全公司全面风险管理的经营管理架构，明确全面风险管理职能部门、业务部门以及其他部门在风险管理中的职责分工，建立部门之间有效制衡、相互协调的运行机制。

A. 监事会　　B. 经理层

C. 董事会　　D. 风险管理部门

答案：B

考点：本题考查全面风险管理的责任主体。

51. 按照《证券公司全面风险管理规范》的要求，（　　）的职责包括：建立涵盖风险管理有效性的全员绩效考核体系；建立完备的信息技术系统和数据质量控制机制。

A. 监事会　　B. 经理层

C. 董事会　　D. 风险管理部门

答案：B

考点：本题考查全面风险管理的责任主体。

52. 按照《证券公司全面风险管理规范》的要求，（　　）的职责包括：谨慎处理工作中涉及的风险因素；发现风险隐患时主动应对并及时履行报告义务。

A. 员工

B. 经理层

C. 各业务部门、分支机构及子公司负责人

D. 风险管理部门

答案：A

考点：本题考查全面风险管理的责任主体。

53. 证券公司风险管理部门具备3年以上的证券、金融、会计、信用技术等有关领域工作经验人员占公司总部员工的比例不应低于（　　）。

A. 2%　　B. 5%

C. 10%　　D. 20%

答案：A

考点：本题考查全面风险管理的责任。

54. 证券公司应当将子公司的风险管理纳入统一体系，对其风险管理工作实行垂直管理，保障全面风险管理的一致性和有效性。子公司风险管理工作负责人的任命应由（　　）提名，（　　）聘任。

A. 证券公司首席风险官；证券公司董事会

B. 证券公司首席风险官；子公司董事会

C. 证券公司董事长；证券公司董事会

D. 证券公司总经理；子公司董事会

答案：B

考点：本题考查证券公司将子公司的风险管理纳入统一体系的要求。

55. 证券公司应当将子公司的风险管理纳入统一体系，子公司风险管理工作负责人应在（　　）指导下开展风险管理工作，并向（　　）履行风险报告义务。

A. 首席风险官；证券公司董事会

B. 首席风险官；子公司董事会

C. 首席风险官；首席风险官

D. 子公司董事会；子公司董事会

答案：C

考点：本题考查证券公司将子公司的风险管理纳入统一体系的要求。

56. 证券公司应当将子公司的风险管理纳入统一体系，子公司风险管理工作负责人

应由（　　）考核，考核权重不低于50%。

A. 证券公司首席风险官　　B. 证券公司董事长

C. 子公司董事长　　D. 子公司总经理

答案：A

考点：本题考查证券公司将子公司的风险管理纳入统一体系的要求。

57. 证券公司应当将子公司的风险管理纳入统一体系，子公司风险管理工作负责人应由证券公司首席风险官考核，考核权重不低于（　　）。

A. 30%　　B. 40%

C. 50%　　D. 60%

答案：C

考点：本题考查证券公司将子公司的风险管理纳入统一体系的要求。

58. 声誉风险管理应遵循的原则不包括（　　）。

A. 领导负责原则　　B. 预防第一原则

C. 审慎管理原则　　D. 快速响应原则

答案：A

考点：考查声誉风险管理应遵循的原则。声誉风险管理应遵循全程全员原则、预防第一原则、审慎管理原则、快速响应原则。

59. 依据《证券法》第八十条第二款和第八十一条第二款的规定，公司的重大投资行为，公司在一年内购买、出售重大资产超过公司资产总额（　　），或者公司营业用主要资产的抵押、质押、出售或者报废一次超过该资产的（　　）属于内幕信息。

A. 30%；30%　　B. 20%；20%

C. 30%；20%　　D. 20%；30%

答案：A

考点：考查内幕信息。

60. 根据《证券公司信息隔离墙制度指引》，在信息隔离墙制度建立和执行方面，证券公司（　　）对公司信息隔离墙制度的总体有效性负最终责任。

A. 监事会　　B. 合规总监和合规部门

C. 各业务部门和分支机构的负责人　　D. 董事会和经营管理的主要负责人

答案：D

考点：考查证券公司信息隔离墙制度建立和执行的职责分工。

61.《发布证券研究报告执业规范》中关于静默期安排的相关规定指出，担任发行人股票首次公开发行的保荐机构、主承销商，自确定并公告发行价格之日起（　　）日内，不得发布与该发行人有关的证券研究报告。

A. 30　　B. 40　　C. 60　　D. 15

答案：B

考点：考查静默期安排。

62. 证券公司的 A（AAA、AA、A）、B（BBB、BB、B）、C（CCC、CC、C）、D、E 五大类十一个级别中，（　　）级是正常经营状态的最低等级。

A. B　　B. C　　C. D　　D. E

答案：B

考点：考查基于分类监管要求划分的证券公司基本类别。

63. （　　）是根据证券公司的业务范围和资产的流动性特点，在净资产的基础上对资产等项目进行一定调整后得出的综合性风险控制指标。

A. 风险覆盖率　　B. 净资本

C. 资本杠杆率　　D. 净稳定资金率

答案：B

考点：考查证券公司风险控制指标体系中的净资本。

64. （　　）等于优质流动性资产除以未来 30 天现金净流出量。

A. 流动性覆盖率　　B. 风险覆盖率

C. 资本杠杆率　　D. 净稳定资金率

答案：A

考点：考查证券公司风险控制指标体系中的流动性覆盖率。流动性覆盖率等于优质流动性资产除以未来 30 天现金净流出量。

65. 证券公司应对流动性风险实施限额管理，根据其业务规模、性质、复杂程度、流动性风险偏好和外部市场发展变化、监管要求等情况，设定流动性风险限额并对其执行情况进行监控。证券公司应至少（　　）对流动性风险限额进行一次评估，必要时进行调整。

A. 每两年　　B. 每年

C. 每半年　　D. 每季度

答案：B

考点：本题考查证券公司流动性风险限额管理的基本要求。

66. （　　）等于净资本除以各项风险资本准备之和。

A. 流动性覆盖率　　B. 风险覆盖率

C. 资本杠杆率　　D. 净稳定资金率

答案：B

考点：考查证券公司风险控制指标体系中的风险覆盖率。风险覆盖率等于净资本除以各项风险资本准备之和。

67. （　　）是证券期货经营机构服务投资者、控制经营风险和保护投资者合法权益的重要操作流程，核心目的是“将适当的产品或服务销售提供给适当的投资者”。

A. 法人集中清算制度　　B. 信息隔离墙制度

C. 利益冲突管理机制　　D. 投资者适当性制度

答案：D

考点：本题考查投资者适当性管理制度的含义。

68.（　　）不是证券经营机构及其工作人员在落实执行投资者适当性管理的过程中应当遵循的基本原则。

A. 投资者利益优先原则　　B. 勤勉尽责原则

C. 客观性原则　　D. 审慎性原则

答案：D

考点：本题考查证券经营机构执行投资者适当性基本原则。证券经营机构执行投资者适当性基本原则包括：（1）投资者利益优先原则；（2）勤勉尽责原则；（3）客观性原则；（4）有效性原则；（5）差异性原则。

69. 2016年中国证监会出台的《证券期货投资者适当性管理办法》进一步完善了解投资者信息的要求，在原有了解投资者信息的基础上，明确了投资目标包括投资期限、品种以及期望收益等，新增了投资者（　　）。

A. 投资目标　　B. 投资经验

C. 风险偏好及可承受损失　　D. 财务状况

答案：C

考点：本题考查经营机构向投资者销售产品或者提供服务应了解的投资者信息。

70. 按照《证券期货投资者适当性管理办法》的要求，（　　）专业投资者指的是符合一定条件的专业投资者，即符合一定资产、财务规模并且具备一定投资知识和经验的投资者，此类投资者需提供相关证明材料，经经营机构核验属实的可以直接认定为专业投资者。

A. 第一类　　B. 第二类

C. 第三类　　D. 第四类

答案：B

考点：本题考查专业投资者的范围和分类。

71. 按照《证券期货投资者适当性管理办法》的要求，（　　）专业投资者指的是普通投资者自愿申请转化的专业投资者，在其资产、财务规模以及投资知识和经验符合一定要求的前提下，经营机构有权自主决定是否同意其转化。

A. 第一类　　B. 第二类

C. 第三类　　D. 第四类

答案：C

考点：本题考查专业投资者的范围和分类。

72. 自然人赵某属于第二类专业投资者，则他一定具有（　　）年以上证券、基金、期货、黄金、外汇等投资经历，或者具有（　　）年以上金融产品设计、投资、风险管理及相关工作经历，或者属于第一类专业投资者中的金融机构的高级管理人员、获得职业资格认证的从事金融相关业务的注册会计师和律师。

A. 1；1　　B. 1；2

C. 2；1　　D. 2；2

答案：D

考点：本题考查专业投资者的范围。

73. 最近 1 年末净资产不低于（　　）万元，最近 1 年末金融资产不低于（　　）万元，且具有 1 年以上证券、基金、期货、黄金、外汇等投资经历的除专业投资者外的法人或其他组织的普通投资者可以申请转化成为专业投资者。

A. 500；500　　B. 1 000；500

C. 500；1 000　　D. 1 000；1 000

答案：B

考点：本题考查由普通投资者转化为专业投资者的条件。

74. 金融资产不低于（　　）万元或者最近 3 年个人年均收入不低于（　　）万元，且具有 1 年以上证券、基金、期货、黄金、外汇等投资经历或者 1 年以上金融产品设计、投资、风险管理及相关工作经历的自然人投资者可以申请转化成为专业投资者。

A. 100；10　　B. 200；20

C. 300；30　　D. 500；50

答案：C

考点：本题考查由普通投资者转化为专业投资者的条件。

75. 金融资产不低于 300 万元或者最近 3 年个人年均收入不低于 30 万元，且具有（　　）年以上证券、基金、期货、黄金、外汇等投资经历或者（　　）年以上金融产品设计、投资、风险管理及相关工作经历的自然人投资者可以申请转化成为专业投资者。

A. 1；1　　B. 2；1

C. 1；2　　D. 2；2

答案：A

考点：本题考查由普通投资者转化为专业投资者的条件。

76. 以下关于普通投资者和专业投资者之间相互转化的说法，错误的是（　　）。

A. 第二类专业投资者可以书面告知经营机构选择成为普通投资者，经营机构有权自主决定是否同意投资者转化为普通投资者

B. 普通投资者申请成为专业投资者应当以书面形式向经营机构提出申请并确认自主承担可能产生的风险和后果，提供相关证明材料

C. 经营机构应当通过追加了解信息、投资知识测试或者模拟交易等方式对投资者进行谨慎评估，确认其符合要求，说明对不同类别投资者履行适当性义务的差别，警示

可能承担的投资风险，告知申请的审查结果及其理由

D. 经营机构有权自主决定是否同意投资者转化为专业投资者

答案：A

考点：本题考查专业投资者和普通投资者之间相互转化的有关规定。第二类专业投资者可以书面告知经营机构选择成为普通投资者，经营机构应当对其履行相应的适当性义务。

77. 经过风险承受能力评估，经营机构将普通投资者按照其风险承受能力由低到高至少划分为（　　）五个等级。

A. A1、A2、A3、A4、A5　　B. A5、A4、A3、A2、A1

C. C1、C2、C3、C4、C5　　D. C5、C4、C3、C2、C1

答案：C

考点：本题考查普通投资者的划分等级。

78.《证券期货投资者适当性管理办法》规定由（　　）制定并定期更新本行业的产品或者服务风险等级名录，经营机构评估相关产品或者服务的风险等级不得低于前述名录规定的风险等级。

A. 行业协会　　B. 中国人民银行

C. 中国证监会　　D. 中国证监会派出机构

答案：A

考点：本题考查划分产品或服务风险等级时应考虑的因素。

79. 经营机构应当了解所销售产品或者所提供服务的信息，根据（　　），对销售产品或提供的服务划分风险等级。

A. 风险特征和程度

B. 存在本金损失的可能性

C. 产品或服务的募集方式

D. 自律组织认定的高风险产品或服务

答案：A

考点：本题考查划分产品或服务风险等级时应考虑的因素。

80. 经营机构告知投资者不适合购买相关产品或者接受相关服务后，投资者仍主动要求购买风险等级高于其风险承受能力的产品或者接受相关服务的，经营机构应该确认投资者是否属于风险承受能力最低类别的投资者，若是，业务人员应（　　）。

A. 进行书面风险示警后，向其销售相关产品或提供相关服务

B. 拒绝向其销售或提供高于其风险承受能力的产品或服务

C. 直接向其销售相关产品或提供相关服务

D. 不予理睬

答案：B

考点：本题考查经营机构在投资者坚持购买风险等级高于其承受能力的产品时的职责。

81. 经营机构向普通投资者销售产品或者提供服务前，应当告知的下列信息中错误的是（ ）。

A. 可能直接导致本金亏损的事项

B. 可能直接导致超过原始本金损失的事项

C. 因经营机构的业务或者财产状况变化，可能导致本金或者原始本金亏损的事项

D. 利益保证承诺

答案：D

考点：本题考查经营机构向普通投资者销售产品或者提供服务前，应当告知的信息。

82. （ ）情形下，不必满足以下规定：经营机构通过营业网点向普通投资者进行告知、警示的，应当全过程录音或录像；通过互联网等非现场方式进行的，应完善配套留痕安排，由普通投资者通过符合法律、行政法规要求的电子方式进行确认。

A. 在专业投资者申请转化普通投资者

B. 向普通投资者销售高风险产品或服务

C. 经营机构主动调整投资者分类、产品或服务分级、适当性匹配意见

D. 向普通投资者履行信息告知义务

答案：A

考点：本题考查经营机构进行现场录音或者录像留痕的有关规定。

83. 经营机构进行现场录音或者录像留痕之后，应当按照相关规定妥善保存其履行适当性义务的相关信息资料，对于匹配方案、告知警示材料、录音录像资料自查报告等的保存期限不得少于（ ）年。

A. 5　　B. 10

C. 15　　D. 20

答案：D

考点：本题考查经营机构进行现场录音或者录像留痕的有关规定。

84. 经营机构违反《证券期货投资者适当性管理办法》，未按规定对普通投资者进行细化分类和管理的，应当给予警告，并处（ ）万元以下罚款；对直接负责的主管人员和其他直接责任人员，给予警告，并处（ ）万元以下罚款。

A. 1；1　　B. 2；2

C. 3；3　　D. 3；1

答案：C

考点：本题考查对经营机构违反适当性管理规定的监管措施。

85. 经营机构违反《证券期货投资者适当性管理办法》，未按规定进行投资者类别

转化的，应当给予警告，并处（　　）万元以下罚款；对直接负责的主管人员和其他直接责任人员，给予警告，并处（　　）万元以下罚款。

A. 1；1　　B. 2；2

C. 3；3　　D. 3；1

答案：C

考点：本题考查对经营机构违反适当性管理规定的监管措施。

86. 经营机构违反《证券期货投资者适当性管理办法》，未按建立或者更新投资者评估数据库的，应当给予警告，并处（　　）万元以下罚款；对直接负责的主管人员和其他直接责任人员，给予警告，并处（　　）万元以下罚款。

A. 1；1　　B. 2；2

C. 3；3　　D. 3；1

答案：C

考点：本题考查对经营机构违反适当性管理规定的监管措施。

87. 经营机构违反《证券期货投资者适当性管理办法》，未按规定了解所销售产品或者提供服务信息或者履行分级义务的，应当给予警告，并处（　　）万元以下罚款；对直接负责的主管人员和其他直接责任人员，给予警告，并处（　　）万元以下罚款。

A. 1；1　　B. 2；2

C. 3；3　　D. 3；1

答案：C

考点：本题考查对经营机构违反适当性管理规定的监管措施。

88. 任何单位和个人在与证券公司建立业务关系或者证券公司为其提供（　　）金融服务时都应当提供真实有效的身份证件或者其他身份证明文件。

A. 一次性的　　B. 间隔的

C. 持续性的　　D. 定期的

答案：A

考点：本题考查证券公司对客户身份识别的基本要求。

89. 客户先前提交的身份证件或者身份证明文件已过有效期的，客户没有在合理期限内更新且没有提出合理理由的，证券公司应（　　）。

A. 继续为客户办理业务　　B. 采取限制为其办理新业务

C. 采取临时冻结账户　　D. 不予理睬

答案：B

考点：本题考查证券公司持续与重新识别客户身份的有关规定。

90. 证券公司在与客户建立业务关系时，应当识别客户身份，了解（　　）和交易的（　　），和对客户的有效身份证件或者其他身份证明文件，登记客户身份基本信息，并留存有效身份证件或者其他身份证明文件的复印件或者影印件。

A. 实际控制客户的自然人；实际受益人

B. 实际控制客户的法人；实际受益人

C. 实际控制客户的自然人；直接受益人

D. 实际控制客户的法人；直接受益人

答案：A

考点：本题考查证券公司对客户身份识别的基本要求。

91. 以下关于证券公司对客户身份识别的基本要求的说法中错误的是（　　）。

A. 证券公司不得为身份不明的客户提供服务或与其进行交易

B. 证券公司不得为客户开立假名账户

C. 考虑客户的特殊需求，证券公司可以为客户开立匿名账户

D. 客户由他人代理办理业务的，证券公司应当同时对代理人和被代理人的身份证件或者其他身份证明文件进行核对并登记

答案：C

考点：本题考查证券公司对客户身份识别的基本要求。证券公司不得为客户开立匿名账户。

92. 证券公司通过第三方识别客户身份的，应当确保第三方已经采取符合（　　）要求的客户身份识别措施；第三方未采取符合本法要求的客户身份识别措施的，由（　　）承担未履行客户身份识别义务的责任。

A.《反洗钱法》；中国证监会　　B.《反洗钱法》；证券公司

C.《证券法》；中国证监会　　D.《公司法》；证券公司

答案：B

考点：本题考查证券公司委托第三方进行客户身份识别的有关规定。

93. 对于已确立过风险等级的客户，证券公司应根据其风险程度设置相应的重新审核期限，实现对风险的动态追踪。原则上，风险等级最高的客户的审核期限不得超过（　　），低一等级客户的审核期限不得超出上一级客户审核期限时长的（　　）。

A. 半年；2 倍　　B. 半年；3 倍

C. 1 年；2 倍　　D. 1 年；3 倍

答案：A

考点：本题考查开展客户风险等级划分的基本要求。

94. 对于首次建立业务关系的客户，无论其风险等级高低，证券公司在初次确认其风险等级后的（　　）年内至少应进行一次复核。

A. 1　　B. 2

C. 3　　D. 4

答案：C

考点：本题考查开展客户风险等级划分的基本要求。

95. 证券公司委托其他机构开展客户风险等级划分等洗钱风险管理工作时，应与受托机构签订书面协议，并由（　　）批准。（　　）对受托机构进行的洗钱风险管理工作承担最终法律责任。

A. 高级管理层；证券公司　　B. 高级管理层；客户

C. 董事会；证券公司　　D. 董事会；客户

答案：A

考点：本题考查证券公司委托其他机构开展客户风险等级划分等洗钱风险管理工作的要求。

96. 证券公司与客户进行金融交易并通过银行账户划转款项的，由（　　）按照《金融机构大额交易和可疑交易报告管理办法》规定提交大额交易报告。

A. 证券公司　　B. 客户

C. 银行机构　　D. 金融机构

答案：C

考点：本题考查证券公司大额交易和可疑交易报告制度。

97. 证券公司发现或者有合理的理由怀疑客户、客户的资金或者其他资产、客户的交易或者试图进行的交易与洗钱、恐怖融资等犯罪活动相关的，不论所涉资金金额或者资产价值大小，应当向（　　）提交可疑交易报告。

A. 公安局　　B. 中国人民银行

C. 中国证监会　　D. 中国反洗钱监测分析中心

答案：D

考点：本题考查证券公司大额交易和可疑交易报告制度。

98. 当可疑交易明显涉嫌洗钱、恐怖融资等犯罪活动的，证券公司应当在向中国反洗钱监测分析中心提交可疑交易报告的同时，以电子形式或书面形式向（　　）或者其分支机构报告，并配合反洗钱调查。

A. 所在地中国证监会　　B. 所在地中国人民银行

C. 注册地中国证监会　　D. 中国反洗钱监测分析中心

答案：B

考点：本题考查证券公司大额交易和可疑交易报告制度。

99. 以下关于证券公司大额交易和可疑交易报告制度的说法中，正确的是（　　）。

A. 对单客户多银行辅助主辅账户划转、B股非银行转账外部资金进出等情形，如证券公司未发现交易或行为异常的，可以不提交大额交易报告

B. 证监会应当制定证券公司的交易检测标准，由证券公司对其有效性负责

C. 证券公司发现或者有合理的理由怀疑客户、客户的资金或者其他资产、客户的交易或者试图进行的交易与洗钱、恐怖融资等犯罪活动相关的，且资金金额或者资产价值较大，应当向中国反洗钱监测分析中心提交可疑交易报告

D. 对于既属于大额交易又属于可疑交易的交易，证券公司应当一并提交大额交易报告

答案：A

考点：本题考查证券公司大额交易和可疑交易报告制度。B 项，证券公司应当制定证券公司的交易检测标准，并对其有效性负责。C 项，证券公司发现或者有合理的理由怀疑客户、客户的资金或者其他资产、客户的交易或者试图进行的交易与洗钱、恐怖融资等犯罪活动相关的，不论所涉资金金额或者资产价值大小，应当向中国反洗钱监测分析中心提交可疑交易报告。D 项，对于既属于大额交易又属于可疑交易的交易，证券公司应当分别提交大额交易报告和可疑交易报告。

100. 证券公司应当制定涉及恐怖活动资产的内部操作规程和控制措施，对分支结构和附属机构之行动的情况进行监督管理，严格按照（　　）发布的恐怖活动组织及恐怖活动人员名单、冻结资产的规定，依法对相关资产采取冻结措施。

A. 证监会　　B. 中国人民银行

C. 公安部　　D. 联合国

答案：C

考点：本题考查恐怖活动资产冻结工作的处理。

101. 证券公司的首席信息官具备下列（　　）任职条件。

①从事信息技术相关工作 10 年以上

②在证券监管机构、证券基金业自律组织任职 8 年以上

③最近 2 年未被金融监管机构实施行政处罚或采取重大行政监管措

A. ②③　　B. ①③　　C. ①②　　D. ①②③

答案：C

考点：考查首席信息官的任职条件。

102. 证券公司对根据《涉及恐怖活动资产冻结管理办法》被采取冻结措施的资产的管理及处置，应当按照（　　）和（　　）等相关规定执行；没有规定的参照公安机关、国家安全机关、检察机关的相关规定执行。

A. 财政部；中国银保监会　　B. 财政部；中国证监会

C. 中国人民银行；中国银保监会　　D. 中国人民银行；中国证监会

答案：D

考点：本题考查恐怖活动资产冻结工作的有关规定。

103. 下列不属于证券公司信息技术管理部门的职责有（　　）。

A. 信息技术规划　　B. 信息系统建设

C. 信息安全保障　　D. 信息风险监控

答案：D

考点：证券公司信息技术管理部门的职责有信息技术规划、信息系统建设、信息安

全保障、信息技术质量控制、运维管理等工作。

104. 证券公司开展是否风险管理系统功能完备、权限清晰，能够与业务系统同步上线运行属于（　　）风险管理机制。

A. 事前审查　　B. 事中风险监测

C. 事后评估审计　　D. 事后排查

答案：A

考点：本题有关信息技术合规与风险管理机制知识点。

105. 证券公司应当按照（　　）有关规定采集、记录、存储、报送客户交易终端信息，并采取有效的技术措施，保障相关信息真实、准确、完整。

A. 中国人民银行　　B. 中国证监会

C. 中国证券业协会　　D. 工商管理局

答案：B

考点：证券公司应当按照中国证监会有关规定采集、记录、存储、报送客户交易终端信息，并采取有效的技术措施，保障相关信息真实、准确、完整。

106. 应急演练应当形成报告，保存期不得少于（　　）年。

A. 3　　B. 5

C. 7　　D. 10

答案：B

考点：应急演练应当形成报告，保存期不得少于5年。

107. 担任发行人股票首次公开发行的保荐机构、主承销商，自确定并公告发行价格之日起（　　）日内，不得发布与该发行人有关的证券研究报告。

A. 30　　B. 40

C. 50　　D. 60

答案：B

考点：考查其他信息隔离墙管理要求。

108. 证券公司应当委托外部专业机构开展信息技术管理工作的全面审计，频率不低于每（　　）年一次；未能有效实施信息技术管理被采取行政处罚措施、监管措施或者自律管理措施的，应当在（　　）个月内完成对有关事项的专项审计。

A. 3；3　　B. 2；2　　C. 1；2　　D. 2；1

答案：A

考点：考查证券公司事后评估审计。

109.《证券法》对证券公司监管的基本制度做出规定，在《证券法》确立的证券公司客户资产存管机制的基础上进一步明确了客户资产的存管、托管要求，以下说法错误的是（　　）。

A. 证券公司对顾客负有诚信义务

B. 证券公司在不损害客户利益的情况下，可以暂时挪用客户托管在公司的证券

C. 证券公司不得挪用客户托管在公司的证券

D. 证券公司不得挪用客户委托管理的资产

答案：B

考点：证券公司对顾客负有诚信义务，不得侵犯客户的财产权、选择权、公平交易权、知情权及其他合法权益。证券公司不得挪用客户交易结算资金，不得挪用客户委托管理的资产，不得挪用客户托管在公司的证券，证券公司的股东和实际控制人不得占用客户资产，损害客户合法权益。

110. 下列不属于证券公司治理基本要求是（　　）。

A. 建立健全组织架构、明确职责划分

B. 不得侵犯客户合法权益

C. 建立完备的内部控制体系

D. 实时监控有关账户的交易行为

答案：D

考点：证券公司治理基本要求是：建立健全组织架构、明确职责划分；不得侵犯客户合法权益；建立完备的内部控制体系。

111. 按照《证券公司监督管理条例》的要求，证券公司要建立完备的内部控制体系。条例规定的主要业务规则和风险控制措施不适用于（　　）。

A. 证券自营业务　　B. 证券资产管理业务

C. 证券公司内部审计业务　　D. 融资融券业务

答案：C

考点：本题考查证券公司治理基本要求的有关规定。《证券公司管理条例》以保护投资者利益和防范证券公司风险为出发点，重点规定了证券经纪业务、证券自营业务、证券资产管理业务和融资融券业务等主要业务的规则和风险控制措施。

112. 按照《证券公司治理准则》和《证券公司股权管理规定》的要求，关于证券公司与股东之间关系的特别规定，以下选项错误的是（　　）。

A. 证券公司的控股股东、实际控制人不得利用其控制地位或者滥用权力损害证券公司、公司其他股东和公司客户的合法权益

B. 证券公司应当加强对股东资质的审查，对股东及其控股股东、实际控制人、关联方、一致行动人、最终权益持有人信息进行核实并掌握其变动情况

C. 证券公司对客户负有诚信义务，证券公司股东和实际控制人在行使合法权利的时只要保证不占用客户资产，损害客户合法权益即可

D. 证券公司应当就股东对证券公司经营管理的影响进行判断，依法及时、准确、完整地报告或披露相关信息，必要时履行报批或者备案程序

答案：C

考点：本题考查证券公司与股东之间关系的特别规定。选项 C，证券公司对客户负有诚信义务，证券公司股东和实际控制人在行使合法权利的同时不得占用公司或客户资产，损害证券公司或客户合法权益。

113. 按照《证券公司治理准则》和《证券公司股权管理规定》的要求，关于证券公司与股东之间关系的特别规定，以下选项错误的是（ ）。

A. 证券公司股东及其控股股东、实际控制人不得对证券公司虚假出资、出资不实、抽逃出资或者变相抽逃出资

B. 未经批准，证券公司股东及其控股股东、实际控制人不得委托他人管理证券公司股权

C. 应当加强关联交易管理，准确识别关联方，严格落实关联交易审批制度和信息披露制度

D. 证券公司股东及其控股股东、实际控制人可以要求证券公司为其关联方提供融资或者担保

答案：D

考点：本题考查证券公司与股东之间关系的特别规定。选项 D，证券公司股东及其控股股东、实际控制人不得违规要求证券公司为其或其关联方提供融资或者担保，或者强令、指使、协助、接受证券公司以其证券经纪客户或者证券资产管理客户的资产提供融资或者担保。

114. 按照《证券公司治理准则》的要求，关于证券公司和控股股东、实际控制人及其关联方之间开展业务竞争和关联交易的说法错误的是（ ）。

A. 证券公司控制其他证券公司的，可以开展与该证券公司相同的同类业务，以竞争的形式促进双方发展

B. 证券公司的关联方不可以与其所控制的证券公司开展同类业务

C. 证券公司的股东、实际控制人与证券公司的关联交易不可以在牺牲证券公司利益的基础上进行

D. 证券公司章程应当对重大关联交易及其披露和表决程序做出规定

答案：A

考点：本题考查证券公司和股东之间关系的特别规定。控股股东、实际控制人及其关联方不得开展业务竞争；关联交易不得损害公司利益。

115. 关于证券公司的控股股东、实际控制人不得开展业务竞争的描述中，说法错误的是（ ）。

A. 控股股东可以与其所控制的证券公司开展同业竞争

B. 控股股东的关联方有义务采取有效措施防止与其所控制的证券公司发生业务

C. 控股股东、实际控制人其关联方应采取有效措施监控是否有其他控股股东损害公司利益的行为

D. 证券公司控股其他证券公司的，不可以损害所控股的证券公司的利益

答案：A

考点：本题考查证券公司和股东之间关系的特别规定。证券公司的控股股东、实际控制人及其关联方应当采取有效措施，防止与其所控制的证券公司发生业务竞争。证券公司控股其他证券公司的，不得损害所控股的证券公司的利益。

116. 按照《证券公司治理准则》的要求，在一般情况下，证券公司在处理与股东关联方之间的关系时，以下行为中错误的是（　　）。

A. 股东不得违规占用证券公司资产

B. 证券公司控股其他证券公司的，不得损害所控股的证券公司的利益

C. 证券公司股东的人员在证券公司兼职的，遵守法律法规和中国证监会的规定

D. 证券公司通过购买股东持有的证券等方式向股东输送不当利益

答案：D

考点：本题考查证券公司与股东之间关系的特别规定。证券公司的股东应当依法维护证券公司的独立性；不得开展业务竞争；证券公司不得持有股东的股权；股东不得违规占用公司资产，选项 D 错误。

117. 按照《证券公司治理准则》和《证券公司股权管理规定》的要求，证券公司在处理与股东及股东关联方之间的关系时，下列说法正确的是（　　）。

A. 持有股东的股权

B. 将股东的权利义务、股权锁定期、股权管理事务责任人等关于股权管理的监管要求写入公司章程

C. 通过购买股东持有的证券等方式向股东输送不当利益

D. 公司章程未规定对外投资、对外担保的类型、金额和内部审批程序

答案：B

考点：本题考查证券公司与股东之间关系的特别规定。在处理与股东及股东关联方之间的关系时，不得有以下行为发生：持有股东的股权，但法律、行政法规或者中国证监会另有规定的除外；通过购买股东持有的证券等方式向股东输送不当利益；股东违规占用公司资产；法律、行政法规或者中国证监会禁止的其他行为。此外，证券公司章程应当规定对外投资、对外担保的类型、金额和内部审批程序。

118. 按照《证券监督管理条例》的要求，证券公司内部董事人数占董事人数 1/5 以上时，独立董事人数不得少于董事人数的（　　）。

A. 1/6　　B. 1/3

C. 1/5　　D. 1/4

答案：D

考点：证券公司有以下情形之一的，独立董事人数不得少于董事人数的 1/4：（1）董事长、经营管理的主要负责人由同一人担任；（2）内部董事人数占董事人数的 1/5

以上；（3）中国证监会认定的其他情形。

119. 经营证券经纪业务、证券资产管理业务、融资融券业务和证券承销与保荐业务中两种以上业务的证券公司，应当建立独立董事制度，证券公司有（　　）情形的，独立董事不得少于董事人数的1/4。

A. 董事长、经营管理的主要负责人由不同人负责

B. 内部董事人数占董事人数的1/5以上

C. 内部监事人员占监事人数的1/3以上

D. 董事长在监事会中任职

答案：B

考点：经营证券经纪业务、证券资产管理业务、融资融券业务和证券承销与保荐业务中两种以上业务的证券公司，应当建立独立董事制度，证券公司有如下情形的，独立董事不得少于董事人数的1/4：（1）董事长、经营管理的主要负责人由同一人负责；（2）内部董事人数占董事人数的1/5以上；（3）中国证监会认定的其他情形。

120. 按照《证券监督管理条例》的要求，以下关于证券公司独立董事的规定说法错误的是（　　）。

A. 独立董事连任时间最多不超过6年

B. 任何人员最多可以在2家证券公司担任独立董事

C. 独立董事应当在股东（大）会年会上提交工作报告

D. 出于公司业务保密需要，某些情况下，独立董事享有的知情权可以少于其他董事

答案：D

考点：本题考查独立董事的有关规定。独立董事与公司其他董事任期相同，连任时间最多不超过6年。任何人员最多可以在2家证券公司担任独立董事。证券公司应当保障独立董事享有与其他董事同等的知情权。

121. 对于因投资银行类业务涉嫌违法违规而被中国证监会立案调查的证券公司，应当在（　　）日内对内部控制执行效果进行评估。证券公司应当于评估工作完成后（　　）日内向中国证监会相关派出机构报送内部控制执行有效性评估报告。

A. 30；60　　　　B. 30；45

C. 45；30　　　　D. 45；60

答案：C

考点：考查投资银行类业务内部控制。

122. 证券公司经营证券经纪业务、证券资产管理业务、融资融券业务和证券承销与保荐业务中两种以上业务的，其董事会应当设立的委员会中不包括（　　）。

A. 薪酬与提名委员会　　　　B. 审计委员会

C. 专门委员会　　　　D. 风险控制委员会

答案：C

考点：证券公司经营证券经纪业务、证券资产管理业务、融资融券业务和证券承销与保荐业务中两种以上业务的，其董事会应当设立薪酬与提名委员会、审计委员会、风险控制委员会。

123. 审计委员会中独立董事的人数不得少于（　　），并且至少有 1 名独立董事从事会计工作（　　）年以上。

A. 2/3；3　　B. 1/2；5

C. 1/2；3　　D. 1/3；5

答案：B

考点：审计委员会中独立董事的人数不得少于 1/2，并且至少有 1 名独立董事从事会计工作 5 年以上。

124. 证券公司应当根据系统变更、业务变化等情况，持续更新应急预案。证券公司应当根据应急预案定期组织关键岗位人员开展应急演练，演练频率不低于每年（　　）次，并确保应急演练在（　　）年内覆盖全部重要信息系统。

A. 2；2　　B. 1；2　　C. 2；1　　D. 2；3

答案：B

考点：考查证券公司应急预案。

125. 证券公司新建或更换重要信息系统所在机房、证券基金交易相关信息系统，应当在开展相关业务活动的（　　）个工作日内向中国证监会报送有关资料。

A. 3　　B. 5　　C. 10　　D. 15

答案：B

考点：考查证券公司新建或更换重要信息系统的信息报送。

126. 某证券公司 2021 年 2 月 25 日举行了本年第一次董事会会议。本次会议议程是表决有关关联交易的议案。以下关于董事会会议的设置和议事规则错误的是（　　）。

A. 因为几位董事无法按时出席董事会现场，最终决定采用视频会议的方式举行事会

B. 此次董事会会议因为无重大异议事项，没有制作会议记录

C. 此次董事会会议共有 2/3 的无关联关系的董事参加

D. 此次董事会会议所作决议经无关联关系的董事过半数通过

答案：B

考点：本题考查证券公司董事会的设置、议事规则等有关规定。董事会会议应当制作会议记录，并且可以录音；董事会表决有关联交易的议案时，与交易对方有关联关系的董事应当回避。

127. 按照《证券监督管理条例》和《证券公司治理准则》的要求，证券公司董事会决议内容违反法律、行政法规或者中国证监会的规定的，监事会应当要求（　　）

纠正，（　　）应当拒绝执行原董事会决议内容。

A. 董事会；股东会　　　　B. 董事会；经理层

C. 股东会；经理层　　　　D. 股东会；董事会

答案：B

考点：本题考查证券公司董事会的设置、议事规则等有关规定。证券公司董事会决议内容违反法律、行政法规或者中国证监会的规定的，监事会应当要求董事会纠正，经理层应当拒绝执行。

128. 证券公司的合规部门中具备 3 年以上证券、金融、法律、会计、信息技术等有关领域工作经历的合规管理人员数量不得低于公司总部人数的（　　），且不得少于（　　）人。

A. 1.5%；5　　B. 2%；5　　C. 2%；3　　D. 1.5%；3

答案：A

考点：考查证券公司合规部门的人员配备。

129. 以下关于审计委员会的说法正确的是（　　）。

A. 审计委员会的负责人应当由董事会成员担任

B. 审计委员会中独立董事的人数不得少于1/2，并且至少有 2 名独立董事从事会计工作 5 年以上

C. 审计委员会可以聘请专业人士提供服务，由此发生的合理费用由公司承担

D. 审计委员会不得聘请外部审计机构

答案：C

考点：本题考查董事会专门委员会的有关要求。选项 A，审计委员会的负责人应当由独立董事担任。选项 B，审计委员会中独立董事的人数不得少于 1/2，并且至少有 1 名独立董事从事会计工作 5 年以上。选项 D，可以提议聘请或者更换外部审计机构，并监督外部审计机构的执业行为。

130. 某证券公司设立监事会，以下关于监事会的说法错误的是（　　）。

A. 监事会必须设立主席和可以设副主席

B. 监事会主席是监事会的召集人

C. 监事会可根据需要对公司财务情况、合规情况进行专项检查，必要时可聘请外部专业人士协助

D. 对董事、高级管理人员违反法律法规，严重损害客户利益的行为，监事会应当提议召开董事会，并向董事会提出专项议案

答案：D

考点：本题考查监事会的有关要求。选项 D，对董事、高级管理人员违反法律法规严重损害客户利益的行为，监事会应当提议召开股东（大）会，并向股东（大）会提出专项议案。

131.（　　）不属于某证券公司的高级管理人员。

A. 副总经理王某　　B. 财务负责人周某

C. 执行委员会成员钱某　　D. 董事长孙某

答案：D

考点：本题考查证券公司高级管理人员的定义。高级管理人员是指证券公司的总经理、副总经理、财务负责人、合规负责人、董事会秘书以及实际履行上述职务的人员。证券机构行使经营管理职责的管理委员会、执行委员会以及类似机构的成员为高级管理人员。

132. 证券公司内部控制是指证券公司为实现经营目标，根据经营环境变化，对证券公司经营与管理过程中的风险进行识别、评价和管理的制度安排、组织体系和控制措施有效的内部控制应当为证券公司实现目标提供合理保证，下列不属于证券公司要实现的目标的是（　　）。

A. 防范经营风险和道德风险

B. 保障客户及证券公司资金的安全、完整

C. 保证证券公司利润最大化

D. 保证公司业务记录、财务信息和其他信息的可靠、完整、及时

答案：C

考点：本题考查证券公司有效内部控制的目标。证券公司利润最大化不属于内部控制目标。

133. 以下关于自营业务内部控制的说法错误的是（　　）。

A. 自营账户应由自营业务部门管理，建立自营账户审批和稽核程序

B. 证券公司的监督检查部门或其他独立监控部门负责对证券持仓、盈亏状况、风险状况和交易活动进行有效监控

C. 确保自营部门和会计核算部门对自营浮动盈亏进行恰当的记录和报告

D. 证券公司应该确保自营资金来源的合法性

答案：A

考点：本题考查自营业务内部控制的有关规定。选项A，自营账户应由独立于自营业务的部门统一管理，建立自营账户审批和稽核程序。

134. 按照《证券公司内部控制指引》和《证券公司投资银行类业务内部控制指引》的要求，证券公司投资银行类业务内部控制的组织结构要求设立严密有效的三道业务防线，其中，质量控制，项目组、业务部门，内核、合规、风险管理等部门或机构分别是第（　　）道防线。

①一　　②二　　③三

A. ①②③　　B. ②③①

C. ②①③　　D. ③①②

答案：C

考点：本题考查证券公投资银行行类业务的内控的有关规定。证券公司投资银行类业务内部控制的第一道防线是项目组和业务部门，第二道防线是质量控制，第三道防线是内核、合规、风险管理等部门或机构。

135. 按照《证券公司投资银行类业务内部控制指引》的要求，投资银行类业务专职内部控制人员数量不得低于投资银行类业务人员总数的（ ）。

A. 1/10　　B. 1/5

C. 1/2　　D. 1/6

答案：A

考点：本题考查证券公司投资银行类业务的内部控制的有关规定。

136. 按照《证券公司内部控制指引》的要求，证券投资顾问业务是证券公司、证券投资咨询机构接受客户委托，按照约定，向客户提供涉及证券及证券相关产品的投资建议服务，辅助客户做出投资决策，并直接或间接获取经济利益的经营活动。以下关于证券公司证券投资顾问业务内部控制的说法错误的是（ ）。

A. 禁止以任何方式承诺或保证投资收益

B. 与客户签订证券投资顾问协议，按照公平、合理、自愿的原则，与客户协商并以书面或口头的方式约定收取费用收取安排

C. 证券投资顾问服务费应当以公司账户收取

D. 业务档案保存期限自协议终止之日起不得少于 5 年

答案：B

考点：本题考查证券公司证券投资顾问业务内部控制的有关规定。选项 B，与客户签订证券投资顾问协议，并按照公平、合理、自愿的原则，与客户协商并书面约定费用收取安排。

137. 证券公司应明确董事会、监事会、经理人员等各层级的内部控制职责，确保内部控制的有效性。以下说法中错误的是（ ）。

A. 董事会应对中国证监会对证券公司内部控制提出的问题和建议认真研究并督促落实

B. 监事会应对董事会、经理人员履行职责的情况进行监督

C. 董事会应当至少每季度举行一次全面的内部控制检查评价工作

D. 负责证券公司内部控制的监督、检查与评价工作的高级管理人员和监督检查部门负责人可列席证券公司任何会议

答案：C

考点：本题考查证券公司内部控制监督、检查与评价机制的细节规定。董事会应当至少每年举行一次全面的内部控制检查评价工作。

138. 按照《证券公司合规管理实施指引》的要求，证券公司董事会、监事会或监

事、经营管理主要负责人、其他高级管理人员、下属各单位负责人及其他工作人员均有自己的合规管理职责，其中不属于证券公司董事会的合规管理职责的是（　　）。

A. 审议批准年度合规报告

B. 决定聘任、解聘、考核合规负责人，决定其薪酬待遇

C. 对发生重大合规风险负有主要责任或者领导责任的董事、高级管理人员提出罢免的建议

D. 建立与合规负责人的直接沟通机制

答案：C

考点：本题考查证券公司董事会的合规管理职责的主要内容。选项 C，对发生重大合规风险负有主要责任或者领导责任的董事、高级管理人员提出罢免的建议是监事会或监事的合规管理职责。

139. 按照《证券公司合规管理实施指引》的要求，某证券公司设立合规负责人王某，以下关于王某的说法错误的是（　　）。

A. 王某是公司的高级管理人员

B. 王某直接向董事会负责

C. 王某组织拟定合规管理的基本制度和其他合规管理制度，督导下属各单位实施

D. 王某应当对证券公司内部规章制度、重大决策、新产品和新业务方案等进行合规审查，并出具书面或其他形式的合规审计意见

答案：D

考点：本题考查证券公司合规负责人职责的有关规定。选项 D，合规负责人应当对证券公司内部规章制度、重大决策、新产品和新业务方案等进行合规审查，并出具书面合规审计意见。

140. 按照《证券公司合规管理实施指引》的要求，证券公司董事会、监事会或监事、经营管理主要负责人、其他高级管理人员、下属各单位负责人及其他工作人员均有自己的合规管理职责。下列关于合规管理职责归属表述错误的是（　　）。

A. 董事会负责审议批准合规管理的基本制度

B. 监事会对发生重大合规风险负有主要责任或领导责任的董事、高级管理人员提出罢免建议

C. 经营管理主要负责人在经营决策过程中，充分听取合规负责人及合规部门的合规意见

D. 董事会组织制定公司规章制度，并监督其实施

答案：D

考点：本题考查证券公司董事会、监事会或监事、经营管理主要负责人、其他高级管理人员、下属各单位负责人及其他工作人员的合规管理职责。组织制定公司规章制度不属于合规职责。

141. 按照《证券公司合规管理实施指引》的要求，合规部门中具备（　　）年以上证券、金融、法律、会计、信息技术等有关领域工作经历的合规管理人员数量不得低于公司总部人数的1.5%，且不得少于（　　）人。

A. 3；3　　B. 5；5

C. 3；5　　D. 5；3

答案：C

考点：本题考查证券公司合规部门的有关规定。

142. 按照《证券公司和证券投资基金管理公司合规管理办法》及配套自律规则的要求，以下提升合规负责人及其他合规管理人员的独立性和履职保障的举措正确的是（　　）。

A. 合规部门及其合规管理人员由董事会考核

B. 中国证券业协会可以根据日常监管掌握的情况建议公司董事会调整考核结果

C. 其他合规人员工作称职的，其薪酬收入总额可以低于公司同级别人员的平均水平

D. 明确中国证监会和自律组织的外部支持

答案：D

考点：本题考查证券公司合规负责人和合规管理人员的独立性原则的有关规定。选项A，合规部门及其合规管理人员由合规负责人考核。选项B，中国证监会相关派出机构可以根据日常监管掌握的情况建议公司董事会调整考核。选项C，其他合规人员工作称职的，其薪酬收入总额应当不低于公司同级别人员的平均水平。

143. 证券公司违反《证券公司和证券投资基金管理公司合规管理办法》规定的，对直接负责的董事、监事、高级管理人员和其他责任人员，采取的行政监管措施中不正确的是（　　）。

A. 出具警示函　　B. 责令定期报告

C. 认定为不适当人选　　D. 监管谈话

答案：B

考点：本题考查证券公司及有关人员违反合规管理规定的监管措施。证券公司反《证券司和证券投资金管理司规管理办法》规定的，对责的董事、监事、高级管理人员和其他责任人员，可以采取出具警示函、责令参加培训、责令改正、监管谈话、认定为不适当人选等行政监管措施。

144. 依据《证券法》的规定，内幕信息为证券交易活动中，涉及发行人的经营、财务或者对该发行人证券的市场价格有重大影响的尚未公开的信息，下列信息不属于内幕信息的是（　　）。

A. 甲公司发生重大债务和未能清偿到期重大债务的违约情况

B. 乙公司与丙公司订立重要合同，该合同可能对乙公司的资产、负债、权益和经

营成果产生重要影响

C. 丙公司对外提供的担保为上年末净资产的40%

D. 丁公司发生的重大损失为上年末净资产的5%

答案：D

考点：本题考查证券公司信息隔离墙制度的内幕信息的基本概念。选项D，《证券法》规定公司发生超过上年末净资产10%的重大损失才属于内幕信息。

145. 以下关于证券公司敏感信息管理的表述错误的是（ ）。

A. “需知原则”是信息隔离墙制度中敏感信息管理的核心原则

B. 证券公司应当确保保密侧业务与公开侧业务之间的办公场所和办公设备封闭和相互独立，信息系统相互独立或实现逻辑隔离

C. 敏感信息包括内幕信息及其他未公开信息

D. 内幕信息知情人在内幕信息公开前不负有保密义务

答案：D

考点：本题考查证券公司对敏感信息的管理。选项D，内幕信息知情人在内幕信息公开前负有保密义务。

146. 按照《证券公司信息隔离墙制度指引》的要求，在信息隔离墙制度建立和执行方面，下列各部门和各人员的具体职责分工中，正确的是（ ）。

A. 证券公司董事会和高级管理人员对公司信息隔离墙制度的总体有效性负最终责任

B. 各业务部门和分支机构的负责人对本部门和本机构执行信息隔离墙制度的有效性承担管理责任

C. 证券公司工作人员对本人在执业活动中遵守信息隔离制度承担间接责任

D. 监事会负责协助董事会和高级管理人员建立和执行信息隔离墙相关制度，并负有审查、监督、检查、咨询和培训等职责

答案：B

考点：本题考查证券公司信息隔离墙制度建立和执行的职责分工。选项A，证券公司董事会和经营管理的主要负责人对公司信息隔离墙制度的总体有效性负最终责任。选项C，证券公司工作人员对本人在执业活动中遵守信息隔离制度承担直接责任。选项D，合规总监和合规部门负责协助董事会和高级管理人员建立和执行信息隔离墙相关制度，并负有审查、监督、检查、咨询和培训等职责。

147. 按照《证券公司信息隔离墙制度指引》的要求，对于跨墙的申请和审批、跨墙人员行为规范及监督管理、回墙做出的以下规定，错误的是（ ）。

A. 证券公司保密侧业务部门需要公开侧业务部门派员跨墙进行业务协作的，应当事先向跨墙人员所属部门和合规部门提出申请，并经其审批同意

B. 跨墙人员在跨墙期间不应泄露或不当使用跨墙后知悉的内幕信息

C. 合规部门负责记录跨墙情况，有权对跨墙人员行为进行监控

D. 跨墙人员在跨墙活动结束时即可回墙

答案：D

考点：本题考查证券公司跨越信息隔离墙管理的有关规定。选项 D，跨墙人员在跨墙活动结束且获取的内幕信息已公开或者不再具有重大影响后方可回墙。

148. 根据《关于证券公司做好利益冲突管理工作的通知》，证券公司应当做好利益冲突管理工作，以下关于利益冲突管理说法中正确的是（　　）。

A. 证券公司已采取信息隔离墙等措施，依然难以避免利益冲突的，只需对实际存在利益冲突进行充分披露

B. 证券公司充分披露后仍难以有效处理利益冲突的，应当对所有业务活动采取禁止措施

C. 证券公司在对相关业务进行限制时，应当遵循客户利益优先和公平对待客户的原则

D. 证券公司有关业务决策机构必须统筹大局，可以不实行回避制度

答案：C

考点：本题考查证券公司利益冲突管理。选项 A，证券公司已采取信息隔离墙等措施，依然难以避免利益冲突的，应对实际存在的和潜在的利益冲突进行充分披露。选项 B，证券公司充分披露后仍难以有效处理利益冲突的，应当对存在利益冲突的相关业务活动采取禁止措施。选项 D，证券公司有关业务决策机构应当实行回避制度，防范可能产生的利益冲突。

149. 证券公司分类监管制度是证券行业的一项基础性制度。下列关于证券公司分类监管的评价指标体系及评价方法的说法正确的是（　　）。

A. 证券公司分类监管评价首先设定正常经营的证券公司基准分为 120 分

B. 分类评价每季度进行一次

C. 分类监管评价的评价期为上一年度 4 月 30 日至本年度 5 月 1 日

D. 对证券公司的全面风险管理能力、企业文化建设情况、服务资本市场重大改革情况等进行专项评价

答案：D

考点：本题考查证券公司分类监管的评价指标体系及评价方法。选项 A，证券公司分类监管评价首先设定正常经营的证券公司基准分为 100 分。选项 B，分类评价每年进行一次。选项 C，评价期为上一年度 5 月 1 日至本年度 4 月 30 日。

150. 以下内容中，属于证券公司分类监管的评价指标体系及评价方法中加分项的是（　　）。

A. 证券公司上一年度营业收入位于行业前 20 名

B. 证券公司上一年度承销与保荐业务收入位于行业前 30 名

C. 证券公司上一年度境外子公司证券业务收入占营业收入的比例达到5%

D. 证券公司最近1个、2个评价期内主要风险控制指标持续达标的

答案：A

考点：本题考查证券公司分类监管的评价指标体系及评价方法中的加分项。选项B，证券公司上一年度承销与保荐业务收入位于行业前5名、前10名、前20名的，可加分。选项C，证券公司上一年度境外子公司证券业务收入占营业收入的比例达到30%、20%、10%，且营业收入位于行业中位数以上的，可加分。选项D，证券公司最近3个、4个评价期内主要风险控制指标持续达标的，可加分。

151. 在《公司法》的基础上，《证券公司监督管理条例》《证券公司治理准则》对证券公司董事会的设置、议事规则等做出了具体的规定，证券公司设董事会的，内部董事人数不得超过董事人数的（　　）。

A. 1/2　　B. 1/3　　C. 1/4　　D. 1/5

答案：A

考点：考查对证券公司董事会的要求。

152. 全面风险管理，是指证券公司董事会、经理层以及全体员工共同参与，对公司经营中的流动性风险、市场风险、信用风险、操作风险、声誉风险等各类风险，进行准确识别、审慎评估、动态监控、及时应对及全程管理，下列对全面风险管理的理解中正确的是（　　）。

A. 仅要求风险管理部门人员参与风险管理

B. 对重大风险进行管理

C. 开展风险管理的全部活动

D. 对风险节点进行重点管理

答案：C

考点：本题考查证券公司全面风险管理的含义。选项A，要求全员参与风险管理。选项B，对全部风险进行管理。选项D，全面风险管理包含对风险进行“全程管理”的含义。

153. 全面风险管理体系应当包括：可操作的管理制度、健全的组织架构、可靠的信息技术系统、量化的风险控制指标、专业的人才队伍以及（　　）。

A. 合理的公司文化　　B. 有效的风险应对机制

C. 前瞻性的风险预警机制　　D. 政策支持

答案：B

考点：本题考查证券公司全面风险管理体系的内容。

154. 证券公司应当将子公司的风险管理纳入统一体系，子公司风险管理工作负责人的任命应由（　　）提名，子公司董事会聘任，其解聘应征得证券公司首席风险官同意。

A. 证券公司首席风险官　　B. 子公司董事长

C. 证券公司董事长　　D. 证券公司总经理

答案：A

考点：本题考查证券公司将子公司风险管理纳入统一体系的要求。

155. 下列关于风险管理机制要求的说法中，错误的是（　　）。

A. 建立逐日盯市制度并进行报告

B. 建立压力测试机制并实施

C. 选择与公司风险偏好相适应的应对策略与机制

D. 只建立管理层和治理层之间畅通的风险沟通机制

答案：D

考点：本题考查风险管理的政策和机制。选项 D，应建立在各层级畅通的风险沟通机制。

156. 在《公司法》的基础上，《证券公司监督管理条例》《证券公司治理准则》对证券公司董事会的设置、议事规则等做出了具体的规定，证券公司董事会每（　　）至少召开（　　）次会议。

A. 半年；1　　B. 一年；2

C. 半年；2　　D. 一年；1

答案：B

考点：考查对董事会的要求。

157. 下列有关证券公司流动性风险管理的组织架构及职责的描述中，错误的是（　　）。

A. 证券公司应明确董事会、经理层及其首席风险官、相关部门在流动性风险管理中的职责和报告路线

B. 证券公司董事会负责制定流动性风险管理策略、措施和流程

C. 证券公司应将子公司的流动性风险纳入管理范围

D. 证券公司应建立健全有效的考核及问责机制

答案：B

考点：本题考查证券公司流动性风险管理的组织架构及职责。选项 B，证券公司的流动性风险管理部门负责制定流动性风险管理策略、措施和流程。

158. 以下有关证券公司信用风险识别、评估和控制的要求中错误的是（　　）。

A. 在开展涉及信用风险的新业务前，证券公司应进行充分的论证与评估

B. 证券公司应当建立健全尽职调查机制

C. 对于融资类业务，证券公司可以对跨部门或跨主体的同一业务制定完全不一致的风险管理流程和标准

D. 证券公司应当建立健全内部评级管理制度，根据内部实际情况及管理需要确定

内部评级管理制度覆盖的业务范围

答案：C

考点：本题考查信用风险识别、评估和控制的要求。选项 C，对于融资类业务，证券公司应对跨部门或跨主体的同一业务制定相对一致的风险管理流程和标准。

159. 针对信用风险，证券公司应当建立健全尽职调查机制。以下有关尽职调查的基本要求中错误的是（ ）。

A. 证券公司应当根据不同业务的特点明确尽职调查报告的格式、内容以及其他辅助文件资料

B. 尽职调查报告应当如实反映相关项目的整体风险状况，不得存在虚假记载、误导性陈述或重大遗漏

C. 证券公司可以以口头告知的形式记载和留存尽职调查材料或档案

D. 证券公司应对信用风险计量模型进行建设、验证和维护，确保相关假设、参数、数据来源和计量程序的合理性和可靠性

答案：C

考点：本题考查证券公司尽职调查的基本要求。选项 C，证券公司应当以书面或电子形式记载和留存尽职调查材料或档案。

160. 证券公司应当建立健全内部评级管理制度，以下有关内部评级管理的基本要求错误的是（ ）。

A. 证券公司应建立内部评级体系，内部评级体系应能够有效识别信用风险，具备风险区分能力

B. 证券公司应制定内部评级管理制度，明确内部评级操作流程，确保内部评级体系持续有效运作

C. 证券公司应当建立与自身业务复杂程度和风险指标体系相适应的内部评级管理工具、方法和标准

D. 业务存续期内，证券公司只能定期进行内部评级更新，持续关注相关主体信用变化

答案：D

考点：本题考查证券公司尽职调查的基本要求。选项 D，业务存续期内，证券公司应根据风险状况的变化情况，定期或者不定期进行内部评级更新，持续关注相关主体信用变化。

161. 证券公司应当正确收集和使用评级信息，对收集的资料信息进行评估和归档，以保证其（ ）。

A. 及时性、准确性、完整性

B. 及时性、相关性、完整性

C. 及时性、准确性、独立性

D. 准确性、完整性、独立性

答案：A

考点：本题考查证券公司收集和使用评级信息时应遵循的原则。

162. 证券公司应当根据全面风险管理要求，建立常态化的信用风险压力测试机制。以下有关压力测试中错误的是（　　）。

A. 证券公司应根据管理需要，合理确定信用风险压力测试的适用业务范围、风险因素、数量模型和情景假设等要素

B. 证券公司应采用以定性分析为主的风险分析方法，测算压力情景下信用风险敞口暴露

C. 证券公司应当根据压力测试结果反映的风险情况，结合自身风险承受能力，采取必要的应对措施，必要时实施应急预案

D. 证券公司应当根据市场变化、业务变化和风险水平情况，在压力测试中充分考虑信用风险因素

答案：B

考点：本题考查证券公司的信用风险压力测试机制。选项 B，证券公司应采用以定量分析为主的风险分析方法，测算压力情景下信用风险敞口暴露。

163. 2022 年 9 月至 12 月，A 证券公司将 50 多亿元自有资金投向单一资金信托计划，但在月度风险控制指标监管报表和年度报告中，将上述投资计入银行存款。B 会计师事务所在年度审计时，认为该证券公司年度报告、净资本计算表、风险资本准备计算表、风险控制指标监管报表等报表存在违反会计准则、证券公司净资本计算规则的情形，因此出具了保留意见。针对该违规事件，下列说法中错误的是（　　）。

A. 暂停该证券公司自营业务（固定收益证券自营除外）

B. 对该证券公司予以谴责

C. 仅对该证券公司董事长采取谴责等行政监管措施

D. 暂停核准该证券公司新业务的申请

答案：C

考点：本题考查与证券公司整体风险管理相关的法律法规。选项 C，按照《证券公司监督管理条例》第七十条的规定，应当对该证券公司董事长、财务总监、合规总监和副总经理采取谴责等行政监管措施。

164. 按照《证券期货投资者适当性管理办法》的要求，以下关于专业投资者的范围的说法中，错误的是（　　）。

A. 金融机构发行的理财产品以及经监管部门批准设立的养老基金属于第一类专业投资者

B. 最近 1 年末净资产不低于 2 000 万元的法人或者其他组织属于第三类专业投资者

C. 第二类专业投资者可以书面告知经营机构选择成为普通投资者

D. 社会保障基金、企业年金等养老基金，慈善基金等社会公益基金，合格境外机

构投资者属于第一类专业投资者

答案：B

考点：本题考查专业投资者的范围和分类。选项 B，同时符合下列条件的法人或者其他组织是第二类专业投资者：（1）最近 1 年末净资产不低于 2 000 万元；（2）最近 1 年末金融资产不低于 1 000 万元；（3）具有 2 年以上证券、基金、期货、黄金、外汇等投资经历。

165. 以下不属于第一类专业投资者的是（　　）。

A. 私募基金管理人　　B. 金融机构高级管理人员

C. QFII　　D. RQFII

答案：B

考点：本题考查专业投资者的范围和分类。

166. 同时符合下列条件的法人或者其他组织是第二类专业投资者：最近 1 年末净资产不低于 2 000 万元；最近（　　）年末金融资产不低于 1 000 万元；具有（　　）年以上证券、基金、期货、黄金、外汇等投资经历。

A. 1；1　　B. 2；1

C. 2；2　　D. 1；2

答案：D

考点：本题考查专业投资者的范围和分类。

167. 下列关于专业投资者的范围和分类的说法中，错误的是（　　）。

A. 金融资产不低于 300 万元或者最近 3 年个人年均收入不低于 30 万元，且具有 1 年以上证券、基金、期货、黄金、外汇等投资经历或者 1 年以上金融产品设计、投资、风险管理及相关工作经历的自然人投资者

B. 最近 1 年末净资产不低于 1 000 万元，无其他条件的自然人投资者可以申请转化成为专业投资者

C. 最近 1 年末净资产不低于 2 000 万元，金融资产不低于 1 000 万元且具有 2 年以上期货投资经历的法人是第二类专业投资者

D. 经有关金融监管部门批准设立的信托公司是第一类专业投资者

答案：B

考点：本题考查由普通投资者转化的专业投资者的条件。选项 B，最近 1 年末净资产不低于 1 000 万元，最近 1 年末金融资产不低于 500 万元，且具有 1 年以上证券、基金、期货、黄金、外汇等投资经历的除专业投资者外的法人或其他组织可以申请转化成为专业投资者。

168. 自然人李某属于第二类专业投资者，则他的金融资产不低于 500 万元，或者最近（　　）年年均收入不低于 50 万元。

A. 1　　B. 2

C. 3　　D. 5

答案：C

考点：本题考查专业投资者的范围和分类。

169. 最近 1 年末净资产不低于 1 000 万元，最近（　　）年末金融资产不低于 500 万元，且具有（　　）年以上证券、基金、期货、黄金、外汇等投资经历的除专业投资者外的法人或其他组织的普通投资者可以申请转化成为专业投资者。

A. 1；1　　B. 3；1

C. 1；3　　D. 1；2

答案：A

考点：本题考查由普通投资者转化为专业投资者的条件。

170. 以下没有资格由普通投资者申请转化为专业投资者的是（　　）。

A. 最近一年末净资产 2 000 万元，最近 1 年末金融资产 800 万元，且具有 3 年黄金投资经验的王某

B. 最近一年末净资产 800 万元，最近 1 年末金融资产 300 万元的张三

C. 金融资产 500 万元，且具有 2 年外汇投资经历的赵某

D. 最近 3 年个人年均收入 50 万元，且具有 2 年金融产品设计工作经历的李四

答案：B

考点：本题考查由普通投资者转化为专业投资者的条件。

171. 以下选项中，（　　）不属于评估普通投资者风险承受能力的主要因素。

A. 财务状况　　B. 投资知识

C. 风险偏好　　D. 投资水平

答案：D

考点：本题考查确定普通投资者风险承受能力的主要因素。

172. 证券公司、期货公司违反《证券期货投资者适当性管理办法》规定，存在较大风险或者风险隐患的，（　　）及其派出机构可以按照《证券法》第一百四十条、《期货和衍生品法》第一百三十五条、《证券公司监督管理条例》第七十条、《期货交易管理条例》第五十五条的规定，采取监督管理措施。

A. 中国证监会　　B. 中国证券业协会

C. 中国人民银行　　D. 中国银行业协会

答案：A

考点：本题考查对经营机构违反适当性管理规定的监管措施。

173. 违反《证券期货投资者适当性管理办法》，未构成《证券法》第一百九十八条的，给予警告，并处以（　　）万元以下罚款；对直接负责的主管人员和其他直接责任人员，给予警告，并处以（　　）万元以下罚款。

A. 1；1　　B. 2；2

C. 3；1　　D. 3；3

答案：D

考点：本题考查对经营机构违反适当性管理规定的监管措施。

174. 经营机构从业人员违反相关法律法规和《证券期货投资者适当性管理办法》规定，情节严重的，中国证监会可以依法采取（　　）的措施。

A. 市场禁入　　B. 责令改正

C. 监管谈话　　D. 责令参加培训

答案：A

考点：本题考查对经营机构违反适当性管理规定的监管措施。

175. 下列关于证券公司反洗钱工作要求的说法中，错误的是（　　）。

A. 证券公司应当明确董事会、监事会、高级管理层和相关部门的反洗钱职责

B. 证券公司应当结合本机构经营规模以及洗钱和恐怖融资风险状况，建立健全反洗钱内部控制制度

C. 证券公司总部负责人应当对其分支机构反洗钱内部控制制度的有效实施负责

D. 证券公司应当根据反洗钱工作需要，建立和完善相关信息系统，并根据风险状况、反洗钱和反恐怖融资工作需求变化及时优化升级

答案：C

考点：本题考查反洗钱工作的基本要求。选项C，证券公司及其分支机构负责人应当对反洗钱内部控制制度的有效实施负责，总部应当对分支机构执行反洗钱内部控制制度进行监督管理。

176. 下列关于证券公司洗钱和恐怖融资风险管理的说法中错误的是（　　）。

A. 证券公司应当在总部和分支机构均建立洗钱和恐怖融资风险自评估制度

B. 证券公司应当定期和不定期地开展洗钱和恐怖融资风险评估

C. 证券公司洗钱和恐怖融资风险自评估应当与本机构经营规模和业务特征相适应

D. 证券公司还要充分考虑客户、地域、业务、交易渠道等方面的风险要素类型及其变化情况

答案：A

考点：本题考查证券公司洗钱和恐怖融资风险管理。选项A，证券公司应当在总部层面建立洗钱和恐怖融资风险自评估制度。

177. 下列关于证券公司洗钱和恐怖融资风险管理的说法中正确的是（　　）。

A. 证券公司应当不定期审查和不断优化洗钱和恐怖融资风险评估工作流程和指标体系

B. 证券公司应当经董事会或者高级管理层批准，制定相应的风险管理政策

C. 针对各类风险情形，均可以采取简化措施

D. 在任何情况下，均可以与客户建立业务关系或者进行交易

答案：B

考点：本题考查证券公司洗钱和恐怖融资风险管理。选项A，证券公司应当定期审查和不断优化洗钱和恐怖融资风险评估工作流程和指标体系。选项C，针对识别的较低风险情形，可以采取简化措施。选项D，超出金融机构风险控制能力的，不得与客户建立业务关系或者进行交易。

178. 审计委员会中独立董事的人数不得少于1/2，并且至少有（　　）名独立董事从事会计工作（　　）年以上。

A. 1；3　　B. 1；5　　C. 2；3　　D. 2；5

答案：B

考点：考查对董事会专门委员会的要求。

179. 下列关于客户身份识别基本要求的说法中，错误的是（　　）。

A. 如果个人仅需证券公司为其提供一次性金融服务，需要提供真实有效的身份证件或者其他身份证明文件

B. 证券公司应当了解实际控制客户的自然人和交易的实际受益人

C. 证券公司最终明确掌握控制权或获取收益的自然人

D. 证券公司与客户建立业务关系时，应当了解所有客户的交易目的和交易性质

答案：D

考点：本题考查证券公司对客户身份识别的基本要求。选项D，针对具有不同洗钱或恐怖融资风险特征的客户、业务关系或者交易，证券公司应当采取相应措施，通过可靠和来源独立的证明文件、数据信息和资料核实客户身份，了解客户的交易目的和交易性质。

180. 对于首次建立业务关系的客户，无论其风险等级高低，证券公司在初次确定其风险等级后的（　　）年内至少应进行（　　）次复核。

A. 三；一　　B. 三；二

C. 二；一　　D. 一；一

答案：A

考点：本题考查开展客户风险等级划分的基本要求。

181. 下列关于大额交易和可疑交易报告的说法中错误的是（　　）。

A. 证券公司应当制定大额交易和可疑交易报告内部管理制度和操作规程

B. 对单客户多银行主辅账户划转，如证券公司未发现交易或行为异常的，可以不提交大额交易报告

C. 证券公司仅需对分支机构的大额交易和可疑交易报告制度的执行情况进行监督管理

D. 证券公司应当制定本公司的交易监测标准，并对其有效性负责

答案：C

考点：本题考查大额交易和可疑交易报告。选项 C，证券公司应当对分支机构、控股附属机构大额交易和可疑交易报告制度的执行情况进行监督管理。

182. 证券公司发现恐怖活动组织及恐怖活动人员拥有或者控制的资产，应（ ）。

A. 立即采取冻结措施　　B. 不予理睬

C. 继续办理业务　　D. 采取限制措施

答案：A

考点：本题考查恐怖活动资产冻结工作。

183. 下列关于反洗钱工作的其他要求中错误的是（ ）。

A. 证券公司应当在总部层面制定统一的反洗钱和反恐怖融资机制安排

B. 证券公司及其工作人员可以向任何单位和个人提供依法监测、分析、报告可疑交易的有关情况

C. 证券公司应当加强对境内外分支机构和相关附属机构的管理指导和监督

D. 证券公司应当按年度向中国人民银行或者所在地中国人民银行分支机构报告境外分支机构或控股附属机构接受驻在国家（地区）反洗钱和反恐怖融资监管情况

答案：B

考点：本题考查反洗钱工作的其他要求，如反洗钱保密要求、境内外分支机构管理。选项 B，证券公司及其工作人员应对依法履行反洗钱职责或者义务获得的客户身份资料和交易信息，对依法监测、分析、报告可疑交易的有关情况，对配合中国人民银行调查可疑交易活动等有关反洗钱工作信息，以及对采取冻结措施有关的工作信息予以保密。非依法律规定，不得向任何单位和个人提供。

184.（ ）在中国证监会指导下制定相关配套业务规则，协助开展信息技术相关备案、监测、检测和检查等工作。

A. 中证信息技术服务有限责任公司　　B. 中国证监会的派出机构

C. 中国人民银行　　D. 中国证券业协会

答案：A

考点：本题考查证券公司信息技术管理一般规定。

185. 证券公司（ ）负责审议本公司的信息技术管理目标，对信息技术管理的有效性承担责任。

A. 股东大会　　B. 经营管理层

C. 总经理　　D. 董事会

答案：D

考点：本题考查证券公司信息技术管理一般规定。

186. 证券公司的（ ）负责制定信息技术战略。

A. 信息技术治理委员会　　B. 董事会

C. 经营管理层　　　　　　D. 首席信息官

答案：A

考点：本题考查证券公司信息技术管理一般规定。

187. 证券公司经营管理层负责落实信息技术管理目标，对信息技术管理工作承担责任，履行的职责不包括（　　）。

A. 组织实施董事会相关决议

B. 建立责任明确、程序清晰的信息技术管理组织架构

C. 明确管理职责、工作程序和协调机制

D. 信息技术投入预算及分配方案

答案：D

考点：本题考查经营管理层的信息技术治理职责。选项 D，信息技术投入预算及分配方案是信息技术治理委员会的职责。

188. 下列关于首席信息官的职责及其任职条件的说法中，错误的是（　　）。

A. 从事信息技术相关工作 10 年以上

B. 在证券监管机构、证券基金业自律组织任职 8 年以上

C. 最近 2 年未被金融监管机构实施行政处罚或采取重大行政监管措施

D. 中国证监会规定的其他条件

答案：C

考点：本题考查首席信息官的职责及其任职条件。选项 C，首席信息官应当最近 3 年未被金融监管机构实施行政处罚或采取重大行政监管措施。

189. 以下（　　）不属于证券公司应当落实应急管理职责。

A. 信息技术管理部门为信息技术应急管理的前头组织部门，组织开展信息技术应急预案的制定、演练、评估与改进工作，并负责信息系统的应急响应与恢复

B. 各业务部门负责评估本业务条线信息技术突发事件相关风险，开展业务影响分析，确定并实施重要业务恢复目标与恢复策略

C. 风险管理部门负责评估信息系统与相关业务恢复目标和恢复策略制定的合理性，确保与公司整体风险管理策略保持一致

D. 应当将经营及客户数据按照重要性和敏感性进行分类分级

答案：D

考点：证券公司应当将经营及客户数据按照重要性和敏感性进行分类分级属于信息技术安全中的数据治理。

190. 依据《证券法》的有关规定，下列信息不属于内幕信息的是（　　）。

A. 公司股权结构或者生产经营状况发生重大变化

B. 公司重大资产抵押、质押、出售、转让、报废

C. 公司新增借款或者对外提供担保超过上年末净资产的 10%

D. 公司放弃债权或者财产超过上年末净资产的10%

答案：C

考点：考查信息隔离墙的一般规定中内幕信息的基本概念。公司新增借款或者对外提供担保超过上年末净资产的20%，属于内幕信息。

191. 证券公司的信用风险管理应遵循的原则不包括（　　）。

A. 全面性原则　　B. 内部制衡原则

C. 全流程风控原则　　D. 公允性原则

答案：D

考点：考查风险管理应遵循的原则。

192. 按照《证券基金经营机构信息技术管理办法》的规定，下列关于委托信息技术服务机构提供信息技术服务的管理要求和信息技术服务机构备案的说法中，错误的是（　　）。

A. 证券公司应当对信息技术服务机构及相关信息系统进行内部审查，并向中国证监会及其派出机构报送审查意见及相关资料

B. 证券公司应当在选择信息技术服务机构之前，制定更换服务提供方的流程及预案，确保在特定情况下可更换服务提供方

C. 信息技术服务机构出现异常情形的，证券公司应当按照应急预案开展内部评估与审查

D. 信息技术服务机构可以不用向中国证监会备案，由证券公司自行决定

答案：D

考点：本题考查委托信息技术服务机构提供信息技术服务的管理要求和信息技术服务机构备案的相关规定。选项D，信息技术服务机构应当向中国证监会备案，具体规定由中国证监会另行制定。

193. 下列关于信息技术服务机构内部质量控制机制和禁止性要求的说法中，错误的是（　　）。

A. 信息技术服务机构应当健全内部质量控制机制

B. 信息技术服务机构应当不定期监测相关产品或服务

C. 在提供服务过程中出现明显质量问题的，应当立即核实有关情况，采取必要的处理措施，明确修复完成时限，及时完成修复工作

D. 信息技术服务机构为证券基金业务活动提供信息技术服务，不得在服务对象不知情的情况下，转委托第三方提供信息技术服务

答案：B

考点：本题考查信息技术服务机构内部质量控制机制和禁止性要求。选项B，信息技术服务机构应当定期监测相关产品或服务。

194. 证券公司新建或更换重要信息系统所在机房、证券基金交易相关信息系统，

应当在开展相关业务活动的（ ）个工作日内向中国证监会报送有关资料。

A. 10　　B. 15

C. 5　　D. 20

答案：C

考点：本题考查证券公司信息技术管理的监管要求及监管措施。

二、多项选择题。以下备选项中有两项或两项以上符合题目要求，多选、少选、错选均不得分。

1. 以下（ ）是证券公司与客户关系的基本原则。

A. 保守客户秘密

B. 履行法定信息披露义务

C. 完善客户沟通、投诉处理机制

D. 不得挪用、侵占客户资金

答案：ABCD

考点：本题考查证券公司与客户关系的基本原则。

2. 按照《证券公司内部控制指引》的要求，证券公司应当建立的机制和制度包括（ ）。

A. 动态的净资本监控机制　　B. 逐级问责机制

C. 隔离墙制度　　D. 危机处理机制

答案：ABCD

考点：本题考查证券公司内部控制制度机制建设的基本要求。

3. 以下叙述中，属于证券公司合规管理基本制度的是（ ）。

A. 确定合规管理目标、基本原则、机构设置及职责、合规考核及风险隐患报告、责任追究等问题

B. 审慎评估公司合规经营管理行为对证券市场的影响

C. 证券公司应结合本公司实际经营情况，制定指导经营活动依法合规开展的具体管理制度或操作流程，切实加强对各项经营活动的合规管理

D. 证券公司应当制定工作人员执业行为准则，引导工作人员树立良好的合规意识和职业道德行为规范，确保工作人员执业行为依法合规

答案：ACD

考点：证券公司合规管理基本制度。审慎评估公司经营管理行为对证券市场的影响为证券公司合规经营的基本原则与应遵守的基本要求。

4. 证券公司净资本或者其他风险控制指标不符合规定标准的，派出机构应当责令公司限期改正；整改期内，中国证监会及其派出机构应当区别情形，对证券公司采取

（ ）措施。

A. 停止批准新业务

B. 停止批准增设、收购营业性分支机构

C. 限制分配红利

D. 限制转让财产或在财产上设定其他权利

答案：ABCD

考点：本题考查风险控制指标不符合规定标准的监管措施指标。

5. 证券公司风险控制指标无法达标，严重危害证券市场秩序、损害投资者利益的，中国证监会可以区别情形，对其采取（ ）措施。

A. 责令停业整顿

B. 指定其他机构托管、接管

C. 撤销经营证券业务许可

D. 撤销

答案：ABCD

考点：本题考查风险控制指标不符合规定标准的监管措施指标。

6. 证券公司通过自营交易账户进行下列（ ）交易行为，保荐机构相关子公司参与科创板跟投可以豁免限制。

A. ETF　　B. LOF

C. 避险投资　　D. 量化投资

答案：ABCD

考点：考查证券公司的限制措施。

7. 证券经营机构及其工作人员在落实执行投资者适当性管理的过程中，应当遵循（ ）原则。

A. 投资者利益优先　　B. 勤勉尽责

C. 客观性　　D. 有效性

答案：ABCD

考点：本题考查证券经营机构执行投资者适当性基本原则。

8. 以下（ ）业务属于证券公司的信用风险。

A. 债券回购交易　　B. 债券远期交易

C. 互换　　D. 资产支持证券

答案：ABCD

考点：考查证券公司信用风险的业务类型。

9. 经营机构违反《证券期货投资者适当性管理办法》的（ ）情形，应当给予警告，并处 3 万元以下罚款；对直接负责的主管人员和其他直接责任人员，给予警告，并处 3 万元以下罚款。

A. 未按规定划分产品或者服务风险等级的

B. 未按规定录音录像或者采取配套留痕安排的

C. 未按规定制定或者落实适当性内部管理制度和相关制度机制的

D. 未按规定妥善保存相关信息资料的

答案：ABCD

考点：本题考查对经营机构违反适当性管理规定的监管措施。

10. 证券公司的信用风险管理应遵循（　　）的原则组织进行相关业务。

A. 全面性　　B. 全流程风控

C. 内部制衡　　D. 有效性

答案：ABC

考点：考查证券公司信用风险管理应遵循的原则。证券公司的信用风险管理应遵循全面性、内部制衡、全流程风控的原则组织进行相关业务。

11. 下列属于证券公司信息技术全管理中的应急预案的有（　　）。

A. 应急管理建设目标　　B. 备份信息系统建设

C. 备份数据恢复机制　　D. 业务恢复或替代措施

答案：ABCD

考点：应急预案包括应急管理建设目标、备份信息系统建设、备份数据恢复机制、业务恢复或替代措施、应急联系方式、与客户沟通方式、向监管部门及有关单位的报告路径、应急预案披露与更新机制等。

12. 任职条件方面，《证券法》规定的有关证券公司的董事、监事、高级管理人员的说法正确的是（　　）。

A. 正直诚实、品行良好，熟悉证券法律、行政法规

B. 具有履行职责所需的经营管理能力

C. 证券公司任免董事、监事、高级管理人员，应当报国务院证券监督管理机构备案

D. 证券公司的董事、监事、高级管理人员未能勤勉尽责，致使证券公司存在重大违法违规行为或者重大风险的，国务院证券监督管理机构可以责令证券公司予以更换

答案：ABCD

考点：考查对证券公司董事会、监事会、高级管理人员的相关要求。

13. 下列属于证券经营机构管理主要依据和参考的法律、行政法规及规范性文件的有（　　）。

A.《证券公司监督管理条例》　　B.《证券公司信息隔离墙制度指引》

C.《证券公司治理准则》　　D.《证券公司股权管理规定》

答案：ABCD

考点：本题考查证券经营机构管理主要依据和参考的法律、行政法规及规范性

文件。

14. 证券公司应当按照《公司法》等法律、行政法规的规定，建立健全“三会一层”的组织架构，明确（　　）之间的职责划分。

A. 股东（大）会　　B. 董事会

C. 监事会　　D. 经理层

答案：ABCD

考点：本题考查证券公司治理的基本要求。

15. 按照《证券公司监督管理条例》和《证券法》的要求，以下关于证券公司治理的基本要求中有关不得侵犯客户合法权益的说法，正确的是（　　）。

A. 证券公司不得挪用客户交易结算资金

B. 证券公司不得挪用客户委托管理的资产

C. 证券公司可以根据实际情况将客户托管在公司的证券挪用

D. 证券公司的股东和实际控制人不得占用客户资产，损害客户合法权益

答案：ABD

考点：本题考查证券公司治理的基本要求的有关规定。证券公司不得侵犯客户的合法权益，不得挪用客户托管在公司的证券。

16. 证券公司应当按照穿透原则将（　　）作为自身的关联方进行管理。

A. 股东及其控股股东　　B. 实际控制人

C. 关联方　　D. 一致行动人

答案：ABCD

考点：本题考查证券公司与股东之间关系的特别规定。证券公司应当按照穿透原则将股东及其控股股东、实际控制人、关联方、一致行动人、最终权益持有人作为自身的关联方进行管理。

17. 证券公司章程中应该包括（　　）内容。

A. 股东的权利义务　　B. 对外担保的类型

C. 股权锁定期　　D. 对外投资的金额

答案：ABCD

考点：本题考查证券公司与股东之间关系的特别规定。

18. 按照《证券公司治理准则》和《证券公司股权管理规定》的要求，以下属于关于证券公司与股东之间关系的特别规定的有（　　）。

A. 证券公司股东及其控股股东、实际控制人不得对证券公司虚假出资、出资不实、抽逃出资或者变相抽逃出资

B. 证券公司的控股股东不得超越股东（大）会、董事会任免证券公司的董事、监事和高级管理人员

C. 未经批准，证券公司股东及其控股股东、实际控制人不得委托他人或接受他人

委托持有或管理证券公司股权，变相接受或让渡证券公司股权的控制权

D. 证券公司股东及其控股股东、实际控制人不得违规要求证券公司为其或其关联方提供融资或者担保

答案：ABCD

考点：本题考查证券公司与股东之间关系的特别规定。

19. 按照《证券监督管理条例》的要求，经营以下（　　）业务中两种以上业务的证券公司，应当建立独立董事制度。

A. 证券经纪业务　　B. 证券资产管理业务

C. 研究咨询业务　　D. 融资融券业务

答案：ABD

考点：本题考查对证券公司建立独立董事制度方面的要求。经营证券经纪业务、证券资产管理业务、融资融券业务和证券承销与保荐业务中两种以上业务的证券公司，应当建立独立董事制度。

20.《证券监督管理条例》规定，当证券公司出现治理结构不健全、内部控制不完善、经营管理混乱、设立账外账或者进行账外经营等违法违规情况时，中国证监会可以（　　）。

A. 予以谴责　　B. 责令更换董事

C. 限制高级管理人员权利　　D. 处以罚款

答案：ABC

考点：考查持续监管方面的内容。《证券公司监督管理条例》规定，当证券公司出现治理结构不健全、内部控制不完善、经营管理混乱、设立账外账或者进行账外经营等违法违规情况时，中国证监会可以对证券公司及其有关董事、监事、高级管理人员、境内分支机构负责人给予谴责，责令证券公司更换董事、监事、高级管理人员或者限制其权利。

21.《证券公司监督管理条例》《证券公司治理准则》对证券公司董事会的设置和议事规则做出了具体的规定，以下规定正确的是（　　）。

A. 内部董事人数不得超过董事人数的1/2

B. 证券公司可以聘请外部专业人士担任董事

C. 证券公司董事会每年至少召开一次会议

D. 董事会会议所作决议须经过无关联关系董事过半数通过

答案：ABD

考点：本题考查证券司治理对事会的有关规定。证券公司董事会每年至少召开两次会议。

22. 证券公司应当采取以下（　　）保密措施，防止敏感信息的不当流动和使用。

A. 与公司工作人员签署保密文件，要求工作人员对工作中获取的敏感信息严格

保密

B. 加强对涉及敏感信息的信息系统、通讯及办公自动化等信息设施、设备的管理，保障敏感信息安全

C. 对可能知悉敏感信息的工作人员使用公司的信息系统或配发的设备形成的电子邮件、即时通信信息和其他通信信息进行监测

D. 建立内幕信息知情人管理制度

答案：ABCD

考点：考查证券公司敏感信息保密要求。

23.《证券公司监督管理条例》以保护投资者利益和防范证券公司风险为出发点，重点规定了（　　）的规则和风险控制措施。

A. 证券经纪业务　　B. 证券自营业务

C. 证券资产管理业务　　D. 融资融券业务

答案：ABCD

考点：考查建立完备的内部控制体系。

24. 甲证券公司根据自身经营目标和运营状况，结合自身的环境条件，建立有效的内部控制制度、机制。甲证券公司内部控制当前遵循的原则中，正确的有（　　）。

A. 甲证券公司的内部控制覆盖所有业务、部门和人员

B. 为了提高效率，甲证券公司承担内部控制监督检查职能的部门同时辅助前台业务运作

C. 该证券公司以合理的成本实现内部控制目标

D. 前台业务运作与后台管理支持适当分离

答案：ACD

考点：本题考查证券公司内部控制应当贯彻的原则：健全、合理、制衡、独立。证券公司内部控制应当贯彻执行独立原则，即承担内部控制监督检查职能的部门应当独立于证券公司其他部门。

25. 以下属于《证券公司监督管理条例》对证券公司自营业务做出的规定的是（　　）。

A. 账户实名　　B. 融资融券比例

C. 持股分散　　D. 规模控制

答案：ACD

考点：考查建立完备的内部控制体系。

26. 以下关于证券公司自营业务内部控制的说法正确的是（　　）。

A. 建立健全自营业务的授权体系，确保自营部门及员工在授权范围内行使相应的职责

B. 自营业务的投资决策和交易执行等职能应相应分离

C. 自营业务和投资管理业务可以一起操作

D. 重要投资要有详细研究报告、风险评估及决策记录

答案：ABD

考点：本题考查自营业务内控制的有关规定。证券公司应当采取措施防止自营业务与受托投资管理业务混合操作。

27. 按照《证券公司投资银行类业务内部控制指引》的要求，以下关于证券公司投资银行类业务内部控制的说法中正确的是（　　）。

A. 专门从事资产管理业务的证券公司分支机构可以开展资产证券化业务

B. 非单一从事投资银行类业务的证券公司分支机构可以开展除项目承揽等辅助性活动以外的投资银行类业务

C. 证券公司依法应当承担的责任不因委托外部机构而免除

D. 分管投资银行类业务的高级管理人员不得同时管理与投资银行类业务存在或可能存在利益冲突的部门或机构

答案：ACD

考点：本题考查证券公司投资银行类业务的内部控制的有关规定。非单一从事投资银行类业务的证券公司分支机构不得开展除项目承揽等辅助性活动以外的投资银行类业务，专门从事资产管理业务的证券公司分支机构开展资产证券化业务除外。

28. 按照《证券公司投资银行类业务内部控制指引》的要求，以下关于证券公司投资银行类业务内部控制的说法正确的是（　　）。

A. 不得将投资银行类业务人员薪酬收入与其承做的项目收入直接挂钩

B. 对投资银行类项目负有主要管理或执行责任人员的收入递延支付年限原则上不得少于 10 年

C. 在开展投资银行类业务时，应当在综合评估项目成本的基础上合理确定报价

D. 不得以业务包干等承包方式开展投资银行类业务，或者以其他形式实施过度激励

答案：ACD

考点：本题考查证券公司投资银行类业务的内部控制的有关规定。对投资银行类项目负有主要管理或执行责任人员的收入递延支付年限原则上不得少于 3 年。

29. 按照《证券公司合规管理实施指引》的要求，证券公司的合规管理是指证券公司制定和执行合规管理制度，建立合规管理机制，防范合规风险的行为。以下（　　）属于证券公司合规经营的基本原则和应遵守的基本要求。

A. 不得为客户违规从事证券发行、交易活动提供便利

B. 有效管理内幕信息和未公开信息，防范公司及其工作人员利用该信息买卖证券、建议他人买卖证券，或者泄露该信息

C. 保证关联交易的公允性，防止不正当关联交易和利益输送

D. 建立业务风险识别、评估和控制的完整体系

答案：ABC

考点：本题考查证券公司合规经营的基本原则与应遵守的基本要求。建立业务风险识别、评估和控制的完整体系属于内部控制制度机制建设的基本要求。

30. 按照《证券公司合规管理实施指引》的要求，某证券公司设立合规负责人王某，王某发现证券公司 2018 年发生违法违规行为并且存在合规风险隐患，王某下列做法正确的是（　　）。

A. 王某依照公司章程规定及时向董事会、经营管理主要负责人报告，提出处理意见，并督促整改

B. 王某督促该证券公司进行专项检查

C. 对于该证券公司违反行业规范和自律规则的情况，王某只向证监会相关派出机构进行了报告

D. 对于违规行为，王某督促该证券公司及时向证监会相关派出机构报告

答案：ABD

考点：本题考查证券公司合规负责人对公司违法违规行为或合规风险隐患的处理规定。合规负责人应当同时督促公司及时向中国证监会相关派出机构报告；公司未及时报告的，应当直接向中国证监会相关派出机构报告；有关行为违反行业规范和自律规则的，还应当向有关自律组织报告。

31. 按照《证券公司合规管理实施指引》的要求，某证券公司设立合规部门，下列关于合规负责人的表述，正确的是（　　）。

A. 合规负责人应对公司内部规章制度、重大决策、新产品和新业务方案进行合规审查，并出具书面合规审查意见

B. 合规负责人直接对董事会负责

C. 合规负责人对证券公司报送的申请材料或报告中基本事实和业务数据的真实性、准确性及完整性负责

D. 证券公司不采纳合规负责人建议的，应将有关事项交于董事会和监事会同时决定

答案：AB

考点：本题考查证券公司合规负责人的职责。其他相关高级管理人员等应当对申请材料或报告中基本事实和业务数据的真实性、准确性及完整性负责；证券公司不采纳合规负责人的合规审查意见的，应当将有关事项提交董事会决定。

32. 按照《证券公司和证券投资基金管理公司合规管理办法》及配套自律规则的要求，以下能提升合规负责人及其他合规管理人员的独立性和履职保障的举措有（　　）。

A. 合规负责人直接向董事会负责，由董事会考核

B. 证券公司在对合规部门及其合规管理人员进行考核时，应采取其他部门打分、将考核结果与业务部门的经营业务直接挂钩等方式进行

C. 证券公司在召开董事会、经营决策等重要会议以及合规负责人要求参加或者列席的会议前通知合规负责人

D. 证券公司不采纳合规负责人的合规审查意见的，应当将有关事项提交董事会审议决定

答案：ACD

考点：本题考查证券公司合规负责人和合规管理人员的独立性原则的有关规定。证券公司在对合规部门及其合规管理人员进行考核时，不得采取其他部门打分、将考核结果与业务部门的经营业务直接挂钩等方式，影响合规部门及其合规管理人员的独立性。

33. 《证券法》规定，证券交易活动中，涉及发行人的经营、财务或者对该发行人证券的市场价格有重大影响的尚未公开的信息，为内幕信息。下列信息属于内幕信息的是（　　）。

A. 公司订立重要合同，提供重大担保或者从事关联交易可能对公司的资产、负债、权益和经营成果产生重要影响

B. 公司 3% 以上股份的股东或者实际控制人，其持有股份或者控制公司的情况发生较大变化

C. 公司发生重大债务和未能清偿到期重大债务的违约情况

D. 公司的董事、1/3 以上监事或者经理发生变动，董事长或经理无法履行职责

答案：ACD

考点：本题考查证券公司信息隔离墙制度中内幕信息的基本概念。持有公司 5% 以上股份的股东或者实际控制人，其持有股份或者控制公司的情况发生较大变化的信息属内幕信息。

34. 按照《证券公司信息隔离墙制度指引》的要求，某证券公司的敏感信息包括内幕信息和其他未公开信息。下列属于该证券公司内幕信息的是（　　）。

A. 该证券公司接受了一项 30 万元的政府补助

B. 该证券公司的经营方针和经营范围发生了重大变化

C. 该证券公司分配股利或者增资的计划

D. 该证券公司的 1/6 以上监事发生变动

答案：BC

考点：本题考查证券公司信息隔离墙制度中内幕信息的基本概念。证券公司接受了一项 30 万元的政府补助，不会对该证券公司的市场价格产生重大影响，并且属于已经公开的信息。公司的董事、1/3 以上监事或者经理发生变动，董事长或者经理无法履行职责属于内部信息。

35. 证券公司应当采取保密措施，防止敏感信息的不当流动和使用，可以采用的保

密措施有（　　）。

A. 与公司工作人员签署保密文件

B. 加强对涉及敏感信息的信息系统、通信及办公自动化等信息设施、设备的管理

C. 仅对高级管理人员使用公司的信息系统或配发的设备形成的电子邮件进行监测

D. 建立并完善内幕信息知情人登记管理制度

答案：ABD

考点：本题考查证券公司对敏感信息应当采取保密措施。证券公司应当对可能知悉敏感信息的工作人员使用公司的信息系统或配发的设备形成的电子邮件、即时通信信息和其他通信信息进行监测（而不是说仅有高级管理人员）。

36.（　　）接受上市公司委托开展相关业务，该受托事项对上市公司证券交易价格有重大影响的，应当填写本机构内幕信息知情人档案。上述主体应当保证内幕信息知情人档案的真实、准确和完整。

A. 律师事务所　　B. 会计师事务所

C. 证券公司　　D. 其他中介机构

答案：ABCD

考点：本题考查内幕信息知情人管理制度。

37. 证券公司应当建立观察名单和限制名单制度。以下关于观察名单和限制名单进出时点中，说法正确的是（　　）。

A. 证券公司在确认不再拥有与项目有关的内幕信息后，可以将该项目公司和其有重大关联关系的公司或证券从限制名单中删除

B. 对因保密侧业务而列入限制名单的公司或证券，证券公司应当禁止与其有关的发布证券研究报告、证券自营买卖、另类投资等业务

C. 限制名单是高度保密名单，但观察名单不属于高度保密名单

D. 观察名单不影响证券公司正常开展业务

答案：ABD

考点：本题考查证券公司观察名单、限制名单管理的内容。观察名单属于高度保密的名单，仅限于履行相关管理和监控职责的工作人员知悉。

38. 在处理与股东及股东关联方之间的关系时，证券公司应注意不得有以下行为发生（　　）。

A. 持有股东的股权，但法律、行政法规或者中国证监会另有规定的除外

B. 通过购买股东持有的证券等方式向股东输送不当利益

C. 股东违规占用公司资产

D. 法律、行政法规或者中国证监会禁止的其他行为

答案：ABCD

考点：考查证券公司与股东之间关系的特别规定。

39. 按照《证券公司全面风险管理规范》的要求，董事会承担全面风险管理的最终责任，应履行以下职责（　　）。

A. 审议批准公司全面风险管理的基本制度

B. 审议公司定期风险评估报告

C. 建立与首席风险官的直接沟通机制

D. 建立健全公司全面风险管理的经营管理架构

答案：ABC

考点：本题考查董事会在全面风险管理中应履行的职责。建立健全公司全面风险管理的经营管理架构属于经理层的风险管理职责。

40. 对于涉及信用风险的业务，证券公司应当根据业务特点设置合理的准入要求，至少满足的要求有（　　）。

A. 对于融资类业务和场外衍生品业务，对融资方、交易对手和标的证券设置准入要求

B. 对于债券投资交易，设置针对主体评级或债项评级的内部评级或外部评级准入要求

C. 对于债券投资交易，对逆回购、远期、借贷融出交易的交易对手建立准入管理规则

D. 对于非标准化债权资产投资以及创设信用保护工具，对项目设置准入要求

答案：ABCD

考点：本题考查信用风险识别、评估和控制的要求。

41. 证券公司应建立授信管理机制，集中、统一控制客户信用风险暴露。以下说法中正确的有（　　）。

A. 证券公司应建立授信的授权管理体系，明确各审批层级以及各级审批人员的权限范围

B. 对于融资类业务，证券公司不需要设置集中度指标

C. 证券公司应运用担保品、集中度管理、净额结算、保证和信用衍生工具等方式缓释与控制信用风险

D. 证券公司应根据自身业务量大小、管理水平和风险程度等因素，明确授信管理的业务范围

答案：ACD

考点：本题考查证券公司的授信管理机制。证券公司应根据自身风险承受能力，建立集中度管理机制。对于融资类业务，证券公司应针对担保品设置集中度指标，并针对同一客户融资规模建立以净资本为核心的风险控制指标。

42. “了解你的客户”是投资者适当性管理工作的核心内容之一。按照《证券期货投资者适当性管理办法》的要求，经营机构向投资者销售产品或者提供服务时，了解

的投资者的必要信息包括（　　）。

A. 自然人的家庭成员情况　　B. 风险偏好及可承受的损失

C. 财务状况　　D. 投资目标

答案：BCD

考点：本题考查经营机构向投资者销售产品或者提供服务应了解的投资者信息。

43. 以下（　　）是普通投资者必须享有的特别保护。

A. 信息告知　　B. 损失补偿

C. 风险警示　　D. 适当性匹配

答案：ACD

考点：本题考查普通投资有特别保护的有关规定。对于普通投资者的特别保护应当至少体现在以下方面：（1）信息告知；（2）风险警示；（3）适当性匹配。

44. 经营机构向普通投资者销售产品或者提供服务前，应当告知的下列信息中，说法正确的是（　　）。

A. 可能直接导致超过原始本金损失的事项

B. 因经营机构的业务或者财产状况变化，影响客户判断的重要事由

C. 限制销售对象权利行使期限或者可解除合同期限等全部限制内容

D. 投资者适当性匹配意见

答案：ABCD

考点：本题考查经营机构向普通投资者销售产品或者提供服务前，应当告知的信息。

45. 经营机构通过营业网点向普通投资行告知、警示的，应当全过程录音或者录像；通过互联网等非现场方式进行的，应当完善配套留痕安排，由普通投资者通过符合法律、行政法规要求的电子方式进行确认。下列情形中，要满足以上规定的有（　　）。

A. 普通投资者申请转为专业投资者

B. 向专业投资者销售高风险产品或服务

C. 经营机构主动调整投资者分类、产品或服务分级、适当性匹配意见

D. 向普通投资者履行信息告知义务

答案：ABCD

考点：本题考查经营机构进行现场录音或者录像留痕的有关规定。

46. 经营机构违反《证券期货投资者适当性管理办法》规定的，中国证监会及其派出机构可以对经营机构及其直接负责的主管人员和其他直接责任人员，采取的监督管理措施有（　　）。

A. 责令改正　　B. 监管谈话

C. 责令参加培训　　D. 出具警示函

答案：ABD

考点：本题考查对经营机构违反适当性管理规定的监管措施。

47. 证券公司开展反洗钱工作需要遵守的部门规章包括（　　）。

A.《反洗钱法》

B.《金融机构反洗钱规定》

C.《金融机构大额交易和可疑交易报告管理办法》

D.《证券公司反洗钱工作指引》

答案：BC

考点：本题考查反洗钱相关的法律法规、部门规章、规范性文件及行业自律规则。A 是证券公司开展反洗钱工作需要遵守的法律，D 是行业自律规则。

48. 以下关于客户身份资料和交易记录保存的基本要求，说法正确的有（　　）。

A. 客户身份资料，自业务关系结束当年或者一次性交易记账当年计起至少保存 10 年

B. 证券公司应当保存的交易记录包括每笔交易记录的数据信息、业务凭证、账簿及有关规定要求的反映真实情况的合同、业务凭证、单据、业务函件和其他资料

C. 证券公司破产或者解散时，应当将客户身份资料和交易记录移交中国证监会指定的机构

D. 在业务关系存续期间，客户身份资料发生变更的，证券公司应当及时更新客户身份资料

答案：BCD

考点：本题考查证券公司客户身份资料和交易记录保存的基本要求。客户身份资料，在业务关系结束后、客户交易信息在交易结束后，应当至少保存 5 年。

49. 下列（　　）事件发生时，证券公司应考虑重新评定客户风险等级。

A. 客户变更重要身份信息

B. 司法机关对客户进行调查

C. 客户涉及权威媒体的案件报道

D. 其他可能导致风险状况发生实质性变化的事件

答案：ABCD

考点：本题考查开展客户风险等级划分的基本要求。

50. 当可疑交易符合下列情形之一的（　　），证券公司还应当以电子形式或书面形式向所在地中国人民银行或者其分支机构报告，并配合反洗钱调查。

A. 明显涉嫌洗钱、恐怖融资等犯罪活动的

B. 严重危害国家安全或者影响社会稳定的

C. 被权威媒体报道的

D. 其他情节严重或者情况紧急的情形

答案：ABD

考点：本题考查大额交易和可疑交易报告。

51. 证券公司经营管理的主要负责人应当根据董事会或者监事会的要求，向董事会或者监事会报告公司的（　　）。

A. 重大合同的签订　　B. 执行情况

C. 资金运用情况　　D. 盈亏情况

答案：ABCD

考点：考查对高级管理人员的要求。

52. 证券公司还应当披露董事、监事、高级管理人员薪酬管理信息，至少包括如下方面（　　）。

A. 薪酬管理的基本制度及决策程序

B. 年度薪酬总额和在董事、监事、高级管理人员之间的分布情况

C. 薪酬延期支付和非现金薪酬情况

D. 股权激励情况

答案：ABC

考点：考查证券公司与客户关系的基本原则。

53. 证券公司内部控制应当遵循以下原则，确保内部控制有效（　　）。

A. 健全　　B. 合理　　C. 制衡　　D. 独立

答案：ABCD

考点：考查内部控制应当贯彻的原则。

54. 建立健全包括（　　）等在内的各项内部管理制度。

A. 授权管理　　B. 岗位职责

C. 监督检查　　D. 考核奖惩

答案：ABCD

考点：考查内部控制应当贯彻的原则。

55. 证券公司应当结合公司发展战略，建立全面、科学、有效的数据治理组织架构以及数据全生命周期管理机制，下列关于数据治理的说法中正确的是（　　）。

A. 证券公司应当将经营及客户数据按照重要性和敏感性进行分类分级

B. 证券公司应当完善安全保障措施，保护经营数据和客户信息安全，防范信息泄露与损毁

C. 证券公司应当遵循最少功能以及最大权限等原则分配信息系统管理、操作和访问权限

D. 证券公司应当充分挖掘、梳理和分析数据内容，提高管理精细化程度

答案：ABD

考点：本题考查证券公司的数据治理。证券公司应当遵循最少功能以及最小权限等

原则分配信息系统管理、操作和访问权限。

56. 下列属于信用风险的业务类型的是（　　）。

A. 股票质押式回购交易

B. 互换、场外期权、远期、信用衍生品等场外衍生品业务

C. 国债投资交易

D. 标准化债权资产投资

答案：AB

考点：考查证券公司信用风险管理中信用风险的业务类型。按照业务类型分类，信用风险包括但不限于以下几类：（1）股票质押式回购交易、约定购回式证券交易、融资融券等融资类业务；（2）互换、场外期权、远期、信用衍生品等场外衍生品业务；（3）债券投资交易（包括债券现券交易、债券回购交易、债券远期交易、债券借贷业务等债券相关交易业务），债券包括但不限于国债、地方债、金融债、政府支持机构债、企业债、非金融企业债务融资工具、公司债、资产支持证券、同业存单；（4）非标准化债权资产投资；（5）其他涉及信用风险的自有资金出资业务。

57. 客户先前提交的身份证件或者身份证明文件已过有效期的，客户没有在合理期限内更新且没有提出合理理由的，证券公司应采取的措施有（　　）。

A. 限制为其办理新业务

B. 限制撤销指定交易

C. 不改变转托管权限

D. 限制其资金转出

答案：ABD

考点：本题考查持续识别客户身份的内容。客户先前提交的身份证件或者身份证明文件已过有效期的，客户没有在合理期限内更新且没有提出合理理由的，证券公司应采取限制为其办理新业务、限制撤销指定交易、限制转托管及限制其资金转出等措施。

58. 证券公司应定期和不定期地开展洗钱风险评估。评估工作应从（　　）维度进行综合考虑。

A. 交易渠道

B. 业务（含产品和服务）

C. 客户

D. 地域

答案：ABCD

考点：考查洗钱风险自评估与风险管理的有关内容。

59. 证券公司的重要信息系统应当符合下列哪些信息系统备份能力等级要求（　　）。

A. 实时信息系统、非实时信息系统的数据备份能力应当达到第一级

B. 非实时信息系统的故障应对能力应当达到第二级

C. 证券公司实时信息系统的故障应对能力应当达到第四级

D. 实时信息系统、非实时信息系统应当具备灾难及重大灾难应对能力，相关技术指标应当分别达到灾难应对能力第五级、重大灾难应对能力第六级

答案：ABCD

考点：本题考查证券公司的信息系统备份能力要求。要求还包括：灾难应对能力可以通过重大灾难应对能力体现，但重大灾难应对能力相关技术指标应当达到灾难应对能力第五级。

60. 证券公司应当参照《证券基金经营机构信息技术管理办法》第三条在服务协议中列明委托信息技术服务机构提供的（　　）。

A. 服务范围

B. 服务方式

C. 涉及信息系统

D. 相关证券基金业务活动类型

答案：ABCD

考点：本题考查信息技术服务协议和保密协议的签署。

61. 信息技术服务机构为证券基金业务活动提供信息技术服务，不得有下列行为（　　）。

A. 参与证券基金经营机构向客户提供业务服务的任何环节

B. 向投资者、社会公众等发布可能引发其从事证券基金业务误解的信息

C. 截取、存储、转发和使用证券基金业务活动相关经营数据和客户信息

D. 提供的产品或服务相关功能、操作流程、系统权限及参数配置违反现行法律法规

答案：ABCD

考点：本题考查信息技术服务机构内部质量控制机制和禁止性要求。

62. 不得将投资银行类业务人员薪酬收入与其承做的项目收入直接挂钩，应当综合考虑其（　　）等各项因素。

A. 专业胜任能力

B. 执业质量

C. 合规情况

D. 业务收入

答案：ABCD

考点：考查投资银行类业务内部控制。

63. 证券公司在开展业务创新时，应当建立相关机制，包括但不限于（　　）。

A. 建立完整的业务创新工作程序

B. 在可行性研究的基础上，及时与中国证监会沟通，履行创新业务的报备（报批）程序

C. 对创新业务设计科学合理的流程，制定风险控制措施及相应财务核算、资金管理办法

D. 注重业务创新的过程控制，可以不用纠正偏离目标行为

答案：ABC

考点：考查证券公司业务创新的相关规定。

三、判断题。不选、错选均不得分。

1. 证券公司对客户负有诚信义务，证券公司股东和实际控制人在行使合法权利的同时可以适当占用客户资产。 （ ）

答案：错误

考点：证券公司对客户负有诚信义务，证券公司股东和实际控制人在行使合法权利的同时不得占用公司或客户资产，损害证券公司或客户合法权益。

2. 证券公司与其股东、实际控制人可以合并经营、合并核算、合并承担责任和风险。 （ ）

答案：错误

考点：证券公司与其股东、实际控制人或者其他关联方应当在业务、机构、资产、财务、办公场所等方面严格分开，各自独立经营、独立核算、独立承担责任和风险。

3. 证券公司应当按照顺序原则将股东及其控股股东、实际控制人、关联方、一致行动人、最终权益持有人作为自身的关联方进行管理。 （ ）

答案：错误

考点：证券公司应当按照穿透原则将股东及其控股股东、实际控制人、关联方、一致行动人、最终权益持有人作为自身的关联方进行管理。

4. 证券公司董事高级管理人员应当具备 3 年以上与其拟任职务相关的证券、基金、金融、法律、会计、信息技术等工作经历。 （ ）

答案：正确

考点：证券公司董事、监事、高级管理人员应当具备 3 年以上与其拟任职务相关的证券、基金、金融、法律、会计、信息技术等工作经历，具有与拟任职务相适应的管理经历和经营管理能力。

5. 拟任证券基金经营机构高级管理人员的，曾担任证券基金经营机构部门负责人以上职务不少于 2 年。 （ ）

答案：正确

考点：拟任证券基金经营机构高级管理人员的，曾担任证券基金经营机构部门负责人以上职务不少于 2 年，或者曾担任金融机构部门负责人以上职务不少于 4 年，或者具有相当职位管理经历。

6. 证券公司聘任董事、监事和高级管理人员自做出聘任决定之日起 10 个工作日内向中国证监会相关派出机构报送相关备案材料。 （ ）

答案：错误

考点：证券公司聘任董事、监事和高级管理人员前，应当审慎考察并确认其符合相应的任职条件，自做出聘任决定之日起 5 个工作日内向中国证监会相关派出机构报送相关备案材料。

7. 证券公司独立董事连任时间不得超过 6 年。（　）

答案：正确

考点：证券公司独立董事与公司其他董事任期相同，连任时间不得超过 6 年。

8. 经营证券经纪业务、证券资产管理业务、融资融券业务和证券承销与保荐业务中两种以上业务的证券公司，应当建立职工代表大会制度。（　）

答案：错误

考点：经营证券经纪业务、证券资产管理业务、融资融券业务和证券承销与保荐业务中两种以上业务的证券公司，应当建立独立董事制度。

9. 证券公司董事长离任的，公司应当对其进行审计，并自其离任之日起 2 个月内将审计报告报送中国证监会派出机构。（　）

答案：正确

考点：证券公司董事长、高级管理人员、分支机构负责人离任的，公司应当对其进行审计，并自其离任之日起 2 个月内将审计报告报送中国证监会派出机构。

10. 证券公司设董事会的，内部董事人数不得超过董事人数的 1/3。（　）

答案：错误

考点：《证券公司监督管理条例》《证券公司治理准则》对证券公司董事会的设置、议事规则等做出了具体的规定，要求证券公司章程应当明确董事人数。证券公司设董事会的，内部董事人数不得超过董事人数的 1/2。

11. 证券公司董事会每年至少召开一次会议。（　）

答案：错误

考点：证券公司董事会每年至少召开两次会议。

12. 证券公司审计委员会中独立董事的人数不得少于 1/2，并且至少有 1 名独立董事从事会计工作 3 年以上。（　）

答案：错误

考点：证券公司审计委员会中独立董事的人数不得少于 1/2，并且至少有 1 名独立董事从事会计工作 5 年以上。

13. 证券公司设监事会的，监事会应当设主席，同时必须设副主席。（　）

答案：错误

考点：证券公司设监事会的，监事会应当设主席，可以设副主席。

14. 证券公司的信息技术负责人不是高级管理人员。（　）

答案：错误

考点：证券公司的高级管理人员是指证券公司的总经理、副总经理、财务负责人、合规负责人、风控负责人、信息技术负责人、行使经营管理职责并向董事会负责的管理委员会或执行委员会成员等。

15. 证券公司的高级管理人员不得利用职权收受贿赂或者其他非法收入，不得侵占公司的财产。（　　）

答案：正确

考点：证券公司的高级管理人员对证券公司负有忠实义务和勤勉义务。高级管理人员不得利用职权收受贿赂或者其他非法收入，不得侵占公司的财产。

16. 证券公司分管合规管理的高级管理人员可以兼任或者分管与合规管理职责相冲突的职务。（　　）

答案：错误

考点：证券公司分管合规管理、风险管理、稽核审计部门的高级管理人员，不得兼任或者分管与合规管理、风险管理、稽核审计职责相冲突的职务或者部门。

17. 证券公司不需要披露董事、监事、高级管理人员薪酬管理信息。（　　）

答案：错误

考点：证券公司应当披露董事、监事、高级管理人员薪酬管理信息，至少包括如下方面：（1）薪酬管理的基本制度及决策程序；（2）年度薪酬总额和在董事、监事、高级管理人员之间的分布情况；（3）薪酬延期支付和非现金薪酬情况。

18. 证券公司应当建立有效的内部控制制度、机制。（　　）

答案：正确

考点：证券公司应当根据自身经营目标和运营状况，结合自身的环境条件，建立有效的内部控制制度、机制。

19. 证券公司应当建立健全包括授权管理、岗位职责、监督检查、考核奖惩等在内的各项内部管理制度。（　　）

答案：正确

考点：证券公司应当建立健全包括授权管理、岗位职责、监督检查、考核奖惩等在内的各项内部管理制度，对经纪、自营、投资银行、受托投资管理、研究咨询以及创新业务等制定统一的业务流程和操作规范。

20. 证券公司董事会，每两年至少进行一次全面的内部控制检查评价工作。（　　）

答案：错误

考点：证券公司董事会负责督促、检查和评价证券公司各项内部控制制度的建立与执行情况，对内部控制的有效性负最终责任；每年至少进行一次全面的内部控制检查评价工作，并形成相应的专门报告。

21. 证券公司应当按照监管机构及自律组织的要求对下属各单位的合规性进行检查。（　　）

答案：正确

考点：证券公司应当按照监管机构及自律组织的要求、公司相关制度规定及管理需要，对下属各单位及其工作人员的经营管理和执业行为的合规性进行检查。

22. 证券公司合规部门中具备3年以上证券、金融、法律、会计、信息技术等有关领域工作经历的合规管理人员数量不得低于公司总部人数的1.5%，且不得少于5人。（　　）

答案：正确

考点：证券公司应当为合规部门配备足够的、具备与履行合规管理职责相适应的专业知识和技能的合规管理人员。合规部门中具备3年以上证券、金融、法律、会计、信息技术等有关领域工作经历的合规管理人员数量不得低于公司总部人数的1.5%，且不得少于5人。

23. 证券公司业务部门、分支机构的合规人员应当配备具备2年以上证券、金融、法律、会计、信息技术等有关领域工作经历。（　　）

答案：错误

考点：证券公司业务部门、分支机构的合规人员应当配备具备3年以上证券、金融、法律、会计、信息技术等有关领域工作经历，具备与履行合规管理职责相适应的专业知识和技能的合规管理人员。

24. 流动性覆盖率等于优质流动性资产除以未来60天现金净流出量。（　　）

答案：错误

考点：流动性覆盖率等于优质流动性资产除以未来30天现金净流出量。

25. 证券公司经营证券经纪业务的，其净资本不得低于人民币1 000万元。（　　）

答案：错误

考点：证券公司经营证券经纪业务的，其净资本不得低于人民币2 000万元。

26. 证券公司经营证券承销与保荐、证券自营、证券资产管理、其他证券业务等业务之一的，其净资本不得低于人民币8 000万元。（　　）

答案：错误

考点：证券公司经营证券承销与保荐、证券自营、证券资产管理、其他证券业务等业务之一的，其净资本不得低于人民币5 000万元。

27. 证券公司经营证券经纪业务，同时经营证券承销与保荐、证券自营、证券资产管理、其他证券业务等业务之一的，其净资本不得低于人民币1亿元。（　　）

答案：正确

考点：证券公司经营证券经纪业务，同时经营证券承销与保荐、证券自营、证券资产管理、其他证券业务等业务之一的，其净资本不得低于人民币1亿元。

28. 证券公司经营证券承销与保荐、证券自营、证券资产管理、其他证券业务中两项及两项以上的，其净资本不得低于人民币3亿元。（　　）

答案：错误

考点：证券公司经营证券承销与保荐、证券自营、证券资产管理、其他证券业务中两项及两项以上的，其净资本不得低于人民币2亿元。

29. 证券公司风险覆盖率不得低于 150%。（　）

答案：错误

考点：证券公司风险覆盖率不得低于 100%。

30. 证券公司应当至少每一年经主要负责人、首席风险官签署确认后，向公司全体董事报告一次公司净资本等风险控制指标的具体情况和达标情况。（　）

答案：错误

考点：证券公司应当至少每半年经主要负责人、首席风险官签署确认后，向公司全体董事报告一次公司净资本等风险控制指标的具体情况和达标情况。

31. 证券公司风险管理部门具备 3 年以上的证券、金融、会计、信息技术等有关领域工作经历的人员占公司总部员工比例应不低于 2%。（　）

答案：正确

考点：证券公司风险管理部门具备 3 年以上的证券、金融、会计、信息技术等有关领域工作经历的人员占公司总部员工比例应不低于 2%。

32. 证券公司应至少每年对流动性风险限额进行一次评估，必要时进行调整。（　）

答案：正确

考点：证券公司应至少每年对流动性风险限额进行一次评估，必要时进行调整。

33. 证券公司信用风险管理，是指证券公司以客户资金出资业务的信用风险管理。（　）

答案：错误

考点：证券公司信用风险管理，是指证券公司以自有资金出资业务的信用风险管理。

34. 证券公司的声誉风险管理应遵循全程全员原则。（　）

答案：正确

考点：证券公司的声誉风险管理应遵循全程全员原则、预防第一原则、审慎管理原则、快速响应原则。

35. 当经营机构及其工作人员的利益与投资者的利益发生冲突时，应当优先保障公司的合法权益。（　）

答案：错误

考点：当经营机构及其工作人员的利益与投资者的利益发生冲突时，应当优先保障投资者的合法权益。

36. 经营机构违反《证券期货投资者适当性管理办法》第十条，未按规定对普通投资者进行细化分类和管理的，对直接负责的主管人员和其他直接责任人员，给予警告，并处以 3 万元以下罚款。（　）

答案：正确

考点：经营机构违反《证券期货投资者适当性管理办法》第十条，未按规定对普通投资者进行细化分类和管理的，给予警告，并处以3万元以下罚款；对直接负责的主管人员和其他直接责任人员，给予警告，并处以3万元以下罚款。

37. 证券公司可以为身份不明的客户提供服务或者与其进行交易。（　　）

答案：错误

考点：证券公司不得为身份不明的客户提供服务或者与其进行交易，不得为客户开立匿名账户或者假名账户。

38. 客户有洗钱、恐怖融资活动嫌疑的，证券公司应当重新识别客户身份。（　　）

答案：正确

考点：客户行为或者交易情况出现异常的、客户有洗钱、恐怖融资活动嫌疑的、证券公司获得的客户信息与先前已经掌握的相关信息存在不一致或者相互矛盾的，证券公司应当重新识别客户身份。

39. 对于新建立业务关系的客户，证券公司应在建立业务关系后的10个工作日内，划分其风险等级。（　　）

答案：正确

考点：对于新建立业务关系的客户，证券公司应在建立业务关系后的10个工作日内，按照收集信息、筛选分析信息、初评和复评的流程，划分其风险等级，同一客户在证券公司应有唯一的风险等级。

40. 证券公司应当制定大额交易和可疑交易报告内部管理制度和操作规程，向中国反洗钱监测分析中心或中国人民银行及其分支机构提交大额交易和可疑交易报告。（　　）

答案：正确

考点：证券公司应当制定大额交易和可疑交易报告内部管理制度和操作规程，构建覆盖全部客户和业务领域、以客户为基本单位的交易监测体系，按照规定及时、准确、完整向中国反洗钱监测分析中心或中国人民银行及其分支机构提交大额交易和可疑交易报告。

41. 证券公司的首席信息官，从事信息技术相关工作10年以上，或者在证券监管机构、证券基金业自律组织任职8年以上。（　　）

答案：错误

考点：证券公司应当指定一名熟悉证券、基金业务，具有信息技术相关专业背景、任职经历、履职能力的高级管理人员为首席信息官，从事信息技术相关工作8年以上，或者在证券监管机构、证券基金业自律组织任职8年以上。

42. 证券公司应当定期开展信息技术管理工作专项审计，频率不低于每两年一次，确保3年内完成信息技术管理全部事项的审计工作。（　　）

答案：错误

考点：证券公司应当定期开展信息技术管理工作专项审计，频率不低于每年一次，确保3年内完成信息技术管理全部事项的审计工作。

43. 信息技术服务机构为证券基金业务活动提供信息技术服务，可以截取、存储、转发和使用证券基金业务活动相关经营数据和客户信息。（　　）

答案：错误

考点：信息技术服务机构为证券基金业务活动提供信息技术服务，不能截取、存储、转发和使用证券基金业务活动相关经营数据和客户信息。

44. 证券公司新建或更换重要信息系统所在机房、证券基金交易相关信息系统，应当在开展相关业务活动的五个工作日内向中国证监会报送有关资料。（　　）

答案：正确

考点：证券公司新建或更换重要信息系统所在机房、证券基金交易相关信息系统，应当在开展相关业务活动的五个工作日内向中国证监会报送有关资料，包括内部审查意见、机房基本信息、技术架构设计、操作流程、信息安全管理资料、业务制度、合规管理及风险管理制度等。

45. 证券公司对于与客户的交易记录，自交易记账当年计起至少保存5年。（　　）

答案：正确

考点：证券公司对于客户身份资料，自业务关系结束当年或者一次性交易记账当年计起至少保存5年，交易记录，自交易记账当年计起至少保存5年。

46. 证券公司的资本杠杆率不得低于8%。（　　）

答案：错误

考点：证券公司的资本杠杆率不得低于10%。

47. 证券公司流动性覆盖率不得低于100%。（　　）

答案：正确

考点：证券公司流动性覆盖率不得低于100%。

48. 证券公司应当在每月结束之日起10个工作日内，向中国证监会及其派出机构报送月度风险控制指标监管报表。（　　）

答案：错误

考点：证券公司应当在每月结束之日起7个工作日内，向中国证监会及其派出机构报送月度风险控制指标监管报表。

49. 证券公司的净资本等风险控制指标与上月相比发生不利变化超过20%的，应当在该情形发生之日起3个工作日内，向中国证监会及其派出机构报告，说明基本情况和变化原因。（　　）

答案：正确

考点：证券公司的净资本等风险控制指标与上月相比发生不利变化超过20%的，应当在该情形发生之日起3个工作日内，向中国证监会及其派出机构报告，说明基本情况和变化原因。

50. 证券公司的净资本等风险控制指标达到预警标准或者不符合规定标准的，应当分别在该情形发生之日起 3 个、1 个工作日内，向中国证监会及其派出机构报告。（　）

答案：正确

考点：证券公司的净资本等风险控制指标达到预警标准或者不符合规定标准的，应当分别在该情形发生之日起 3 个、1 个工作日内，向中国证监会及其派出机构报告。

四、综合题。每问备选答案中有一项或多项符合题目要求，不选、错选均不得分。

（一）甲公司是一家证券公司，请回答以下问题。

（1）甲公司内部控制应当遵循（　）原则，确保内部控制有效。

A. 健全　　B. 合理

C. 制衡　　D. 独立

（2）甲公司应建立清晰合理的组织结构，依据所处环境和自身经营特点设立严密有效的业务监控防线，具体包括（　）。

A. 建立重要一线岗位双人、双职、双责为基础的第一道防线，并加强对单人单岗业务的监控

B. 建立相关部门、相关岗位之间相互制衡、监督的第二道防线

C. 建立独立的监督检查部门对各项业务、各部门、各分支机构、各岗位全面实施监控、检查和反馈的第三道防线

D. 建立投资者个人负责的第四道防线

答案：（1）ABCD；（2）ABC

解析：（1）证券公司内部控制应当遵循以下原则，确保内部控制有效：①健全：内部控制应当做到事前、事中、事后控制相统一；覆盖证券公司的所有业务、部门和人员，渗透到决策、执行、监督、反馈等各个环节，确保不存在内部控制的空白或漏洞。②合理：内部控制应当符合国家有关法律法规和中国证监会的有关规定，与证券公司经营规模、业务范围、风险状况及证券公司所处的环境相适应，以合理的成本实现内部控制目标。③制衡：证券公司部门和岗位的设置应当权责分明、相互牵制；前台业务运作与后台管理支持适当分离。④独立：承担内部控制监督检查职能的部门应当独立于证券公司其他部门。（2）证券公司应建立清晰合理的组织结构，依据所处环境和自身经营特点设立严密有效的三道业务监控防线：①建立重要一线岗位双人、双职、双责为基础的第一道防线，并加强对单人单岗业务的监控。与资金、有价证券、重要空白凭证、业务合同、印章等直接接触的岗位和涉及信息系统安全的岗位，应当实行双人负责制。

②建立相关部门、相关岗位之间相互制衡、监督的第二道防线。不同部门应有明确的职责分工不相容职务应适当分离。③建立独立的监督检查部门对各项业务、各部门、各分支机构、各岗位全面实施监控、检查和反馈的第三道防线。

（二）甲公司是一家证券公司，请回答以下问题。

（1）甲公司在开展业务创新时，应当建立相关机制，包括但不限于（　　）。

A. 建立完整的业务创新工作程序，严格内部审批程序

B. 在可行性研究的基础上，及时与中国证监会沟通，履行创新业务的报备（报批）程序

C. 对创新业务设计科学合理的流程，制定风险控制措施及相应财务核算、资金管理办法

D. 注重业务创新的过程控制，及时纠正偏离目标行为

（2）关于甲公司业务创新的相关规定，下列说法正确的有（　　）。

A. 甲公司应当建立针对新业务的风险管理制度和流程，明确需满足的条件和公司内部审批路径

B. 新业务应当经甲公司风险管理部门评估并出具评估报告，经合规管理部门评估并出具合规审查意见

C. 甲公司应充分了解新业务模式，并评估公司是否有相应的人员、系统及资本开展该项业务

D. 甲公司董事会、经理层、相关业务部门、分支机构、子公司和风险管理部门应当充分了解新业务的运作模式、估值模型及风险管理的基本假设、各主要风险以及压力情景下的潜在损失

答案：（1）ABCD；（2）ABCD

解析：证券公司在开展业务创新时，应当建立相关机制，包括但不限于：①建立完整的业务创新工作程序，严格内部审批程序，对可行性研究、产品或业务设计、风险管理、运作与实施方案等做出明确要求，并经董事会批准。②在可行性研究的基础上，及时与中国证监会沟通，履行创新业务的报备（报批）程序。③对创新业务设计科学合理的流程，制定风险控制措施及相应财务核算、资金管理办法。④注重业务创新的过程控制，及时纠正偏离目标行为。（2）证券公司应当建立针对新业务的风险管理制度和流程，明确需满足的条件和公司内部审批路径。新业务应当经风险管理部门评估并出具评估报告，经合规管理部门评估并出具合规审查意见。证券公司应充分了解新业务模式，并评估公司是否有相应的人员、系统及资本开展该项业务。董事会、经理层、相关业务部门、分支机构、子公司和风险管理部门应当充分了解新业务的运作模式、估值模型及风险管理的基本假设、各主要风险以及压力情景下的潜在损失。

第三章　证券公司业务规范

一、单项选择题。以下备选项中只有一项最符合题目要求，不选、错选均不得分。

1. 下列文件中，属于证券公司经纪业务所涉及的法律是（　　）。

A.《客户交易结算资金管理办法》

B.《证券法》

C.《证券登记结算管理办法》

D.《关于加强证券经纪业务管理的规定》

答案：B

考点：本题考查考生对证券经纪业务相关法律、行政法规与部门规章及规范性文件的识别。本题中，《证券法》属于法律，其余三项均属于部门规章及规范性文件。

2. 下列关于证券经纪业务的说法错误的是（　　）。

A. 证券经纪业务，是指在证券交易中，接受投资者委托，处理交易指令、办理清算交收的经营性活动

B. 证券经纪商，是指接受客户委托、代客户买卖证券并以此收取佣金的中间人

C. 证券经纪商接受客户委托，可以根据自己的判断来进行证券买卖

D. 证券经纪商以代理人的身份从事证券交易，与客户是委托代理关系

答案：C

考点：本题考查证券经纪业务相关概念的理解。按照相关规定，证券经纪商必须遵照客户发出的委托指令进行买卖，C 选项错误。

3. 甲公司是一家从事经纪业务的证券公司，8 月接受乙客户的委托，进行证券买卖。则下列说法正确的是（　　）。

A. 甲公司接受乙客户的委托，以自己的资金进行证券买卖

B. 甲公司接受乙客户的委托，与乙公司共享证券买卖收益

C. 甲公司认为乙客户的指令不合理，所以根据自己的分析进行交易

D. 甲公司向乙公司提供服务，以收取佣金作为报酬

答案：D

考点：综合考查证券经纪业务的概念与特点。证券经纪商不以自己的资金进行证券买卖，也不承担交易中证券涨跌的风险，选项 A 和 B 错误；委托人的指令具有权威性，证券经纪商必须严格地按照委托人制定的证券、数量、价格和有效时间购买证券，不能自作主张，擅自改变委托人的意愿，选项 C 错误；证券经纪商向客户提供服务以收取佣金作为报酬，选项 D 正确。

4. 证券经纪人制度的主要内容不包括（　　）。

A. 证券公司应当建立健全证券经纪人管理制度，采取有效措施，对证券经纪人及其执业行为实施集中统一管理，保障证券经纪人具备基本的职业道德和业务素质，防止证券经纪人在执业过程中从事违法违规或者超越代理权限、损害客户合法权益的行为

B. 证券经纪人只能接受一家证券公司的委托，并应当专门代理证券公司从事客户招揽和客户服务等活动

C. 证券公司应当对证券经纪人进行不少于 60 个小时的执业前培训，其中法律法规和职业道德的培训时间不少于 30 个小时

D. 证券公司应当将证券经纪人的执业行为纳入合规管理范围，并建立科学合理的证券经纪人绩效考核制度，将证券经纪人执业行为的合规性纳入其绩效考核范围

答案：C

考点：本题考查证券经纪人制度的主要内容。

5. 证券交易所需要对证券交易进行实时监控的事项不包括（　　）。

A. 一段时期内进行大量且连续的交易

B. 在同一价位或者相近价位大量或者频繁进行回转交易

C. 大量或者频繁进行高买低卖交易

D. 一个以上固定的或涉嫌关联的证券账户之间，大量或者频繁进行互为对手方的交易

答案：D

考点：本题考查异常交易行为管理。

6. 证券公司开展区域性股权市场业务，应当在每年（　　）前将上一年度参与区域性股权市场情况报送至中国证券业协会。

A. 1 月 30 日　　B. 4 月 30 日

C. 9 月 30 日　　D. 12 月 31 日

答案：B

考点：本题考查证券公司在区域性股权市场提供业务服务的相关规定。

7. 下列关于委托指令的说法错误的是（　　）。

A. 客户委托指令成交与否以成交即时回报为准

B. 证券公司接受客户对其委托成交及账户资金和证券变化情况的查询，并应根据

客户的要求提供相应的清单

C. 客户对有异议的查询结果可以书面方式向证券公司提出质询

D. 客户逾期未办理查询或未对有异议的查询结果以书面方式向证券公司提出质询的，视同客户对该委托结果无异议

答案：A

考点：本题考查委托指令。客户委托指令成交与否以证券登记结算机构发送的清算数据为准，成交即时回报仅供参考。

8. 根据上交所、深交所相关规定，席位代表了会员（证券公司）在证券交易所的权益，下列说法错误的是（　　）。

A. 会员（证券公司）须拥有席位方可在证券交易所进行交易

B. 会员（证券公司）应当至少取得并持有1个席位，但会员（证券公司）不得共有席位

C. 会员（证券公司）取得的席位可以向其他会员转让，也可以退回证券交易所

D. 未经证券交易所同意，会员（证券公司）不得将席位出租、质押，或将席位所属权益以其他任何方式转给他人

答案：C

考点：本题考查席位的定义及一般规定。会员（证券公司）取得的席位可以向其他会员转让，但不得退回证券交易所，选项C错误。

9. 下列不属于沪港通可交易的证券品种的是（　　）。

A. 上证180指数成分股

B. 香港联合交易所上市的A+H股公司股票

C. 上证380指数成分股

D. A+H股上市公司的证券交易所上市A股

答案：B

考点：本题考查沪港通和深港通的相关概念。香港联合交易所上市的A+H股公司股票属于深港通。

10. 我国于（　　）年在上海证券交易所设立科创板并试点注册制。

A. 2017　　B. 2018

C. 2019　　D. 2020

答案：C

考点：本题考查科创板的设立时间，科创板于2019年设立。

11. 关于"沪伦通"，下列说法错误的是（　　）。

A. 沪伦通，即上海证券交易所与伦敦证券交易所互联互通机制

B. 沪伦通包括南、北两个业务方向

C. 沪伦通下的全球存托凭证是由存托人签发、以沪市A股为基础在英国发行、代

表中国境内基础证券权益的证券

D. 沪伦通是沪伦两地满足一定条件的上市公司到对方市场上市交易存托凭证的模式

答案：B

考点：沪伦通包括东、西两个业务方向。东向业务，是指伦交所上市公司在上交所挂牌中国存托凭证（Chinese Depositary Receipt），是指由存托人签发、以境外证券为基础在中国境内发行、代表境外基础证券权益的证券；西向业务，是指上交所 A 股上市公司在伦交所挂牌全球存托凭证（Global Depositary Receipt）。

12. 下列属于证券经纪业务管理风险的是（　　）。

A. 违规为客户证券交易提供融资、融券等信用市场

B. 违反规定为客户开立账户

C. 将客户的资金账户、证券账户提供给他人使用

D. 客户资金不足而接受其买入委托，或者客户证券不足而接受其卖出委托

答案：A

考点：本题考查管理风险和合规风险的区别，选项 BCD 均属于合规风险。

13. 下列属于证券经纪业务合规风险的是（　　）。

A. 向客户推荐的产品或者服务与所了解的客户情况不相适应

B. 误导客户，对客户买卖证券承诺收益或赔偿

C. 私下接受客户委托或接受客户的全权委托代理其买卖证券

D. 提供、传播虚假信息，利用或泄露内幕信息，从事内幕交易

答案：A

考点：本题考查管理风险和合规风险的区别。

14. 以下属于发布证券研究报告独立性原则相关规定的是（　　）。

A. 经营机构制作证券研究报告应当坚持客观原则，避免使用夸大、诱导性的标题，不得对证券估值、投资评级做出任何形式的保证

B. 经营机构应当公平对待证券研究报告的发布对象，不得将证券研究报告的内容或者观点，优先提供给公司内部部门、人员或者特定对象

C. 经营机构应当采取有效措施，保证制作发布证券研究报告不受证券发行人、上市公司、基金管理公司、资产管理公司等利益相关者的干涉和影响

D. 经营机构制作证券研究报告应当采用严谨的研究方法和分析逻辑，基于合理的数据基础和事实依据，审慎提出研究结论

答案：C

考点：本题考查经营机构发布证券研究报告的基本原则。选项 A 属于客观原则，选项 B 属于公平原则，选项 D 属于审慎原则。

15. 证券研究报告可以使用的信息来源不包括（　　）。

A. 政府部门、行业协会、证券交易所等机构发布的政策、市场、行业以及企业相关信息

B. 相关内幕信息或者上市公司未公开重大信息

C. 上市公司按照法定信息披露义务通过指定媒体公开披露的信息

D. 证券公司、证券投资咨询机构等第三方合法取得的市场、行业及企业的相关信息

答案：B

考点：本题考查发布证券研究报告业务关键环节的规范要求。按照规定，证券公司不得以任何形式使用或者泄露国家保密信息、上市公司内幕信息以及未公开的重大信息。

16. 证券公司、证券投资咨询机构以软件工具、终端设备等为载体提供建议，下列说法不符合要求的是（　　）。

A. 客观说明软件工具、终端设备的功能，不得对其功能进行虚假、不实、误导性宣传

B. 揭示软件工具、终端设备的固有缺陷和使用风险，不得隐瞒或者有重大遗漏

C. 对软件工具、终端设备所使用的数据信息来源要保密

D. 表示软件工具、终端设备具有选择证券投资品种或者提示买卖时机功能的，应当说明其方法和局限

答案：C

考点：本题考查以软件工具、终端设备等为载体提供投资建议的规范要求。应当说明软件工具、终端设备所使用数据的信息来源，选项 C 错误。

17. 下列关于证券经纪业务特点的说法错误的是（　　）。

A. 证券经纪商发挥着沟通买卖双方和按一定的要求和规则执行指令并代办手续

B. 证券经纪商应当忠实执行投资者的委托指令，严格按照委托人的要求办理委托事务

C. 证券经纪业务的对象具有特定性

D. 委托人的资料关系到其资产的安全和投资决策的实施，证券经纪商有义务为客户保密

答案：C

考点：考查证券经纪业务的特点。证券经纪业务的对象具有广泛性。

18. 甲证券公司是内地证券基金经营机构，在使用港股投资顾问服务的过程中，不符合业务规范的是（　　）。

A. 甲证券公司委托提供港股投资顾问服务的香港机构直接执行投资指令

B. 甲证券公司与提供港股投资顾问服务的香港机构签订协议

C. 甲证券公司在招募说明书中如实披露使用港股投资顾问服务的情况

D. 甲证券公司对使用港股通投资顾问服务的情况实行留痕管理，并以电子方式存储

答案：A

考点：证券基金经营机构应当履行主动管理职责，自主做出投资决策，不得委托提供港股投资顾问服务的香港机构直接执行投资指令。

19. 下列关于使用香港机构证券投资咨询服务的业务规范中，错误的是（　　）。

A. 香港机构应当确保其发布港股研究报告、授权证券公司转发港股研究报告、为证券基金经营机构提供港股投资顾问服务的行为，符合内地和香港有关发布证券研究报告及证券投资顾问业务有关规定

B. 香港机构依法就港股研究报告的内容和发布行为对证券公司承担责任，证券公司依法就港股研究报告的内容和转发行为对客户承担责任

C. 证券基金经营机构以书面或者电子文件形式记录香港机构提供港股投资顾问服务的时间、方式、内容和依据等信息。相关业务档案的保存期限自协议终止之日起不得少于 3 年

D. 香港机构应当承诺配合中国证监会及其派出机构的监管工作，按照要求提供有关业务资料和信息

答案：C

考点：证券基金经营机构以书面或者电子文件形式记录香港机构提供港股投资顾问服务的时间、方式、内容和依据等信息。相关业务档案的保存期限自协议终止之日起不得少于 5 年。

20. 证券公司、证券投资咨询机构和其他财务顾问机构最近（　　）个月内因涉嫌违法违规经营正在被调查的，不得担任财务顾问。

A. 12　　B. 24

C. 36　　D. 48

答案：C

考点：证券公司、证券投资咨询机构和其他财务顾问机构最近 36 个月内因违法违规经营受到处罚或者因涉嫌违法违规经营正在被调查的，不得担任财务顾问。

21. 下列不属于财务顾问尽职调查职责的是（　　）。

A. 财务顾问在开展工作时可利用其他证券服务机构出具的专业意见

B. 财务顾问对同一事项所做的判断与其他证券服务机构的专业意见存在重大差异的，可自行聘请相关专业机构提供专业服务

C. 委托人应当配合财务顾问进行尽职调查，提供相应的文件资料

D. 指定财务顾问主办人与中国证监会进行专业沟通，并按照中国证监会提出的反馈意见做出回复

答案：D

考点：选项 A、选项 B、选项 C 三项属于财务顾问尽职调查的内容；D 选项属于财务顾问应当配合中国证监会工作的内容。

22. 财务顾问应规范执业行为，提高其执业质量，下列说法中，符合要求的是（ ）。

A. 财务顾问在开始工作时可直接利用其他证券服务机构出具的专业意见，对委托人提供的资料和披露的信息进行独立判断

B. 只要进行了充分的内部核查，财务顾问就可以按照中国证监会的相关规定，对并购重组事项出具财务顾问专业意见，并做出相关承诺

C. 财务顾问应当建立健全内部报告制度，财务顾问主办人对中国证监会提出的问题进行充分的研究、论证，审慎回复。回复意见应当由财务顾问的法定代表人或去授权代表人、财务顾问主办人和项目协办人签名，并加盖上市公司单位公章

D. 结合上市公司披露的定期报告出具持续督导意见，并在前述定期报告披露后的 15 日内向上市公司所在地的中国证监会派出机构报告

答案：D

考点：财务顾问在开始工作时可利用其他证券服务机构出具的专业意见，但应对其进行必要的审慎核查，对委托人提供的资料和披露的信息进行独立判断。选项 A 错误。进行了充分的内部核查和尽职调查基础上，财务顾问就可以按照中国证监会的相关规定，对并购重组事项出具财务顾问专业意见，并做出相关承诺，选项 B 错误。选项 C 应该加盖财务顾问单位公章。

23. 下列说法错误的是（ ）。

A. 财务顾问的工作底稿和工作档案应当真实、准确、完整，保存期不少于 20 年

B. 财务顾问及其财务顾问主办人应当严格履行保密责任

C. 财务顾问从事上市公司并购重组财务顾问业务，按照业务复杂承担及所承担的责任和风险与委托人商议财务顾问报酬，不得以明显低于行业水平等不正当竞争手段招揽业务

D. 财务顾问应当参加中国证券业协会组织的相关培训，接受后续教育

答案：A

考点：财务顾问的工作档案和工作底稿保存期不少于 10 年。

24. 财务顾问的工作底稿和工作档案应当真实、准确、完整，保存期不少于（ ）年。

A. 20　　B. 15

C. 10　　D. 5

答案：C

考点：财务顾问的工作底稿和工作档案应当真实、准确、完整，保存期不少于 10 年。

25. 财务顾问从事上市公司并购重组财务顾问业务，按照业务复杂程度及所承担的责任和风险与委托人商议财务顾问报酬，不得以明显低于行业水平等不正当竞争手段招揽业务。这属于财务顾问业务规则中的（　　）。

A. 保密责任　　B. 持续督导

C. 公平竞争　　D. 接受培训

答案：C

考点：本题考查财务顾问的业务规则，题目中提到不得以明显低于行业水平等不正当竞争手段招揽业务，属于公平竞争的经典标志。

26. 上市公司就并购重组事项出具盈利预测报告的，在相关并购重组活动完成后，凡不属于上市公司管理层实现无法获知且事后无法控制原因，上市公司或者购买资产实现的利润未达盈利预测报告或者资产评估报告预测金额（　　）的，中国证监会责令财务顾问及其财务顾问主办人在股东大会及中国证监会指定报刊上公开说明未实现盈利预测的原因并向股东和社会公众道歉。

A. 90%　　B. 80%

C. 60%　　D. 50%

答案：B

考点：上市公司就并购重组事项出具盈利预测报告的，在相关并购重组活动完成后，凡不属于上市公司管理层实现无法获知且事后无法控制原因，上市公司或者购买资产实现的利润未达盈利预测报告或者资产评估报告预测金额 80% 的，中国证监会责令财务顾问及其财务顾问主办人在股东大会及中国证监会指定报刊上公开说明未实现盈利预测的原因并向股东和社会公众道歉。利润实现数未达到盈利预测 50% 的，中国证监会可以同时对财务顾问及其财务顾问主办人采取监管谈话、出具警示函、责令定期报告等监管措施。

27. 重大资产重组实施完毕后，凡因不属于上市公司管理层事前无法获知且事后无法控制的原因，上市公司所购买资产实现的利润未达到资产评估报告或者估值报告预测金额的（　　）上市公司董事长应在媒体上做出解释，并公开道歉。

A. 50%　　B. 60%

C. 70%　　D. 80%

答案：D

考点：本题考查重大资产重组实施完毕后，凡因不属于上市公司管理层事前无法获知且事后无法控制的原因，上市公司所购买资产实现的利润未达到资产评估报告或者估值报告预测金额的 80%，上市公司董事长应在媒体上做出解释，并公开道歉。

28. 实现利润未达到预测金额（　　），中国证监会可以对上市公司、相关机构及其责任人员采取监管谈话、出具警示函、责令定期报告等监管措施。

A. 20%　　B. 30%

C. 50%　　D. 60%

答案：C

考点：本题考查中国证监会在实现利润未达到多少预测金额时，可以对上市公司、相关机构及其责任人员采取监管谈话、出具警示函、责令定期报告等监管措施。

29. 未经（　　）的核准，任何机构不得从事保荐业务。

A. 中国人民银行　　B. 财政部

C. 中国证监会　　D. 国务院

答案：C

考点：按照证券发行保荐业务的一般规定，证券公司从事证券发行上市保荐业务，应按照《证券发行上市保荐业务管理办法》的规定向中国证监会申请保荐机构资格。

30. 证券（股票类）发行规模达到一定数量的，可以采用联合保荐，但参与联合保荐的保荐机构不得超过（　　）家。

A. 2　　B. 3

C. 4　　D. 5

答案：A

考点：证券（股票类）发行规模达到一定数量的，可以采用联合保荐，但参与联合保荐的保荐机构不得超过 2 家。

31.（　　）依法对公司债券的公开发行、非公开发行及其交易或转让活动进行监督管理。

A. 中国证券业协会　　B. 财政部

C. 中国证监会　　D. 国务院

答案：C

考点：中国证监会依法对公司债券的公开发行、非公开发行及其交易或转让活动进行监督管理。

32. 关于证券公司经纪业务的营销，下列说法错误的是（　　）。

A. 证券公司提供的经纪业务服务和客户进行股票、债券、基金等证券类金融产品投资是相互独立的

B. 证券公司经纪业务的营销是市场营销管理与证券经纪业务相结合的产物

C. 证券经纪业务营销活动主要包括客户招揽和客户服务

D. 客户服务是证券公司营销的重要组成部分，贯穿于证券公司营销活动的始终

答案：A

考点：考查证券公司经纪业务营销的主要内容。在证券经纪业务营销过程中，证券公司提供的经纪业务服务和客户进行股票、债券、基金等证券类金融产品投资是不可分割的，因此，证券经纪业务营销是以证券类金融产品为载体的金融服务营销。

33. 未经（　　）同意，任何地方、部门不得擅自突破企业债券发行的年度规模。

A. 中国证券业协会　　B. 财政部

C. 中国证监会　　D. 国务院

答案：D

考点：企业债券发行的一般规定，未经国务院同意，任何地方、部门不得擅自突破企业债券发行的年度规模。

34.（　　）依法对金融债券的发行进行监督管理。

A. 中国人民银行　　B. 财政部

C. 中国证监会　　D. 国务院

答案：A

考点：中国人民银行依法对金融债券的发行进行监督管理。

35. 承销商应当保留推介、定价、配售等承销过程中的相关资料至少（　　）年并存档备查。

A. 5　　B. 4

C. 3　　D. 2

答案：C

考点：本题考查证券（股票类）发行与承销信息披露的有关规定。承销商应当保留推介、定价、配售等承销过程中的相关资料至少3年并存档备查。

36. 金融债券发行与承销信息披露的有关规定。对影响发行人履行债务的重大事件，发行人应在第一时间向（　　）报告。

A. 中国证监会　　B. 国务院

C. 中国人民银行　　D. 财政部

答案：C

考点：本题考查金融债券发行与承销信息披露的有关规定。对影响发行人履行债务的重大事件，发行人应在第一时间向中国人民银行报告。

37. 发行人应于金融债券每次付息前（　　）个工作日公布付息公告。

A. 1　　B. 2

C. 3　　D. 4

答案：B

考点：本题考查金融债券发行与承销信息披露的有关规定。发行人应于金融债券每次付息前2个工作日公布付息公告。

38. 发行人最后一次付息兑付日前（　　）个工作日公布兑付公告。

A. 3　　B. 5

C. 7　　D. 10

答案：B

考点：本题考查金融债券发行与承销信息披露的有关规定。发行人最后一次付息暨兑付日前5个工作日公布兑付公告。

39. 金融债券存续期间，发行人应于每年（　　）前披露债券跟踪信用报告。

A. 1月1日　　　　B. 4月30日

C. 5月1日　　　　D. 7月31日

答案：D

考点：本题考查金融债券发行与承销信息披露的有关规定。金融债券存续期间，发行人应于每年7月31日前披露债券跟踪信用报告。

40. 发行人将相关信息披露文件送全国银行间同业拆借中心的，通过（　　）披露。

A. 全国银行间同业拆借中心　　　　B. 中央国债登记结算有限责任公司

C. 中国货币网　　　　D. 中国债券信息网

答案：C

考点：本题考查金融债券发行与承销信息披露的有关规定。发行人将相关信息披露文件分别送全国银行间同业拆借中心和中央结算公司的，同业拆借中心和中央结算公司分别通过中国货币网和中国债券信息网披露。

41. 发行人将相关信息披露文件送中央国债登记结算有限责任公司的，通过（　　）披露。

A. 全国银行间同业拆借中心　　　　B. 中央国债登记结算有限责任公司

C. 中国货币网　　　　D. 中国债券信息网

答案：D

考点：本题考查金融债券发行与承销信息披露的有关规定。发行人将相关信息披露文件分别送全国银行间同业拆借中心和中央国债登记结算有限责任公司的，同业拆借中心和中央国债登记结算有限责任公司分别通过中国货币网和中国债券信息网披露。

42. （　　）可以对保荐机构及其保荐代表人从事保荐业务的情况进行定期或不定期现场检查。

A. 中国人民银行　　　　B. 财政部

C. 中国证监会　　　　D. 国务院

答案：C

考点：本题考查监管部门对证券（股票类）发行与承销的监管措施。中国证监会可以对保荐机构及其保荐代表人从事保荐业务的情况进行定期或不定期现场检查。

43. 在企业债券发行过程中，各承销商面向社会公开零售企业债券的所有营业网点及每个营业网点的承销份额，均需在各网点所在地（　　）备案。

A. 中国人民银行　　　　B. 省级人民政府

C. 省级发展改革部门　　　　D. 省级财政厅

答案：C

考点：本题考查证监部门对公司债券发行与承销的监管。在企业债券发行过程中，各承销商面向社会公开零售企业债券的所有营业网点及每个营业网点的承销份额，均需在各网点所在地省级发展改革部门备案。

44.（　　）依法对金融债券的发行进行监督管理。

A. 中国证监会　　B. 财政部

C. 中国人民银行　　D. 国务院

答案：C

考点：本题考查监管部门对金融债券的发行进行监督管理。

45. 未经批准发行或者变相发行公司债券的，以及未通过证券经营机构发行企业证券的，责令停止发行活动，退还非法所抽资金，处于相当于非法所筹资金金额（　　）以下的罚款。

A. 5%　　B. 10%

C. 15%　　D. 20%

答案：A

考点：本题考查违反债券发行与承销有关规定的法律责任。未经批准发行或者变相发行公司债券的，以及未通过证券经营机构发行企业证券的，责令停止发行活动，退还非法所抽资金，处于相当于非法所筹资金金额5%以下的罚款。

46. 超过批准数额发行企业债券的，责令退还超额发行部分或者核减相当于超额发行金额的贷款额度，处以相当于超额发行部分（　　）以下的罚款。

A. 5%　　B. 10%

C. 15%　　D. 20%

答案：A

考点：本题考查违反债券发行与承销有关规定的法律责任。超过批准数额发行企业债券的，责令退还超额发行部分或者核减相当于超额发行金额的贷款额度，处以相当于超额发行部分5%以下的罚款。

47. 超过《企业债券管理条例》第十八条规定的最高利率发行企业债券的，责令改正，处以相当于所筹资金金额（　　）以下的罚款。

A. 5%　　B. 10%

C. 15%　　D. 20%

答案：A

考点：本题考查违反债券发行与承销有关规定的法律责任。超过《企业债券管理条例》第十八条规定的最高利率发行企业债券的，责令改正，处以相当于所筹资金金额5%以下的罚款。

48. 对于财政与预算拨款，银行贷款或者国家规定不得用于购买企业债券的其他资金购买企业债券的，以及办理储蓄业务的机构用所吸收的储蓄存款购买企业债券的，责令收回该资金，处以相当于购买企业债券金额（　　）以下的罚款。

A. 1%　　B. 3%

C. 5%　　D. 10%

答案：C

考点：本题考查违反债券发行与承销有关规定的法律责任。

49. 对于未按批准用途使用发行企业债券所筹资金的，所规定的处罚由（　　）所决定。

A. 中国人民银行及其分支机构　　B. 中国证监会及其派出机构

C. 财政部　　D. 国务院

答案：A

考点：本题考查违反债券发行与承销有关规定的法律责任。

50. 托管机构挪用托管客户金融债券，取得违法所得 35 万元，则中国人民银行应对其采取（　　）。

A. 没收违法所得

B. 没收违法所得，并处违法所得 1 倍以上 3 倍以下罚款

C. 没收违法所得，并处违法所得 1 倍以上 5 倍以下罚款

D. 处 50 万元以上 200 万元以下罚款

答案：D

考点：本题考查违反金融债券发行与承销有关规定的法律责任。

51.（　　）依法对交易商协会、同业拆借中心和中央结算公司进行监督管理。

A. 中国证监会　　B. 财政部

C. 中国人民银行　　D. 国务院

答案：C

考点：中国人民银行依法对交易商协会、同业拆借中心和中央国债登记结算有限责任公司进行监督管理。

52. 证券公司委托其他证券公司或者基金管理公司进行证券投资管理，且投资规模合计不超过其净资本（　　）的，无须取得证券自营业务资格。

A. 90%　　B. 80%

C. 70%　　D. 60%

答案：B

考点：证券公司委托其他证券公司或者基金管理公司进行证券投资管理，且投资规模合计不超过其净资本 80% 的，无须取得证券自营业务资格。

53. 证券公司应建立健全相对集中权责统一的投资决策与授权机制。则（　　）是证券公司自营业务的最高决策机构。

A. 投资决策机构　　B. 自营业务部门

C. 董事会　　D. 分支机构

答案：C

考点：本题考查证券自营业务的决策与授权。投资决策机构是自营业务的最高管理机构，董事会是自营业务的最高决策机构。

54. 证券公司应建立健全相对集中，权责统一的投资决策与授权机制，则（　　）是证券公司自营业务的最高管理机构。

A. 投资决策机构　　B. 自营业务部门

C. 董事会　　D. 分支机构

答案：A

考点：本题考查证券自营业务的决策与授权。

55. 按照《证券公司风险控制指标计算标准规定》，自营权益类证券及其衍生品的合计额不得超过（　　）的100%。

A. 营业利润　　B. 最近3年累计净利润

C. 净资本　　D. 总资产

答案：C

考点：本题考查证券自营业务的风险控制指标。

56. 按照《证券公司风险控制指标计算标准规定》，自营非权益类证券及其衍生品的合计额不得超过净资本的（　　）。

A. 50%　　B. 100%

C. 200%　　D. 500%

答案：D

考点：本题考查证券自营业务的风险控制指标。

57. 按照《证券公司风险控制指标计算标准规定》，证券公司自营业务，持有一种权益类证券的成本不得超过净资本的（　　）。

A. 20%　　B. 30%

C. 50%　　D. 100%

答案：B

考点：本题考查证券自营业务的风险控制指标。

58. 按照《证券公司风险控制指标计算标准规定》，一般来说，证券公司自营业务，持有一种权益类证券的市值与其总市值的比例不得超过（　　）。

A. 2%　　B. 3%

C. 5%　　D. 10%

答案：C

考点：按照《证券公司风险控制指标计算标准规定》，一般来说，证券公司自营业务，持有一种权益类证券的市值与其总市值的比例不得超过5%。因包销、中国证监会认可的做市业务以及股票质押违约处理等导致的情形及中国证监会另有认定的除外。

59. 按照《证券公司风险控制指标计算标准规定》，一般来说，证券公司自营业务，持有一种非权益类证券的规模不得超过其总规模的（　　）。

A. 10%　　　　B. 20%

C. 30%　　　　D. 50%

答案：B

考点：按照《证券公司风险控制指标计算标准规定》，一般来说，证券公司自营业务，持有一种非权益类证券的规模不得超过其总规模的20%。不含同业存单，因报销等导致的情形及中国证监会另有认定的除外。

60. 证券公司从事自营业务，应当以公司名义开立证券自营账户，并报（　　）备案。

A. 国务院　　　　B. 财政部

C. 中国证监会　　　　D. 中国人民银行

答案：C

考点：本题考查证券自营业务的监管措施。证券公司从事自营业务，应当以公司名义开立证券自营账户，并报中国证监会备案。

61. 下列关于指定交易的说法错误的是（　　）。

A. 每一个证券账户只能指定1至2个交易参与人

B. 指定交易协议一经签订，证券公司即可根据投资者的申请向上交所交易主机申报办理指定交易手续

C. 投资者变更指定交易的，应当向已指定的证券公司提出撤销申请，由该证券公司申报撤销指令

D. 指定交易撤销后即可重新申办指定交易

答案：A

考点：考查指定交易的内容。交易参与人即指证券公司，每一个证券账户只能指定一个交易参与人（证券公司）。

62. 证券公司操作证券市场，受到最严厉的处罚是（　　）。

A. 单处罚金

B. 处5年以下有期徒刑，并处罚金

C. 处5年以上10年以下有期徒刑，并处罚金

D. 处拘役，并处罚金

答案：C

考点：本题考查证券公司违反自营业务相关规定的法律责任。

63. 证券公司编造虚假信息，扰乱证券、期货交易市场，造成严重后果的，（　　）。

A. 处 5 年以下有期徒刑或者拘役，并处或单处违法所得 1 倍以上 5 倍以下罚金

B. 处 5 年上 10 年以下有期徒刑，并处违法所得 1 倍以上 5 倍以下罚金

C. 处 5 年上 10 年以下有期徒刑，并处违法所得 1 倍以上 10 倍以下罚金

D. 处 5 年以下有期徒刑或者拘役，并处或者单处 1 万元以上 10 万元以下的罚金

答案：D

考点：考查证券公司违反自营业务相关规定的法律责任。证券公司编造虚假信息，扰乱证券、期货交易市场，造成严重后果的，处 5 年以下有期徒刑或者拘役，并处或者单处 1 万元以上 10 万元以下的罚金。

64. 证券公司泄露内幕信息，明示、暗示他人从事内幕交易活动，情节特别严重的，(　　)。

A. 处 5 年以下有期徒刑或者拘役，并处或单处违法所得 1 倍以上 5 倍以下罚金

B. 处 5 年上 10 年以下有期徒刑，并处违法所得 1 倍以上 5 倍以下罚金

C. 处 5 年上 10 年以下有期徒刑，并处违法所得 1 倍以上 10 倍以下罚金

D. 处 5 年以下有期徒刑或者拘役，并处或者单处 1 万元以上 10 万元以下的罚金

答案：B

考点：本题考查证券公司违反自营业务相关法律的法律责任。

65. 证券公司开展私募资产管理业务，应具备符合条件的高级管理人员和（　　）名以上投资经理。

A. 3　　B. 4

C. 5　　D. 6

答案：A

考点：本题考查证券资产管理业务的一般规定。证券公司开展私募资产管理业务，应具备符合条件的高级管理人员和 3 名以上投资经理。

66. 资产管理产品按照投资性质不同，分为固定收益类产品、权益类产品、商品及金融衍生品类产品和混合类产品，其中固定收益类产品投资于存款、债券等债权类资产的比例不低于（　　）。

A. 60%　　B. 70%

C. 80%　　D. 90%

答案：C

考点：资产管理产品按照投资性质不同，分为固定收益类产品、权益类产品、商品及金融衍生品类产品和混合类产品，其中固定收益类产品投资于存款、债券等债权类资产的比例不低于 80%。

67. 集合资产管理计划的投资者人数不超过（　　）人。

A. 100　　B. 150

C. 200　　D. 250

答案：C

考点：集合资产管理计划的投资者人数不少于 2 人，不超过 200 人。

68. 证券公司以自有资金参与单个集合资产管理计划的份额，不得超过该计划总份额的（　　）。

A. 50%　　B. 40%

C. 30%　　D. 20%

答案：D

考点：本题考查证券公司自有资金参与集合计划的相关知识点。证券公司以自有资金参与单个集合资产管理计划的份额，不得超过该计划总份额的 20%。

69. 证券公司自有资金参与集合资产管理计划的持有期限不得少于（　　）个月。

A. 6　　B. 5

C. 4　　D. 3

答案：A

考点：本题考查证券公司以自有资金参与集合资产管理计划的相关知识点。证券公司自有资金参与集合资产管理计划的持有期限不得少于 6 个月。

70. 证券公司自有资金参与、退出集合资产管理计划时，应当提前（　　）个工作日告知投资者和托管人。

A. 3　　B. 5

C. 7　　D. 10

答案：B

考点：本题考查证券公司以自有资金参与集合资产管理计划的相关知识点。证券公司自有资金参与、退出集合资产管理计划时，应当提前 5 个工作日告知投资者和托管人。

71. 下列关于客户交易安全监控的说法错误的是（　　）。

A. 证券公司应当提醒客户适时修改密码和增强密码强度

B. 证券公司应当建立健全客户交易安全监控制度，保护客户资产安全

C. 证券公司应当保证客户在营业时间内能够查询资金余额等信息

D. 证券公司发现盗买盗卖等异常交易行为疑点时，应当立即采取措施控制资产

答案：D

考点：考查客户交易安全监控的内容。证券公司发现盗买盗卖等异常交易行为疑点时，应当及时通知客户并核实确认、留存证据；基本确认盗买盗卖等异常交易行为的，应当立即采取措施控制资产，并协助客户向公安机关报案。

72. 为降低期限错配风险，金融机构应当强化资产管理产品久期管理，封闭式资产管理产品期限不得低于（　　）天。

A. 120　　B. 90

C. 60　　D. 30

答案：B

考点：本题考查期限错配风险。

73. 同一金融机构发行多只资产管理产品投资同一资产的，为防止同一资产发生风险波及多只资产管理产品，多只资产管理产品投资该资产的资金总规模合计不得超过（　　）亿元。

A. 100　　B. 200

C. 300　　D. 400

答案：C

考点：同一金融机构发行多只资产管理产品投资同一资产的相关规定。

74. 金融机构前期以摊余成本计量的金融资产的加权平均价格与资产管理产品实际兑付时金融资产的价值偏离度不得达到（　　）或以上。

A. 5%　　B. 10%

C. 15%　　D. 20%

答案：A

考点：金融资产的计量原则。

75. 如果偏离5%或以上的产品数超过所发行产品总数的（　　），金融机构不得再发行以摊余成本计量金融资产的资产管理产品。

A. 3%　　B. 5%

C. 7%　　D. 10%

答案：B

考点：金融资产的计量原则。

76. 分级私募产品应当根据所投资资产的风险程度设定分级比例，固定收益类产品的分级比例不得超过（　　）。

A. 1∶1　　B. 2∶1

C. 3∶1　　D. 4∶1

答案：C

考点：本题考查金融产品的分级要求。

77. 分级私募产品应当根据所投资资产的风险程度设定分级比例，权益类产品的分级比例不得超过（　　）。

A. 1∶1　　B. 2∶1

C. 3∶1　　D. 4∶1

答案：A

考点：本题考查金融产品的分级要求。

78. 分级私募产品应当根据所投资资产的风险程度设定分级比例，商品及金融衍生品类产品、混合类产品的分级比例不得超过（　　）。

A. 1∶1　　B. 2∶1

C. 3∶1　　D. 4∶1

答案：B

考点：本题考查金融产品的分级要求。

79. 下列关于资产证券化说法错误的是（　　）。

A. 资产证券化托管人是指为资产支持证券持有人之利益，按照规定或约定对专项计划相关资产进行保管，并监督专项计划运作的商业银行或其他机构

B. 特殊目的载体，是指证券公司、基金管理公司子公司为开展资产证券化业务专门设立的资产支持专项计划或者中国证监会认可的其他特殊目的载体

C. 基础资产可以附带抵押、质押等担保负担或者其他权利限制

D. 以基础资产产生现金流循环购买新的同类基础资产方式组成专项计划资产的，专项计划的法律文件应当明确说明基础资产的购买条件、购买规模、流动性风险以及风险控制措施

答案：C

考点：本题考查资产证券化的相关规定。基础资产不得附带抵押、质押等担保负担或者其他权利限制。

80. 资产支持证券应当面向合格投资者发行，发行对象不得超过（　　）人。

A. 100　　B. 200

C. 300　　D. 400

答案：B

考点：本题考查资产支持证券的发行。

81. 资产支持证券应当面向合格投资者发行，单笔认购不少于（　　）万元人民币发行面值或者等值份额。

A. 100　　B. 200

C. 300　　D. 400

答案：A

考点：本题考查资产支持证券的发行。

82. 专项计划设立失败，管理人应当自发行期结束之日起（　　）个工作日内，向投资者退还认购资金，并加算银行同期活期存款利息。

A. 3　　B. 5

C. 7　　D. 10

答案：D

考点：本题考查专项计划设立及备案。

83. 管理人应当自专项计划成立日（　　）个工作日内将设立情况报中国证券投资

基金业协会备案。

A. 3　　B. 5

C. 7　　D. 10

答案：B

考点：本题考查专项计划设立及备案。

84. 资产支持证券仅限于在合格投资者范围转让，转让后，持有资产支持证券的合格投资者合计不得超过（　　）人。

A. 100　　B. 200

C. 300　　D. 400

答案：B

考点：本题考查资产支持证券的挂牌、转让。

85. 资产支持证券初始挂牌交易单位所对应的发行面值或等值份额应不少于（　　）万元。

A. 100　　B. 200

C. 300　　D. 500

答案：A

考点：本题考查资产支持证券的挂牌、转让。

86. 管理人、托管人应当在每年（　　）之前向资产支持证券合格投资者披露上年度资产管理报告、年度托管报告。

A. 1 月 1 日　　B. 3 月 31 日

C. 4 月 30 日　　D. 5 月 1 日

答案：C

考点：本题考查资产支持证券信息披露。

87.（　　）包括在资产证券化基础资产负面清单中。

A. 矿产资源开采收益权、土地出让收益权等产生现金流的能力具有稳定性的资产

B. 当地政府证明已列入国家保障房计划并已开工建设的项目

C. 可以直接产生现金流的基础资产

D. 因空置原因不能产生稳定现金流的不动产租金债权

答案：D

考点：本题考查资产证券化基础资产负面清单。

88. 除当地政府证明已列入国家保障房计划并已开工建设的项目外，待开发或在建占比超过（　　）的商业物业收益权包括在资产证券化基础资产负面清单内。

A. 5%　　B. 10%

C. 20%　　D. 30%

答案：B

考点：本题考查资产证券化基础资产负面清单。

89. 合格境外投资者业务资格应经中国证监会审批，具备最近（　　）年没有受到监管机构的重大处罚，没有重大事项正在接受司法部门、监管机构的立案调查的条件。

A. 5　　B. 4

C. 3　　D. 2

答案：C

考点：本题考查合格境外投资者的资格条件。

90. 境外投资者的境内证券投资，应当遵循持股比例限制。单个境外投资者通过合格投资者持有一家上市公司股票的，持股比例不得超过该公司股份总数的（　　）。

A. 5%　　B. 10%

C. 20%　　D. 30%

答案：B

考点：境外投资者的境内证券投资运作。

91. 境外投资者的境内证券投资，应当遵循持股比例限制：所有境外投资者对单个上市公司 A 股的持股比例总和，不超过该上市公司股份总数的（　　）。

A. 5%　　B. 10%

C. 20%　　D. 30%

答案：D

考点：境外投资者的境内证券投资运作。

92. 合格境内机构投资者开展境外证券投资业务时，应当由具有证券基金托管资格的银行负责资产托管业务。托管人应当符合最近（　　）年没有受到监管机构的重大处罚，没有重大事项正在接受司法部门、监管机构的立案调查的条件。

A. 1　　B. 2

C. 3　　D. 5

答案：C

考点：合格境内机构投资者开展境外证券投资业务时，应当由具有证券基金托管资格的银行负责资产托管业务。托管人应当符合最近 3 年没有受到监管机构的重大处罚，没有重大事项正在接受司法部门、监管机构的立案调查。

93.（　　）是指证券交易所或者国务院批准的其他证券交易场所进行的证券交易中，证券公司向客户出借资金供其买入证券或者出借证券供其卖出，并由客户交存相应担保物的经营活动。

A. 融资融券业务　　B. 转融通业务

C. 股票质押式回购业务　　D. 股票约定式回购业务

答案：A

考点：本题考查融资融券业务的基本概念。

94. 证券公司开展融资融券业务，必须经（　　）核准。

A. 证券行业协会　　B. 证券交易所

C. 中国证监会　　D. 证券信用公司

答案：C

考点：本题考查融资融券业务的合法合规性原则。

95. 获得批准的证券公司应当按照规定，向公司登记机关申请业务范围变更登记，向（　　）申请换发经营证券业务许可证。

A. 证券行业协会　　B. 证券交易所

C. 中国证监会　　D. 证券登记结算机构

答案：C

考点：本题考查证券公司业务范围变更的申请。

96. 证券公司应当建立融资融券业务的决策与授权体系。（　　）负责制定融资融券业务的基本管理制度，确定融资融券业务的总规模。

A. 董事会　　B. 高级管理人员

C. 部门负责人　　D. 分支机构

答案：A

考点：本题考查融资融券业务的决策授权体系。

97. （　　）负责制定融资融券业务的操作流程，确定对单一客户和单一证券的授信额度。

A. 董事会　　B. 业务决策机构

C. 业务执行部门　　D. 分支机构

答案：B

考点：本题考查融资融券业务的决策授权体系。业务决策机构由有关高级管理人员和部门负责人组成，负责制定融资融券业务操作流程，选择可从事融资融券业务的分支机构，确定对单一客户和单一证券的授信额度、融资融券的期限和利率、保证金比例和最低维持担保比例、可充抵保证金的证券种类及折算率、客户可融资买入和融券卖出的证券种类。

98. （　　）用于记录客户委托证券公司持有，担保证券公司因向客户融资融券所生债权的证券。

A. 融券专用证券账户　　B. 客户信用交易担保证券账户

C. 信用交易证券交收账户　　D. 信用交易资金交收账户

答案：B

考点：本题考查证券公司在证券登记结算机构开设的信用账户，客户信用交易担保资金账户的概念。

99. 根据沪、深证券交易所融资融券交易实施细则，证券公司按照相关规定开立融券专用证券账户、客户信用交易担保证券账户、融资专用资金账户及客户信用交易担保资金账户后，应在开户后（　　）个交易日内报交易所备案。

A. 2　　B. 3

C. 5　　D. 7

答案：B

考点：本题考查证券公司信用业务账户的备案时间。

100.（　　）是指客户在证券公司开立的，用于记载客户交存的担保资金及融资融券负债明细数据的账户。

A. 客户信用资金台账　　B. 客户信用资金账户

C. 客户信用证券台账　　D. 客户信用证券账户

答案：A

考点：本题考查客户信用资金台账的概念，勿与其他的概念相混淆。

101. 证券公司应当（　　）计算客户交存的担保物价值与其所欠债务的比例。

A. 逐日　　B. 每周

C. 逐月　　D. 每季度

答案：A

考点：本题考查证券公司计算担保物与债务比例的周期，证券公司应当逐日计算客户交存的担保物价值与其所欠债务的比例。

102. 可充抵保证金的证券折算率，在计算保证金金额时应当以证券市值或净值按规定折算率进行折算。上证 180 指数成分股股票的折算率最高不超过（　　），其他股票折算率最高不超过（　　）。

A. 80%；75%　　B. 75%；70%

C. 70%；65%　　D. 65%；60%

答案：C

考点：本题考查可充抵保证金的证券的折算率。

103. 投资者融资买入证券时，融资保证金比例不得低于（　　）。

A. 120%　　B. 100%

C. 80%　　D. 50%

答案：B

考点：本题考查融资买入证券的保证金比例。

104. 投资者融资卖出证券时，融资保证金比例不得低于（　　）。

A. 120%　　B. 100%

C. 80%　　D. 50%

答案：D

考点：本题考查融资卖出证券的保证金比例。

105. 某一证券投资者融资买入 1 000 只股票，每股买价为 20 元，并以每股 50 元的价格卖出，交付的保证金为 50 000 元，那么买入的融资保证金比例为（　　）。

A. 500%　　B. 250%

C. 100%　　D. 50%

答案：B

考点：本题考查融资融券保证金比例的计算。买入证券的融资保证金比例 = 保证金/（融资买入证券数量 × 买入价格）×100%。

106. 客户维持担保比例不得低于最低维持担保比例，否则须追加担保物。该最低维持担保比例为（　　）。

A. 100%　　B. 110%

C. 120%　　D. 证券公司与客户约定

答案：D

考点：本题考查客户维持保证金比例的下限。

107. 证券登记结算机构受证券发行人委托以（　　）形式分派投资收益的，应当将分派的资金划入证券公司信用交易资金交收账户。

A. 证券　　B. 现金

C. 红利　　D. 股票

答案：B

考点：本题考查证券发行人分派投资收益的处理。

108. （　　）是指证券金融公司将自有或者依法筹集的资金和证券出借给证券公司，以供其办理融资融券业务的经营活动。

A. 融资融券业务　　B. 转融通业务

C. 股票质押式回购业务　　D. 股票约定式回购业务

答案：B

考点：本题考查转融通业务的概念。

109. 证券金融公司向证券公司转融通的期限不得超过（　　）个月。

A. 3　　B. 6

C. 9　　D. 12

答案：B

考点：本题考查转融通的期限。

110. 证券金融公司开展转融通业务，影响证券公司收取一定比例的保证金。保证金可以证券充抵，但货币资金占应收取保证金的比例不得低于（　　）。

A. 5%　　B. 10%

C. 15%　　D. 20%

答案：C

考点：本题考查转融通保证金的比例。

111. 经证券公司（　　）同意，证券金融公司可以（　　）使用证券公司交存的保证金。

A. 书面；无偿　　B. 书面；有偿

C. 口头；无偿　　D. 口头；有偿

答案：B

考点：本题考查转融通保证金的保管。

112. 证券金融公司可以根据化解证券公司违约风险的需要，建立（　　）。

A. 转融通保证金　　B. 证券公司担保账户

C. 专用资金账户　　D. 转融通互保基金

答案：D

考点：本题考查转融通互保基金的概念。证券金融公司可以根据化解证券公司违约风险的需要，建立转融通互保基金。转融通互保基金的管理办法，由证券金融公司制定，报中国证监会备案后实施。

113. 证券金融公司应当每年按照税后利润的（　　）提取风险准备金。

A. 5%　　B. 10%

C. 15%　　D. 20%

答案：B

考点：本题考查提取风险准备金的比率。

114. 证券金融公司的资金，除用于履行相关法律法规的规定职责和维持公司正常运转外，不能用于购买（　　）。

A. 国债　　B. 证券投资基金

C. 银行存款　　D. 投资性不动产

答案：D

考点：本题考查证券金融公司的资金用途。证券金融公司的资金，除用于履行相关法律法规的规定职责和维持公司正常运转外，只能用于购买银行存款；购买国债、证券投资基金份额等经中国证监会认可的高流动性金融产品；购置自用不动产及中国证监会认可的其他用途。

115. 证券金融公司应当妥善保存履行中国证监会有关规定职责所形成的各类文件、资料，保存期限不少于（　　）年。

A. 10　　B. 15

C. 20　　D. 25

答案：C

考点：本题考查证券金融公司文件资料的保存年限。

116. 通过约定申报和非约定申报方式参与科创板与创业板证券出借的，证券出借期限可在（　　）的区间内协商确定。

A. 1 天到 365 天　　B. 182 天到 365 天

C. 1 天到 182 天　　D. 30 天到 180 天

答案：C

考点：本题考查科创板与创业板证券出借业务的主要规则。通过约定申报和非约定申报方式参与科创板证券出借的，证券出借期限可在 1 天到 182 天的区间内协商确定。

117. 下列有关科创板与创业板证券出借业务的说法中，错误的是（　　）。

A. 战略投资者在承诺的持有期限内，不得通过与关联方进行约定申报、与其他主体合谋等方式，锁定配售股票收益、实施利益输送或者谋取其他不当利益

B. 通过约定申报和非约定申报方式参与科创板与创业板证券出借的，证券出借期限可在 1 天到 182 天的区间内协商确定

C. 科创板与创业板证券出借的标的证券范围，与相应板块的可融券卖出的标的范围不同

D. 上海证券交易所对科创板与创业板证券出借约定申报进行实时撮合成交，生成成交数据，并对证券金融公司和出借人的账户可交易余额进行实时调整

答案：C

考点：本题考查科创板与创业板证券出借业务的主要规则。科创板与创业板证券出借的标的证券范围，与上海证券交易所公布的可融券卖出的科创板标的范围一致，选项 C 错误，选项 ABD 的说法正确。

118. 证券金融公司可根据借入人资信情况和转融通担保证券、资金明细账户的资产情况，按照一定的综合比例，确定对借入人开展科创板转融券业务应收取的保证金。应收取的保证金比例可低于（　　），其中货币资金占收取保证金的比例不得低于（　　）。

A. 20%；15%　　B. 25%；20%

C. 30%；15%　　D. 30%；20%

答案：A

考点：本题考查证券金融公司确定对借入人开展科创板转融券业务应收取的保证金的规定。

119.（　　）是符合条件的资金融入方以所持有的股票或其他证券质押，向符合条件的资金融出方融入资金，并约定在未来返还资金、解除质押的交易。

A. 融资融券业务　　B. 质押式报价回购业务

C. 股票质押式回购业务　　D. 股票约定式回购业务

答案：C

考点：本题考查股票质押式回购的概念。

120.（　　）是指符合条件的客户以约定价格向其指定交易的证券公司卖出标的

证券，并约定在未来某一日期由客户按照另一约定价格从证券公司购回标的证券，证券公司根据与客户签署的协议将待购回期间标的证券产生的相关孳息返还给客户的交易。

A. 融资融券业务　　B. 约定购回式证券交易

C. 股票质押式回购业务　　D. 质押式报价回购业务

答案：B

考点：本题考查约定回购式证券交易的概念。

121. 证券公司作为融出方的，单一证券公司接受单只 A 股股票质押的数量不得超过该股票 A 股股本的（　）。

A. 20%　　B. 30%

C. 40%　　D. 50%

答案：B

考点：本题考查股票质押式回购业务的管理要求。

122. 下列关于约定回购式证券交易的说法中有误的是（　　）。

A. 证券公司应当对约定回购式证券交易实行分别管理

B. 证券公司应当确定标的证券筛选标准，建立标的证券的管理制度，确保选择的标的证券合法合规、风险可控

C. 证券公司应当建立以净资本为核心的约定回购式证券交易规模监控和调整机制

D. 证券公司应当对约定回购式证券交易进行盯市管理，监控标的证券的市场风险

答案：A

考点：本题考查约定回购式证券交易的风险管理。证券公司应当对约定回购式证券交易实行集中统一管理。

123. 个人参与北交所股票交易申请权限开通前（　　）个交易日证券账户和资金账户内资产日均不低于人民币（　　）万元（不包括该投资者通过融资融券融入的资金和证券）。

A. 10；30　　B. 20；30

C. 20；50　　D. 30；50

答案：C

考点：考查北京证券交易所投资者适当性管理。

124. 个人参与北交所股票交易需满足参与证券交易（　　）个月以上。

A. 36　　B. 24　　C. 18　　D. 12

答案：B

考点：考查北京证券交易所投资者适当性管理。

125. 下列关于证券投资顾问业务和发布证券研究报告的说法中错误的是（　　）。

A. 证券投资顾问遵循忠实客户利益原则，向客户提供适当的证券投资建议

B. 证券分析师基于独立、客观的立场，对证券及证券相关产品的价值进行研究

分析

C. 证券研究报告不关注买卖时机选择等具体的操作性投资建议

D. 证券投资顾问对证券定价通常会产生显著的影响

答案：D

考点：考查证券投资顾问业务和发布证券研究报告的区别。证券投资顾问服务与特定客户的证券投资及其利益密切相关，但通常不会显著影响证券定价；证券研究报告向多个机构客户同时发布，对证券价格可能产生较大影响。

126. 证券投资咨询人员通过所在机构向中国证券业务协会登记。登记信息完备且符合规定的，中国证券业协会于（　　）个工作日内办结登记并生成唯一登记编码。

A. 3　　B. 5　　C. 7　　D. 10

答案：B

考点：考查证券投资咨询人员从业管理。

127. 全国股转系统是经（　　）批准，依据证券法设立的全国性证券交易场所。

A. 国家外汇管理局　　B. 中国人民银行

C. 国务院　　D. 中国进出口银行

答案：C

考点：全国股转系统是经国务院批准，依据证券法设立的全国性证券交易场所。

128. 发布对具体股票做出明确估值和投资评级的证券研究报告时，公司持有该股票达到相关上市公司已发行股份（　　）%以上的，应当在证券研究报告中向客户披露本公司持有该股票的情况。

A. 1　　B. 2　　C. 3　　D. 5

答案：A

考点：考查证券研究报告发布管理。

129. 下列关于证券投资咨询及其从业人员执业回避的说法错误的是（　　）。

A. 公开发行证券的企业的承销商不得在公众传播媒体上刊登或发布其为客户撰写的投资价值分析报告

B. 自有关证券公开发行之日起18个月内调离的证券投资咨询从业人员不得以假借其他机构和个人名义等方式变相从事前述业务

C. 业务部门的专业人员在离开原岗位后的12个月内不得从事面向社会公众开展的证券投资咨询业务

D. 证券投资咨询机构或其从业人员在知悉本机构、本人以及财产上的利害关系人与有关证券有利害关系时，不得就该证券的走势或投资的可行性提出评价或建议

答案：C

考点：考查证券投资咨询及其从业人员执业回避的内容。证券公司的自营、受托投资管理、财务顾问和投资银行等业务部门的专业人员在离开原岗位后的6个月内不得从

事面向社会公众开展的证券投资咨询业务。

130. 首次公开发行股票并在创业板、科创板上市的、股票向不特定合格投资者公开发行并在北交所上市的发行注册的，持续督导的期间为证券上市当年剩余时间及其后（　　）个完整会计年度。

A. 1　　B. 2　　C. 3　　D. 5

答案：C

考点：考查持续督导职责。

131.（　　）是指本次申请公开发行前六个月内最近 20 个有成交的交易日的平均收盘价。

A. 历史发行价格　　B. 历史交易价格

C. 即时发行价格　　D. 即时交易价格

答案：B

考点：考查历史交易价格概念。

132. 下列行为中不属于证券公司需要于行为发生之日起 1 个月内将相关情况报送至中国证券业协会的是（　　）。

A. 入股区域性股权市场运营机构

B. 取得区域性股权市场中介机构资格

C. 持股情况、中介机构资格发生变化

D. 证券公司从业人员的履职情况

答案：D

考点：本题考查证券公司在区域股权市场提供业务服务的相关规定。

133. 下列不属于证券公司可以在区域股权市场开展的业务的是（　　）。

A. 推荐企业挂牌

B. 开展区域性股权市场业务过程的内幕交易

C. 为合格投资者提供企业研究报告和尽职调查信息

D. 推荐企业展示

答案：B

考点：本题考查证券公司参与区域股权市场的业务范围。

134. 证券公司开展区域性股权市场业务，应当在每个月的前（　　）个工作日内将上个月度业务开展情况报送至中国证券业协会。

A. 5　　B. 10

C. 15　　D. 20

答案：B

考点：本题考查证券公司在区域股权市场提供业务服务的相关规定。

135. 历史交易价格是指本次申请公开发行前（　　）个月内最近（　　）个有成

交的交易日的平均收盘价。

A. 6；10　　B. 6；20

C. 12；10　　D. 12；20

答案：B

考点：考查历史交易价格概念。历史交易价格是指本次申请公开发行前六个月内最近 20 个有成交的交易日的平均收盘价。

136. 下列关于证券研究报告质量控制和合规审查的说法不正确的是（　　）。

A. 如果已通过证券分析师胜任能力考试并已完成一般证券业务登记的，可以直接用“研究助理”的名义在证券研究报告中列示

B. 经营机构应当建立健全证券研究报告发布前的质量控制机制

C. 证券研究报告应当由登记为证券分析师的专职质量审核人员进行质量审核

D. 质量审核应当严格按照公司规定的标准认真审查，重点关注研究方法和研究结论的专业性和审慎性

答案：A

考点：考查证券研究报告质量控制、合规审查。如果已通过证券分析师胜任能力考试并已完成一般证券业务登记的，经署名证券分析师和研究部门或研究子公司同意，可以直接用“研究助理”的名义在证券研究报告中列示。

137. 下列关于发布证券研究报告业务关键环节规范要求的记法错误的是（　　）。

A. 研究销售人员不得参与对分析师等研究人员的考核

B. 要强化媒体合作管理

C. 采取有效措施提供证券研究报告相应的后续服务和解读服务，防止误导公众投资者

D. 外部评选结果是作为证券分析师薪酬激励的依据之一

答案：D

考点：外部评选结果仅作为对分析师个人社会评价的参考，不得作为证券分析师薪酬激励的依据之一。

138. 关于证券分析师发表言论、客户服务的管理要求，下列说法错误的是（　　）。

A. 以经营机构的名义发布研究观点、提供研究服务的人员必须是公司正式员工

B. 证券分析师不可以将在发布平台上发布过的证券研究报告以其他形式提供给客户并解读

C. 经营机构对其他方式服务客户的，应当做好客户服务记录，并及时存档检查

D. 经营机构应当定期安排质量审核和合规审查人员对客户服务档案进行跟踪检查

答案：B

考点：考查证券分析师发表言论、客户服务的管理要求。

139. 下列关于证券分析师行为的说法错误的是（　　）。

A. 证券分析师不得私自以公司名义公开发表言论

B. 证券分析师应向公司备案其使用的与提供证券研究报告服务有关的聊天群、自媒体账号等

C. 应规范外请专家服务，不得有虚假或误导性成分

D. 不能将专家的身份告诉投资者

答案：D

考点：考查证券分析师行为准则。

140. 下列关于财务顾问法律责任的说法错误的是（　　）。

A. 财务顾问不再符合《上市官司并购重组财务顾问业务管理办法》规定条件的，应当在5个工作日内向中国证监会报告并依法进行公告

B. 财务顾问主办人发生变化的，财务顾问应当在3个工作日内向中国证监会报告

C. 中国证券业协会对财务顾问及其财务顾问主办人违反自律规范的行为，依法进行调查，给予纪律处分

D. 政权服务机构及其从业人员所制作、出具的文件存在虚假记载、误导性陈述或者重大遗漏的，情节严重者，可以采取市场禁入的措施

答案：B

考点：财务顾问主办人发生变化的，财务顾问应当在5个工作日内向中国证监会报告。

141. 保荐机构受聘履行保荐职责应遵守（　　）规定。

A. 同次发行的证券，其发行保荐和上市保荐不能由同一个保荐机构承担

B. 证券发行规模达到一定数量的，可以采用联合保荐，但参与联合保荐的保荐机构不得超过3家

C. 证券发行的主承销商不可以由该保荐机构担任

D. 证券发行的主承销商可以由其他具有保荐业务资格的证券公司与该保荐机构共同担任

答案：D

考点：本题考查保荐机构受聘履行保荐职责应遵守的规定，正确选项是D。

142. 因证券发行品种及上市板块不同，持续督导的期间有所差异，下列表述正确的是（　）。

A. 首次公开发行股票并在主板上市的，持续督导的期间为证券上市当年剩余时间及其1个完整会计年度

B. 主板上市公司发行新股、可转换公司债券的，持续督导的期间为证券上市当年剩余时间及其2个完整会计年度

C. 首次公开发行股票并在创业板、科创板上市的、股票向不特定合格投资者公开

发行并在北交所上市的发行注册的，持续督导的期间为证券上市当年剩余时间及其后 2 个完整会计年度

D. 创业板、科创板、北交所上市公司发行新股、可转换公司债券的，持续督导的期间为证券上市当年剩余时间及其后 2 个完整会计年度

答案：D

考点：本题考查因证券发行品种及上市板块不同，持续督导期间的差异。正确选项为 D。

143. 下列关于公司债券发行业务一般规定的说法错误的是（　　）。

A. 公开发行公司债券筹集的资金，必须按照公司债券募集说明书所列资金用途使用

B. 改变资金用途，必须经债券持有人会议作出决议

C. 公开发行公司债券筹集的资金，不得用于弥补亏损和非生产性支出

D. 募集资金不得转借他人

答案：D

考点：本题考查公开募集资金的知识点。正确选项为 D。

144.（　　）是指本次申请公开发行前一年内在全国中小企业股份转让系统历次股票发行的价格。

A. 历史发行价格　　B. 历史交易价格

C. 即时发行价格　　D. 即时交易价格

答案：A

考点：考查历史发行价格概念。

145. 历史发行价格是指本次申请公开发行前（　　）内在全国中小企业股份转让系统历次股票发行的价格。

A. 3 个月　　B. 6 个月

C. 1 年　　D. 2 年

答案：C

考点：考查历史发行价格概念。

146. 下列关于北交所股票发行与承销信息披露的特别规定的说法错误的是（　　）。

A. 发行人和主承销商应当在发行方案中说明本次发行采用的定价方式

B. 公开发行并上市采用询价方式的，承销商应当向网下投资者提供投资价值研究报告

C. 投资价值研究报告应当说明估值区间与历史交易价格和历史发行价格的偏离情况及原因

D. 公开发行并上市采用直接定价或竞价方式的，可以向网上投资者发行，也可以

进行网下询价和配售

答案：D

考点：考查北交所股票发行与承销信息披露的特别规定。公开发行并上市采用直接定价或竞价方式的，全部向网上投资者发行，不进行网下询价和配售。

147. 下列关于北交所股票发行与承销信息披露的特别规定的说法正确的是（ ）。

A. 采用竞价方式的，承销商应当向网下投资者提供投资价值研究报告

B. 公开发行并上市采用询价方式的，承销商应当提供投资价值研究报告并公开披露

C. 投资价值研究报告应当符合中国证监会的相关规定

D. 公开发行并上市采用直接定价或竞价方式的，全部向网上投资者发行

答案：D

考点：考查北交所股票发行与承销信息披露的特别规定。

148. 公开发行并上市采用直接定价或询价方式，发行人和主承销商确定的发行价格超过历史交易价格 1 倍的，应当至少在申购日（　　）前发布投资风险特别公告。

A. 3 天　　B. 5 天

C. 1 周　　D. 10 天

答案：C

考点：考查北交所股票发行与承销信息披露的特别规定。

149. 基金托管人应当安全保管基金财产，按照相关规定和基金托管协议约定建立与基金管理人的对账机制，定期核对资金头寸证券账目、净值信息等数据，及时核查认购与申购资金的到账、赎回资金的支付以及投资资金的支付与到账情况，并对基金的会计凭证、交易记录、合同协议等重要文件档案保存（　　）年以上。

A. 10　　B. 15

C. 20　　D. 25

答案：C

考点：本题考查基金托管人安全保管基金财产的规定。

150. 财务状况良好，最近（　　）年各项风险控制指标持续符合规定，注册资本和净资本符合增加融资融券业务后规定的证券公司具备申请融资融券业务资格。

A. 1　　B. 2　　C. 3　　D. 5

答案：B

考点：考查证券公司融资融券业务资格。

151. 全国股转公司每年设置（　　）次创新层进层实施安排。

A. 2　　B. 3　　C. 5　　D. 6

答案：D

考点：考查全国股转公司创新层进层安排。

152. 全国股转公司每年设置 6 次创新层进层实施安排。进层启动日分别为每年 1 月、2 月、3 月、4 月、5 月和 8 月的最后（　　）个交易日。

A. 1　　B. 2　　C. 3　　D. 5

答案：A

考点：考查全国股转公司创新层进层安排。

153. 下列有关证券经纪业务的表述正确的是（　　）。

A. 我国对证券经纪业务营销的监督管理主要体现在对开展证券经纪业务的证券公司的管理，而不包括对证券经纪业务营销人员的管理

B. 证券经纪业务营销是以证券类金融产品为载体的金融服务营销

C. 证券经纪业务的营销是市场营销管理与企业公司战略相结合的产物

D. 在证券经纪业务营销中，客户服务是指证券经纪业务营销人员通过营销渠道，与客户建立关系并促成交易的过程

答案：B

考点：本题考查证券公司经纪业务营销的主要内容。按照《证券法》《证券公司监督管理条例》以及《证券经纪人管理暂行规定》的规定，我国对证券经纪业务营销的监督主要体现在对开展证券经纪业务的证券公司以及对证券经纪人等证券经纪业务营销人员的管理，A 选项错误；证券经纪业务的营销是市场营销管理与证券经纪业务相结合的产物，C 选项错误；客户招揽，是指证券经纪业务营销人员通过营销渠道，与客户建立关系并促成交易的过程，D 选项错误。

154. 在证券经纪业务营销的过程中，证券公司及其营销人员（　　）。

A. 坚持以客户需求为导向

B. 不可以提供交易通道服务、有形服务和信息咨询服务

C. 无须承担对投资者进行风险教育的义务

D. 只能通过内部人员进行直接营销

答案：A

考点：本题考查证券经纪业务的营销管理。在证券经纪业务营销的过程中，可以提供交易通道服务、有形服务和信息咨询服务，选项 B 错误；证券公司及其营销人员，还需要按照法律法规的规定，承担投资者教育的义务和责任，选项 C 错误；证券公司的营销可以通过内部员直接营销，也可以委托证券经纪人开展经纪业务营销活动，选项 D 错误。

155. 客户变更证券账户信息的办理方式不包括（　　）。

A. 临柜　　B. 见证

C. 传真　　D. 电话

答案：C

考点：本题考查客户变更证券账户信息的办理方式。

156. 关于网上开户的特殊要求，下列说法错误的是（　　）。

A. 开户代理机构应通过其公司网站或移动终端为投资者办理网上开户业务

B. 开户代理机构不得委托第三方为投资者办理网上开户业务

C. 自然人投资者通过网上方式开户的，应持中国居民身份证、港澳台居民居住证等可通过公安部身份信息核查系统核验的证件，不需要由本人亲自办理

D. 网上开户方式仅适用于自然人

答案：C

考点：本题考查考生对网上开户的特殊要求知识点的理解。自然人投资者通过网上方式开户的，应持中国居民身份证、港澳台居民居住证等可通过公安部身份信息核查系统核验的证件，并由本人亲自办理。

157. 根据《中国证券登记结算有限责任公司特殊机构及产品证券账户业务指南》，特殊机构及产品证券账户可由申请主体到中国结算北京、上海或深圳分公司任意一地临柜提交申请，也可以通过中国结算证券账户在线业务平台提交账户开立申请。下列机构中不属于“特殊机构”的是（　　）。

A. 证券公司及其资管子公司　　B. 基金管理公司及其子公司

C. 保险公司　　D. 上市公司

答案：D

考点：本题考查考生对《中国证券登记结算有限责任公司特殊机构及产品证券账户业务指南》中“特殊机构”的理解。“特殊机构”，是指证券公司及其资管子公司、基金管理公司及其子公司、保险公司、信托公司、银行及商业银行理财子公司，外国战略投资者等特殊市场参与主体。

158. 特殊机构及产品证券账户在开立及使用中应严格遵守账户实名制有关要求，下列要求表述错误的是（　　）。

A. 特殊机构及产品证券账户持有人不得通过在证券账户下设立子账户、分账户、虚拟账户等方式违规进行证券交易，不得出借证券账户给他人使用

B. 不得为专门申购新股、炒作风险警示（ST 股票）的产品申请开立证券账户；产品证券账户名称应当恰当反映产品属性

C. 为产品、员工持股计划申请开立账户时应当申报登记产品、员工持股计划存续期，无固定期限或长期的产品到期日自申请日起不超过 3 年

D. 对于各类特殊机构及产品证券账户存在下设子账户、分账户、虚拟账户等违反账户实名制有关要求的，中国结算或有委托交易关系的证券公司无权直接注销相关账户或限制相关账户的使用，需要先向证监会申请

答案：D

考点：本题考查《中国证券登记结算有限责任公司特殊机构及产品证券账户业务

指南》的有关规定。D 选项，对于各类特殊机构及产品证券账户存在下设子账户、分账户、虚拟账户等违反账户实名制有关要求的，中国结算或有委托交易关系的证券公司有权注销相关账户或限制相关账户的使用。

159. 下列有关证券账户的信息变更与注销的说法中，错误的是（　　）。

A. 投资者姓名或名称、有效身份证明文件类型及号码三项为关键信息

B. 投资者申请注销证券账户应当同时满足证券账户持有余额为零且不存在与该证券账户相关的未了结业务

C. 证券公司在接到投资者销户申请后，应当在与该证券账户相关的业务了结后两个交易日内办理完毕，不得无故拒绝或拖延

D. 特殊机构与产品开户后 5 个月内出现没有进行交易、产品终止、合同失效或被撤销等情形时，应当及时办理证券账户注销手续

答案：D

考点：本题考查证券账户的信息变更与注销。选项 D，特殊机构与产品开户后 6 个月内出现没有进行交易、产品终止、合同失效或被撤销等情形时，应当及时办理证券账户注销手续。

160. 证券账户应当主动申请注销的情形，不包括（　　）。

A. 法人以及合伙企业等非法人组织因依法被解散导致主体资格丧失、产品到期的

B. 发生自然人投资者死亡的

C. 法人以及合伙企业等非法人组织因依法被破产清算等原因导致主体资格丧失的

D. 特殊机构与产品开户后 5 个月内出现没有进行交易、产品终止、合同失效或注销等情形的

答案：D

考点：本题考查主动申请注销证券账户的情形。选项 D，时间应为 6 个月内。

161. 下列非交易过户的情形中，不需要由过出方、过入方作为申请人共同提交过户业务申请的是（　　）。

A. 继承　　B. 捐赠

C. 离婚　　D. 私募资产管理

答案：A

考点：本题考查考生对非交易过户的理解。在非交易过户中，继承、法人资格丧失所涉证券过户的，由过入方作为申请人提交过户业务申请；捐赠、离婚、私募资产管理所涉证券过户的，由过出方、过入方作为申请人共同提交过户业务申请。

162. 在非交易过户中，对于继承情形，不可以成为证券权属证明文件的是（　　）。

A. 通过人民法院确认证券权属的，提交人民法院出具的生效法律文书

B. 通过人民调解委员会达成调解协议的，提交调解协议和人民法院出具的确认

文书

C. 通过公证机构公证的，提交确认证券权属变更的公证文书

D. 邻居出具的亲属关系证明承诺书

答案：D

考点：本题考查考生对非交易过户的理解。在非交易过户中，对于继承情形，证券权属证明文件为以下三选一：（1）通过人民法院确认证券权属的，需提交人民法院出具的生效法律文书；（2）通过人民调解委员会达成调解协议的，需提交调解协议和人民法院出具的确认文书；（3）通过公证机构公证的，需提交确认证券权属变更的公证文书。

163. 在非交易过户中，对于离婚情形，不可以成为证券权属证明文件的是（　　）。

A. 通过人民法院确认证券权属的，提交人民法院出具的生效法律文书

B. 通过公证机构公证的，提交确认证券权属变更的公证文书

C. 就财产分割做出明确约定且经婚姻登记机关确认的生效离婚协议

D. 父母出具的离婚证明承诺书

答案：D

考点：本题考查考生对非交易过户的理解。在非交易过户中，对于离婚情形，目前中国结算要求提交的证券权属证明文件为以下三选一：（1）通过人民法院确认证券权属的，需提交人民法院出具的生效法律文书；（2）通过公证机构公证的，需提交确认证券权属变更的公证文书；（3）就财产分割做出明确约定且经婚姻登记机关确认的生效离婚协议。

164. 下列关于委托交易的说法中，错误的是（　　）。

A. 客户向证券公司下达委托指令的方式包括柜台委托、网上委托、电话委托和热键委托等

B. 客户委托证券公司代理其进行证券交易而发出的委托及撤销委托等指令的内容和方式应符合证券市场的交易规则及协议的相关约定

C. 对于客户可能影响正常交易秩序的异常交易行为，证券公司无权直接对客户的交易委托采取限制措施

D. 客户通过证券公司委托系统进行证券交易时，如因客户操作失误或因客户指令违反证券市场交易规则或协议约定，或其他可归于客户的原因而造成损失的，由客户承担

答案：C

考点：本题考查委托交易中的委托方式和委托指令。选项 C，对于客户可能影响正常交易秩序的异常交易行为，证券公司有权按照证券交易所的要求对客户的交易委托采取限制措施。

165. 下列关于交易单元的说法错误的是（　　）。

A. 会员（证券公司）不能向交易所申请设立多个交易单元

B. 不同的会员（证券公司）不可以使用同一交易单元

C. 交易所通过交易单元对会员进行业务管理

D. 证券公司从事证券经纪、自营、融资融券等业务，应当分别通过专用的交易单元进行

答案：A

考点：本题考查交易单元定义及一般规定。选项 A，会员（证券公司）可以根据需要，向交易所申请设立一个或多个交易单元。

166. 下列关于异常交易的说法，错误的是（　　）。

A. 证券交易所如果发现投资者出现异常交易行为之一，且可能严重影响证券交易秩序的，应直接进行干预、限制其交易和使用，并及时向中国证监会报告

B. 对情节严重的异常交易行为，证券交易所可视情节严重程度，报请中国证监会冻结相关证券账户或资金账户

C. 证券交易所限制证券交易的措施包括：限制买入指定证券或全部交易品种（但允许卖出）、限制卖出指定证券或全部交易品种（但允许买入）、限制买入和卖出指定证券或全部交易品种

D. 证券交易所采取限制证券交易的措施后，如果相关人对限制相关证券账户交易措施有异议的，可以向证券交易所提出复核申请，复核期间不停止相关措施的执行

答案：A

考点：本题考查对异常交易行为需采取的措施。证券交易所如果发现投资者出现异常交易行为之一，且可能严重影响证券交易秩序的，应当予以提醒，并及时向中国证监会报告。

167. 下列关于沪港通相关概念的说法中，错误的是（　　）。

A. 沪港通，是指两地投资者委托上海证券交易所会员或者香港联合交易所参与者，通过上海证券交易所或者香港联合交易所在对方所在地设立的证券交易服务公司，买卖规定范围内的对方交易所上市股票

B. 沪股通，是指香港投资者委托香港经纪商，经由香港联合交易所设立的证券交易服务公司，向上海证券交易所进行申报，买卖规定范围内的上海证券交所市的股票

C. 港股通，是指内地投资者委托内地证券公司，经由上海证券交易所设立的证券交易服务公司，向联交所进行申报，买卖规定范围内的联交所上市的股票

D. 沪港通包括深股通和港股通两个部分

答案：D

考点：本题考查沪港通的相关定义。

168. 下列关于港股通的说法中不正确的是（　　）。

A. 同时在上交所以外的内地证券交易所和联交所上市的股票不纳入港股通股票范围

B. 在联交所以人民币报价交易的股票不纳入港股通范围

C. 在联交所以人民币报价交易的股票纳入港股通范围

D. A+H 股上市公司若其 A 股被上交所实施风险警示，则其相应的 H 股也不纳入港股通股票

答案：C

考点：本题考查考生对港股通的股票范围的理解。在联交所以人民币报价交易的股票不纳入港股通范围。

169. 下列关于存托人以及托管人的说法错误的是（ ）。

A. 存托人应与境外基础证券发行人签署存托协议，并根据存托协议约定协助完成存托凭证的发行上市

B. 经国务院银行业监督管理机构批准的商业银行可以依法担任存托人

C. 托管人应当按照托管协议约定，协助办理分红派息、投票

D. 托管人没有义务向存托人提供基础证券的市场信息

答案：D

考点：存托人及托管人应当承担的职责包括：存托人与境外基础证券发行人签署存托协议，并根据存托协议约定协助完成存托凭证的发行上市；托管人按照托管协议约定，协助办理分红派息、投票；托管人向存托人提供基础证券的市场信息。

170. 下列关于证券经纪业务风险的说法错误的是（ ）。

A. 证券经纪业务的风险是指证券公司在开展证券经纪业务过程中因种种原因而导致其自身利益遭受损失的可能性

B. 按风险起因不同，经纪业务的风险主要包括合规风险、管理风险和技术风险

C. 按风险承受部门不同，经纪业务的风险主要包括合规风险、管理风险和技术风险

D. 证券经纪业务的合规风险主要是指证券经纪公司在经纪业务活动中违反法律、行政法规和监管部门规章及规范性文件、行业规范和自律规则等行为，可能使证券公司受到法律制裁、被采取监管措施、遭受财产损失或声誉损失的风险

答案：C

考点：本题考查证券经纪业务的主要风险，按风险起因不同，经纪业务的风险主要包括合规风险、管理风险和技术风险。

171. 下列关于监管措施和法律责任的表述中说法错误的是（ ）。

A. 证券公司及证券营业部违反《关于加强证券经纪业务管理的规定》的，由中国证监会及其派出机构视情况依法采取责令改正、监管谈话、出具警示函、暂不受理其行政许可有关的文件、责令处分相关人员、暂停核准新业务、限制业务活动等监管措施

B. 对于证券公司违反《证券公司开立客户账户规范》的，中国证券业协会视情节轻重对其采取谈话提醒、警示、责令整改等自律管理措施并记入其诚信档案；造成严重后果的，视情况对其采取行业内通报批评、公开谴责、暂停或者取消协会授予的业务资格、暂停部分会员权利、取消会员资格等纪律处分并记入其诚信档案

C. 对于开户代理机构及其网点违反《中国证券登记结算有限责任公司证券账户管理规则》的，中国证监会视情节轻重单处或并处口头警示、书面警示、约见谈话、通报批评、公开谴责、暂停或终止开户代理机构或网点的开户代理业务资格

D. 对于证券公司违反《上海证券交易委员会管理规则》《深圳证券交易委员会管理规则》的，上海、深圳证券交易所视情况采取措施

答案：C

考点：本题考查监管措施和法律责任的所对应的监管实施机构。对于证券公司违反《中国证券登记结算有限责任公司证券账户管理规则》的，中国证券登记结算有限责任公司视情节轻重采取相关措施。

172. 下列关于证券投资咨询业务的说法中，错误的是（　　）。

A. 证券投资顾问业务，指证券公司、证券投资咨询公司接受客户委托，按照约定向客户提供与证券及证券相关产品无关的投资建议的服务

B. 发布证券研究报告，是证券投资咨询业务的一种基本形式，指证券公司证券投资咨询机构对证券及证券相关产品的价值、市场走势或者相关影响因素进行分析，形成证券估值、投资评级等投资分析意见，制作证券研究报告，并向客户发布的行为

C. 证券投资顾问基于特定客户立场，遵循重视客户利益原则，向客户提供适当的证券投资建议

D. 总体而言，证券投资咨询业务包括证券投资顾问业务及发布证券研究报告

答案：A

考点：本题考查证券投资咨询业务。证券投资顾问业务，是证券投资咨询业务的一种基本形式，指证券公司接受客户委托，按照约定向客户提供涉及证券及证券相关产品的投资建议服务，A 选项错误。

173. 下列说法错误的是（　　）。

A. 证券投资顾问业务与发布证券研究报告的立场相同

B. 证券投资顾问业务与发布证券研究报告的服务方式和内容不同

C. 证券投资顾问业务与发布证券研究报告的服务对象有所不同

D. 在服务流程上，证券研究报告一般是证券投资顾问服务的重要基础

答案：A

考点：本题考查证券投资顾问业务与发布证券研究报告的区别与联系。证券投资顾问业务与发布证券研究报告的立场不同，选项 A 错误。

174. 下列关于全国股转公司说法错误的是（　　）。

A. 全国股转公司针对各市场层级揭示证券交易行情

B. 全国股转公司仅针对创新层展示信息披露文件

C. 全国股转公司针对各市场层级为各市场层级挂牌公司提供差异化服务

D. 全国股转公司制定客观、差异化的创新层进层条件和降层调整情形

答案：B

考点：考查全国股转系统分层管理办法。全国股转公司针对各市场层级分别揭示证券交易行情、展示信息披露文件，为各市场层级挂牌公司提供差异化服务。

175. 全国股转系统主要业务中，（　　）是指主办券商推荐股份公司股票进入全国股转系统挂牌的业务。

A. 挂牌管理业务

B. 挂牌介绍业务

C. 挂牌中介业务

D. 挂牌推荐业务

答案：D

考点：考查全国股转系统主要业务。挂牌推荐业务是指主办券商推荐股份公司股票进入全国股转系统挂牌的业务。

176. 下列有关证券投资咨询人员从业管理的说法错误的是（　　）。

A. 证券投资咨询人员符合取得证券投资执业资格的申请条件的，中国证券业协会通过职业证书管理系统向中国证监会有关部门备案后，颁发执业证书，并在协会的互联网上公告

B. 向客户提供证券投资顾问服务的人员，应当符合相关从业条件，并在中国证券业协会注册登记为证券投资顾问

C. 证券投资咨询人员不得同时在 2 个或 2 个以上的证券投资咨询机构执业

D. 工作满三年，可以同时注册为证券分析师和证券投资顾问

答案：D

考点：本题考查证券投资咨询人员资格管理。同一人员不得同时注册为证券分析师和证券投资顾问。

177. 关于证券研究报告信息使用的禁止要求和可以使用的信息来源，下列说法错误的是（　　）。

A. 经营机构发布证券研究报告，应当对引用信息和数据来源进行核实，应当审慎使用信息，不得将无法确认来源合规合法性的信息写入证券研究报告

B. 不得将无法认定真实性的市场传言作为确定性研究结论的依据

C. 不得使用或者泄露国家保密信息、内幕信息以及上市公司未开的重大信息，签订书面协议的除外

D. 证券究报告可使用的信息来源包括证券公司、证券投资咨询机构通过上市公司调研或者市场调查，从上市公司及其子公司、供应商、经销商等处获取的信息，但内幕信息和未公开重大信息除外

答案：C

考点：本题考查证券研究报告信息使用的禁止要求和可以使用的信息来源。不得以任何形式使用或者泄露国家保密信息、内幕信息以及上市公司未开的重大信息。

178. 下列关于证券研究报告绩效考核和激励机制的说法错误的是（　　）。

A. 外部评选结果仅作为对分析师个人社会评价的参考，不得作为证券分析师薪酬激励的依据

B. 与发布证券研究报告业务存在利益冲突的部门或人员不得参与对发布证券研究报告相关人员的考核

C. 证券分析师跨越信息隔离墙参与公司承销保荐、财务顾问业务等项目的，应当将其薪酬水平与其参与的项目直接挂钩

D. 经营机构的研究部门或者研究子公司接受特定客户委托，就尚未覆盖的具体股票提供含有证券估值或投资评级的研究成果或者投资分析意见的，自提供之日起6个月内不得就该股票发布证券研究报告

答案：C

考点：本题考查证券研究报告的绩效考核和激励机制。证券分析师跨越信息隔离墙参与公司承销保荐、财务顾问业务等项目的其个人薪酬不得与相关项目的业务收入直接挂钩。

179. 下列说法错误的是（　　）。

A. 证券公司、证券投资咨询机构向客户提供证券投资顾问服务，应当按照公司制定的程序和要求，了解客户的身份、财产与收入状况、证券投资经验、投资需求与风险偏好，评估客户的风险承受能力，并以书面或者电子文件形式予以记载、保存

B. 经营机构应当向客户提供风险揭示书，并由客户和经营机构双方共同签收确认

C. 证券投资顾问服务协议应当约定，自签订协议之日起5个工作日内，客户可以书面通知方式提出解除协议

D. 证券投资顾问向客户提供投资建议，知悉客户做出具体投资决策计划的，不得向他人泄露该客户的投资决策计划信息

答案：B

考点：本题考查证券投资顾问业务关键环节的规范要求。B选项，应当由客户签收确认。

180. 下列说法错误的是（　　）。

A. 经营机构从事证券投资顾问业务，应当建立客户回访机制，明确客户回访的程序、内容和要求，并制定专门人员独立实施

B. 经营机构从事证券投资顾问业务，应当建立客户投诉处理机制，及时、妥善处理客户投诉事项

C. 经营机构从事证券投资顾问业务，可以按照服务期限、客户资产规模收取服务

费用，不得采用差别佣金等其他方式收取服务费用

D. 经营机构从事证券投资顾问业务，可以以公司账户向客户收取证券投资顾问服务费用，禁止证券公司、证券投资咨询机构及其人员以个人名义向客户收取证券投资顾问服务费用

答案：C

考点：本题考查客户回访和投诉处理环节以及收费环节的规范要求。证券经营机构从事证券投资顾问业务，可以按照服务期限、客户资产规模收取服务费用，也可以采用差别佣金等其他方式收取服务费用，选项 C 错误。

181. 下列关于证券投资咨询机构及执业人员向社会公众开展证券投资咨询业务活动的有关规定的说法中，正确的是（　　）。

A. 被动知悉内幕消息，可以向客户或投资者提供分析、预测或建议

B. 预测证券市场、证券品种的走势或者就投资证券的可行性进行建议时需有充分的理由和依据，不得主观臆断

C. 证券投资分析报告、投资分析文章等形式的咨询服务产品可以适当提及投资者在具体证券品种上进行具体价位买卖等方面的内容

D. 证券投资咨询机构及其执业人员有权拒绝媒体对其所提供的稿件进行断章取义、做有损原意的删节和修改，并自提供之日起将其稿件以书面形式保存 2 年

答案：B

考点：本题考查证券投资咨询机构及执业人员向社会公众开展证券投资咨询业务活动的有关规定。不得以虚假信息、内幕信息或者市场传言为依据向客户或投资者提供分析、预测或建议，选项 A 错误。证券投资分析报告、投资分析文章等形式的咨询服务产品，不得建议投资者在具体证券品种上进行具体价位买卖方面的内容，选项 C 错误。证券投资咨询机构及其执业人员有权拒绝媒体对其所提供的稿件进行断章取义、做有损原意的删节和修改，并自提供之日起将其稿件以书面形式保存 3 年，选项 D 错误。

182. 下列关于荐股软件的说法错误的是（　　）。

A. “荐股软件”无法预测具体证券投资品种的价格走势

B. 向投资者销售或者提供“荐股软件”，并直接或间接获取经济利益的，属于从事证券投资咨询业务，应当经中国证监会许可，符合证券投资咨询业务条件

C. “荐股软件”可以向投资者提供具体证券投资品种的买卖时机建议

D. 证券投资咨询机构利用“荐股软件”从事证券投资咨询业务，应当遵循客观公正、诚实信用原则，不得误导、欺诈客户，不得损害客户利益

答案：A

考点：本题考查“荐股软件”的投资咨询服务功能。“荐股软件”能够提供设计具体证券投资品种的投资分析意见，或者预测具体证券投资品种的价格走势。

183. 下列有关荐股软件的表述，不正确的是（　　）。

A. 提供涉及具体证券投资品种的投资分析意见，或者预测具体证券投资品种的价格走势

B. 提供具体证券投资品种选择建议

C. 提供具体证券投资品种的买卖时机建议

D. 向投资者销售或者提供“荐股软件”，并直接或者间接获取经济利益的，不属于从事证券投资咨询业务

答案：D

考点：本题考查“荐股软件”的概念。选项 D，向投资者销售或者提供“荐股软件”，并直接或者间接获取经济利益的，属于从事证券投资咨询业务，应当经中国证监会许可，符合证券投资咨询业务条件。

184. 全国股转公司对主办券商挂牌推荐业务进行自律管理，股东人数超过（　　）人的公司申请其股票挂牌公开转让，应当按照（　　）有关规定制作公开转让的申请文件，向（　　）申请核准。

A. 100；中国证券业协会；中国证监会

B. 100；中国证监会；中国证监会

C. 200；中国证券业协会；中国证监会

D. 200；中国证监会；中国证监会

答案：D

考点：考查全国股转公司对主办券商挂牌推荐业务的自律管理。

185. 以下关于监管部门对证券投资咨询业务的监管措施的说法中，错误的是（　　）。

A. 未经中国证监会许可，擅自从事证券投资咨询业务的，由中国证监会派出机构责令停止，并没收违法所得和违法所得等值以下的罚款

B. 证券投资咨询机构向证券监管部门报送的文件、资料有虚假陈述或者重大遗漏的，由中国证监会派出机构处 1 万元以上 5 万元以下的罚款

C. 同时在两个或者两个以上证券、期货投资咨询机构执业的，由中国证监会派出机构处 1 万元以上 5 万元以下的罚款，情节严重的，证监会派出机构应当向中国证监会报告，由中国证监会做出暂停或者撤销其业务资格的处罚

D. 与报刊、电台、电视台合办或者协办证券、期货投资咨询版面节目或者与电信服务部门进行业务合作时未向证监会派出机构备案的，由证监会派出机构单处或者并处警告、没收违法所得、1 万元以上 10 万元以下罚款

答案：C

考点：本题考查监管部门对证券投资咨询业务的监管措施。C 选项，同时在两个或者两个以上证券、期货投资咨询机构执业的由证监会派出机构单处或者并处警告、没收违法所得、1 万元以上 10 万元以下罚款。

186. 下列关于财务顾问与委托人之间的权利和义务的说法，错误的是（　　）。

A. 财务顾问应当与委托人签订委托协议，明确双方的权利和义务

B. 接受委托的，财务顾问应当指定 2 名财务顾问主办人负责，同时，可以安排 1 名项目协办人参与

C. 财务顾问应当建立尽职调查制度和具体工作规程，对上市公司并购重组活动中的重大资产部分开展调查

D. 委托人应当配合财务顾问进行尽职调查，提供相应的文件资料

答案：C

考点：财务顾问接受上市公司并购重组与多方当事人委托的，不得存在利益冲突或者潜在的利益冲突。财务顾问应当建立尽职调查制度和具体工作规程，对上市公司并购重组活动进行充分、广泛、合理的调查。

187. 财务顾问承担持续督导责任，结合上市公司定期报告的披露，财务顾问应做好的工作不包括（　　）。

A. 督促并购重组当事人按照相关程序规范实施并购重组方案，及时办理产权过户手续，并依法履行报告和信息披露的义务

B. 督促上市公司按照《上市公司治理准则》的要求规范运作

C. 督促和坚持申报人履行对市场公开做出相关承诺的情况

D. 结合上市公司披露的定期报告出具持续督导意见，并在前述定期报告披露后 5 日内向上市公司所在地中国证监会派出机构报告

答案：D

考点：本题考查财务顾问的持续督导责任。结合上市公司披露的定期报告出具持续督导意见，并在前述定期报告披露后的 15 日内向上市公司所在地的中国证监会派出机构报告。

188. 保荐机构履行保荐职责，应当指定（　　）名品行良好、具备组织实施保荐项目专业能力的保荐代表人具体负责 1 家发行人的保荐工作。

A. 1　　B. 2

C. 3　　D. 4

答案：B

考点：本题考查保荐职责。保荐机构履行保荐职责，应当指定 2 名品行良好、具备组织实施保荐项目专业能力的保荐代表人具体负责 1 家发行人的保荐工作。

189.（　　）是指挂牌公司及其控股或者控制的企业在日常经营活动之外购买、出售资产或者通过其他方式进行资产交易，导致公司业务、资产发生重大变化的资产交易行为。

A. 资产重组　　B. 重大资产重组

C. 资产交易　　D. 重大资产交易

答案：B

考点：考查重大资产重组概念。重大资产重组是指挂牌公司及其控股或者控制的企业在日常经营活动之外购买、出售资产或者通过其他方式进行资产交易，导致公司业务、资产发生重大变化的资产交易行为。

190. 证券期货经营机构可以依规定设立基金中基金资产管理计划，将（　　）以上的资产管理计划资产投资于接受国务院金融监督管理机构监管的机构发行的资产管理产品。

A. 30%　　B. 50%　　C. 60%　　D. 80%

答案：D

考点：本题考查证券期货经营机构设立基金中基金资产管理计划的规定。

191. 下列关于保荐代表人履行保荐职责的说法中，错误的是（　　）。

A. 公司债券是指公司依照法定程序发行、约定在一定期限内还本付息的有价证券

B. 保荐机构对其保荐代表人履行保荐职责，可以减轻或免除发行人及其董事、监事、高级管理人员、证券服务机构及其签字人员的责任

C. 公司债券可以公开发行，也可以非公开发行

D. 债券募集说明书及其他信息披露文件所引用的审计报告、资产评估报告、评级报告应当由具有从事证券服务业务资格的机构出具

答案：B

考点：保荐机构对其保荐代表人履行保荐职责，不能减轻或免除发行人及其董事、监事、高级管理人员、证券服务机构及其签字人员的责任。

192. 应当在债券募集说明书上签字，承诺不存在虚假记载、误导性陈述或者重大遗漏，并承担相应的法律责任的主体不包括（　　）。

A. 董事　　B. 监事

C. 高级管理人员　　D. 财务会计

答案：D

考点：发行人全体董事、监事、高级管理人员应当在债券募集说明书上签字，承诺不存在虚假记载、误导性陈述或者重大遗漏，并承担相应的法律责任但是能够证明自己没有过错的除外。

193. 首次公开发行股票的发行人和主承销商应在网上申购前披露每位网下投资者的详细报价情况，具体内容不包括（　　）。

A. 投资者名称、申购价格及对应的拟申购数量

B. 有效报价和发行价格的确定过程

C. 发行价格对应的市盈率

D. 投资者的亲属关系图

答案：D

考点：证券发行与承销信息披露的有关规定。

194. 下列关于证券发行与承销信息披露的说法错误的是（　　）。

A. 按照规定或约定将评级信息告知发行人，并及时向市场公布首次评级报告、定期和不定期跟踪评级

B. 在债券有效存续期间，应当每半年至少向市场公布一次定期跟踪评级报告

C. 应充分关注可能影响评级对象信用等级的所有重大因素，及时向市场公布信用等级调整及其他与评级相关的信息变化情况，并向证券交易所或其他证券交易场所报告

D. 公开发行公司债券的发行人应将披露的信息或信息摘要刊登在至少 1 种中国证监会指定的报刊，供公众查阅

答案：B

考点：本题考查证券发行与承销信息披露的有关规定，在债券有效存续期间，应当每年至少向市场公布一次定期跟踪评级报告。

195. 根据公司信用类债券信息披露的有关规定，下列说法错误的是（　　）。

A. 信息披露应当遵循真实、准确、完整、及时、公平的原则，不得有虚假记载、误导性陈述或重大遗漏

B. 企业应当及时、公平地履行信息披露义务

C. 企业及其董事、监事、高级管理人员应当忠实、勤勉地履行信息披露职责，保证信息披露内容真实、准确、完整，可以存在少量的虚假记载、误导性陈述或重大遗漏

D. 企业的董事、高级管理人员应当对债券发行文件和定期报告签署书面确认意见

答案：C

考点：本题考查公司信用类债券信息披露的有关规定。企业应当及时、公平地履行信息披露义务。企业及其董事、监事、高级管理人员应当忠实、勤勉地履行信息披露职责，保证信息披露内容真实、准确、完整，不存在虚假记载、误导性陈述或重大遗漏。

196. 根据公司信用类债券信息披露的有关规定，下列说法错误的是（　　）。

A. 企业的董事、高级管理人员无需对债券发行文件和定期报告签署书面确认意见

B. 监事会应当对董事会编制的债券发行文件和定期报告进行审核并提出书面审核意见

C. 董事、监事和高级管理人员无法保证债券发行文件和定期报告内容的真实性、准确性、完整性或者有异议的，应当在书面确认意见中发表意见并陈述理由，企业应当披露上述意见或理由

D. 监事应当签署书面确认意见

答案：A

考点：本题考查公司信用类债券信息披露的有关规定。企业的董事、高级管理人员应当对债券发行文件和定期报告签署书面确认意见。

197. 企业发行债券，应当于发行前披露企业最近（　　）年经审计的财务报告及

最近一期会计报表。

A. 1　　B. 2

C. 3　　D. 5

答案：C

考点：本题考查公司信用类债券信息披露的有关规定。企业发行债券，应当于发行前披露企业最近3年经审计的财务报告及最近一期会计报表。

198. 根据公司信用类债券信息披露的有关规定，下列说法错误的是（　　）。

A. 企业发行债券时应当披露募集资金使用的合规性、使用主体及使用金额

B. 企业发行债券时无须披露治理结构、组织机构设置及运行情况、内部管理制度的建立及运行情况

C. 企业应当披露与控股股东、实际控制人在资产、人员、机构、财务、业务经营等方面的相互独立情况

D. 企业应当在投资者缴款截止日后1个工作日（交易日）内公告债券发行结果。公告内容包括但不限于本期债券的实际发行规模、价格等信息

答案：B

考点：本题考查公司信用类债券信息披露的有关规定。企业发行债券时应当披露治理结构、组织机构设置及运行情况、内部管理制度的建立及运行情况。

199. 企业应当在投资者缴款截止日后（　　）个工作日（交易日）内公告债券发行结果。

A. 1　　B. 3

C. 5　　D. 10

答案：A

考点：本题考查公司信用类债券信息披露的有关规定。企业应当在投资者缴款截止日后1个工作日（交易日）内公告债券发行结果。公告内容包括但不限于本期债券的实际发行规模、价格等信息。

200. 债券存续期间，企业应当在每个会计年度结束之日起（　　）个月内披露上一年年度报告。年度报告应当包含报告期内企业主要情况、审计机构出具的审计报告、经审计的财务报表、附注以及其他必要信息。

A. 1　　B. 2

C. 3　　D. 4

答案：D

考点：本题考查公司信用类债券信息披露的有关规定。

201. 债券存续期内，企业应当在每个会计年度的上半年结束之日起（　　）个月内披露半年度报告。

A. 1　　B. 2

C. 3　　　　D. 4

答案：B

考点：本题考查公司信用类债券信息披露的有关规定。

202. 根据公司信用类债券信息披露的有关规定，下列说法错误的是（　　）。

A. 债券存续期内，企业定期报告的财务报表部分应当至少包含资产负债表、利润表和现金流量表。编制合并财务报表的企业，除提供合并财务报表外，还应当披露母公司财务报表

B. 企业无法按时披露定期报告的，应当于《公司信用类债券信息披露管理办法》第十六条规定的披露截止时间前，披露未按期披露定期报告的说明文件，文件内容包括但不限于未按期披露的原因、预计披露时间等情况。企业披露前款说明文件的，可以豁免企业定期报告的信息披露义务

C. 债券存续期内，企业信息披露的时间应当不晚于，企业按照监管机构、市场自律组织、证券交易场所的要求或者将有关信息刊登在其他指定信息披露渠道上的时间

D. 企业应当在投资者缴款截止日后 1 个工作日（交易日）内公告债券发行结果。公告内容包括但不限于本期债券的实际发行规模、价格等信息

答案：B

考点：本题考查公司信用类债券信息披露的有关规定。企业无法按时披露定期报告的，应当于《公司信用类债券信息披露管理办法》第十六条规定的披露截止时间前，披露未按期披露定期报告的说明文件，文件内容包括但不限于未按期披露的原因、预计披露时间等情况。企业披露前款说明文件的，不代表豁免企业定期报告的信息披露义务。

203. 根据公司信用类债券信息披露的有关规定，下列说法错误的是（　　）。

A. 信息披露文件一经公布不得随意变更。确有必要进行变更的，应披露变更公告和变更后的信息披露文件

B. 企业更正已披露信息的，应当及时披露更正公告和更正后的信息披露文件

C. 更正已披露经审计财务信息的，企业应聘请会计师事务所对更正事项出具专业意见并及时披露。前述更正事项对经审计的财务报表具有实质性影响的，企业仅需发布公告进行说明

D. 债券附发行人或投资者选择权条款、投资者保护条款等特殊条款的，企业应当按照相关规定和约定及时披露相关条款触发和执行情况

答案：C

考点：本题考查公司信用类债券信息披露的有关规定。更正已披露经审计财务信息的，企业应聘请会计师事务所对更正事项出具专业意见并及时披露。

204. 根据公司信用类债券信息披露的有关规定，下列说法错误的是（　　）。

A. 债券存续期内，企业应当在债券本金或利息兑付日后一日内披露本金、利息兑

付安排情况的公告

B. 债券发生违约的，企业应当及时披露债券本息未能兑付的公告

C. 企业进入破产程序的，企业信息披露义务由破产管理人承担，企业自行管理财产或营业事务的除外

D. 企业转移债券清偿义务的，承继方应当按照本办法中对企业的要求履行信息披露义务

答案：A

考点：本题考查公司信用类债券信息披露的有关规定。债券存续期内，企业应当在债券本金或利息兑付日前披露本金、利息兑付安排情况的公告。

205. 根据公司信用类债券信息披露的有关规定，为债券提供担保的机构应当在每个会计年度结束之日起（　　）个月内披露上一年财务报告。

A. 1　　　　B. 2

C. 3　　　　D. 4

答案：D

考点：本题考查公司信用类债券信息披露的有关规定。

206. 根据公司信用类债券信息披露的有关规定，下列说法错误的是（　　）。

A. 企业有充分证据证明按照本办法规定应当披露的信息可能导致其违反国家有关保密法律法规的，可以依据有关法律规定豁免披露

B. 主承销商、受托管理人应当按照规定和约定履行信息披露职责或义务，并督促企业依照本办法规定履行信息披露义务

C. 企业应当确保其向中介机构提供的与债券相关的所有资料真实、准确、完整

D. 债券承销机构不对债券募集说明书的真实性、准确性、完整性以及存在虚假记载、误导性陈述和重大遗漏承担责任

答案：D

考点：本题考查公司信用类债券信息披露的有关规定。债券承销机构应当对债券募集说明书的真实性、准确性、完整性进行核查，确认不存在虚假记载、误导性陈述和重大遗漏。

207. 下列有关金融债券发行的说法中，错误的是（　　）。

A. 金融债券的发行应遵循公平、公正、诚信、自律的原则，金融债券发行人及相关中介机构应充分披露有关信息，并提示投资风险

B. 发行人应在金融债券发行前和存续期间履行信息披露义务。信息披露义务应通过中国货币网、中国债券信息网进行

C. 发行人及相关知情人在信息披露前不得泄露其内容

D. 对影响发行人履行债务的重大事件，发行人应在第一时间向中国证监会报告，并按照中国证监会指定的方式披露

答案：D

考点：金融债券发行与承销信息披露的关规定。对影响发行人履行债务的重大事件，发行人应在第一时间向中国人民银行报告，并按照中国人民银行指定的方式披露。

208. 经中国人民银行核准发行的金融债券的，发行人应于每期金融债券发行前（　）个工作日披露募集说明书和发行公告。

A. 3　　B. 5

C. 10　　D. 15

答案：A

考点：本题考查金融债券发行与承销信息披露的有关规定。经中国人民银行核准发行的金融债券的，发行人应于每期金融债券发行前 3 个工作日披露募集说明书和发行公告。

209. 金融债券存续期间，发行人应于每年（　）前向投资者披露年度报告。

A. 3 月 1 日　　B. 3 月 30 日

C. 4 月 1 日　　D. 4 月 30 日

答案：D

考点：本题考查金融债券发行与承销信息披露的有关规定。金融债券存续期间，发行人应于每年 4 月 30 日前向投资者披露年度报告。

210. 以下关于证券投资者的描述正确的是（　）。

A. 从交易金额来看，在我国证券交易市场上，专业机构投资者占比重超过 50%

B. 众多的证券投资者保证了证券发行和交易的连续性，是推动证券市场价格形成和流动性的根本动力

C. 证券市场的投资者种类较多，按投资者身份，可以分为机构投资者和非机构投资者

D. 机构投资者是证券市场最广泛的投资者

答案：B

考点：考查证券市场投资者。个人投资者是证券市场最广泛的投资者。2018 年以来，机构交易呈现上升态势，但是，从总量上看，专业机构投资者力量仍然较为匮乏。从交易金额占比来看，近几年，自然人投资者交易额占比均在 80% 以上。证券市场的投资者种类较多，按投资者身份，可以分为机构投资者和个人投资者。个人投资者是证券市场最广泛的投资者。

211. 证券公司承销未经注册擅自公开发行的证券的，中国证监会可以采取的暂不受理其证券承销业务有关文件的监管措施的期限不包括（　）个月。

A. 6　　B. 12

C. 24　　D. 36

答案：A

考点：本题考查违反证券发行与承销有关规定的法律责任。

212. 证券公司及其直接负责的主管人员和其他直接责任人员在承销证券过程中，以不正当竞争手段招揽承销业务，情节比较严重的，中国证监会的可以采取暂不受理其证券承销业务有关文件的监管措施的期限不包括（　　）个月。

A. 1　　B. 3

C. 6　　D. 12

答案：A

考点：本题考行与承销有关规定的法律责任。

213. 证券公司的证券自营账户，应当自开户之日起（　　）个交易日内，报证券交易所备案。

A. 1　　B. 3

C. 5　　D. 7

答案：B

考点：证券公司的证券自营账户，应当自开户之日起3个交易日内，报证券交易所备案。

214. 证券、期货交易内幕的知情人员或者非法获取证券、期货交易内幕信息的人员，在涉及证券的发行，证券、期货交易或者其他对证券、期货交易价格有重大影响的信息尚未公开前，买入或卖出该证券，或者从事与该内幕信息有关的期货交易，或者泄露该信息，或者明示、暗示他人从事上述交易活动，相应处罚办法中，说法正确的是（　　）。

A. 没收违法所得，处违法所得1倍以上5倍以下罚金

B. 没收违法所得或者违法所得不足10万元的，处以10万元以上30万元以下的罚款

C. 情节严重的，处3年以下有期徒刑或拘役，并处或单处违法所得1倍以上5倍以下罚金

D. 情节特别严重的，处5年以上10年以下有期徒刑，并处违法所得1倍以上5倍以下罚金

答案：D

考点：本题考查证券公司违规使用内幕消息的法律责任。

215. 证券公司从事资产管理业务的基本要求不包括（　　）。

A. 勤勉尽责　　B. 客户利益至上

C. 审慎经营　　D. 业务融合

答案：D

考点：本题考查资产管理业务基本要求。资产管理业务的基本要求包括业务资质，审慎经营，客户利益至上、勤勉尽责，业务隔离。

216. 下列有关金融机构资产管理业务的表述中，说法错误的是（　　）。

A. 金融机构代理销售其他金融机构发行的资产管理产品，应当符合金融监督管理部门规定的资质条件未经金融监督管理部门许可，任何非金融机构和个人不得代理销售资产管理产品

B. 金融机构应当做到每只资产管理产品的资金单独管理、单独建账、单独核算，不得开展或者参与具有滚动发行、集合运作、分离定价特征的资金池业务金融机构应当合理确定资产管理产品所投资资产的期限，加强对期限错配的流动性风险管理，金融监督管理部门应当制定流动性风险管理规定

C. 资产管理产品直接或者间接投资于未上市企业股权及其受（收）益权的，应当为封闭式资产管理产品，并明确股权及其受（收）益权的退出安排

D. 未上市企业股权及其受（收）益权的退出日不得早于封闭式资产管理产品的到期日

答案：D

考点：本题考查金融机构资产管理业务。未上市企业股权及其受（收）益权的退出日不得晚于封闭式资产管理产品的到期日。

217. 为降低期限错配风险，金融机构应当强化资产管理产品久期管理，封闭式资产管理产品期限不得低于（　　）天。

A. 30　　B. 60

C. 90　　D. 120

答案：C

考点：本题考查金融机构资产管理业务。

218. 下列有关金融机构资产管理业务中，说法错误的是（　　）。

A. 资产管理产品直接或者间接投资于非标准化债权类资产的，非标准化债权类资产的终止日不得晚于封闭式资产管理产品的到期日或者开放式资产管理产品的最近一次开放日

B. 资产管理产品直接或者间接投资于未上市企业股权及其受（收）益权的，应当为封闭式资产管理产品，并明确股权及其受（收）益权的退出安排

C. 金融机构不得违反金融监督管理部门的规定，通过为单一融资项目设立多只资产管理产品的方式，变相突破投资人数限制或者其他监管要求

D. 同一金融机构发行多只资产管理产品投资同一资产的，为防止同一资产发生风险波及多只资产管理产品，多只资产管理产品投资该资产的资金总规模合计不得超过500 亿元。如果超出该限额，需经相关金融监督管理部门批准

答案：D

考点：本题考查金融机构资产管理业务。同一金融机构发行多只资产管理产品投资同一资产的，为防止同一资产发生风险波及多只资产管理产品，多只资产管理产品投资

该资产的资金总规模合计不得超过300亿元。如果超出该限额，需经相关金融监督管理部门批准。

219. 最近（　　）年分类评级在A类AA级以上的，经中国证监会认可，可以成为一级交易商。

A. 半　　B. 一　　C. 二　　D. 三

答案：B

考点：最近一年分类评级在A类AA级以上的，经中国证监会认可，可以成为一级交易商。

220. 二级交易商展业一年情况良好、未有重大风险事件的，可向（　　）申请成为一级交易商。

A. 证监会　　B. 证券业协会

C. 证券公司　　D. 证监会派出机构

答案：A

考点：二级交易商展业一年情况良好、未有重大风险事件的，可向证监会申请成为一级交易商。

221. 下列关于证券公司资产管理业务权利行使和信息披露与报告的表述，说法错误的是（　　）。

A. 证券公司办理定向资产管理业务，由客户自行行使其所持有证券的权利，履行相应的义务

B. 证券公司可代表客户行使集合资产管理计划所拥有证券的权利，履行相应的义务

C. 证券公司应当至少每半年向客户提供一次准确、完整的资产管理报告，对报告期内客户资产的配置状况、价值变动等情况做出详细说明的

D. 发生资产管理合同约定的或可能影响客户利益的重大事项的，证券公司应当提前或者在合理时间内告知客户

答案：C

考点：本题考查证券公司资产管理业务权利行使和信息披露与报告的相关知识点。证券公司应当至少每季度向客户提供一次准确、完整的资产管理报告，对报告期内客户资产的配置状况、价值变动等情况做出详细说明。

222. 下列关于交易商具体交易要求的说法错误的是（　　）。

A. 二级交易商可以自行或与一级交易商之外的交易对手开展场内个股对冲交易

B. 二级交易商应确保其与对手方和一级交易商分别达成的个股期权合约挂钩标的、合约期限、合约名义本金、收益结构等交易要素基本保持一致

C. 一级交易商应当履职尽责，对二级交易商及其对手方客户的交易目的等进行监测评估

D. 一级交易商根据标的集中度确定是否接受二级交易商的个股期权对冲交易，发现不符合规定的，不得开展相关交易

答案：A

考点：二级交易商仅能与一级交易商进行场内个股对冲交易，不得自行或与一级交易商之外的交易对手开展场内个股对冲交易。

223. 下列关于金融机构资产管理业务的相关规范，说法错误的是（　　）。

A. 金融机构可以为其他金融机构的资产管理产品提供规避投资范围、杠杆约束等监管要求的通道服务

B. 资产管理产品可以再投资一层资产管理产品，但所投资的资产管理产品不得再投资其他资产管理产品（公募证券投资基金除外）

C. 金融机构将资产管理产品投资于其他机构发行的资产管理产品，从而将本机构的资产管理产品资金委托给其他机构进行投资的，该受托机构应当为具有专业投资能力和资质的受金融监督管理部门监管的机构

D. 委托机构应当对受托机构开展尽职调查，实行名单制管理，明确规定受托机构的准入标准和程序、责任和义务、存续期管理、利益冲突防范机制、信息披露义务以及退出机制。委托机构不得因委托其他机构投资而免除自身应当承担的责任

答案：A

考点：本题考查金融机构资产管理业务的相关规范。金融机构不得为其他金融机构的资产管理产品提供规避投资范围、杠杆约束等监管要求的通道服务。

224. 关于金融资产管理业务的相关规范中，对资产管理业务实施监管应该遵循的原则，不包括（　　）。

A. 机构监管与功能监管相结合，按照产品类型而不是机构类型实施功能监管，同一类型的资产管理产品适用同一监管标准，杜绝监管真空和套利

B. 实行穿透式监管，对于已经发行的多层嵌套资产管理产品，向上识别产品的最终投资者，向下识别产品的底层资产（公募证券投资基金除外）

C. 强化宏观审慎管理，建立资产管理业务的宏观审慎政策框架，完善政策工具，从宏观、逆周期、跨市场的角度加强监测、评估和调节

D. 实现实时监管，对资产管理产品的发行销售、投资、兑付等各环节进行全面动态监管，建立综合统计制度

答案：A

考点：本题考查资产管理业务实施监管的原则，机构监管与功能监管相结合，按照产品类型而不是机构类型实施功能监管，同一类型的资产管理产品适用同一监管标准，减少监管真空和套利。

225. 下列关于资产证券化的说法错误的是（　　）。

A. 资产证券化业务，是指以基础资产所产生的现金流为偿付支持，通过结构化等

方式进行信用增级，在此基础上发行资产支持证券的业务活动

B. 基础资产，是指符合法律法规规定，权属明确，可以产生独立、可预测的现金流且可特定化的财产权利或者财产基础资产，只能是单项财产权利或者财产

C. 原始权益人，是指按照本规定及约定向专项计划转移其合法拥有的基础资产以获得资金的主体

D. 管理人是指为资产支持证券持有人之利益，对专项计划进行管理及履行其他法定及约定职责的证券公司、基金管理公司子公司

答案：B

考点：本题考查资产证券化的相关概念。基础资产，是指符合法律法规规定，权属明确，可以产生独立可预测的现金流且可特定化的财产权利或者财产。基础资产可以是单项财产权利或者财产，也可以是多项财产权利或者财产构成的资产组合。

226. 单个合格境外投资者或其他境外投资者持有单个上市公司或者挂牌公司股票的持股比例不得超过该公司股份总数的（　　）。

A. 5%　　B. 10%

C. 15%　　D. 20%

答案：B

考点：本题考查合格境外投资者的境内证券投资活动。单个合格境外投资者或其他境外投资者持有单个上市公司或者挂牌公司股票的持股比例不得超过该公司股份总数的 10%。

227. 全部合格境外投资者及其他境外投资者持有单个公司 A 股或者境内挂牌股份的总和，不得超过该公司股份总数的（　　）。

A. 10%　　B. 20%

C. 30%　　D. 40%

答案：C

考点：本题考查合格境外投资者的境内证券投资活动。全部合格境外投资者及其他境外投资者持有单个公司 A 股或者境内挂牌股份的总和，不得超过该公司股份总数的 30%。

228. 托管人应当保存合格境外投资者的资金汇入、汇出、兑换、收汇、付汇和资金往来记录等相关资料，保存期限不少于（　　）年。

A. 5　　B. 10

C. 15　　D. 20

答案：D

考点：本题考查合格境外投资者的境内证券投资活动。保存合格境外投资者的资金汇入、汇出、兑换、收汇、付汇和资金往来记录等相关资料，保存期限不少于 20 年。

229. 合格境外投资者业务资格应经中国证监会审批，以下不属于合格境外投资者

应具备条件的是（　　）。

A. 申请人的财务稳健，资信良好，资产管理规模、经营年限等符合中国证监会的规定

B. 拥有符合规定的具有境外投资管理相关经验的人员

C. 具有健全的治理结构和完善的内控制度，经营行为规范

D. 最近 2 年没有受到监管机构的重大处罚，没有重大事项正在接受司法部门、监管机构的立案调查

答案：D

考点：本题考查合格境外投资者的资格条件。最近 3 年没有受到监管机构的重大处罚，没有重大事项正在接受司法部门、监管机构的立案调查。

230. 合格境内投资者可以委托符合条件的投资顾问进行境外证券投资，该投资顾问经营投资管理业务已达（　　）年以上，且最近一个会计年度管理的证券资产不少于 100 亿元人民币或等值货币。

A. 3　　B. 5

C. 10　　D. 4

答案：B

考点：本题考查境外投资顾问的相关知识。

231. 境内机构投资者开展境外证券投资业务时，应当由具有证券基金托管资格的银行负责资产托管业务。托管人应当符合最近一个会计年度实收资本不少于（　　）亿美元或托管资产规模不少于 1 000 亿美元或等值货币。

A. 5　　B. 10

C. 15　　D. 20

答案：B

考点：本题考查境内机构投资者开展境外证券投资业务的相关规定。

232. 证券公司申请融资融券业务资格需要具备的条件，错误的是（　　）。

A. 具有证券经纪业务资格

B. 公司最近 1 年内不存在因涉嫌违法违规正被中国证监会立案调查或者正处整改期间的情形

C. 财务状况良好，最近 2 年各项风险控制指标持续符合规定

D. 公司治理健全，内部控制有效

答案：B

考点：本题考查中国证监会融资融券业务资格取得的条件。公司最近 2 年内不存在因涉嫌违法违规正被中国证监会立案调查或者正处于整改期间的情形。

233. 下列关于融资融券的标的证券的说法，正确的有（　　）。

A. 标的证券暂停交易后恢复交易日在融资融券债务到期日之后的，融资融券的期

限不可以顺延

B. 标的股票交易被实施风险警示的，交易所自该股票被实施风险警示日后一天将其调整出标的证券范围

C. 标的证券进入终止上市程序的，交易所自发行人做出相关公告当日起将其调整出标的证券范围

D. 证券被调整出标的证券范围的，在调整实施前未了结的融资融券合同无效

答案：C

考点：本题考查标的证券暂停终止的相关规定。标的证券暂停交易后恢复交易日在融资融券债务到期日之后的，融资融券的期限可以顺延。标的股票交易被实施风险警示的，交易所自该股票被实施风险警示当日起将其调整出标的证券范围。证券被调整出标的证券范围的，在调整实施前未了结的融资融券合同仍然有效。

234. 仅计算现金及信用证券账户内证券市场总和的维持保证金比例超过 300% 时，客户可以提取保证金可用额度中的现金或冲抵保证金的证券，但提取后仅计算现金及信用证券账户内证券市场总和的维持担保比例不得低于（　　）。

A. 100%　　B. 150%

C. 300%　　D. 250%

答案：C

考点：本题考查维持保证金比例的有关内容。

235. 以下不属于证券金融公司应当遵循的风险控制指标的是（　　）。

A. 净资本与各项风险资本准备之和的比例不得低于 100%

B. 对单一证券公司转融通余额，不得超过证券金融公司净资本的 50%

C. 融出的每种证券余额不得超过证券上市可流通市值的 15%

D. 充抵保证金的每种证券余额不得超过证券总市值的 15%

答案：C

考点：本题考查证券金融司的风险控制规定。证券金融公司应当遵守融出的每种证券余额不得超过该证券上市可流通市值的 10% 。

236. 关于股票质押式回购业务的风险管理，以下说法错误的是（　　）。

A. 证券公司应当对股票质押式回购实行集中统一管理

B. 证券公司应当建立健全业务隔离制度

C. 证券公司应当建立标的证券的制度管理

D. 股票质押率上限不得超过 50%

答案：D

考点：本题考查股质押式回业务的风险管理的规定股质押限得超过 60% 。

237. 交易商发生不符合备案条件、合并、分立等情形时，应当自发生之日起（　　）个交易日内向协会报告，接受持续管理。

A. 1　　B. 3　　C. 5　　D. 10

答案：C

考点：本题考查交易商发生不符合备案条件、合并、分立等情形时的规定。

238. 金融机构运用受托资金进行投资，应当遵守审慎经营规则，制定科学合理的投资策略和风险管理制度，有效防范和控制风险。金融机构应当履行的管理人职责不包括（　　）。

A. 依法募集资金，办理产品份额的发售和登记事宜，办理产品登记备案或者注册手续

B. 对所管理的不同产品受托财产分别管理、分别记账，进行投资，按照产品合同的约定确定收益分配方案，及时向投资者分配收益

C. 进行产品会计核算并编制产品财务会计报告；依法计算并披露产品净值或者投资收益情况，确定申购、赎回价格；办理与受托财产管理业务活动有关的信息披露事项；保存受托财产管理业务活动的记录、账册、报表和其他相关资料

D. 采用适当的风险控制手段，对金融资产净值的公允性进行评估。以摊余成本计量的金融资产的加权平均价格与资产管理产品实际兑付时金融资产的价值的偏离度不得达到10%或以上

答案：D

考点：金融机构运用受托资金进行投资时应当履行的管理人职责。选项D是金融机构对资产管理产品应当实行净值化管理的内容。

239. 金融机构在管理资产管理产品时，以下说法错误的是（　　）。

A. 每只资产管理产品的资金单独管理、单独建账、单独核算，不得开展或者参与具有滚动发行、集合运作、分离定价特征的资金池业务。金融机构应当合理确定资产管理产品所投资资产的期限，加强对期限错配的流动性风险管理，金融监督管理部门应当制定流动性风险管理规定

B. 为降低期限错配风险，金融机构应当强化资产管理产品久期管理，封闭式资产管理产品期限不得低于120天。资产管理产品直接或者间接投资于非标准化债权类资产的，非标准化债权类资产的终止日不得晚于封闭式资产管理产品的到期日或者开放式资产管理产品的最近一次开放日

C. 资产管理产品直接或者间接投资于未上市企业股权及其受（收）益权的，应当为封闭式资产管理产品，并明确股权及其受（收）益权的退出安排。未上市企业股权及其受（收）益权的退出日不得晚于封闭式资产管理产品的到期日

D. 金融机构不得违反金融监督管理部门的规定，通过为单一融资项目设立多只资产管理产品的方式，变相突破投资人数限制或者其他监管要求

答案：B

考点：金融机构管理资产管理产品的义务。为降低期限错配风险，金融机构应当强

化资产管理产品久期管理，封闭式资产管理产品期限不得低于 90 天。资产管理产品直接或者间接投资于非标准化债权类资产的，非标准化债权类资产的终止日不得晚于封闭式资产管理产品的到期日或者开放式资产管理产品的最近一次开放日。

240. 关于如何惩处认定存在刚性兑付行为的金融机构，以下说法错误的是（ ）。

A. 存款类金融机构发生刚性兑付的，认定为存款进行监管套利，由国务院银行保险监督管理机构按照存款业务予以规范，足额补缴存款准备金

B. 存款类金融机构发生刚性兑付的，认定为利用具有存款本质特征的资产管理产品进行监管套利，仅由中国人民银行按照存款业务予以规范，足额补缴存款准备金和存款保险保费，并予以行政处罚

C. 非存款类持牌金融机构发生刚性兑付的，认定为违规经营，由金融监督管理部门依法纠正

D. 非存款类持牌金融机构发生刚性兑付的，认定为利用具有存款本质特征的资产管理产品进行监管套利，由中国人民银行依法纠正并予以处罚

答案：B

考点：对存在刚性兑付行为的金融机构的惩处手段。选项 B，存款类金融机构发生刚性兑付的，认定为利用具有存款本质特征的资产管理产品进行监管套利，由国务院银行保险监督管理机构和中国人民银行按照存款业务予以规范，足额补缴存款准备金和存款保险保费，并予以行政处罚。

241. 关于资产管理产品分级要求的相关规定中，以下说法错误的是（ ）。

A. 开放式私募产品的分级比例不得超过 2:1

B. 分级私募产品应当根据所投资资产的风险程度设定分级比例（优先级份额/劣后级份额，中间级份额计入优先级份额）

C. 权益类产品的分级比例不得超过 1:1，商品及金融衍生品类产品、混合类产品的分级比例不得超过 2:1，发行分级资产管理产品的金融机构应当对该资产管理产品进行自主管理，不得转委托给劣后级投资者

D. 分级资产管理产品不得直接或者间接对优先级份额认购者提供保本保收益安排

答案：A

考点：资产管理产品的分级要求。公募产品和开放式私募产品不得进行份额分级。

242. 对于经评估不符合交易商条件的证券公司，设置（ ）年过渡期，过渡期内不得新增业务规模。

A. 1　　B. 3　　C. 5　　D. 10

答案：A

考点：对于经评估不符合交易商条件的证券公司，设置一年过渡期，过渡期内不得新增业务规模。

243. 因股票停牌等特殊情况无法了结的，经公司合规部门评估出具合规意见书并向协会及所属辖区证监局报备后可展期，但展期期限不超过停牌期满后（　　）个月。

A. 1　　B. 3　　C. 5　　D. 10

答案：A

考点：本题考查因股票停牌等特殊情况无法了结的情况。

244. 关于证券公司大集合资产管理业务，以下说法错误的是（　　）。

A. 大集合资产管理计划是指证券公司设立管理的投资者人数不受 300 人限制的集合资产管理计划

B. 大集合产品新开展的投资应当遵守公募基金法定投资范围和投资限制，加强投资组合的流动性风险管理，并按照公募基金的有关规定计提风险准备金

C. 存量大集合产品应当在 2021 年 12 月 31 日前对标公募基金进行管理

D. 连续 60 个工作日投资者不足 200 人或资产净值低于 5 000 万元的存量大集合产品，应当在过渡期内逐步转为符合法律法规规定的私募资产管理计划，并依法履行备案等程序，或者通过与其他产品合并、终止产品合同等方式予以规范

答案：A

考点：证券公司大集合资产管理业务的概念与总体规范要求。大集合产品是指证券公司设立管理的投资者人数不受 200 人限制的集合资产管理计划。

245. 合格境外机构投资者应经中国证监会审批，其应当具备的条件中，说法错误的是（　　）。

A. 具备证券期货投资经验；境内投资业务主要负责人员符合其所在境外国家或者地区有关从业资格的要求（如有）

B. 治理结构、内部控制和合规管理制度健全有效，按照规定指定督察员负责对其境内投资行为的合法合规性进行监督

C. 经营行为规范、近 5 年或者自成立以来未受到监管机构的重大处罚

D. 不存在对境内资本市场运行产生重大影响的情形。

答案：C

考点：合格境外投资者资格条件。经营行为规范、近 3 年或者自成立以来未受到监管机构的重大处罚。

246. 合格境外投资者的境内证券投资应当遵循的持股比例限制不包括（　　）。

A. 单个合格境外投资者或其他境外投资者持有单个上市公司或者挂牌公司股票的持股比例不得超过该公司股份总数的 10%

B. 全部合格境外投资者及其他境外投资者持有单个公司 A 股或者境内挂牌股份的总和，不得超过该公司股份总数的 20%

C. 合格境外投资者及其他境外投资者依法对上市公司战略投资的，其战略投资的持股不受前款规定的比例限制

D. 境内有关法律、行政法规、产业政策对合格境外投资者及其他境外投资者的持股比例有更严格规定的，从其规定

答案：B

考点：合格境外投资者的境内证券投资应当遵循的持股比例限制。

247. 下列关于托管人应当履行的职责中，错误的是（　　）。

A. 安全保管合格境外投资者托管的全部资产，办理合格境外投资者的有关交易清算、交收、结汇、售汇、收汇、付汇和人民币资金结算业务

B. 监督合格境外投资者的投资运作，发现其投资指令违法、违规的，及时向中国证监会、人民银行和外汇局报告

C. 根据中国证监会、人民银行和外汇局的要求，报送合格境外投资者的开销户信息、资金跨境收付信息、境内证券期货投资资产配置情况信息等相关业务报告和报表，并进行国际收支统计申报

D. 保存合格境外投资者的资金汇入、汇出、兑换、收汇、付汇和资金往来记录等相关资料，保存期限不少于 15 年

答案：D

考点：本题考查托管人的职责。保存合格境外投资者的资金汇入、汇出、兑换、收汇、付汇和资金往来记录等相关资料，保存期限不少于 20 年。

248. 以下关于合格境外投资者申请开立证券期货账户以及进行结算的描述中，（　　）是不正确的。

A. 合格境外投资者可以独立申请开立证券期货账户

B. 合格境外投资者可以开立多个证券期货账户，申请开立的证券期货账户应当与人民币专用存款账户对应

C. 合格境外投资者应当按照证券登记结算机构、期货交易场所和期货市场监控机构的业务规则开立、使用、管理证券期货账户

D. 合格境外投资者及其托管人应当根据证券期货交易场所、证券登记结算机构、期货市场监控机构的规定，确定合格境外投资者参与证券期货交易的交易结算模式，明确交易执行、资金划拨、资金清算、会计核算、保证金存管等业务中的权利和义务，建立资产和资金安全保障机制

答案：A

考点：本题考查合格境外投资者的登记和结算。合格境外投资者应当委托托管人申请开立证券期货账户。

249. 在全国股份转让系统申请挂牌的公司，必须履行披露义务。以下不属于披露的信息应当符合的要求的是（　　）。

A. 真实　　　　B. 完整

C. 相关　　　　D. 准确

答案：C

考点：全国股份转让系统申请挂牌的公司需要满足的条件。必须履行披露义务，披露信息应当真实、完整、准确。

250. 以下不承担保证公司披露信息的真实、准确、完整、及时、公平的义务的是（　　）。

A. 董事　　B. 监事

C. 高级管理人员　　D. 股东

答案：D

考点：申请挂牌的公司、公司的董事、监事、高管应当忠实勤勉的履行义务，保证公司披露信息的真实、准确、完整、及时、公平的义务。

251. 证券公司在全国股转系统开展相关业务前，应当向（　　）申请备案，成为主办券商。

A. 中国证监会　　B. 交易所

C. 证券行业自律组织　　D. 全国股转公司

答案：D

考点：本题考查主办券商管理的相关规定。

252. 公司通过网下询价方式确定股票发行价格和发行对象的，询价对象应当是（　　）。

A. 经中国证券业协会注册的网下投资者

B. 经中国证券业协会注册的普通投资者

C. 承销商

D. 证券公司认定的合格投资者

答案：A

考点：本题考查不特定合格投资者公开发行业务。

253. 全国股转系统应当根据（　　）制定全国股转系统股票发行承销业务规则，并报中国证监会批准。

A.《证券法》　　B.《公司法》

C.《分层管理办法》　　D.《公众公司办法》

答案：D

考点：本题考查向不特定合格投资者公开发行业务。

254. 股票定向发行，是指发行人向符合（　　）规定的特定对象发行股票的行为。发行过程中，发行人可以向特定对象推介股票。

A.《证券法》　　B.《公众公司办法》

C.《证券公司监管条例》　　D.《证券公司代销金融产品管理规定》

答案：B

考点：本题考查股票定向发行业务。

255. 发行人定向发行后股东累计不超过（　　）人的，由全国股转公司自律审查。

A. 50　　B. 100

C. 150　　D. 200

答案：D

考点：本题考查股票定向发行业务。

256. 发行人定向发行后股东累计超过 200 人的，应当在取得（　　）出具的自律监管意见后，报中国证监会核准。

A. 发行公司董事会　　B. 发行公司监事会

C. 主办券商　　D. 全国股转公司

答案：D

考点：本题考查股票定向发行业务。

257. 发行人的（　　）不负有保证发行人及时、公平地披露信息，所披露的信息真实、准确、完整的义务。

A. 董事　　B. 监事

C. 高级管理人员　　D. 股东大会

答案：D

考点：本题考查股票定向发行业务。发行人的董事、监事、高级管理人员应当忠实、勤勉地履行职责，保证发行人及时、公平地披露信息，所披露的信息真实、准确、完整。

258. （　　）应当对发行人的信息披露文件和申请文件进行全面核查，独立做出专业判断，并对定向发行说明书及其所出具文件的真实性、准确性、完整性负责。

A. 主办券商　　B. 董事会

C. 监事会　　D. 律师事务所

答案：A

考点：本题考查股票定向发行业务。

259. 律师事务所、会计师事务所及其他证券服务机构应当审慎履行职责，做出专业判断，对定向发行说明书中与其专业职责有关的内容及其所出具文件的特征负责。特征不包含哪一项（　　）。

A. 真实　　B. 准确

C. 完整　　D. 效率

答案：D

考点：本题考查股票定向发行业务。

260. 关于股票定向发行业务的自律审查问题，以下说法中错误的是（　　）。

A. 全国股转公司负责对定向发行相关文件进行自律审查

B. 全国股转公司对定向发行事项出具的自律审查意见意味着对申请文件及信息披露内容的真实性、准确性、完整性做出保证

C. 全国股转公司对定向发行事项出具的自律审查意见不表明对发行人股票投资价值或者投资者收益做出实质性判断或保证

D. 全国股转公司通过反馈、问询等方式要求发行人及相关主体对有关事项进行解释、说明或者补充披露

答案：B

考点：本题考查股票定向发行业务。全国股转公司对定向发行事项出具的自律审查意见不表明对申请文件及信息披露内容的真实性、准确性、完整性作出保证，也不表明对发行人股票投资价值或者投资者收益作出实质性判断或保证。

261. 发行人定向发行应当符合（　　）关于合法规范经营、公司治理、信息披露、发行对象等方面的规定。

A. 证券法　　B. 公司法

C. 公众公司办法　　D. 合伙企业法

答案：C

考点：本题考查股票定向发行业务。

262. 发行人、主办券商选择发行对象、确定发行价格或者发行价格区间时，均应当遵循的原则中不包含（　　）。

A. 公平原则　　B. 公正原则

C. 公开原则　　D. 维护发行人及其股东的合法权益

答案：C

考点：本题考查股票定向发行业务。发行人、主办券商选择发行对象、确定发行价格或者发行价格区间，应当遵循公平、公正原则，维护发行人及其股东的合法权益。

263. 发行人按照《公众公司办法》第四十七条规定发行股票的，下列说法中错误的是（　　）。

A. 应当严格按照中国证监会和全国股转公司的相关规定，履行内部决议程序和信息披露义务

B. 应当提供主办券商出具的推荐文件以及律师事务所出具的法律意见书

C. 发行人对定向发行文件内容的真实性、准确性、完整性负责

D. 发行人的持续督导券商负责协助披露发行相关公告，并对募集资金存管与使用的规范性履行持续督导职责

答案：B

考点：本题考查股票定向发行业务。发行人按照《公众公司办法》第四十七条规定发行股票的，应当严格按照中国证监会和全国股转公司的相关规定，履行内部决议程序和信息披露义务，无须提供主办券商出具的推荐文件以及律师事务所出具的法律意

见书。

264. 全国股转公司受理发行人申请文件至新增股票挂牌交易前，出现不符合规定或者其他影响本次发行的重大事项时，发行人应当及时向（　　）报告。

A. 董事会　　B. 主办券商　　C. 全国股转公司　　D. 证监会

答案：C

考点：本题考查股票定向发行业务。

265. 关于重大资产重组的说法中，错误的是（　　）。

A. 重大资产重组是指公众公司及其控股或者控制的公司在日常经营活动之外购买、出售资产或者通过其他方式进行资产交易，导致公众公司的业务、资产发生重大变化的资产交易行为

B. 公众公司及其控股或者控制的公司购买、出售的资产总额占公众公司最近一个会计年度经审计的合并财务会计报表期末资产总额的比例达到30%以上

C. 购买、出售的资产净额占公众公司最近一个会计年度经审计的合并财务会计报表期末净资产额的比例达到50%以上，且购买、出售的资产总额占公众公司最近一个会计年度经审计的合并财务会计报表期末资产总额的比例达到30%以上

D. 公众公司实施重大资产重组，有关各方应当及时、公平地披露或者提供信息，保证所披露或者提供信息的真实、准确、完整，不得有虚假记载、误导性陈述或者重大遗漏

答案：B

考点：本题考查重大资产重组业务。公众公司及其控股或者控制的公司购买、出售资产，达到下列标准之一的，构成重大资产重组：购买、出售的资产总额占公众公司最近一个会计年度经审计的合并财务会计报表期末资产总额的比例达到50%以上。

266. 下列关于被收购公司董事会针对收购所作出的决策及采取的措施中，说法错误的是（　　）。

A. 应当有利于维护公司及其股东的利益

B. 董事会可根据董事个人自身利益行使职权

C. 不得滥用职权对收购设置不适当的障碍

D. 不得利用公司资源向收购人提供任何形式的财务资助

答案：B

考点：被收购公司董事会针对收购所作出的决策及采取的措施，应当有利于维护公司及其股东的利益，不得滥用职权对收购设置不适当的障碍，不得利用公司资源向收购人提供任何形式的财务资助。

267. 在公众公司的收购及相关股份权益变动活动中，下列关于信息披露义务人说法错误的是（　　）。

A. 应当依法严格履行信息披露和其他法定义务

B. 应当保证所披露的信息及时、真实、准确、完整，不得有虚假记载、误导性陈述或者重大遗漏

C. 应当在全国股份转让系统指定的信息披露平台和符合中国证监会规定条件的媒体上依法披露信息

D. 在其他媒体上进行披露的，披露的时间可以早于在全国股份转让系统指定信息披露平台上披露的时间

答案：D

考点：公众公司的收购及相关股份权益变动活动中的信息披露义务人，应当依法严格履行信息披露和其他法定义务，并保证所披露的信息及时、真实、准确、完整，不得有虚假记载、误导性陈述或者重大遗漏。信息披露义务人应当在全国股份转让系统指定的信息披露平台和符合中国证监会规定条件的媒体上依法披露信息；在其他媒体上进行披露的，披露内容应当一致，披露时间不得早于前述披露时间。

268.（　　）是指证券公司与特定交易对手方在集中交易场所之外进行的交易或为投资者在集中交易场所之外进行交易提供服务的行为。

A. 证券交易所现场交易　　B. 证券交易所柜台交易

C. 证券公司现场交易　　D. 证券公司柜台交易

答案：D

考点：证券公司柜台交易，是指证券公司与特定交易对手方在集中交易场所之外进行的交易或为投资者在集中交易场所之外进行交易提供服务的行为。

269. 在柜台市场发行、销售与转让的产品不包括以下（　　）私募产品。

A. 证券公司及其子公司以非公开募集方式设立或者承销的资产管理计划、公司债务融资工具等产品

B. 银行、保险公司、信托公司等其他机构设立并通过证券公司发行、销售与转让的产品

C. 金融衍生品及中国证监会、中国证券业协会认可的产品

D. 个人非公开募集的产品

答案：D

考点：本题考查柜台市场发行、销售与转让的产品种类。

270. 投资者在柜台市场交易私募产品，证券公司应当为其开立（　　）账户。

A. 商品　　B. 产品　　C. 交易　　D. 资金

答案：B

考点：投资者在柜台市场交易私募产品，证券公司应当为其开立产品账户。

271. 关于投资者柜台交易产品的登记管理的说法错误的是（　　）。

A. 应当记录投资者柜台交易产品的持有及变动状况

B. 及时、准确、完整地记载与柜台交易有关的信息，并按照《证券法》的规定予

以妥善保存

C. 应当保证产品持有人名册和登记过户记录真实、准确、完整

D. 证券公司为在柜台市场发行、销售与转让的私募产品提供登记服务中可销毁相关资料

答案：D

考点：证券公司为在柜台市场发行、销售与转让的私募产品提供登记服务的，应当保证产品持有人名册和登记过户记录真实、准确、完整，不得隐匿、伪造或者毁损相关资料。

272.《证券投资基金法》规定，非公开募集基金应当向合格投资者募集，合格投资者累计不得超过（　　）人。

A. 50　　B. 100　　C. 200　　D. 500

答案：C

考点：《证券投资基金法》规定，非公开募集基金应当向合格投资者募集，合格投资者累计不得超过 200 人。

273. 证券公司应于每月结束后（　　）个工作日内按要求向中国证券业协会报送柜台交易月度报表。

A. 3　　B. 5

C. 7　　D. 10

答案：B

考点：证券公司应于每月结束后 5 个工作日内按要求向中国证券业协会报送柜台交易月度报表。

274. 柜台市场发生对业务开展、客户权益、证券公司风险等产生重大影响的事项，或者可能影响柜台交易顺利进行、投资者利益或可能诱发证券公司风险的重大事件时，证券公司应当在该事项发生后（　　）个交易日内向中国证券业协会报告，并于（　　）个交易日内提交重大事项报告。

A. 1；2　　B. 1；3

C. 2；3　　D. 3；5

答案：B

考点：柜台市场发生对业务开展、客户权益、证券公司风险等产生重大影响的事项，或者可能影响柜台交易顺利进行、投资者利益或可能诱发证券公司风险的重大事件时，证券公司应当在该事项发生后 1 个交易日内向中国证券业协会报告，并于 3 个交易日内提交重大事项报告。

275.（　　）是指接受金融产品发行人的委托，为其销售金融产品或者介绍金融产品购买人的行为。

A. 直销金融产品　　B. 代销金融产品

C. 承销金融产品　　D. 包销金融产品

答案：B

考点：代销金融产品，是指接受金融产品发行人的委托，为其销售金融产品或者介绍金融产品购买人的行为。

276. 各方应当在完成合格投资者确认程序后签署私募基金合同。基金合同应当约定给投资者设置不少于（　　）小时的投资冷静期，募集机构在投资冷静期内不得主动联系投资者。

A. 12　　B. 24

C. 18　　D. 36

答案：B

考点：本题考查私募股权投资基金的冷静期。

277. 证券公司与期货公司签订、变更或者终止委托协议的，双方应当在（　　）个工作日内报各自所在地的中国证监会派出机构备案。

A. 1　　B. 3

C. 5　　D. 10

答案：C

考点：本题考查证券公司与期货公司签订、变更或者终止委托协议的备案义务。

278. 根据《证券公司为期货公司提供中间介绍业务试行办法》，以下证券公司开展中间介绍业务的业务规则与禁止行为中错误的是（　　）。

A. 证券公司只能接受其全资拥有或者控股的，或者被同一机构控制的期货公司的委托从事介绍业务

B. 证券公司应当按照合规、审慎经营的原则，制定并有效执行介绍业务规则、内部控制、合规检查等制度

C. 证券公司应当定期对介绍业务规则、内部控制、风险隔离等制度的执行情况和营业部介绍业务的开展情况进行检查，每年向中国证监会派出机构报送合规检查报告

D. 发生重大事项的，证券公司应当在 2 个工作日内向所在地中国证监会派出机构报告

答案：C

考点：本题考查证券公司开展中间介绍业务的业务规则与禁止行为。C 选项，应该是每半年报送。

279. 以下关于证券公司开展中间介绍业务的业务规则与禁止行为表述中不正确的是（　　）。

A. 证券公司应当向客户明示其与期货公司的介绍业务委托关系

B. 证券公司应当在营业场所妥善保存有关介绍业务的凭证、单据、账簿、报表、合同、数据信息等资料，期限不得少于 5 年

C. 在客户提出要求的情况下证券公司可以代客户保管交易密码

D. 证券公司不得直接或者间接为客户从事期货交易提供融资或者担保

答案：C

考点：本题考查证券公司开展中间介绍业务的业务规则与禁止行为。证券公司不得代客户下达交易指令，不得利用客户的交易编码、资金账号或者期货结算账户进行期货交易，不得代客户接收、保管或者修改交易密码。

280. 另类子公司开展业务，应当遵循的基本原则不包括（　　）。

A. 稳健经营原则　　B. 诚实守信原则

C. 坚持专业化投资原则　　D. 增强自我约束能力

答案：D

考点：本题考查另类投资业务的基本原则。另类子公司开展业务，应当遵循稳健经营、诚实守信、勤勉尽责的原则，坚持专业化投资原则，防范利益冲突，不得损害国家利益、社会公共利益和他人合法权益。

281. 证券公司设立另类子公司的标准中表述正确的是（　　）。

A. 具备中国证监会核准的证券自营业务资格

B. 最近1年内各项风险控制指标符合中国证监会及中国证券业协会的相关要求，且设立另类子公司后，各项风险控制指标仍持续符合规定

C. 最近6个月未因重大违法违规行为受到刑事或行政处罚，且不存在因涉嫌重大违法违规正受到监管部门和有关机关调查的情形

D. 以自有资金全资设立另类子公司，可以通过采用股份代持与其他投资者共同出资设立

答案：A

考点：本题考查另类子公司的设立要求。证券公司设立另类子公司，应当符合以下要求：（1）具有健全的公司治理结构，完善有效的内部控制机制、风险管理制度和合规管理制度，防范与另类子公司之间出现风险传递和利益冲突；（2）具备中国证监会核准的证券自营业务资格；（3）最近6个月内各项风险控制指标符合中国证监会及中国证券业协会的相关要求，且设立另类子公司后，各项风险控制指标仍持续符合规定；（4）最近1年未因重大违法违规行为受到刑事或行政处罚，且不存在因涉嫌重大违法违规正受到监管部门和有关机关调查的情形；（5）公司章程有关条款中明确规定公司可以设立另类子公司，并经注册地中国证监会派出机构审批；（6）以自有资金全资设立另类子公司，不得采用股份代持等其他方式变相与其他投资者共同出资设立另类子公司；（7）中国证监会及中国证券业协会规定的其他条件。

282. 根据《证券期货经营机构参与股票期权交易试点指引》第三条的规定，证券公司从事股票期权经纪业务试点应当符合的基本条件中不包括（　　）。

A. 具有证券经纪业务资格

B. 配备3名具备相应专业能力的业务人员

C. 具有满足从事股票期权经纪业务相关要求的营业场所、经营设备、技术系统等软硬件设施

D. 公司及其董事、监事、高级管理人员最近3年内未因重大违法违规行为受到行政处罚或刑事处罚

答案：D

考点：本题考查证券公司从事股票期权经纪业务试点应当符合的基本条件。公司及其董事、监事、高级管理人员最近1年内未因重大违法违规行为受到行政处罚或刑事处罚。

283. 为降低投资者期权交易成本，沪深交易所目前提供的组合策略不包括（　　）。

A. 认购熊市价差策略　　B. 认购牛市价差策略

C. 认沽牛市价差策略　　D. 跨式多头与宽跨式多头策略

答案：D

考点：降低投资者期权交易成本，沪深交易所目前提供的组合策略包括认购牛市价差策略、认沽牛市价差策略、认购熊市价差策略、认沽熊市价差策略、跨式空头与宽跨式空头策略。

284. 关于衍生品业务备案的描述中，错误的是（　　）。

A. 证券公司在开展金融衍生品业务前应向中国证券业协会进行业务方案备案，并取得相应业务方案备案确认函。中证机构间报价系统股份有限公司负责对证券公司金融衍生品备案和后续监测管理

B. 中国证券业协会根据公平、公正、简便、高效的原则开展场外证券业务备案工作

C. 不代表协会对所备案场外证券业务的投资价值及投资风险做出保证和判断

D. 协会接受备案后可以免除备案机构地披露场外证券业务信息的法律责任

答案：D

考点：本题考查衍生品业务备案制度。接受备案不代表协会对所备案场外证券业务的投资价值及投资风险做出保证和判断，不能免除备案机构真实、合规、准确、完整、及时地披露场外证券业务信息的法律责任。

285. 备案机构应当于首次开展业务之日起（　　）内报送以下材料，完成该项业务首次备案。

A. 5个工作日　　B. 10个工作日

C. 15个工作日　　D. 1个月

答案：D

考点：本题考查衍生品业务备案。

286. 场外衍生品业务发行、到期、到期日变更或展期的，应当于发生后（　　）个工作日内，报送相关情况报告。进行变更或展期时，备案机构应当按有关规定作出合理安排。

A. 3　　B. 5

C. 10　　D. 15

答案：B

考点：本题考查衍生品业务备案。

287. 金融衍生品存续期间发生重大业务风险、重大业务损失或影响持续运行等重大事件的，证券公司应立即采取有效措施，并于重大事件发生后（　　）工作日内向中证报价提交报告，说明重大事件的起因、处理措施和影响结果。

A. 1　　B. 2

C. 3　　D. 5

答案：B

考点：本题考查金融衍生品存续期间发生重大事项的报告义务。

288. 金融衍生品交易系统出现重大技术故障，导致交易暂停超过（　　）个工作日的，视为出现金融衍生品交易系统的重大事件。

A. 1　　B. 2

C. 3　　D. 5

答案：A

考点：本题考查金融衍生品存续期间发生重大事项的报告义务。

289. 关于证券公司参与区域性股权市场的业务范围，以下说法错误的是（　　）。

A. 证券公司可以参股、控股区域性股权市场运营机构

B. 证券公司分支机构经证券公司批准即可全面开展区域性股权市场相关业务

C. 证券公司可以在区域性股权市场推荐企业挂牌

D. 证券公司可以承销可转换为股票的公司债券，推荐本公司承销的可转换为股票的公司债券在区域性股权市场挂牌转让

答案：B

考点：本题考查证券公司参与区域性股权市场的业务范围。证券公司分支机构可以经证券公司批准并在授权范围内开展区域性股权市场相关业务。

290. 关于证券公司参与区域性股权市场的业务范围的描述中错误的是（　　）。

A. 为合格投资者提供企业研究报告和尽职调查信息

B. 证券公司参与区域性股权市场时不得为企业提供融资服务

C. 改制辅导、管理培训、管理咨询、财务顾问等相关服务

D. 推荐企业展示

答案：B

考点：本题考查证券公司参与区域性股权市场的业务范围。证券公司可以在区域性股权市场与商业银行、小额贷款公司等开展业务合作，为企业提供融资服务。

291. 证券公司应当于入股区域性股权市场运营机构起（　　）内将相关情况报送至中国证券业协会。

A. 3 个工作日　　B. 5 个工作日

C. 15 个工作日　　D. 1 个月

答案：D

考点：本题考查证券公司在区域性股权市场提供业务服务的相关规定。

292. 证券公司开展区域性股权市场业务，应当在每个月的前（　　）个工作日内将上个月度业务开展情况报送至中国证券业协会。

A. 3　　B. 5

C. 7　　D. 10

答案：D

考点：本题考查证券公司在区域性股权市场提供业务服务的相关规定。

二、多项选择题。以下备选项中有两项或两项以上符合题目要求，多选、少选、错选均不得分。

1. 按照《证券交易委托代理协议指引》的规定，（　　）属于客户可以委托证券公司代理的事项。

A. 接受并执行客户依照《证券交易委托代理协议》约定的方式下达的合法有效的委托指令

B. 代理客户进行资金、证券的清算、交收

C. 代理保管客户买入或存入的有价证券

D. 接受客户对其委托、成交及账户内的资产及变化情况的查询，并应客户的要求提供相应的清单

答案：ABCD

考点：本题考查用户可以委托证券公司代理的事项，ABCD 均正确。

2. 根据《区域性股权市场自律管理与服务规范（试行）》（以下简称《规范》）相关规定，下列选项中关于证券公司参与区域性股权市场的自律管理要求正确的是（　　）。

A. 证券公司作为运营机构股东或者在区域性股权市场开展相关业务，应当遵守证券行业监管和自律规则以及区域性股权市场相关的管理规定

B. 区域性股权市场运营机构、证券公司及其从业人员应当配合中国证券业协会对落实《规范》及相关自律要求情况的监督检查

C. 区域性股权市场运营机构、证券公司及其从业人员违反《规范》，中国证券业协会将视情节轻重采取相关自律惩戒措施

D. 区域性股权市场运营机构、证券公司及其从业人员违反《规范》同时存在违反法律、法规行为的，将移交中国证监会及其派出机构或其他有权机关依法查处

答案：ABCD

考点：本题考查证券公司参与区域性股权市场的自律管理要求。

3. 证券账户开立的总体要求包括（　　）。

A. 证券公司为客户办理开户，应当遵循合法、自愿、审慎原则，审核客户身份的真实性，确保客户资料真实、准确和完整

B. 证券公司应建立健全客户账户开户管理制度、操作流程和风险识别、评估与控制体系，确保风险可测、可控、可承受

C. 证券公司可以在经营场所内为客户现场开立账户，也可以通过见证、网上及中国证监会认可的其他方式为客户开立账户

D. 证券公司应当建立健全客户投诉和纠纷处理机制，明确处理流程，妥善处理客户投诉与客户之间的纠纷，持续做好客户投诉及纠纷处理工作

答案：ABC

考点：本题考查《证券公司开立客户账户规范》中做出的客户账户开立总体要求。D 属于证券公司委托证券经纪人开展证券经纪业务营销的要求。

4. 下列关于客户交易结算资金三方存管制度的说法正确的是（　　）。

A. 明确“单独立户”要求，防止资金被混合使用

B. 明确“封闭运行”要求，防止资金被违规动用

C. 除客户取款、交易等情形外，证券公司不得动用客户资金

D. 在向客户收取与证券交易有关的佣金、费用或者代扣税款等特殊情形下，证券公司可以将客户资金转入自有资金账户

答案：ABCD

考点：本题考查客户交易结算资金三方存管制度的主要内容。根据《客户交易结算资金管理办法》，客户资金三方存管制度的主要内容包括：（1）明确“单独立户”要求，防止资金被混合使用；（2）明确“封闭运行”要求，防止资金被违规动用；（3）除客户取款、交易等情形外，证券公司不得动用客户资金；（4）除向客户收取与证券交易有关的佣金、费用或者代扣税款等特定情形外，证券公司不得将客户资金转入自有资金账户。

5. 下列关于指定交易的说法正确的是（　　）。

A. 在指定交易中，1 个证券账户可以指定多个交易参与人

B. 投资者应当与指定交易的证券公司签订指定交易协议，明确双方的权利、义务和责任

C. 投资者变更指定交易的，应当向已指定的证券公司提出撤销申请，由该证券公司申报撤销指令

D. 指定交易撤销后，7 日后方可重新申办指定交易

答案：BC

考点：本题考查委托交易中的指定交易。在指定交易中，每一个证券账户只能指定 1 个交易参与人，选项 A 错误；指定交易撤销后即可重新申办指定交易，选项D 错误。

6. 以下（　　）属于应重点监控的异常交易行为。

A. 可能对证券交易价格产生重大影响的信息披露前大量买入或卖出相关证券

B. 以同一身份证明文件、营业执照或其他有效证件开立的证券账户之间，大量或者频繁进行互为对手方的交易

C. 委托、授权给同一机构或者同一个人代为从事交易的证券账户之间，大量或者频繁进行互为对手方的交易

D. 两个或两个以上固定的或涉嫌关联的证券账户之间，大量或者频繁进行互为对手方的交易

答案：ABCD

考点：本题考查异常交易行为管理，上海证券交易所和深圳证券交易所对可能影响证券交易价格或者证券交易量的异常交易行为，予以重点监控，上述四项均属于异常交易行为。

7. 下列关于佣金管理的表述，正确的是（　　）。

A. 证券经纪商向客户收取的佣金不得高于证券交易金额的 5‰，也不得低于代收的证券交易监管费和证券交易所手续费等

B. A 股，证券投资基金每笔交易佣金不足 5 元的，按 5 元收取

C. B 股，每笔交易佣金不足 1 美元或 5 港元的，按 1 美元或 5 港元收取

D. 国债现券，企业债（含可转债），国债回购以及以后出现的新的交易品种，其交易佣金标准由证券交易所制定并报中国证监会和原国家计委备案，备案 15 天内无异议后实施

答案：BCD

考点：本题考查《关于调整证券交易佣金收取标准的通知》的第一条。证券经纪商向客户收取的佣金不得高于证券交易金额的 3‰，也不得低于代收的证券交易监管费和证券交易所手续费等。

8. 沪港通和深港通的基本规则包括（　　）。

A. 订单设计　　　　B. 订单修改

C. T +2 交收制度　　　　D. 额度控制

答案：ABCD

考点：木题考查沪港通和深港通的基本交易规则。沪港通和深港通的基本交易规则

包括订单设计、订单修改、T+2 交收制度、额度控制、回转交易等内容。

9. 下列说法正确的是（　　）。

A. 存托凭证，是指有存托人签发、以境外证券为基础在中国境内发行、代表境外基础证券权益的证券

B. 存托凭证的境外基础证券发行人应当参与存托证券发行，依法履行发行人、上市公司的义务，承担相应的法律责任

C. 证券公司可以担任存托人

D. 存托人不能委托境外金融机构担任托管人

答案：ABC

考点：存托人可以委托境外金融机构担任托管人。

10. 中证中小投资者服务中心建立投资者保护机制，其具体内容有（　　）。

A. 中证中小投资者服务中心有限责任公司可以购买最小交易份额的存托凭证，依法行使存托凭证持有人的各项权利

B. 中证中小投资者服务中心有限责任公司可以接受存托凭证持有人的委托，代为行使存托凭证持有人的各项权利

C. 中证中小投资者服务中心有限责任公司可以支持受损害的存托凭证持有人依法向人民法院提起民事诉讼

D. 存托凭证持有人与境外基础证券发行人、存托人、证券服务机构等主体发生纠纷的，可以向中证中小投资者服务中心有限责任公司及其他依法设立的调解组织申请调解

答案：ABCD

考点：考查存托凭证的投资者保护，ABCD 均正确。

11. 证券经纪业务合规风险的防范措施包括（　　）。

A. 证券公司要加强合规文化建设，从高级管理人员到普通员工都要增强法治观念和合规意识

B. 要建立健全各项规章制度，严格按经纪业务内部控制的要求完善内部控制机制和制度

C. 对客户交易结算资金实行第三方存管，对经纪业务账户管理、交易、清算、核算、操作权限、风险控制等实行集中统一管理；对风险程度和重要性不同的业务，实行实时复核、分级审批。加强对经纪业务主要环节和风险点的控制

D. 建立客户投诉处理及责任追究机制

答案：ABC

考点：本题考查证券经纪业务合规风险的防范措施。选项 D 为管理风险的防范措施。

12. 以下属于证券经纪业务管理风险防范措施的是（　　）。

A. 要加强对经纪业务营销管理

B. 严格执行经纪业务操作规程

C. 建立经纪业务营销和账户管理操作信息管理系统，防范从业人员执业行为引发的风险，保护客户合法权益

D. 建立经纪业务检查稽核制度

答案：ABCD

考点：本题考查证券经纪业务管理风险的防范措施。

13. 下列各项属于证券投资咨询业务的是（　　）。

A. 接受投资人或客户委托，提供证券投资咨询服务

B. 举办有关证券投资咨询的讲座、报告会、分析会等

C. 在报刊上发表证券投资咨询的文章、评论、报告，以及通过电台、电视等公众传播媒体提供证券投资咨询服务

D. 通过电话、传真、电脑网络等电信设备系统，提供证券投资咨询服务

答案：ABCD

考点：本题考查证券投资咨询的形式。

14. 证券投资顾问业务和发布证券研究报告的区别是（　　）。

A. 立场不同

B. 服务方式和内容不同

C. 服务对象有所不同

D. 市场影响有所不同

答案：ABCD

考点：证券投资顾问业务和发布证券研究报告的区别。

15. 经营机构发布证券研究报告相关人士进行上市公司调研活动，应当符合（　　）要求。

A. 事先履行所在地经营机构的审批程序

B. 不得向证券研究报告相关销售服务人员、特定客户和其他无关人员泄露研究部门或研究子公司未来一段时间的整体调研计划、调研底稿，以及调研后发布证券研究报告的计划、研究观点的调整信息

C. 不得主动寻求上市公司相关内幕信息或者未公开重大信息

D. 被动知悉上市公司内幕信息或者未公开重大信息的，应当对有关信息内容进行保密，并及时向所在机构的合规管理部门报告本人已获知有关信息的事实，在有关信息公开前不得发布涉及该上市的证券研究报告

答案：ABCD

考点：本题考查证券研究报告调研活动管理，ABCD 均属于进行调研活动的要求。

16. 登记机构提供证券投资顾问服务，应当与客户签订证券投资顾问服务协议，并

对协议实行编号管理。协议内容应当包括（　　）。

A. 当事人的权利义务

B. 证券投资顾问服务的内容和方式

C. 争议或者纠纷解决方式

D. 终止或者解除协议的条件和方式

答案：ABCD

考点：本题考查签订证券投资顾问服务协议环节的规范要求，ABCD 均正确。

17. 证券投资顾问业务的内部控制要求包括（　　）。

A. 证券投资顾问人员管理制度要求

B. 证券投资顾问业务管理制度、合规管理和风险控制机制要求

C. 保证与服务方式、业务规模相适应

D. 业务留痕管理和档案保存要求

答案：ABCD

考点：本题考查证券投资顾问业务的内部控制要求，ABCD 均正确。应注意第 D 项的具体时间规定，证券投资顾问业务档案的保存期限自协议终止之日起不得少于 5 年。

18. 证券咨询人员应当规范执业行为，遵守以下执业行为准则（　　）。

A. 证券投资咨询人员应当以行业公认的谨慎、诚实和勤勉尽责的态度，为投资人或者客户提供证券投资咨询服务

B. 证券投资咨询人员应当完整、客观、准确地运用有关信息、资料向投资人或者客户提供投资分析、预测和建议，不得断章取义地引用或者篡改有关信息、资料

C. 不得以虚假信息、市场传言或者内幕信息为依据向投资者或者客户提供投资分析、预测或建议

D. 证券投资咨询人员制作发布证券研究报告、提供相当服务，应当向客户进行必要的风险提示

答案：ABC

考点：本题考查证券投资咨询人员执业行为的总体要求。选项 D 属于证券分析师执业行为准则，证券分析师制作发布证券研究报告、提供相关服务，应当向客户进行必要的风险提示。

19. 以下属于证券分析师行为准则中“防范利益冲突”具体要求的是（　　）。

A. 证券分析师在执业过程中遇到自身利益与公司利益、客户利益存在冲突时，应该主动向公司报告

B. 证券分析师只能与一家经营机构签订劳动合同，不得以任何形式同时在两家或两家以上的机构执业

C. 证券分析师应当遵守所在公司的管理制度，履行岗位执业，充分尊重和维护所在公司的合法权益

D. 证券分析师离职后，应当履行与原所在公司所签署的劳务合同或协议的有关规定

答案：AB

考点：本题考查证券分析师行为准则的具体理解，CD 属于“维护所在机构利益”“防范利益冲突”。除 AB 外，还有证券分析师的配偶、子女、父母担任其所研究覆盖的上市公司的董事、监事、高级管理人员的，证券分析师应当按照公司的规定进行执业回避或者在证券研究报告中队上述事实进行披露；证券分析师不得在公司内部或外部兼任有损其独立性与客观性的其他职务，包括担任上市公司的独立董事。

20. 下列说法正确的是（　　）。

A. 证券分析师参加媒体组织的研究评价活动，应当经所在公司同意，秉承公平竞争的原则，不得以不正当手段争取较高的研究评价结果

B. 证券分析师应当相互尊重，共同维护行业声誉，不得在公众场合及媒体上发表贬低、损害同行声誉的言论，不得以不正当手段与同行竞争

C. 证券分析师明知特定客户，公司内部其他部门的要求或拟委托的事项违反了法律、法规、中国证监会监管规定、行业自律规则以及公司管理制度的，应当予以拒绝，并及时向公司报告

D. 证券分析师应当珍惜职业称号和职业声誉，以真实姓名执业

答案：ABCD

考点：本题考查证券分析师执业行为准则。

21. 证券投资顾问执业行为准则包括（　　）。

A. 证券投资顾问不得为公司及其关联方的利益损害客户利益

B. 证券投资顾问应当根据了解的客户情况在评估客户风险承受能力和服务需求的基础上，向客户提供适当的投资建议服务，并提示潜在的投资风险

C. 提供投资建议应具有合理依据

D. 不得参与媒体证券节目

答案：ABC

考点：考查证券投资顾问执业行为准则的具体要求，D 应该为规范参与媒体证券节目。

22. 证券投资咨询人员出现下列（　　）情形的，由中国证监会派出机构单处或者并处警告、没收违法所得 1 万元以上 3 万元以下罚款。

A. 同时在两个或两个以上的证券、期货投资咨询机构执业的

B. 未以行业公认的谨慎、诚实和勤勉尽责的态度，为投资人或者客户提供证券投资咨询服务的

C. 以虚假信息、市场传言或者内幕信息为依据向投资人或者客户提供投资分析、预测或建议的

D. 就同一问题向不同客户提供的投资分析、预测或者建议不一致的；就同一问题向社会公众和其自营部门提供的咨询意见不一致，为自营业务获利的需要误导社会公众的

答案：ABC

考点：监管部门对证券投资咨询业务的监管措施，D 项是对于证券投资咨询机构的监管措施。就同一问题向不同客户提供的投资分析、预测或者建议不一致的；就同一问题向社会公众和其自营部门提供的咨询意见不一致，为自营业务获利的需要误导社会公众的，由证监会派出机构单处或者并处警告、没收违法所得、1 万元以上 10 万元以下罚款。

23. 存在（　　）的，不得担任独立财务顾问。

A. 持有或者通过协议、其他安排与他人共同持有上市公司股份达到或者超过 5%，或者选派代表担任上市公司董事

B. 上市公司持有或通过协议、其他安排与他人共同持有财务顾问的股份达到或者超过 5%，或者选派代表担任财务顾问的董事

C. 最近 2 年财务顾问与上市公司存在资产委托管理关系、相互提供担保，或者最近 1 年财务顾问为上市公司提供融资服务

D. 财务顾问的董事、监事、高级管理人员、财务顾问主办人或者其直系亲属有在上市公司任职等影响公正履行职责的情形

答案：ABCD

考点：本题考查独立财务顾问的独立性，ABCD 均正确。

24. 中国证监会建立监管信息系统，将（　　）进入其诚信档案。

A. 财务顾问及其财务顾问主办人被中国证监会采取监管措施的

B. 在持续督导期间，上市公司或者其他委托人违反公司治理有关规定、相关资产状况及上市经营成果等于财务顾问的专业意见出现较大差异的

C. 上市公司就并购重组事项出具预测，实际完成情况只有预测指标 80% 的

D. 中国证监会认定的其他事项

答案：ABD

考点：本题考查财务顾问的监管，C 项属于财务顾问的法律责任。

25. 财务顾问及财务顾问主办人出现（　　），中国证监会对其采取监管谈话，出具警示函，责令改正等监管措施。

A. 内部控制机制和管理制度、尽职调查制度以及相关业务规则存在重大缺陷或者未得到有效执行的

B. 未按照相关规定发表专业意见的

C. 在受托报送申报材料过程中，未切实履行组织、协调义务、申报文件制作质量低下的

D. 未依法履行持续督导义务的

答案：ABCD

考点：本题考查财务顾问及财务顾问主办人的法律责任，ABCD 均正确。

26. 证券公司委托证券经纪人开展证券经纪业务营销的，应当符合（　　）要求。

A. 证券公司应当在与证券经纪人签订委托合同、对其进行执业前培训并经测试合格后，为其向中国证券业协会进行登记

B. 证券公司应当建立健全信息查询制度，保证客户能够通过现场、电话或者互联网络的方式随时查询证券经纪人的姓名、代理权限、代理期间、服务的证券营业部、执业地域范围及登记编号等信息

C. 证券公司应当建立健全异常交易和操作监控制度，采取技术手段，对证券经纪人所招揽和服务客户的账户进行有效监控，发现异常情况的，立即查明原因并按照规定处理

D. 证券公司应当建立健全证券经纪人档案，实现证券经纪人执业过程留痕

答案：ABCD

考点：考查证券经纪人制度的主要内容。

27.《证券公司开立客户账户规范》对证券公司为客户账户开立作出了总体要求，包括（　　）。

A. 证券公司为客户办理开户，应当遵循合法、自愿、审慎原则

B. 审核客户身份的真实性，确保客户资料真实、准确和完整

C. 证券公司应建立健全客户账户开户管理制度、操作流程和风险识别、评估与控制体系，确保风险可测、可控、可承受

D. 证券公司只能在经营场所内为客户现场开立账户

答案：ABC

考点：考查账户开立的总体要求。证券公司可以在经营场所内为客户现场开立账户，也可以通过见证、网上及中国证监会认可的其他方式为客户开立账户。

28. 证券公司应当统一组织回访客户，回访内容包括（　　）。

A. 确认客户身份及开户方式

B. 确认客户已阅读各类风险揭示文件并理解相关条款

C. 确认客户开户为其真实意愿

D. 提醒客户自行设置和妥善保管密码

答案：ABCD

考点：考查证券公司回访客户应包括的内容。

29. 关于证券账户的开立，下列说法正确的是（　　）。

A. 中国结算对证券账户实施统一管理，具体账户业务可以委托开户代理机构办理

B. 现场开户和非现场开户方式都适用于机构与自然人

C. 证券账户开立方式包括现场方式和非现场方式

D. 视频见证开户的，证券公司等开户代理机构可以委派1名或以上工作人员面见投资者，并由证券公司等开户代理机构见证人员通过实时视频方式完成见证

答案：ACD

考点：考查证券账户的开立方式。非现场方式包括见证开户和网上开户，网上开户方式仅适用于自然人。

30. 以下（　　）属于应当主动申请注销的情形。

A. 发生自然人投资者死亡的

B. 自然人投资者因信息变更不再符合开户条件的

C. 非法人组织因破产清算导致产品到期

D. 非法人组织因依法被解散导致主体资格丧失

答案：ABCD

考点：考查主动申请注销的情形。

31. 下列关于客户交易结算资金三方存管制度的说法正确的是（　　）。

A. 证券公司应当以自己的名义在指定商业银行开立客户资金汇总账户，用于存放客户资金

B. 证券公司为客户开立的二级账户称为“资金账户”

C. 证券公司代理客户证券申购及交易结算应当定向划转资金，相关资金只能在规定的账户之间划转

D. 证券公司不得将客户资金转入自有资金账户

答案：ABCD

考点：考查客户交易结算资金三方存管制度的主要内容。

32. 客户向证券公司下达委托指令的方式由双方约定，其中客户委托指令的下达方式包括（　　）。

A. 柜台委托　　B. 网上委托

C. 电话委托　　D. 热键委托

答案：ABCD

考点：考查证券经纪业务运营管理的委托交易方式。客户向证券公司下达委托指令的方式由双方约定，其中客户委托指令的下达方式包括柜台委托、自助委托以及证券公司认可的其他合法委托方式，自助委托包括网上委托、电话委托、热键委托等。

33. 根据北交所、全国股转公司规定，下列关于交易单元的说法正确的是（　　）。

A. 北交所和全国股转两个交易场所共用交易单元

B. 交易参与人（证券公司）可根据业务需要只能向北交所和全国股转公司申请设立一个交易单元

C. 交易参与人（证券公司）不得转让交易单元

D. 经北交所和全国股转公司同意，交易参与人（证券公司）可将交易单元以北交所和全国股转公司认可的方式提供给他人使用

答案：ACD

考点：考查根据北交所、全国股转公司规定，北交所和全国股转两个交易场所共用交易单元。交易参与人（证券公司）可根据业务需要向北交所和全国股转公司申请设立一个或一个以上的交易单元。交易参与人（证券公司）不得转让交易单元。经北交所和全国股转公司同意，交易参与人（证券公司）可将交易单元以北交所和全国股转公司认可的方式提供给他人使用。

34. 根据上交所、深交所、北交所、全国股转公司的相关规定，下列关于交易单元的说法正确的是（　　）。

A. 证券公司根据需要只能向交易所申请设立一个交易单元

B. 不同的会员（证券公司）不得使用同一交易单元

C. 交易所通过交易单元对会员进行业务管理

D. 根据证券公司的业务许可范围和申请，交易所按照相关业务规则开通或限制交易单元各项交易权限

答案：BCD

考点：考查交易单元的一般规定。根据上交所、深交所、北交所、全国股转公司的相关规定，会员（证券公司）可以根据需要，向交易所申请设立一个或多个交易单元；不同的会员（证券公司）不得使用同一交易单元。交易所通过交易单元对会员进行业务管理。根据会员（证券公司）的业务许可范围和申请，交易所按照相关业务规则开通或限制交易单元各项交易权限。

35. 证券公司从事证券自营业务时，（　　）属于禁止性行为。

A. 内幕交易

B. 操纵市场

C. 假借他人名义或者个人名义进行自营业务

D. 违反规定委托他人代为买卖证券

答案：ABCD

考点：本题考查证券自营业务的禁止性行为，ABCD 均正确。

36. 关于深交所、北交所实行的证券托管制度，下列说法正确的是（　　）。

A. 投资者买入的证券可以通过原买入证券的交易单元委托卖出

B. 投资者可以向原买入证券的交易单元发出转托管指令，转托管完成前即可在转入的交易单元委托卖出

C. 投资者可以以同一证券账户在多个证券公司的不同证券营业部买入证券

D. 投资者可以以同一证券账户在一个证券公司的不同证券营业部买入证券

答案：ACD

考点：考查证券托管内容。深交所、北交所实行证券托管制度，根据《深圳证券交易所交易规则（2021 年 3 月修订）》《北京证券交易所交易规则（试行）》的规定，证券托管制度是指投资者可以以同一证券账户在单个或者多个证券公司的不同证券营业部买入证券。投资者买入的证券可以通过原买入证券的交易单元委托卖出，也可以向原买入证券的交易单元发出转托管指令，转托管完成后，在转入的交易单元委托卖出。

37. 北交所对异常交易行为予以重点监控的情形包括（　　）。

A. 大笔申报、连续申报或者密集申报，以影响证券交易价格

B. 通过策划、实施虚假重大事项，误导投资者做出投资决策，并进行相关交易

C. 在同一价位或者相近价位大量或者频繁进行回转交易

D. 通过控制发行人、上市公司信息的生成或者控制信息披露的内容、时点、节奏，误导投资者做出投资决策，并进行相关交易

答案：ABCD

考点：考查北京证券交易所对异常交易情况的认定。北交所对异常交易行为的界定在沪深交易所的基础上，新增以下重点监控情形：（1）通过策划、实施虚假重大事项，误导投资者做出投资决策，并进行相关交易；（2）通过控制发行人、上市公司信息的生成或者控制信息披露的内容、时点、节奏，误导投资者做出投资决策，并进行相关交易。

38. 下列关于沪港通和深港通业务的说法正确的是（　　）。

A. 投资者依法享有通过内地与香港股票市场交易互联互通机制买入的股票的权益

B. 自 2022 年 7 月 25 日起，沪股通和深股通投资者不包括内地投资者

C. 内地与香港股票市场交易互联互通机制拓展至交易型开放式基金

D. 沪港通和港股通每日额度由沪、深证券交易所分别控制

答案：ABCD

考点：考查沪港通和深港通的业务内容。沪港通和港股通每日额度由沪、深证券交易所分别控制。投资者依法享有通过内地与香港股票市场交易互联互通机制买入的股票的权益。自 2022 年 7 月 25 日起，沪股通和深股通投资者不包括内地投资者。为进一步深化内地与香港股票市场交易互联互通机制，促进两地资本市场共同发展，证监会于 2022 年 6 月发布《关于交易型开放式基金纳入互联互通相关安排的公告》，明确内地与香港股票市场交易互联互通机制拓展至交易型开放式基金，同时明确相关制度安排参照股票互联互通。

39. 金融机构应当履行的管理人职责包括（　　）。

A. 依法募集资金

B. 办理产品份额的发售和登记事宜

C. 办理产品登记备案或注册手续

D. 按照产品合同的约定确定收益分配方案

答案：ABCD

考点：本题考查金融机构应当履行的管理人职责，ABCD 均正确。

40. 金融机构为资产管理产品投资的非标准化债权类资产或者股权类资产发生（　　）行为的，视为刚性兑付。

A. 提供任何直接或间接的担保

B. 提供显性或隐性的担保

C. 回购

D. 其他代为承担风险的承诺

答案：ABCD

考点：本题考查刚性兑付的相关情形，ABCD 均属于刚性兑付的情况。

41. 资产证券化中，管理人不得有下列（　　）行为。

A. 募集资金不入账或者进行其他任何形式的账外经营

B. 超过计划说明书约定的规模募集资金

C. 侵占、挪用专项计划资产

D. 以专项计划资产设定担保或者形成其他或有负债

答案：ABCD

考点：本题考查资产证券化中管理人不得有的行为。

42. 资产支持证券者享有的权利有（　　）。

A. 分享专项计划收益

B. 按照认购协议及计划说明书的约定参与分配清算后的专项计划剩余资产

C. 按规定或约定的时间和方式获得资产管理报告等专项计划信息披露文件，查阅或者复制专项计划相关信息资料

D. 依法以交易、转让或质押等方式处置资产支持证券

答案：ABCD

考点：资产支持证券投资者的权利与义务。

43. 证券分析师执业行为准则有（　　）。

A. 自觉遵守经营机构的内部管理制度

B. 自觉弘扬行业优秀文化

C. 加强自身职业道德修养

D. 遵守社会公德

答案：ABCD

考点：考查证券分析师行为准则。

44. 下列关于北京证券交易所的说法正确的是（　　）。

A. 北京证券交易所于 2021 年 9 月 3 日注册成立

B. 北京证券交易所是经中国证监会批准设立的我国第一家公司制证券交易所

C. 北京证券交易所受中国证监会监督管理

D. 北京证券交易所致力于打造服务创新型中小企业主阵地

答案：ACD

考点：考查北京证券交易所设立背景和意义。2021 年 9 月 2 日，习近平总书记在 2021 年中国国际服务贸易交易会全球服务贸易峰会上的致辞中宣布设立北京证券交易所，打造服务创新型中小企业主阵地，北京证券交易所于 2021 年 9 月 3 日注册成立，是经国务院批准设立的我国第一家公司制证券交易所，受中国证监会监督管理。

45. 下列关于北交所设立的定位和原则说法正确的是（　　）。

A. 北京证券交易所将牢牢坚持服务创新型中小企业的市场定位

B. 北京证券交易所尊重创新型中小企业发展规律和成长阶段，提升制度包容性和精准性

C. 北京证券交易所与沪深交易所、区域性股权市场坚持错位发展与互联互通，发挥好转板上市功能

D. 北京证券交易所与新三板现有创新层、基础层坚持统筹协调与制度联动，维护市场结构平衡

答案：ABCD

考点：考查北京证券交易所设立的定位与原则。

46. 下列属于北京证券交易所交易方式的有（　　）。

A. 竞价交易　　　　B. 大宗交易

C. 协议转让　　　　D. 其他交易方式

答案：ABCD

考点：考查北京证券交易所的交易方式。交易方式包括竞价交易、大宗交易、协议转让与其他交易方式。

47. 证券公司信用业务涉及的主要部门规章、其他规范性文件以及相关自律规则包括（　　）。

A.《证券公司监督管理条例》

B.《证券公司融资融券业务管理办法》

C.《证券公司融资融券业务内部控制指引》

D.《转融通业务监督管理试行办法》

答案：BCD

考点：本题考查证券公司融资融券业务的法律法规与部门规章。《证券公司监督管理条例》属于法律法规。

48. 证券公司开展融资融券业务，需要遵循的基本原则是（　　）。

A. 合法合规性原则　　　　B. 集中管理原则

C. 业务隔离原则　　　　D. 了解客户原则

答案：ABCD

考点：本题考查证券公司融资融券业务的基本原则，上述选项中 ABCD 均属于融资融券业务的基本原则。

49. 证券公司申请融资融券业务资格，应当向中国证监会提交（　　）材料，同时抄报住所地证监会派出机构。

A. 融资融券业务资格申请书

B. 股东会关于经营融资融券业务的决议

C. 融资融券业务方案

D. 负责融资融券业务的高级管理人员与业务人员的名册及资格证明文件

答案：ABCD

考点：本题考查证券公司申请融资融券业务的程序要求，ABCD 均属于证券公司申请融资融券资格时应当提交的材料。

50. 证券公司经营融资融券业务，应当以自己的名义，在证券登记结算机构分别开立（　　）。

A. 融券专用证券账户　　B. 客户信用交易担保证券账户

C. 信用交易证券交收账户　　D. 信用交易资金交收账户

答案：ABCD

考点：本题考查证券公司信用业务账户体系，ABCD 均可自行开立。

51. 客户向证券公司申请开展融资融券业务，应由客户本人向证券公司营业部提出申请，并根据证券公司营业部的要求提供相应的书面申请材料（　　）。

A. 有效身份证明文件　　B. 融资融券业务申请表

C. 客户财务状况证明　　D. 担保品证明

答案：ABCD

考点：本题考查融资融券业务客户的申请材料。除 ABCD 外，还包括客户已开设相关账户的基本信息等。

52. 对于融资融券业务客户的征信调查包括（　　）。

A. 客户基本情况　　B. 财产与收入状况

C. 证券投资经验及风险偏好　　D. 诚信合规记录

答案：ABCD

考点：本题考查融资融券业务客户的征信调查，除 ABCD 外，还包括融资融券需求。

53. 证券公司不得为客户开立信用业务账户的情形有（　　）。

A. 未按照要求提供有关情况　　B. 缺乏风险承担能力

C. 从事证券交易时间不足 1 年　　D. 本公司的股东、关联人

答案：ABD

考点：本题考查证券公司不得为客户开立信用业务账户的情形。从事证券交易时间不足半年的，不得为客户开立信用业务账户。

54. 证券公司融资融券业务的客户选择标准，说法不正确的有（　　）。

A. 从事证券交易的时间满 1 年以上

B. 最近 20 个交易日日均证券类资产不低于 60 万元

C. 可以选择本公司的股东或关联人

D. 客户信誉良好，无重大违约记录

答案：ABC

考点：本题考查证券公司客户选择的条件。从事证券交易半年以上；最近 20 个交易日日均证券类资产不低于 50 万元；不可以选择本公司的股东或关联人。

55. 根据中国证券业协会发布的《融资融券合同必备条款》，融资融券业务合同的基本内容应包含（　　）。

A. 当事人姓名、住所等相关信息

B. 订立合同的目的和依据

C. 开立信用业务相关账户的有关内容

D. 甲乙双方对主体资格、交易资产来源、身份证明材料的真实性等方面的声明与保证

答案：ABCD

考点：本题考查融资融券业务合同的基本内容。

56. 以下关于融资融券业务合同的说法，不正确的有（　　）。

A. 合同应约定乙方清偿债务的范围、方式、期限

B. 合同应约定甲方强制平仓的各类情形

C. 合同应约定甲方从事融资融券交易的信用额度

D. 合同应载明乙方对主体资格、交易资产来源的声明与保证

答案：ABD

考点：本题考查融资融券业务合同的基本内容。合同应约定甲方清偿债务的范围、方式、期限；合同应约定乙方强制平仓的各类情形；合同应载明甲乙双方对主体资格、交易资产来源的声明与保证。

57. 根据中国证券业协会发布的《融资融券业务交易风险揭示书必备条款》，其基本内容应包含（　　）。

A. 提示客户注意融资融券交易具有普通证券交易所具有的政策风险、市场风险、违约风险、系统风险等各种风险

B. 提示客户在开户从事融资融券交易前，必须了解所在的证券公司是否具有开展融资融券业务的资格

C. 提示客户在从事融资融券交易期间，如果其信用资质状况降低，证券公司会相

应降低对其的授权额度

D. 提示客户应妥善保管信用账户卡、身份证件和交易密码等资料

答案：ABCD

考点：本题考查融资融券业务交易风险揭示书的基本内容，ABCD 均正确。

58. 证券公司应当逐日计算客户交存的担保物价值与其所欠债务的比例。当该比例低于约定的维持担保比例时，应当通知客户在约定的期限内补交担保物，客户经证券公司认可后，可以提交除可充抵保证金以外的其他（　　）等资产。

A. 证券　　B. 动产

C. 不动产　　D. 股权

答案：ACD

考点：本题考查客户可补交担保物的类型，当该比例低于约定的维持担保比例时，应当通知客户在约定的期限内补交担保物，客户经证券公司认可后，可以提交除可充抵保证金以外的其他证券、不动产、股权等资产。

59. 在交易所上市交易的并经交易所认可的可作为融资买入或融资卖出的证券统称为标的证券，标的证券主要包括（　　）。

A. 股票　　B. 证券投资基金

C. 债券　　D. 其他证券

答案：ABCD

考点：本题考查标的证券涵盖范围，在交易所上市交易的并经交易所认可的可作为融资买入或融资卖出的证券统称为标的证券，标的证券主要包括股票、证券投资基金、债券、其他证券。

60. 融资融券标的证券为股票的，应当符合下列条件（　　）。

A. 在交易所上市交易超过 2 个月的

B. 股东人数不少于 4 000 人

C. 股票发行公司已完成股权分置改革

D. 股票交易未被交易所实施风险警示

答案：BCD

考点：本题考查标的债券为股票需满足的条件。当标的证券是股票时，要求股票在交易所上市交易要超过 3 个月。

61. 融资融券的标的证券为交易型开放式基金（ETF）的，应当符合（　　）条件。

A. 上市交易超过 5 个交易日的

B. 最近 5 个交易日内的日平均资产规模不低于 3 亿元

C. 基金持有户数不少于 2 000 户

D. 交易所规定的其他条件

答案：ACD

考点：本题考查标的证券为 ETF 需满足的条件。最近 5 个交易日内的日平均资产规模不低于 5 亿元。

62. 融资融券标的证券为上市开放式基金的，应当符合（　　）条件。

A. 上市交易超过 5 个交易日的

B. 最近 5 个交易日内的日平均资产规模不低于 5 亿元

C. 基金持有户数不少于 2 000 户

D. 基金份额不存在分拆、合并等分级转换情形

答案：ABCD

考点：本题考查标的证券为上市开放式基金需满足的条件，选项 ABCD 均符合条件。

63. 融资融券的标的证券为债券的，应当符合（　　）条件。

A. 债券托管面值在 1 亿元以上

B. 债券信用评级在 AA 级（含）以上

C. 债券剩余期限在 2 年以上

D. 交易所规定的其他情形

答案：ABD

考点：本题考查标的证券为债券需满足的条件。

64. 交易所按照（　　）的原则，从满足规定的证券范围内选取和确定融资融券标的证券的名单，并向市场公布。

A. 从严到宽

B. 从少到多

C. 逐步扩大

D. 逐步细化

答案：ABC

考点：本题考查交易所确定标的证券的原则。

65. 证券公司信用证券账户内的证券，出现（　　）等情形时，证券公司在计算客户维持保证金比例时，可以根据与客户的约定按照公允价格或其他定价方式计算其市值。

A. 被调出可充抵保证金证券范围

B. 被暂停交易

C. 被实施风险警示

D. 因权益处理等产生尚未到账的在途证券

答案：ABCD

考点：本题考查计算维持保证金比例的特殊情形。

66. 根据《证券公司融资融券业务管理办法》的规定，除下列（　　）情形外，任何人不得动用证券公司客户信用交易担保证券账户内的证券和客户信用交易担保资金账户内的资金。

A. 为客户进行融资融券交易的结算

B. 收取客户应当归还的资金、证券

C. 收取客户应当支付的利息、费用、税款

D. 收取客户应当支付的违约金

答案：ABCD

考点：本题考查对客户担保物的监控。除上述答案外，还包括按照《证券公司融资融券业务管理办法》的规定以及客户的约定处分担保物；客户提取还本付息、支付税费及违约金后的剩余证券和资金；法律法规和该办法规定的其他情形。

67. 根据《证券公司融资融券业务管理办法》，证券发行人的权利，是指（　　）。

A. 请求召开证券持有人会议
B. 参加证券持有人会议
C. 提案、表决
D. 配售股份的认购

答案：ABCD

考点：本题考查证券发行人的权利，除选项ABCD外，还包括请求分配投资收益等。

68. 证券金融公司是中国证监会根据国务院的决定，批准设立专司转融通业务的股份有限公司，证券金融公司不以营利为目的，履行（　　）职责。

A. 为证券公司融资融券业务提供资金和证券的转融通服务

B. 对证券公司融资融券业务运行情况进行监控

C. 监测分析全市场融资融券交易情况，运用市场化手段防控风险

D. 中国证监会规定的其他职责

答案：ABCD

考点：本题考查证券金融公司的职责，选项ABCD均属于证券金融公司的职责。

69. 证券金融公司开展转融通业务，应当以自己的名义，在证券登记结算机构分别开立（　　）。

A. 转融通专用证券账户
B. 转融通担保证券账户
C. 转融通证券交收账户
D. 转融通资金交收账户

答案：ABC

考点：本题考查转融通业务的专用证券账户。

70. 证券金融公司开展转融通业务，应当了解证券公司的（　　）等，并以书面和电子的方式予以记录和保存。

A. 基本情况
B. 业务范围
C. 财务状况
D. 违约记录

答案：ABCD

考点：本题考查证券金融公司在了解客户及信用评估时需要考查的内容。

71. 证券金融公司开展转融通业务，可以使用的资金和证券包括（　　）。

A. 自有资金和证券

B. 通过证券交易所的业务平台融入的资金和证券

C. 通过证券金融公司的业务平台融入的资金

D. 依法筹集的其他证券和资金

答案：ABCD

考点：本题考查转融通业务资金和证券的来源，选项 ABCD 均正确。

72. 证券金融公司应当每个交易日公布（　　）。

A. 转融资余额　　B. 转融券余额

C. 转融通成交数据　　D. 转融通费率

答案：ABCD

考点：本题考查转融通业务的公布信息，选项 ABCD 均正确。

73. 股票质押回购式证券交易的异常情况包括但不限于（　　）。

A. 质押标的证券、证券账户或资金账户被司法等机关冻结或强制执行

B. 质押标的证券被做出终止上市决定

C. 集合资产管理计划提前终止

D. 证券公司被暂停或终止股票质押回购交易权限

答案：ABCD

考点：本题考查股票质押回购式证券的异常情况处理，选项 ABCD 均正确。

74. 股票质押回购式证券交易发生异常情况的，交易各方可以按《业务协议》中约定的（　　）等方式来处理。

A. 提前购回　　B. 延期购回

C. 终止购回　　D. 交易所认可的其他约定方式

答案：ABCD

考点：本题考查股票质押回购式证券的异常情况处理。

75. 质押式报价回购交易的异常情况包括但不限于（　　）。

A. 证券公司质押专用证券账户质押券或质押现金被司法等机关冻结或强制执行

B. 证券公司被暂停或终止报价回购式证券交易权限

C. 证券公司进入风险处置或破产程序

D. 质押券中的证券到期

答案：ABCD

考点：本题考查质押式报价回购式证券的异常情况处理。

76. 全国股份转让系统是经国务院批准，依据证券法设立的全国性证券交易所，主要为（　　）中小微企业发展服务。

A. 创新型　　B. 创业型

C. 成长型　　D. 成熟型

答案：ABC

考点：本题考查全国股份转让系统的服务对象，选项 ABC 均正确。

77. 境内符合条件的股份公司均可通过主办券商申请在全国股份转让系统挂牌，公

开转让股份，进行（　　）等活动。

A. 股权融资　　B. 债券融资

C. 债权融资　　D. 资产重组

答案：ACD

考点：本题考查全国股份转让系统的功能。境内符合条件的股份公司均可通过主办券商申请在全国股份转让系统挂牌，公开转让股份，进行股权融资、债权融资、资产重组等活动。

78. 下列关于证券投资顾问执业行为准则的说法正确的是（　　）。

A. 应当制定证券投资顾问人员管理制度

B. 加强对证券投资顾问人员登记、岗位职责、执业行为的管理

C. 加强人员培训，提升证券投资顾问的职业操守、合规意识和专业服务能力

D. 证券投资顾问应当遵循诚实信用原则，勤勉、审慎地为客户提供证券投资顾问服务

答案：ABCD

考点：考查证券投资顾问执业行为准则。

79. 证券公司、证券投资咨询机构或者其他财务顾问机构受聘担任上市公司独立财务顾问的，应当保持独立性，不得与上市公司存在利害关系；存在下列（　　）情形之一的，不得担任独立财务顾问。

A. 持有或者通过协议、其他安排与他人共同持有上市公司股份达到或者超过5%

B. 最近一年财务顾问为上市公司提供融资服务

C. 最近3年财务顾问与上市公司存在资产委托管理关系、相互提供担保

D. 在并购重组中为上市公司的交易对方提供财务顾问服务

答案：ABD

考点：考查不得担任独立财务顾问的情形。最近2年财务顾问与上市公司存在资产委托管理关系、相互提供担保的不得担任独立财务顾问。

80. 北交所制定《北京证券交易所证券发行与承销管理细则》，规定北交所股票发行与承销信息披露行为在适用《证券发行与承销管理办法》的情形下，还应符合（　　）规定。

A. 股票公开发行可以通过发行人和主承销商自主协商直接定价、合格投资者网上竞价或网下询价等方式确定发行价格

B. 发行人和主承销商应当在发行方案中说明本次发行采用的定价方式，并在招股文件和发行公告中披露

C. 公开发行并上市采用询价方式的，承销商应当向网下投资者提供投资价值研究报告

D. 公开发行并上市采用竞价方式的，承销商应当提供投资价值研究报告并公开

披露

答案：ABCD

考点：考查北交所股票发行与承销信息披露的特别规定。

81. 发布证券研究报告相关人员进行上市公司调研活动，应当符合（　　）要求。

A. 事先履行所在经营机构的审批程序

B. 不得向报告相关销售服务人员、特定客户泄露未来一段时间的非客户服务性质的独立调研计划

C. 上市公司调研纪要可以对外发布

D. 证券研究报告质量控制、合规审查

答案：ABD

考点：考查调研活动管理制度，上市公司调研纪要仅供内部存档或撰写研究报告使用，不得对外发布或提供给客户。

82. 证券研究报告合规审查应当涵盖（　　）。

A. 人员资质　　B. 工作底稿

C. 信息来源　　D. 风险提示

答案：ACD

考查：考查证券研究报告质量控制、合规审查。

83. 在证券研究报告发布之前，制做报告的相关人不得泄露（　　）。

A. 证券研究报告的发布时间、观点和结论

B. 制作与发布研究报告的计划

C. 涉及盈利预测等内容的调整计划

D. 研究对象覆盖范围的调整

答案：ABCD

考点：考查证券研究报告的发布管理。

84. 经营机构设立发布证券研究报告相关人员的考核激励标准应当综合考虑的因素有（　　）。

A. 合规情况　　B. 客户评价

C. 研究质量　　D. 工作量

答案：ABCD

考点：考查绩效考核和激励机制。

85. 经营机构邀请外部专家参与证券投资咨询服务以外咨询服务，应当符合（　　）要求。

A. 外部专家应当具有良好的社会声誉，在最近三年没有被证券监管部门处罚的记录

B. 经营机构如果通过第三方邀请外部专家，应当与第三方签订专门的外部专家邀

请协议

C. 经营机构邀请第三方为客户提供证券投资咨询服务以外的咨询服务，相关的费用不能单独列支

D. 经营机构不得通过外包或与第三方签署业务收入分成协议等类似形式安排没有证券投资咨询业务资质的机构或个人为客户提供咨询服务

答案：BD

考点：考查外请专家服务的管理要求。

86. 财务顾问的法律责任包括（　　）。

A. 发行人、证券登记结算机构、证券公司未按照规定保存有关文件和资料的，责令改正，给予警告，并处以 10 万元以上 100 万元以下的罚款

B. 泄露、藏匿、伪造、篡改或者毁损有关文件和资料的，给予警告，并处以 20 万元以上 200 万元以下的罚款

C. 情节严重的，处以 50 万元以上 500 万元以下的罚款，并处暂停、撤销相关业务许可或者禁止从事相关业务

D. 对直接负责的主管人员和其他直接责任人员给予警告，并处于 10 万元以上 50 万元以下的罚款

答案：ABC

考点：考查财务顾问的法律责任。

87. 为发行股份购买资产或者重组上市提供服务的独立财务顾问、证券服务机构及其相关人员违反行业规范的，交易所可以视情节轻重对其单独或合并采取（　　）监管措施或纪律处分。

A. 口头警告　　B. 书面警示

C. 监管谈话　　D. 公开谴责

答案：ABCD

考点：考查财务顾问的法律责任。

88. 证券公司发行与承销业务的主要法律、行政法规包括（　　）。

A. 《公司法》　　B. 《证券法》

C. 《证券公司监督管理条例》　　D. 《企业债券管理条例》

答案：ABCD

考点：考查证券公司主要法律、行政法规。

89. 证券公司申请保荐业务资格，应当具备（　　）条件。

A. 注册资本不低于人民币 1 亿元，净资本不低于人民币 5 000 万元

B. 具有完善的公司治理和内部控制制度，风险控制指标符合相关规定

C. 保荐代表人不少于 5 人

D. 最近 2 年内未因重大违法违规行为收到行政处罚

答案：AB

考点：考查证券发行上市保荐业务的一般规定。

90. 信息披露的特别规定有（　　）。

A. 发行人和主承销商在披露发行市盈率时，应同时披露发行市盈率的计算方式

B. 存在多个市盈率口径时，应当充分列示可供选择的比较基准

C. 发行人应当同时披露市净率等反映发行人所在行业特点的估值指标

D. 发行人尚未盈利的，可以不披露发行市盈率及与同行业市盈率比较的相关信息

答案：ABCD

考点：本题考查信息披露的特别规定。正确选项是ABCD。

91. 根据北交所的规定，公开发行并上市采用直接定价或询价方式，发行人和主承销商确定的发行价格存在下列（　　）情形之一的，应当至少在申购日一周前发布投资风险特别公告。

A. 超过历史交易价格1倍

B. 超过历史发行价格1倍

C. 超过网下投资者有效报价剔除最高报价部分后的中位数

D. 超过网下投资者有效报价剔除最高报价部分后的加权平均数

答案：ABCD

考点：考查北交所股票发行的特别规定。

92. 证券公司应与委托人通过签署书面代销合同明确双方的权利义务以及在信息披露、风险揭示、咨询查询、投诉处理、违约方面应急预案和后续处理机制等方面的分工，因（　　）由委托人承担，证券公司不承担任何担保责任。

A. 金融产品设计

B. 运营

C. 委托人提供的信息不真实、不准确、不完整

D. 资产重组

答案：ABC

考点：证券公司应与委托人通过签署书面代销合同明确双方的权利义务以及在信息披露、风险揭示、咨询查询、投诉处理、违约方面应急预案和后续处理机制等方面的分工，因金融产品设计、运营和委托人提供的信息不真实、不准确、不完整而产生的责任由委托人承担，证券公司不承担任何担保责任。

93. 融资融券业务管理的基本原则有（　　）。

A. 合法合规性原则　　B. 集中管理原则

C. 业务隔离原则　　D. 了解客户原则

答案：ABCD

考点：本题考查融资融券业务管理的基本原则。正确选项是ABCD。

94. 融资融券业务的决策授权体系由（　　）构成。

A. 董事会　　B. 业务决策机构

C. 业务执行部门　　D. 分支机构

答案：ABCD

考点：本题考查融资融券业务的决策授权体系的构成。正确选项是 ABCD。

95. 基金宣传推介材料不得存在（　　）情形。

A. 在未提供客观证据的情况下，使用业绩稳健、业绩优良、名列前茅、位居前列、唯一等表述

B. 违规使用安全、保证、承诺、保险、有保障、高收益、无风险、坐享财富增长、安心享受成长、尽享牛市等可能使投资人认为没有风险或者忽视风险的表述

C. 使用欲购从速、申购良机等片面强调集中营销时间限制的表述

D. 诋毁、贬低其他基金管理人、基金托管人或者基金销售机构，或者其他基金管理人管理的基金

答案：ABCD

考点：考查对于基金宣传推介材料的认识。

96. 募集机构及其从业人员推介私募基金时，禁止有（　　）行为公开推介或者变相公开推介。

A. 公开出版资料

B. 面向社会公众的宣传单、布告、手册、信函、传真

C. 海报、户外广告

D. 电视、电影、电台及其他音像等公共传播媒体

答案：ABCD

考点：考查私募基金推介的相关知识。

97. 在风险揭示后，募集机构应当要求投资者提供必要的资产证明文件或收入证明，合理审慎地审查投资者是否符合私募基金合格投资者标准，依法履行反洗钱义务，并确保单只私募基金的投资者人数累计不得超过（　　）等法律规定的特定数量。

A. 《证券投资基金法》

B. 《公司法》

C. 《合伙企业法》

D. 《公开募集证券投资基金销售机构监督管理办法》

答案：ABC

考点：考查对私募基金合格投资者标准的理解。

98. 下列对于中证中小投资者服务中心建立投资者保护机制的说法中，正确的是（　　）。

A. 中证中小投资者服务中心有限责任公司可以购买最小交易份额的存托凭证，依

法行使存托凭证持有人的各项权利

B. 中证中小投资者服务中心有限责任公司可以接受存托凭证持有人的委托，代为行使存托凭证持有人的各项权利

C. 中证中小投资者服务中心有限责任公司可以支持受损害的存托凭证持有人依法向人民法院提起民事诉讼

D. 存托凭证持有人与境外基础证券发行人、存托人、证券服务机构等主体发生纠纷的，可以向中证中小投资者服务中心有限责任公司及其他依法设立的调解组织申请调解

答案：ABCD

考点：考查对中证中小投资者服务中心建立投资者保护机制的理解。

99. 证券公司申请股票期权做市业务资格，应当向中国证监会提交（　　）等申请材料。

A. 申请书

B. 股东会（股东大会）或董事会关于开展股票期权做市业务的决议文件

C. 股票期权做市业务方案、内部管理制度文本

D. 负责股票期权做市业务的高级管理人员与业务人员的名册及资质证明文件

答案：ABCD

考点：考查对申请做市业务资格的材料要求的记忆。

100. 公募基金宣传推介材料不得存在（　　）情形。

A. 使用欲购从速、申购良机等片面强调集中营销时间限制的表述

B. 诋毁、贬低其他基金管理人的基金

C. 夸大或者片面宣传基金管理人过往的业绩

D. 使用个人推荐性文字

答案：ABCD

考点：本题考查公募基金宣传推介材料不得存在的情形。正确选项是 ABCD。

101. 证券公司作为代销机构销售私募类金融产品的时候应当遵守（　　）的规则。

A. 可以公开宣传　　B. 风险揭示

C. 合格投资者确认　　D. 回访

答案：BCD

考点：本题考查证券公司作为代销机构销售私募类金融产品时应遵守的情况。正确选项是 BCD。

102. 针对公募基金，证券公司应当履行（　　）义务，持续为投资人提供信息服务。

A. 定期向投资人主动提供基金保有情况信息

B. 提供有效途径供投资人实时查询其所持基金的基本信息

C. 按照中国证监会的规定，做好有关信息传递工作，向投资人及时提供对其投资

决策有重大影响的信息

D. 及时告知投资人其认购的基金名称以及基金份额的确认日期、确认份额和金额等信息

答案：ABCD

考点：本题考查针对公募基金证券公司应当持续为投资人提供的信息服务。正确选项是 ABCD。

103. 下列属于融资融券业务管理基本原则的是（　）。

A. 合法合规性原则　　B. 集中管理原则

C. 业务隔离原则　　D. 诚实守信原则

答案：ABC

考点：考查融资融券业务管理的基本原则，包括合法合规性原则、集中管理原则、业务隔离原则、了解客户原则。

104. 下列关于全国股转系统分层管理办法的说法正确的是（　　）。

A. 全国股转系统设置创新层、基础层和精选层

B. 全国股转公司对挂牌公司实行分层管理

C. 挂牌公司的分层管理包括公司申请挂牌同时进入创新层

D. 挂牌公司的分层管理包括创新层挂牌公司调整至基础层

答案：BCD

考点：考查全国股转系统分层管理办法。全国股转系统设置创新层和基础层，全国股转公司对挂牌公司实行分层管理。

105. 全国股转公司对挂牌公司实行分层管理。挂牌公司的分层管理包括（　　）。

A. 公司申请挂牌同时进入创新层

B. 基础层挂牌公司进入创新层

C. 公司申请挂牌基础层之后才可申请进入创新层

D. 创新层挂牌公司调整至基础层

答案：ABD

考点：考查全国股转公司对挂牌公司的分层管理。

106. 证券公司开展柜台市场业务，应当遵守（　　）要求。

A. 展业资格　　B. 法律法规

C. 诚实守信　　D. 公平自愿

答案：ABCD

考点：本题考查证券公司开展柜台市场业务应当遵守的要求。正确选项是 ABCD。

107. 以下各项属于证券经纪业务特点的是（　　）。

A. 业务对象的广泛性　　B. 证券经纪商的中介性

C. 客户指令的权威性　　D. 客户资料的保密性

答案：ABCD

考点：本题考查证券经纪业务的特点。证券经纪业务的特点包括业务对象的广泛性、证券经纪商的中介性、客户指令的权威性、客户资料的保密性。

108. 证券账户，是记录证券及证券衍生品种持有及其变动情况的载体，下列关于证券账户的说法正确的是（ ）。

A. 中国证券登记结算有限责任公司对证券账户实施统一管理

B. 证券账户的开立方式包括现场方式和非现场方式

C. 1 个投资者最多可以申请开立 3 个 A 股账户

D. 1 个投资者只能申请开立 1 个信用账户

答案：ABCD

考点：本题考查证券账户的管理。1 个投资者最多可以申请开立 3 个 A 股账户、3 个封闭式基金账户，只能申请开立 1 个信用账户、1 个 B 股账户。

109. 下列机构中属于《中国证券登记结算有限责任公司特殊机构及产品证券账户业务指南》中“特殊机构”的是（ ）。

A. 证券公司及其资管子公司

B. 银行及商业银行理财子公司

C. 外国战略投资者

D. 保险公司

答案：ABCD

考点：本题考查考生对《中国证券登记结算有限责任公司特殊机构及产品证券账户业务指南》中“特殊机构”的理解。

110. 对于违规以他人名义或利用虚假身份开立的账户，下列说法错误的是（ ）。

A. 证券公司应当督促投资者补齐经公证的授权委托书或能证明其委托代理关系的材料

B. 证券公司应当在其不能补全资料后，向相关部门汇报，并直接将投资者账户注销

C. 证券公司应当督促投资者变更证券账户关键信息或补齐账户资料

D. 证券公司应当要求投资者办理账户注销手续，有证券余额的，应当督促投资者清空证券后予以注销

答案：ABC

考点：本题考查不合格账户业务的认定与规范。对于违规以他人名义或利用虚假身份开立的账户，证券公司应当要求投资者办理账户注销手续，有证券余额的，应当督促投资者清空证券后予以注销。

111. 全国股转公司在各市场层级实行（ ）等监督管理要求。

A. 差异化的投资者适当性标准

B. 股票交易方式

C. 发行融资制度

D. 不同的公司治理和信息披露

答案：ABCD

考点：考查全国股转公司在各市场层级实行的监督管理要求。

112. 下列关于委托指令的无效及撤销的说法中，正确的是（　　）。

A. 客户在进行委托前须确保已完全了解有关交易规则，避免发出无效指令

B. 客户发出的指令被证券公司委托系统或证券交易所交易系统拒绝受理，则该委托应视为无效委托

C. 证券公司接受客户委托指令时，如果出现由于客户原委托指令未撤销而造成证券公司无法执行客户新的委托指令，由此导致的后果、风险和损失，由客户承担

D. 客户在委托有效期内对未显示成交回报的委托发出撤销委托指令，但由于市场价格随时波动及成交回报速度的原因，客户的撤销委托指令虽经证券公司发出，但客户委托可能已在市场成交，此时客户应承认并接受该成交结果

答案：ABCD

考点：本题考查委托指令的无效及撤销，ABCD 均正确。

113. 以下选项中属于应重点监控的异常交易行为的是（　　）。

A. 频繁申报或频繁撤销申报，以影响证券交易价格或其他投资者的投资决定

B. 大笔申报、连续申报或者密集申报，以影响证券交易价格

C. 巨额申报，且申报价格明显偏离申报时的证券市场成交价格

D. 两个或两个以上固定的或涉嫌关联的证券账户之间，大量或者频繁进行互为对手方的交易

答案：ABCD

考点：本题考查异常交易行为管理，上海证券交易所和深圳证券交易所对可能影响证券交易价格或者证券交易量的异常交易行为，予以重点监控，重点监控交易行为除ABCD 外，还包括：(1) 可能对证券交易价格产生重大影响的信息披露前，大量买入或者卖出相关证券。(2) 以同一身份证明文件、营业执照或其他有效证明文件开立的证券账户之间，大量频繁进行互为对手方的交易。(3) 委托、授权给同机构或者同一个人代为从事交易的证券账户之间，大量或者频繁进行互为对手方的交易。(4) 一段时期内进行大量且连续的交易。(5) 在同一价位或者相近价位大量或者频繁进行回转交易。(6) 大量或者频繁进行高买低卖交易。(7) 进行与自身公开发布的投资分析、预测或建议相背离的证券交易。(8) 在大宗交易中进行虚假或其他扰乱市场秩序的申报。(9) 证券交易所认为需要重点监控的其他异常交易。

114. 以下选项中属于应重点监控的异常交易行为的是（　　）。

A. 可能对证券交易价格产生重大影响的信息披露前，大量买入或者卖出相关证券

B. 一段时期内进行大量且连续的交易

C. 进行与自身公开发布的投资分析、预测或建议相背离的证券交易

D. 大宗交易中进行虚假或其他扰乱市场秩序的申报

答案：ABCD

考点：本题考查异常交易行为管理，上海证券交易所和深圳证券交易所对可能影响证券交易价格或者证券交易量的异常交易行为，予以重点监控，上述四项均属于异常交易行为。

115. 在下列股票中，港股通的股票包括（　　）。

A. 恒生综合大型股指数的成分股　　B. 恒生综合中型股指数的成分股

C. A＋H 股上市公司的 H 股　　D. 上证 180 指数成分股

答案：ABC

考点：本题考查考生对港股通的股票范围的理解。

116. 下列关于科创板的说法，正确的是（　　）。

A. 科创板主要服务于符合国家战略、突破关键核心技术、市场认可度高的科技创新企业

B. 科创板的具体行业范围由深圳证券交易所发布并适时更新

C. 个人投资者可直接申请开通科创板股票交易权限

D. 投资者仅需向其委托的证券公司申请，在已有沪市 A 股证券账户上开通科创板股票交易权限即可，无须在中国结算开立新的证券账户

答案：AD

考点：本题考查科创板的定位。在上海证券交易所新设科创板，坚持面向世界科技前沿、面向经济主战场、面向国家重大需求，主要服务于符合国家战略突破关核心技术、市场认可度高的科技创新企业。具体行业范围由上海证券交易所发布并适时更新。投资者仅需向其委托的证券公司申请，在已有沪市 A 股证券账户上开通科创板股票交易权限即可，无须在中国结算开立新的证券账户；科创板的具体行业范围由上海证券交易所发布并适时更新。

117. 上海证券交易所在科创板推出的不同于主板交易机制的改革措施包括（　　）。

A. 引入盘后固定价格交易　　B. 优化融券交易机制

C. 新增两种市价申报方式　　D. 放宽涨跌幅限制，调整单笔申报数量

答案：ABCD

考点：上海证券交易所在科创板交易机制的特别规定包括：引入盘后固定价格交易、优化融券交易机制、新增两种市价申报方式、放宽涨跌幅限制调整单笔申报数量、可以根据市场情况调整微观交易机制、调整交易信息公开指标、交易行为监督方面。

118. 存托人应当承担的职责包括（　　）。

A. 按照存托协议约定，向存托凭证持有人派发红利、股息等权益

B. 存托凭证基础财产因托管人过错而受到损害的，存托人承担连带赔偿责任

C. 建立并维护存托凭证持有人名册

D. 办理存托凭证的签发与注销

答案：ABCD

考点：除ABCD外，存托人还应当承担以下职责：（1）与境外基础证券发行人签署存托协议，并根据存托协议约定协助完成存托凭证的发行上市。（2）安排存放存托凭证基础财产，可以委托具有相应业务资质、能力和良好信誉的托管人管理存托凭证基础财产，并与其签订托管协议，督促其履行基础财产的托管职责。（3）按照中国证监会规定和存托协议约定，向存托凭证持有人发送通知等文件。（4）境外基础证券发行人股东大会审议有关存托凭证持有人权利义务的议案时，存托人应当参加股东大会并为存托凭证持有人权益行使表决权。（5）中国证监会规定和存托协议约定的其他职责。

119. 下列关于证券经纪业务风险的说法正确的是（　　）。

A. 证券经纪业务的合规风险主要是指证券经纪公司在经纪业务活动中违反法律、行政法规和监管部门规章及规范性文件、行业规范和自律规则等行为，可能使证券公司受到法律制裁、被采取监管措施、遭受财产损失或声誉损失的风险

B. 管理风险主要是指证券公司在经纪业务经营中由于管理制度不健全、内部控制不严，或工作人员有章不循、违规操作等而导致客户账户管理差错或违规侵害客户权益、造成客户资产损失、引发客户纠纷，而使证券公司受到监管处罚或因承担赔偿责任遭受财产损失或声誉损失的风险

C. 技术风险主要是指证券公司信息技术系统发生技术故障，导致行情中断、交易停滞、银行转账不畅，或在容量、运作等方面不能保障交易业务正常、有序、高效、顺利地进行，从而可能给客户造成损失，证券公司因承担赔偿责任而带来的经济或声誉损失的风险

D. 技术风险仅来自硬件设备的更新迭代

答案：ABC

考点：本题考查证券经纪业务风险的基本概念。技术风险主要来自硬件设备和软件两个方面。

120. 金融衍生品存续期间发生需要及时报告的重大事件包括（　　）。

A. 证券公司或交易对手方破产的

B. 证券公司被取消金融衍生品交易业务资格的

C. 一方拒不履行约定义务或丧失履行能力的

D. 履约保证金或履约保障品价值低于预警阀值且未能在2个工作日内补足的

答案：ABCD

考点：本题考查金融衍生品存续期间发牛重大事项的报告义务。

121. 经营机构发布证券研究报告，应该遵守（　　）。

A. 独立原则　　B. 客观原则

C. 公平原则　　D. 及时原则

答案：ABC

考点：本题考查《发布证券研究报告暂行规定》《发布证券研究报告执业规范》的相关规定。经营机构发布证券研究报告，应遵守独立原则、客观原则、公平原则和审慎原则。

122. 主办券商从事挂牌推荐业务，应与申请挂牌公司签订推荐挂牌并持续督导协议，应对申请挂牌公司进行（　　）。

A. 立项　　B. 尽职调查

C. 质量控制　　D. 内核

答案：ABCD

考点：考查主办券商的挂牌推荐业务。

123. 下列关于发布证券研究报告的内部控制要求的说法中，正确的是（　　）。

A. 发布证券研究报告实行集中统一管理

B. 经营机构应当严格执行合规管理制度，对于发布证券研究报告相关的人员条件，利益冲突、跨越隔离墙等情形进行合规审查和监控

C. 经营机构应当加强对制作发布证券研究报告相关人员的业务、合规培训和职业道德教育，提升相关人员的专业能力、合规意识和职业道德水平

D. 发布证券研究报告相关业务档案的保存期限自证券报告发布之日起不得少于5年

答案：ABCD

考点：本题考查发布证券研究报告的内部控制要求。

124. 按照《证券投资业务暂行规定》，经营机构从事证券投资顾问业务，应当遵守的基本原则有（　　）。

A. 诚实信用　　B. 控制成本

C. 忠实客户利益　　D. 控制风险

答案：AC

考点：按照《证券投资业务暂行规定》，经营机构从事证券投资顾问业务应当遵循的基本原则有守法合规、诚实信用、忠实客户利益。

125. 关于证券公司、证券投资咨询机构业务推广和客户招揽环节的规范要求中，下列说法正确的是（　　）。

A. 禁止经营机构对服务能力和过往业绩进行虚假、不实、误导性的营销宣传

B. 证券公司、证券投资咨询机构通过公众媒体对证券投资顾问业务进行广告宣传，应当遵守《广告法》和证券信息传播的有关规定

C. 禁止公司以任何方式承诺或者保证投资收益

D. 证券投资顾问不得通过广播、电视、网络、报刊等公众媒体，作出买入、卖出或者持有具体证券的投资建议

答案：ABCD

考点：本题考查业务推广和客户招揽环节的规范要求。ABCD 均为正确选项。

126. 证券基金经营机构使用符合某些情形之一的香港机构的证券投资咨询服务的，应当自签订协议之日起 5 个工作日内，将协议、香港机构签署的承诺书、香港机构符合资质的证明文件报住所地或者经营所在地中国证监会派出机构备案。这些情形包括（　　）。

A. 与证券基金经营机构存在控制关系或者受同一金融机构控制

B. 提供港股研究报告的香港机构从事发布证券研究报告业务 2 年以上，且有 30 名以上经香港证监会批准取得就证券提供意见牌照的持牌代表

C. 提供港股研究报告的香港机构从事发布证券研究报告业务 3 年以上，且有 20 名以上经香港证监会批准取得就证券提供意见牌照的持牌代表

D. 提供港股投资顾问服务的香港机构从事资产管理业务 3 年以上，且最近一个会计年度管理的证券资产不少于 300 亿港元或者等值货币

答案：AC

考点：使用香港机构证券投资咨询服务证券基金经营机构使用符合下列情形之一的香港机构的证券投资咨询服务的，应当自签订协议之日起 5 个工作日内，将协议、香港机构签署的承诺书、香港机构符合资质的证明文件报住所地或者经营所在地中国证监会派出机构备案：（1）与证券基金经营机构存在控制关系或者受同一金融机构控制；（2）提供港股研究报告的香港机构从事发布证券研究报告业务 3 年以上，且有 20 名以上经香港证监会批准取得就证券提供意见牌照的持牌代表；（3）提供港股投资顾问服务的香港机构从事资产管理业务 5 年以上，且最近一个会计年度管理的证券资产不少于 100 亿港元或者等值货币。

127. 以下属于证券分析师执业行为准则的是（　　）。

A. 保持客观性　　B. 恪守诚信原则

C. 充分尊重知识产权　　D. 防范利益冲突

答案：ABCD

考点：本题考查证券分析师执业行为准则，除以上四项外，还有信息保密，报告违法事项，防范不正当竞争，规范参与公众交流活动，加强后续培训。

128. 以下属于证券投资顾问执业行为准则的是（　　）。

A. 忠实客户利益

B. 提供适当的投资建议服务

C. 以个人名义向客户收取适当的证券投资顾问服务费用

D. 提供投资建议应具有合理依据

答案：ABD

考点：本题考查证券投资顾问执业行为准则，C 选项属于证券投资顾问的禁止行为。

129. 下列属于证券投资顾问禁止行为的是（　　）。

A. 忠实客户利益

B. 向客户提供建议服务

C. 向他人泄露客户的投资决策计划信息

D. 以个人名义向客户收取证券投资顾问服务费用

答案：CD

考点：本题考查证券投资顾问的禁止行为。忠实客户利益和向客户提供适当的建议服务属于证券投资顾问执业行为准则。

130. 对发布证券研究报告业务和证券投资顾问业务的监管措施包括（　　）。

A. 责令改正

B. 出具警示函

C. 责令增加内部合规检查次数并提交合规检查报告

D. 没收财产

答案：ABC

考点：本题考查对发布证券研究报告业务和证券投资顾问业务的监管措施。证券公司、证券投资咨询机构及其人员违反法律、行政法规和《发布证券研究报告暂行规定》的，中国证监会及其派出机构可以采取责令改正、监管谈话、出具警示函、责令增加内部合规检查次数并提交合规检查报告、责令暂停发布证券研究报告、责令处分有关人员等监管措施；情节严重的，中国证监会依照法律、行政法规和有关规定做出行政处罚；涉嫌犯罪的，依法移送司法机关。

131. 证券公司、证券投资咨询机构和其他财务顾问机构不得担任财务顾问或独立财务顾问的情形包括（　　）。

A. 最近 24 个月内存在违反诚信的不良记录

B. 最近 24 个月内因执业行为违反行业规范而受到行业自律组织的处分

C. 最近 36 个月内因违法违规经营受到处罚或者因涉嫌违法违规经营正在被调查

D. 曾依据《财务顾问业务管理办法》的规定从事上市公司并购重组财务顾问业务

答案：ABC

考点：本题考查财务顾问的业务资格。

132. 财务顾问的职责包括（　　）。

A. 接受并购重组当事人的委托，对上市公司并购重组活动进行尽职调查，只评估部分重点相关活动所涉及的风险

B. 对委托人进行证券市场规范化运作的辅导，使其熟悉有关法律、行政法规和中国证监会的规定，充分了解其应承担的义务和责任，督促其依法履行报告

C. 在对上市公司并购重组活动及申报文件的真实性、准确性、完整性进行充分核查和验证的基础上依据中国证监会的规定和监管要求，客观、公正地发表

D. 接受委托人的委托，向中国证监会报送有关上市公司并购重组的申报材料，并根据中国证监会的审核意见，组织和协调委托人及其他专业机构进行答复

答案：BCD

考点：本题考查财务顾问的职责，BCD 均正确。A 选项错误，接受并购重组当事人的委托，对上市公司并购重组活动进行尽职调查，应全面评估相关活动所涉及的风险。

133. 财务顾问代表委托人向中国证监会提交申请文件后，应当配合中国证监会的审核，并承担（　　）工作。

A. 指定财务顾问主办人与中国证监会进行专业沟通，并按照中国证监会提出的反馈意见做出回复

B. 按照中国证监会的要求对涉及本次并购重组活动的特定事项进行尽职调查或者核查

C. 组织委托人及其他专业机构对中国证监会的意见进行答复，委托人未能在行政许可的期限内公告相关并购重组报告全文的，财务顾问应当督促委托人及时公开披露中国证监会提出的问题及委托人未能如期公告的原因

D. 不必申报本次担任并购重组财务顾问的收费情况

答案：ABC

考点：本题考查财务顾问相关的业务规则，需要申报本次担任并购重组财务顾问的收费情况。

134. 中国证监会及其派出机构可以对财务顾问公司的（　　）等方面进行非现场检查或者现场检查。

A. 公司治理　　B. 内部控制

C. 经营运作　　D. 人员流动

答案：ABC

考点：考查财务顾问的监管。根据《上市公司并购重组财务顾问业务管理办法》等法律法规，中国证监会及其派出机构可以根据审慎监管原则，要求财务顾问提供按规定履行尽职调查义务的证明材料、工作档案和工作底稿，并对财务顾问的公司治理、内部控制、经营运作、风险状况、从业活动等方面进行非现场检查或者现场检查。

135. 财务顾问及其财务顾问主办人采取不正当竞争手段进行恶性竞争的，中国证监会一般会采取（　　）等监管措施。

A. 移送司法机关追究责任　　B. 监管谈话

C. 出具警示函　　D. 责令改正

答案：BCD

考点：财务顾问及其财务顾问主办人，采取不正当竞争手段进行恶性竞争的，中国证监会对其采取监管谈话、出具警示函、责令改正等监管措施。

136. 发行人申请从事下列（　　）事项，依法采取承销方式的，应当聘请具有保荐业务资格的证券公司（即保荐机构）履行保荐职责。

A. 非首次公开发行股票　　B. 上市公司发行新股、可转换公司债券

C. 公开发行存托凭证　　D. 中国证监会认定的其他情形

答案：BCD

考点：考查需聘请保荐机构的情形。

137. 符合下列（　　）条件的证券公司，经中国证监会批准，可以从事股票期权做市业务。

A. 具有证券自营业务资格

B. 最近 6 个月净资本持续不低于 40 亿元

C. 做市业务系统符合相关技术规范且运行状况良好，并通过相关证券交易所组织的测试

D. 具有完备的做市业务实施方案、相关内部管理制度及开展做市商业务所需的专业人员

答案：ABCD

考点：符合下列条件的证券公司，经中国证监会批准，除 ABCD 外可以从事股票期权做市业务还有：（1）最近 18 个月净资本等风险控制指标持续符合规定标准；（2）具备健全的全面风险管理体系，首席风险官具有相应的履职能力，具备对股票期权业务风险进行量化分析和评估的专业素质；（3）中国证监会规定的其他条件。

138. 证券公司作为运营机构股东或者在区域性股权市场可以开展的业务有（　　）。

A. 代理开立区域性股权市场证券账户

B. 为在区域性股权市场开户的合格投资者买卖证券提供居间介绍服务

C. 利用自有资金或依法管理的资产管理等产品投资区域性股权市场的证券

D. 为证券的非公开发行组织合格投资者进行路演推介或其他促成投融资需求对接的活动

答案：ABCD

考点：本题考查证券公司参与区域性股权市场的业务范围。

139. 下列关于企业债券的说法正确的是（　　）。

A. 企业债券由企业依照法定程序发行，约定在一定期限内还本付息

B. 发行和购买企业债券应当遵循自愿、互利、有偿的原则

C. 企业债券持有人有权按照约定期限取得利息、收回本金，也有权参与企业的经营管理

D. 企业债券持有人对企业的经营状况不承担责任

答案：ABD

考点：企业债券发行的一般规定，企业债券持有人有权按照约定期限取得利息、收回本金，但是无权参与企业的经营管理。

140. 下列说法正确的是（　　）。

A. 企业债券持有人对企业的经营状况不承担责任

B. 企业债券可以继承和转让，但不得抵押

C. 中央企业发行企业债券，由中国人民银行会同原国家计划委员会审批

D. 地方企业发行企业债券，由中国人民银行省、自治区、直辖市、计划单列市分行会同同级计划主管部门审批

答案：ACD

考点：企业债券可以抵押、转让和继承。

141. 下列有关金融证券的描述，说法正确的是（　　）。

A. 金融债券，是指依法在中华人民共和国境内设立的金融机构法人在全国银行间债券市场发行的，按约定还本付息的有价证券

B. 金融债券的投资风险由投资者自行承担

C. 未经中国证监会批准，任何金融机构不得擅自发行金融债券

D. 金融债券可在全国银行间债券市场公开发行或定向发行

答案：ABD

考点：金融债券发行业务的一般规定。未经中国人民银行批准，任何金融机构不得擅自发行金融债券。

142. 下列有关金融债券的说法正确的是（　　）。

A. 金融债券的发行应由具有债券评级能力的信用评级机构进行信用评级

B. 金融债券公开发行的，经认购人同意，可免于信用评级

C. 金融债券可在全国银行间债券市场公开发行或定向发行

D. 发行人分期发行金融债券的，应在募集说明书中说明每期发行安排

答案：ACD

考点：本题考查金融债券发行业务的一般规定。金融债券定向发行的，经认购人同意，可免于信用评级。

143. 下列关于公司债券的说法中正确的是（　　）。

A. 公司债券可以公开发行，也可以非公开发行

B. 发行人及其控股股东、实际控制人、董事、监事、高级管理人员不得怠于履行偿债义务或者通过财产转移、关联交易等方式逃废债务，蓄意损害债券持有人权益

C. 发行人及其控股股东、实际控制人应当全面配合承销机构、受托管理人、证券服务机构的相关工作

D. 发行人、承销机构及其相关工作人员在发行定价和配售过程中，不得有违反公平竞争、进行利益输送、直接或间接谋取不正当利益以及其他破坏市场秩序的行为

答案：ABCD

考点：本题考查公司债券发行业务的一般规定。

144. 公开发行公司债券，应当符合的条件是（　　）。

A. 具备健全且运行良好的组织机构

B. 最近 3 年平均可分配利润足以支付公司债券 1 年的利息

C. 具有合理的资产负债结构和正常的现金流量

D. 国务院规定的其他条件。公开发行公司债券，由证券交易所负责受理、审核，并报中国证监会注册

答案：ABCD

考点：本题考查公司债券发行业务的一般规定。ABCD 均为公开发行公司债券，应当符合的条件。

145. 专业投资者和普通投资者可以参与认购的公开发行公司债券，资信状况应当符合的标准是（　　）。

A. 发行人最近 3 年无债务违约或者延迟支付本息的事实

B. 发行人最近 3 年平均可分配利润不少于债券 1 年利息的 20 倍

C. 发行人最近一期末净资产规模不少于 250 亿元

D. 发行人最近 36 个月内累计公开发行债券不少于 3 期，发行人最近 3 年平均可分配利润不少于债券 1 年利息的 2 倍，发行规模不少于 100 亿元

答案：ACD

考点：本题考查公司债券发行业务的一般规定。发行人最近 3 年平均可分配利润不少于债券 1 年利息的 5 倍。

146. 公开发行公司债券的发行人应当及时披露债券存续期内发生可能影响其偿债能力或债券价格的重大事项。重大事项包括（　　）。

A. 发行人经营方针、经营范围或生产经营外部条件等发生轻微变化

B. 债券信用评价发生变化

C. 发行人发生未能清偿到期债务的违约情况

D. 发行人主要资产被查封、扣押、冻结

答案：BCD

考点：债券存续期间重大事项的判断。发行人经营方针、经营范围或生产经营外部条件等发生重大变化的属于重大事项。

147. 下列各项，属于债券存续期间重大事项的是（　　）。

A. 发行人经营方针、经营范围或生产经营外部条件等发生重大变化

B. 发行人当年累计新增借款或对外提供担保超过上年末净资产的20%

C. 发行人放弃债权或财产，超过上年末净资产的1%

D. 发行人主要资产被查封、扣押、冻结

答案：ABD

考点：本题考查债券存续期间重大事件的披露。发行人放弃债权或财产超过上年末净资产10%的。

148. 下列关于企业债券发行与承销信息披露的说法中正确的是（　　）。

A. 公开发行公司债券的发行人应将披露的信息或信息摘要刊登在至少一种中国证监会指定的报刊，供公众查阅

B. 主承销商是信息披露的第一责任人

C. 主承销商必须诚实守信、勤勉尽责，对发行人进行尽职调查

D. 中介机构对相关文件资料进行核查和验证，确保其出具的专业文件真实、准确、完整、及时

答案：ACD

考点：本题考查企业债券发行与承销信息披露的有关规定。发行人是信息披露的第一责任人。

149. 企业发行债券，应当于发行前披露的文件包括（　　）。

A. 企业最近3年经审计的财务报告及最近一期会计报表

B. 募集说明书

C. 信用评级报告（如有）

D. 公司信用类债券监督管理机构或市场自律组织要求的其他文件

答案：ABCD

考点：本题考查公司信用类债券信息披露的有关规定。以上均为企业发行债券，应当于发行前披露的文件。

150. 债券存续期内，企业发生可能影响偿债能力或投资者权益的重大事项时，应当及时披露，并说明事项的起因、目前的状态和可能产生的影响。前款所称重大事项包括（　　）。

A. 企业名称变更、股权结构或生产经营状况发生重大变化

B. 企业变更财务报告审计机构、债券受托管理人或具有同等职责的机构、信用评级机构

C. 企业1/3以上董事、2/3以上监事、董事长、总经理或具有同等职责的人员发生变动

D. 企业法定代表人、董事长、总经理或具有同等职责的人员无法履行职责

答案：ABCD

考点：本题考查公司信用类债券信息披露的有关规定。ABCD 均为前款所称重大事项。

151. 债券存续期内，企业发生可能影响偿债能力或投资者权益的重大事项时，应当及时披露，并说明事项的起因、目前的状态和可能产生的影响。前款所称重大事项包括（　　）。

A. 企业发生重大资产抵押、质押、出售、转让、报废、无偿划转以及重大投资行为或重大资产重组

B. 企业发生超过上年末净资产 10% 的重大损失

C. 企业股权、经营权涉及被委托管理

D. 企业转移债券清偿义务

答案：ABCD

考点：本题考查公司信用类债券信息披露的有关规定。ABCD 均为前款所称重大事项。

152. 债券存续期内，企业发生可能影响偿债能力或投资者权益的重大事项时，应当及时披露，并说明事项的起因、目前的状态和可能产生的影响。前款所称重大事项包括（　　）。

A. 企业未能清偿到期债务或进行债务重组

B. 企业涉嫌违法违规被有权机关调查，受到刑事处罚、重大行政处罚或行政监管措施、市场自律组织做出的债券业务相关的处分，或者存在严重失信行为

C. 企业法定代表人、控股股东、实际控制人、董事、监事、高级管理人员涉嫌违法违规被有权机关调查、采取强制措施，或者存在严重失信行为

D. 企业涉及重大诉讼、仲裁事项

答案：ABCD

考点：本题考查公司信用类债券信息披露的有关规定。ABCD 均为前款所称重大事项。

153. 债券存续期内，企业发生可能影响偿债能力或投资者权益的重大事项时，应当及时披露，并说明事项的起因、目前的状态和可能产生的影响。前款所称重大事项包括（　　）。

A. 企业未能清偿到期债务或进行债务重组企业分配股利，做出减资、合并、分立、解散及申请破产的决定，或者依法进入破产程序、被责令关闭

B. 企业涉及需要说明的市场传闻

C. 募集说明书约定或企业承诺的其他应当披露事项

D. 企业未能清偿到期债务或进行债务重组

答案：ABCD

考点：本题考查公司信用类债券信息披露的有关规定。ABCD 均为前款所称重大

事项。

154. 企业应当在最先发生以下任一情形的时点后，原则上不超过 2 个工作日（交易日）内，履行《公司信用类债券信息披露管理办法》第十八条规定的重大事项的信息披露义务。前列情形包括（　　）。

A. 董事会、监事会或者其他有权决策机构就该重大事项形成决议时

B. 有关各方就该重大事项签署意向书或者协议时

C. 董事、监事、高级管理人员或者具有同等职责的人员知悉该重大事项发生时

D. 收到相关主管部门关于重大事项的决定或通知时

答案：ABCD

考点：本题考查公司信用类债券信息披露的有关规定。企业应当在最先发生以下任一情形的时点后，原则上不超过两个工作日（交易日）内，履行《公司信用类债券信息披露管理办法》第十八条规定的重大事项的信息披露义务：①董事会、监事会或者其他有权决策机构就该重大事项形成决议时。②有关各方就该重大事项签署意向书或者协议时。③董事、监事、高级管理人员或者具有同等职责的人员知悉该重大事项发生时。④收到相关主管部门关于重大事项的决定或通知时。重大事项出现泄露或市场传闻的，企业也应当及时履行信息披露义务。

155. 保荐机构及其保荐代表人、其他从事保荐业务的人员可能接受行业内通报批评、暂停或停止执业等纪律处分的情况有（　　）。

A. 不配合、阻挠或以其他变相方式妨碍协会检查，影响自律管理人员做出自律管理决定

B. 聘用不符合规定要求的人员从事保荐业务，执业登记存在弄虚作假等违规行为

C. 无正当理由不按规定及时报送相关信息，经提醒后仍不按规定报送，报送的信息中存在虚假记载、误导性陈述或者重大遗漏

D. 未按照相关规定参加培训

答案：ABCD

考点：本题考查证券发行上市保荐业务的主要监管措施。

156. 中国证券业协会应当建立对承销商（　　）的日常监管制度，加强相关行为的监督检查，发现违规情形的，应当及时采取自律监管措施。

A. 询价　　　　B. 观察

C. 配售行为　　　　D. 网下投资者报价行为

答案：ACD

考点：本题考查中国证券业协会应当建立对承销商的监管措施。中国证券业协会应当建立对承销商询价、定价、配售行为和网下投资者报价行为的日常监管制度，加强相关行为的监督检查，发现违规情形的，应当及时采取自律监管措施。中国证券业协会还应当建立对网下投资者和承销商的跟踪分析和评价体系，并根据评价结果采取奖惩

措施。

157. 承销公司债券过程中，中国证监会可以对承销机构及其直接负责的主管人员和其他直接责任人员采取《公司债券发行与交易管理办法》第六十八条规定的相关监管措施的行为包括（　　）；情节严重的，依照《证券法》第一百八十四条予以处罚。

A. 未勤勉尽责，违反《公司债券发行与交易管理办法》第四十一条规定的行为

B. 以不正当竞争手段招揽承销业务

C. 未按照事先披露的原则和方式配售公司债券，或其他未依照披露文件实施的行为

D. 未按照《公司债券发行与交易管理办法》及相关规定要求保留推介、定价、配售等承销过程中相关资料

答案：ABCD

考点：本题考查违反债券发行与承销有关规定的法律责任。ABCD 均为承销机构在承销公司债券过程中中国证监会可以对承销机构及其直接负责的主管人员和其他直接责任人员采取本办法第六十八条规定的相关监管措施的情况。

158. 下列行为中违反《中国人民银行法》的有（　　）。

A. 发行人未经中国人民银行核准擅自发行金融债券

B. 发行人超规模发行金融债券

C. 承销人通过正当竞争手段招揽承销业务

D. 托管机构挪用客户金融债券

答案：ABD

考点：本题考查违反金融债券发行与承销有关规定的法律责任。承销人以不正当竞争手段招揽承销业务的，由中国人民银行按照《中国人民银行法》第四十六条的规定予以处罚。

159. 下列关于股票期权做市业务的说法正确的是（　　）。

A. 最近 6 个月净资本持续不低于 30 亿元

B. 最近 6 个月净资本持续不低于 40 亿元

C. 最近 12 个月净资本等风险控制指标持续符合规定标准

D. 最近 18 个月净资本等风险控制指标持续符合规定标准

答案：BD

考点：符合下列条件的证券公司，经中国证监会批准，可以从事股票期权做市业务：（1）具有证券自营业务资格；（2）最近 6 个月净资本持续不低于 40 亿元；（3）最近 18 个月净资本等风险控制指标持续符合规定标准。

160. 下列有关证券自营业务的说法中，正确的是（　　）。

A. 证券自营业务是指经中国证监会批准经营证券自营业务的证券公司用自有资金

以自己的名义开设的证券账户买卖依法公开发行的股票、债券、证券投资基金或者国务院证券监督管理机构认可的其他证券，以获取利益的行为

B. 具备证券自营业务资格的证券公司只能以对冲风险为目的，从事金融衍生品交易

C. 证券自营业务的主要投资对象是股票、债券和证券投资基金等

D. 证券公司委托其他证券公司或者基金管理公司进行证券投资管理，且投资规模合计不超过其净资本80%的，无须取得证券自营业务资格

答案：ACD

考点：本题考查证券自营业务的含义及投资范围。不具备证券自营业务资格的证券公司只能以对冲风险为目的，从事金融衍生品交易。

161. (　　) 不属于证券自营业务主要的投资对象。

A. 已经在全国中小企业股份转让系统挂牌转让的证券

B. 已经和依法可以在符合规定的区域性股权交易市场挂牌转让的私募债券

C. 已经和依法可以在境内证券交易所上市交易和转让的证券

D. 已经和依法可以在银行间市场交易的证券

答案：ABD

考点：本题考查证券自营业务的投资范围。已经和依法可以在境内证券交易所上市交易和转让的证券是证券自营业务主要的投资对象。

162. 下列关于证券公司自营业务的说法正确的是（　　）。

A. 具备证券自营业务资格的证券公司可以从事金融衍生品交易

B. 不具备证券自营业务资格的证券公司只能以对冲风险为目的，从事金融衍生品交易

C. 证券公司委托其他证券公司或者基金管理公司进行证券投资管理，且投资规模合计不超过其净资本90%的，无须取得证券自营业务资格

D. 具备证券自营资格资质的证券公司可以设立子公司，从事《证券公司证券自营投资品种清单》所列品种以外的金融产品等投资

答案：ABD

考点：证券公司委托其他证券公司或者基金管理公司进行证券投资管理，且投资规模合计不超过其净资本80%的，无须取得证券自营业务资格。

163. 下列关于证券公司自营业务的说法中正确的是（　　）。

A. 证券公司应建立健全相对集中、权责统一的投资决策与授权机制

B. 董事会是自营业务的最高管理机构，负责确定具体的资产配置策略，投资事项和投资品种

C. 自营业务部门为自营业务的执行机构

D. 自营业务的管理和操作只能由证券公司自营业务部门负责

答案：ACD

考点：本题考查证券自营业务的决策与授权机制。投资决策机构是自营业务投资运作的最高管理机构，负责确定具体的资产配置策略、投资事项和投资品种等。

164. 下列关于证券自营业务的说法错误的是（　　）。

A. 自营业务必须以证券公司自身名义、通过专用自营席位进行，并由自营业务部门负责自营账户的管理，包括开户、销户、使用登记等

B. 证券公司需建立健全自营账户的审核和稽核制度，严禁出借自营账户、使用非自营席位变相自营、账外自营

C. 自营业务资金的出入必须以公司名义进行，可以从自营账户中提取现金，禁止以个人名义从自营账户中调入调出资金

D. 对自营资金执行清算制度，自营清算岗位可以由经纪业务、资产管理业务及其他业务的清算岗位担任

答案：ACD

考点：本题考查证自营业务的具体操作要求。自营业务必须以证券公司自身名义、通过专用自营席位进行，并由非自营业务部门负责自营账户的管理，包括开户、销户、使用登记等。自营业务资金的出入必须以公司名义进行，禁止以个人名义从自营账户中调入调出资金，禁止从自营账户中提取现金。对自营资金执行独立清算制度，自营清算岗位应当与经纪业务、资产管理业务及其他业务的清算岗位分离。

165. 下列关于证券自营业务的具体操作要求的说法中，正确的是（　　）。

A. 自营业务必须以证券公司自身名义、通过专用自营席位进行，并由非自营业务自营的管理，包括开户、销户、使用登记等

B. 加强自营业务资金的调度管理和自营业务的会计核算，由非自营业务部门负责自营业务所需资金的调度

C. 完善可投资证券品种的投资论证机制，建立证券池制度，自营业务部门只能在确定的自营规模和可承受风险限额内，从证券池内选择证券进行投资

D. 建立健全自营业务运作止盈止损机制，止盈止损的决策、执行与实效评估应当符合规定的程序并进行书面记录

答案：ABCD

考点：本题考查证券自营业务的具体操作要求，ABCD 均正确。

166. 按照《证券公司风险控制指标计算标准规定》，一般来说，下列证券公司自营业务的指标中，正确的是（　　）。

A. 自营权益类证券及其衍生品的合计额不得超过净资本的 100%

B. 自营非权益类证券及其衍生品的合计额不得超过净资本的 500%

C. 持有一种权益类证券的成本不得超过净资本的 20%

D. 持有一种非权益类证券的规模不得超过其总规模的 20%

答案：ABD

考点：本题考查证券自营业务的风险控制指标。持有一种权益类证券的成本不得超过净资本的30%。

167. 下列关于证券自营业务的监管措施的说法正确的是（　　）。

A. 中国证监会对证券公司的资金来源和运用情况进行定期和不定期检查

B. 证券公司从事自营业务，应当以公司名义开立证券自营账户，并报中国证监会备案

C. 证券公司可聘请会计事务所等中介机构进行配合检查

D. 证券自营业务原始凭证以及有关业务文件、资料、账册、报表和其他必要的材料应至少保存10年

答案：ABC

考点：本题考查证券自营业务的监管措施，证券自营业务原始凭证以及有关业务文件、资料、账册、报表和其他必要的材料应至少保存20年。

168. 下列关于集合资产管理计划的说法中正确的是（　　）。

A. 集合资产管理合同中应当对客户参与和退出集合资产管理计划的时间、方式、价格、程序等实行做出明确规定

B. 证券公司应当在资产管理合同中明确规定，由客户自行承担投资风险

C. 集合资产管理计划只面向合格投资者推广

D. 证券公司只能自行推广结合资产管理计划，不得委托其他机构代为推广

答案：ABC

考点：本题考查证券资产管理业务的一般规定。证券公司可以自行推广集合资产管理计划，也可以委托其他证券公司、商业银行或者中国证监会认可的其他机构代为推广。

169. 金融机构资产管理业务主要遵循的原则有（　　）。

A. 坚持严控风险的底线思维

B. 坚持服务实体经济的根本目标

C. 坚持宏观审慎管理与微观审慎监管相结合、机构监管与功能监管相结合的监管理念

D. 坚持有的放矢的问题导向

答案：ABCD

考点：本题考查金融机构资产管理业务主要遵循的原则。

170. 金融机构运用受托资金进行投资，应当履行的管理人职责有（　　）。

A. 依法募集资金，办理产品份额的发售和登记事宜

B. 办理产品登记备案或者注册手续

C. 对所管理的不同产品受托财产分别管理、分别记账，进行投资；按照产品合同

的约定确定收益分配方案，及时向投资者分配收益

D. 进行产品会计核算并编制产品财务会计报告

答案：ABCD

考点：本题考查金融机构运用受托资金进行投资时应当履行的管理人职责。

171. 金融机构运用受托资金进行投资，应当履行的管理人职责有（　　）。

A. 依法计算并披露产品净值或者投资收益情况，确定申购、赎回价格；办理与受托财产管理业务活动有关的信息披露事项

B. 保存受托财产管理业务活动的记录、账册、报表和其他相关资料

C. 在兑付受托资金及收益时，金融机构应当保证受托资金及收益返回委托人的原账户、同名账户或者合同约定的受益人账户

D. 金融监督管理部门规定的其他职责

答案：ABCD

考点：本题考查金融机构运用受托资金进行投资时应当履行的管理人职责。

172. 以下选项中，可以视为刚性兑付的行为有（　　）。

A. 金融机构为资产管理产品投资的非标准化债权类资产或者股权类资产提供任何直接或间接、显性或隐性的担保、回购等代为承担风险的承诺

B. 资产管理产品的发行人或者管理人违反真实公允确定净值原则，对产品进行保本保收益

C. 采取滚动发行等方式，使资产管理产品的本金、收益、风险在不同投资者之间发生转移，实现产品保本保收益

D. 资产管理产品不能如期兑付或者兑付困难时，发行或者管理该产品的金融机构自行筹集资金偿付或者委托其他机构代为偿付

答案：ABCD

考点：本题考查金融机构资产管理业务。经金融管理部门认定，存在 ABCD 行为的视为刚性兑付。

173. 证券公司参与场外期权交易实施分层管理，根据（　　），分为一级交易商和二级交易商。

A. 公司资本实力　　　　　　　　B. 分类结果

C. 全面风险管理水平　　　　　　D. 专业人员及技术系统情况

答案：ABCD

考点：证券公司参与场外期权交易实施分层管理，根据公司资本实力、分类结果、全面风险管理水平、专业人员及技术系统情况，分为一级交易商和二级交易商。

174. 下列关于交易商资格要求的说法正确的是（　　）。

A. 最近一年分类评级在 A 类 AA 级以上的，经中国证监会认可，可以成为一级交易商

B. 最近一年分类评级在 A 类 A 级以上或 B 类 BBB 级以上，持续规范经营且专业人员、技术系统、风险管理等符合对应条件的证券公司，经协会备案，可以成为二级交易商

C. 最近一年分类评级在 A 类 A 级以上或 B 类 BBB 级以上，持续规范经营且专业人员、技术系统、风险管理等符合对应条件的证券公司，经协会备案，可以成为一级交易商

D. 二级交易商展业一年情况良好、未有重大风险事件的，可向证监会申请成为一级交易商

答案：ABD

考点：最近一年分类评级在 A 类 AA 级以上的，经中国证监会认可，可以成为一级交易商。最近一年分类评级在 A 类 A 级以上或 B 类 BBB 级以上，持续规范经营且专业人员、技术系统、风险管理等符合对应条件的证券公司，经协会备案，可以成为二级交易商；展业一年情况良好、未有重大风险事件的，可向证监会申请成为一级交易商。

175. 下列关于交易商具体交易要求的说法正确的是（　　）。

A. 一级交易商应当在沪深证券交易所开立场内个股对冲交易专用账户，直接开展对冲交易

B. 一级交易商应当建立公平、公正的个股期权报价机制，不得利用交易优势地位等进行不正当竞争

C. 一级交易商拒绝接受对冲交易的，二级交易商可以与客户达成交易合约

D. 一级交易商应当履职尽责，对二级交易商及其对手方客户的交易目的、交易标的、交易行为等进行监测评估

答案：ABD

考点：考查交易商具体交易要求。一级交易商拒绝接受对冲交易的，二级交易商不得与客户达成交易合约。

176. 下列关于从事私募资产管理业务的子公司在私募资产管理业务产品销售推广时做法正确的是（　　）。

A. 违规销售资产管理计划

B. 不得存在不适当宣传、误导欺诈投资者以及以任何方式向投资者承诺本金不受损失或者承诺最低收益等行为

C. 设立结构化资产管理计划，不得违背利益共享、风险共担、风险与收益相匹配的原则

D. 开展私募资产管理业务，不得从事违法证券期货业务活动或者为违法证券期货业务活动提供交易便利

答案：BCD

考点：本题考查《证券期货经营机构私募资产管理业务运作管理暂行规定》，不得

违规销售资产管理计划。

177. 下列说法正确的是（　　）。

A. 证券期货经营机构发行的资产管理计划不得投资于不符合国家产业政策环境保护政策的项目（证券市场投资除外）

B. 证券期货经营机构开展私募资产管理业务，不得委托个人或不符合条件的第三方机构为其提供投资建议，管理人依法应当承担的职责不因委托而免除

C. 证券期货经营机构可以开展或参与具有“资金池”性质的私募资产管理业务

D. 证券期货经营机构不得对私募资产管理业务主要业务人员及相关管理团队实施过度激励

答案：ABD

考点：本题考查私募资产管理业务的专项监管要求。证券期货经营机构不得开展或参与具有“资金池”性质的私募资产管理业务。

178. 规范金融机构资产管理业务主要遵循（　　）原则。

A. 大致把控风险的思维

B. 坚持服务实体经济的根本目标

C. 坚持宏观审慎管理与微观审慎监管相结合、机构监管与功能监管相结合的监管理念

D. 坚持有的放矢的问题导向

答案：BCD

考点：本题考查规范金融机构资产管理业务应循的规则。坚持严格把控底线风险的思维。

179. 金融机构开展资产管理业务，应当做到（　　）。

A. 对资产管理产品的资金综合管理、综合建账、综合核算

B. 不得开展或者参与具有滚动发行的资金池业务

C. 金融机构应当合理确定资产管理产品所投资资产的期限，加强对期限错配的流动性风险管理

D. 资产管理产品直接或间接投资于未上市企业股权及其收益权的，应当为封闭式资产管理产品

答案：BCD

考点：本题考查金融机构开展资产管理业务的相关规定。金融机构应当做到对每只资产管理产品的资金单独管理、单独建账、单独核算。

180. 金融资产坚持公允价值计量原则，鼓励使用市值计量。下列选项中不能按照企业会计准则以摊余成本进行计量的是（　　）。

A. 资产管理产品为封闭式产品，且所投金融资产以收取合同现金流量为目的并持有到期

B. 资产管理产品为封闭式产品，且所投金融资产暂不具备活跃交易市场，或者在活跃市场中没有报价，也不能采用估值技术可靠计量公允价值

C. 资产管理产品为封闭式产品，所投资产具备活跃交易市场

D. 资产管理产品为封闭式产品，所投资产在活跃市场中有报价

答案：CD

考点：金融资产的推余成本计量原则。金融资产符合以下条件之一的，可按照企业会计准则以推余成本进行计量：资产管理产品为封闭式产品，且所投金融资产以收取合同现金流量为目的并持有到期；资产管理产品为封闭式产品，且所投金融资产暂不具备活跃交易市场，或者在活跃市场中没有报价，也不能采用估值技术可靠计量公允价值。

181. 下列关于资产管理产品涉及刚性兑付的说法正确的是（　　）。

A. 资产管理产品的发行人或者管理人违反真实公允确定净值原则，对产品进行保本保收益，视为刚性兑付

B. 资产管理产品的发行人或者管理人采取滚动发行等方式，实现产品保本保收益的，视为刚性兑付

C. 资产管理产品不能如期兑付或者兑付困难时，发行或者管理该产品的金融机构自行筹集资金偿付或者委托其他机构代为偿付，不视为刚性兑付

D. 经认定存在刚性兑付行为的，应该区分存款类金融机构和非存款类持牌金融机构进行惩处

答案：ABD

考点：本题考查刚性兑付的相关情形。资产管理产品不能如期兑付或者兑付困难时，发行或者管理该产品的金融机构自行筹集资金偿付或者委托其他机构代为偿付，应视为刚性兑付。

182. 关于分级资产管理产品的说法正确的是（　　）。

A. 公募产品和开放式私募产品不得进行份额分级

B. 分级私募产品应当根据所投资资产的风险程度设定分级比例（优先级份额/劣后级份额，中间级份额计入优先级份额）

C. 固定收益类产品的分级比例不得超过3:1，权益类产品的分级比例不得超过2:1；商品及金融生品类产品、混合类产品的分级比例不得超过1:1

D. 发行分级资产管理产品的金融机构应当对该资产管理产品进行自主管理，不得转委托给劣后级投资者

答案：ABD

考点：本题考查金融机构资产管理业务的相关规范。固定收益类产品的分级比例不得超过3:1，权益类产品的分级比例不得超过1:1，商品及金融衍生品类产品、混合类产品的分级比例不得超过2:1。

183. 二级交易商应确保其与对手方和一级交易商分别达成的（　　）等交易要素

基本保持一致。

A. 个股期权合约挂钩标的　　B. 合约期限

C. 合约名义本金　　D. 收益结构

答案：ABCD

考点：二级交易商应确保其与对手方和一级交易商分别达成的个股期权合约挂钩标的、合约期限、合约名义本金、收益结构等交易要素基本保持一致。

184. 有关运用人工智能技术开展投资顾问业务的说法中，正确的是（　　）。

A. 金融机构运用人工智能技术、采用机器人投资顾问开展资产管理业务应当经金融监督管理部门许可，取得相应的投资顾问资质，充分披露信息，报备人工智能模型的主要参数以及资产配置的主要逻辑

B. 金融机构应当依法合规开展人工智能业务，不得借助智能投资顾问夸大宣传资产管理产品或者误导投资者

C. 金融机构委托外部机构开发智能投资顾问算法，应当要求开发机构根据不同产品投资策略研发对应的智能算法，避免算法同质化加剧投资行为的顺周期性

D. 非金融机构也可以借助智能投资顾问超范围经营或者变相开展资产管理业务

答案：ABC

考点：本题考查智能投资顾问的相关内容。非金融机构不得借助智能投资顾问超范围经营或者变相开展资产管理业务。

185. 对于资产管理业务，下列说法正确的是（　　）。

A. 资产管理业务作为金融业务，属于特许经营行业，必须纳入金融监管

B. 非金融机构可以发行、销售资产管理产品，国家另有规定的除外

C. 非金融机构为扩大投资者范围、降低投资门槛，利用互联网平台公开宣传、分拆销售具有投资门槛的投资标的、过度强调增信措施掩盖产品风险、设立产品二级交易市场等行为，按照国家规定等进行规范清理，构成非法集资、非法吸收公众存款、非法发行证券的，依法追究法律责任

D. 非金融机构违法违规开展资产管理业务并承诺或进行刚性兑付的，依法从重处罚

答案：ACD

考点：本题考查对非金融机构开展资产管理业务的要求。非金融机构不可以发行、销售资产管理产品，国家另有规定的除外。

186. 下列属于资产证券化业务中原始权益人的职责是（　　）。

A. 依照法律、行政法规、公司章程和相关协议的规定或者约定移交基础资产

B. 配合并支持管理人、托管人履行职责

C. 配合并支持其他为资产证券化业务提供服务的机构履行职责

D. 办理资产支持证券发行事宜

答案：ABC

考点：考查资产证券化业务中原始权益人的相关职责。选项 D 属于管理人的职责。

187. 下列属于资产证券化业务管理人职责的是（　　）。

A. 对相关交易主体和基础资产进行全面的尽职调查，可聘请具有从事证券期货相关业务资格的会计师事务所、资产评估机构等相关中介机构出具专业意见

B. 依照法律、行政法规、公司章程和相关协议的规定或者约定移交基础资产

C. 在专项计划存续期间，督促原始权益人以及为专项计划提供服务的有关机构，履行法律规定及合同约定的义务

D. 按照约定及时将募集资金支付给原始权益人

答案：ACD

考点：本题考查资产证券化业务中管理人的相关职责，B 属于原始权益人的职责。

188. 下列选项中，不属于资产证券化业务托管人职责的是（　　）。

A. 按照约定及时将募集资金支付给原始权益人

B. 依照法律、行政法规、公司章程和相关协议的规定或者约定移交基础资产

C. 按照约定向资产支持证券投资者分配收益

D. 监督管理人专项计划的运作，发现管理人的管理指令违反计划说明书或者托管协议约定的，应当要求改正；未能改正的，应当拒绝执行并及时向中国证券投资基金业协会报告，同时抄送对管理人有辖区监管权的中国证监会派出机构

答案：ABC

考点：本题考查原始权益人、管理人和托管人的相关概念。选项 B 属于原始权益人的职责，选项 AC，属于管理人的职责。

189. 因专项计划资产的管理、运用、处分或者其他情形而取得的资产，归入专项计划资产，下列关于专项计划资产的说法中，正确的是（　　）。

A. 专项计划资产独立于原始权益人、管理人、托管人及其他业务参与人的固有财产

B. 原始权益人、管理人、托管人及其他业务参与人因依法解散、被依法撤销或者宣告破产等原因进行清算的，专项计划资产不属于其清算财产

C. 管理人管理、运用和处分不同专项计划资产所产生的债权债务，不得互相抵销

D. 因处理日常事务所支出的费用、对第三人所负债务，以专项计划资产承担

答案：ABC

考点：本题考查专项计划财产的相关规定。

190. 下列关于资产支持证券的说法正确的是（　　）。

A. 资产支持证券是投资者享有专项计划权益的证明，可以依法继承、交易转让，但是不能出质

B. 资产支持证券投资者不得主张分割专项计划资产，不得要求专项计划回购资产

支持证券

C. 管理人及其他信息披露义务人应当及时、公平地履行披露义务，所披露或者报送的信息必须真实、准确、完整，不得有虚假记载、误导性陈述或者重大遗漏

D. 年度资产管理报告、年度托管报告应当由管理人向中国证券投资基金业协会报告，同时抄送对管理人有辖区监管权的中国证监会派出机构

答案：BCD

考点：资产支持证券的相关知识。资产支持证券是投资者享有专项计划权益的证明，可以依法继承、交易、转让，或出质。

191. 合格境外投资者业务资格应经中国证监会审批，其应当具备的条件有（　　）。

A. 财务稳健，资信良好，具备证券期货投资经验

B. 境内投资业务主要负责人员符合其所在境外国家或者地区有关从业资格的要求（如有）

C. 治理结构、内部控制和合规管理制度健全有效，按照规定指定督察员负责对其境内投资行为的合法合规性进行监督

D. 经营行为规范、近3年或者自成立以来未受到监管机构的重大处罚

答案：ABCD

考点：本题考查合格境外投资者资格条件。

192. 合格境外投资者，可以投资的金融工具有（　　）。

A. 在证券交易所交易或转让的股票、存托凭证、债券、债券回购、资产支持证券

B. 在全国股转系统转让的股票等证券；中国人民银行允许合格境外投资者投资的在银行间债券市场交易的产品以及债券类、利率类、外汇类衍生品

C. 公募证券投资基金

D. 在中国金融期货交易所上市交易的金融期货合约

答案：ABCD

考点：本题考查合格境外投资者的境内证券投资活动。合格境外投资者，可以投资于下列金融工具：在证券交易所交易或转让的股票、存托凭证、债券、债券回购、资产支持证券；在全国股转系统转让的股票等证券；中国人民银行允许合格境外投资者投资的在银行间债券市场交易的产品以及债券类、利率类、外汇类衍生品；公募证券投资基金；在中国金融期货交易所上市交易的金融期货合约；中国证监会批准设立的期货交易场所上市交易的商品期货合约；在国务院或中国证监会批准设立的交易场所上市交易的期权；国家外汇管理局允许合格境外投资者交易基于套期保值目的的外汇衍生品；中国证监会允许的其他金融工具。

193. 合格境外投资者，可以投资的金融工具有（　　）。

A. 中国证监会批准设立的期货交易场所上市交易的商品期货合约

B. 在国务院或中国证监会批准设立的交易场所上市交易的期权

C. 国家外汇管理局允许合格境外投资者交易基于套期保值目的的外汇衍生品

D. 中国证监会允许的其他金融工具

答案：ABCD

考点：本题考查合格境外投资者的境内证券投资活动。

194. 合格境外投资者，可以参与的有（　　）。

A. 证券交易所和全国股转系统新股发行

B. 债券发行

C. 资产支持证券发行

D. 股票增发和配股的申购

答案：ABCD

考点：本题考查合格境外投资者的境内证券投资活动。合格境外投资者可以参与证券交易所和全国股转系统新股发行、债券发行、资产支持证券发行、股票增发和配股的申购，可以参与证券交易所融资融券、转融通证券出借交易等。

195. 以下选项中属于合格境外投资者可以参与的投资运作活动的是（　　）。

A. 新股发行　　B. 债券发行

C. 股票增发　　D. 转融通证券出借交易

答案：ABCD

考点：合格境外投资者可以参与证券交易所和全国股转系统新股发行、债券发行、资产支持证券发行、股票增发和配股的申购，可以参与证券交易所融资融券、转融通证券出借交易等。

196. 以下不属于证券公司分支机构在融资融券业务中可以进行的操作的是（　　）。

A. 经总部批准向客户融资融券　　B. 自行决定签约

C. 自行决定开户　　D. 决定保证金的收取

答案：BCD

考点：本题考查证券公司总部和分支机构的权限。分支机构在公司总部的集中监控下，按照公司的统一规定和决定，具体负责客户征信、签约、开户、保证金收取和交易执行等业务操作。禁止分支机构自行决定签约、开户、授信、保证金收取等应当由总部决定的事项。

197. 证券金融公司开展转融通业务，应当以自己的名义，在商业银行开立转融通专用资金账户，在证券登记结算机构分别开立的账户，其中不包括（　　）。

A. 转融通专用证券账户　　B. 转融通担保资金账户

C. 转融通证券交收账户　　D. 转融通资金交收账户

答案：AC

考点：本题考查转融通业务专用资金账户。证券金融公司开展转融通业务，应当以自己的名义，在商业银行开立转融通专用资金账户，在证券登记结算机构分别开立转融通担保资金账户和转融通资金交收账户。

198. 证券金融公司应当依照《上海证券交易所转融通证券出借交易实施办法（试行）》《深圳证券交易所转融通证券出借交易实施办法（试行）》《中国证券登记结算有限责任公司证券出借及转融通登记结算业务规则（试行）》等办法的规定，明确（　　）。

A. 账户管理　　B. 授信管理

C. 标的证券管理　　D. 保证金管理

答案：ABCD

考点：证券金融公司转融通业务规则。

199. 下列有关科创板与创业板转融券业务展期的说法，错误的是（　　）。

A. 展期数量、期限、费率由借入人和出借人按照相关规定协商确定

B. 借入人和出借人协商提前了结的，双方可进行协商，分批提前了结该笔转融券业务

C. 借入人和出借人应在原合约到期日前的同一交易日向证券金融公司提交展期指令

D. 转融券展期的，相关权益补偿同时展期

答案：BD

考点：本题考查了科创板与创业板转融券业务展期及提前了结的规定。借入人和出借人协商提前了结的，应一次性全部提前了结该笔转融券业务；转融券展期的，相关权益补偿不进行展期。

200. 金融机构代理销售其他金融机构发行的资产管理产品，需要做到的有（　　）。

A. 符合金融监督管理部门规定的资质条件，未经金融监督管理部门许可，任何非金融机构和个人不得代理销售资产管理产品

B. 建立资产管理产品的销售授权管理体系，明确代理销售机构的准入标准和程序，明确界定双方的权利与义务，明确相关风险的承担责任和转移方式

C. 建立相应的内部审批和风险控制程序，对发行或者管理机构的信用状况、经营管理能力、市场投资能力、风险处置能力等开展尽职调查

D. 要求发行或者管理机构提供详细的产品介绍、相关市场分析和风险收益测算报告，进行充分的信息验证和风险审查，确保代理销售的产品符合意见规定并承担相应责任

答案：ABCD

考点：金融机构代理销售其他金融机构发行的资产管理产品时的注意义务。

201. 关于金融机构对资产管理产品实行净值化管理，以下说法正确的是（　　）。

A. 净值生成应当符合企业会计准则规定，及时反映基础金融资产的收益和风险，由托管机构进行核算并定期提供报告，由外部审计机构进行审计确认，被审计金融机构应当披露审计结果并同时报送金融管理部门

B. 金融资产坚持公允价值计量原则，鼓励使用市值计量。符合条件的，可按照企业会计准则以摊余成本进行计量

C. 以摊余成本计量金融资产净值，应当采用适当的风险控制手段，对金融资产净值的公允性进行评估。当以摊余成本计量已不能真实公允反映金融资产净值时，托管机构应当督促金融机构调整会计核算和估值方法

D. 金融机构前期以摊余成本计量的金融资产的加权平均价格与资产管理产品实际兑付时金融资产的价值的偏离度不得达到15%或以上，如果偏离15%或以上的产品数超过所发行产品总数的10%，金融机构不得再发行以摊余成本计量金融资产的资产管理产品

答案：ABC

考点：本题考查金融机构对资产管理产品实行净值化管理的注意义务。D选项10%和15%都应该为5%。

202. 证券公司在区域性股权市场提供业务服务的，以下描述正确的是（　　）。

A. 证券公司开展区域性股权市场业务，应当建立健全相关风险管理制度，加强业务开展过程中的风险管理和防范

B. 证券公司开展区域性股权市场业务，应当建立健全相关合规管理制度，明确内部职责分工，建立健全隔离制度，防范开展区域性股权市场业务过程中可能存在的内幕交易和利益冲突

C. 证券公司入股区域性股权市场运营机构，应当采取必要措施与区域性股权市场运营机构保持业务独立，不得利用股东身份谋取不正当利益

D. 证券公司及其从业人员应当勤勉尽责，严格遵守执业规范和职业道德，按规定和约定履行义务

答案：ABCD

考点：本题考查证券公司开展区域性股权市场业务的规定。

203. 关于惩处存在刚性兑付行为的金融机构的说法，以下选项中正确的是（　　）。

A. 任何单位和个人发现金融机构存在刚性兑付行为的，可以向金融管理部门举报

B. 查证属实且举报内容未被相关部门掌握的，可以对举报人给予适当奖励

C. 外部审计机构在对金融机构进行审计时，如果发现金融机构存在刚性兑付行为的，应当及时报告金融管理部门

D. 外部审计机构在审计过程中未能勤勉尽责，依法追究相应责任或依法依规给予

行政处罚，并将相关信息纳入全国信用信息共享平台，建立联合惩戒机制

答案：ABCD

考点：发现存在刚性兑付行为时金融机构的处理方法。

204. 下列关于交易商持续管理的说法正确的是（　　）。

A. 中国证监会、协会对交易商执业情况实施定期评估，并根据评估结果实行动态调整

B. 交易商应当建立因动态调整不再属于交易商的处置工作预案，被调出交易商名单后，不得新增场外期权业务

C. 对于经评估不符合交易商条件的证券公司，设置一年过渡期，过渡期内不得新增业务规模

D. 过渡期结束，仍未符合一级或二级交易商条件的，调出相应级别交易商名单

答案：ABCD

考点：中国证监会、中国证券业协会对交易商执业情况实施定期评估，并根据评估结果实行动态调整。

205. 大集合产品在未完成相应规范前，应当控制产品规模，非现金管理类大集合产品原则上不得新增净申购额，现金管理类大集合产品不得新增客户。具体来说，不得新增的行为包括（　　）。

A. 未完成整改规范前，公开或变相公开募集产品份额

B. 通过分期发行独立核算子份额等方式变相发起设立新的大集合产品

C. 违规为大集合产品聘请投资顾问

D. 未经注册擅自对合同条款进行实质性调整或变更

答案：ABCD

考点：本题考查大集合产品禁止性行为。

206. 合格境外投资者，可以投资的金融工具包括（　　）。

A. 在证券交易所交易或转让的股票、存托凭证、债券、债券回购、资产支持证券

B. 在全国股转系统转让的股票等证券

C. 中国人民银行允许合格境外投资者投资的在银行间债券市场交易的产品以及债券类、利率类、外汇类衍生品

D. 公募证券投资基金

答案：ABCD

考点：本题考查合格境外投资者可以投资的金融工具类型。

207. 托管人应持续满足的条件包括（　　）。

A. 有专门的资产托管部门

B. 符合托管业务需要的人员、系统、制度

C. 具有经营外汇业务和人民币业务的资格

D. 未发生影响托管业务的重大违法违规行为

答案：ABCD

考点：本题考查托管人应持续满足的条件。

208. 以下属于在全国股份转让系统申请挂牌的公司需要满足的条件的是（　　）。

A. 业务明确　　B. 产权清晰

C. 必须盈利　　D. 公司治理健全

答案：ABD

考点：本题考查全国股份转让系统申请挂牌的公司需要满足的条件。

209. 下列关于在全国股份转让系统申请挂牌的公司需要满足的条件的说法中，正确的是（　　）。

A. 应当依法规范经营　　B. 可以尚未盈利

C. 产权清晰　　D. 无须履行信息披露义务

答案：ABC

考点：本题考查全国股份转让系统申请挂牌的公司需要满足的条件。

210. 申请公开发行股票公司的（　　）可以参与战略配售。

A. 董事　　B. 监事

C. 高级管理人员　　D. 核心员工

答案：CD

考点：本题考查不特定合格投资者公开发行业务。

211. 公司公开发行股票的定价方式包括（　　）。

A. 与主承销商自主协商　　B. 合格投资者网上竞价

C. 网下询价　　D. 全国股权转让中心指导定价

答案：ABC

考点：本题考查向不特定合格投资者公开发行业务。

212. 发行人应当按照公开发行说明书披露的用途使用募集资金；改变募集资金用途的，应当经（　　）审议通过，并经保荐机构同意。

A. 公司董事会　　B. 股东大会

C. 监事会　　D. 公司高管

答案：AB

考点：本题考查向不特定合格投资者公开发行业务。

213. 发行人定向发行时披露信息应当（　　），不得有虚假记载、误导性陈述或者重大遗漏。

A. 真实　　B. 准确

C. 完整　　D. 高效

答案：ABC

考点：本题考查股票定向发行业务。

214. 发行人及其控股股东、实际控制人、董事、监事、高级管理人员应当向（　　）及时提供真实、准确、完整的资料，全面配合相关机构开展尽职调查和其他相关工作。

A. 主办券商　　B. 律师事务所

C. 会计师事务所　　D. 其他证券服务机构

答案：ABCD

考点：本题考查股票定向发行业务。

215. 发行人的控股股东、实际控制人、董事、监事、高级管理人员，主办券商、律师事务所、会计师事务所、其他证券服务机构及其相关人员，应当遵守有关法律法规、部门规章、规范性文件和全国股转系统业务规则，勤勉尽责，（　　）。

A. 不得利用定向发行谋取不正当利益

B. 禁止泄露内幕信息

C. 禁止利用内幕信息进行股票交易

D. 不得操纵股票交易价格

答案：ABCD

考点：本题考查股票定向发行业务。

216. 公众公司实施重大资产重组，应当符合的条件包括（　　）。

A. 重大资产重组所涉及的资产定价公允，不存在损害公众公司和股东合法权益的情形

B. 重大资产重组所涉及的资产权属清晰，资产过户或者转移不存在法律障碍，相关债权债务处理合法

C. 所购买的资产，应当为权属清晰的经营性资产

D. 实施重大资产重组后有利于提高公众公司资产质量和增强持续经营能力，不存在可能导致公众公司重组后主要资产为现金或者无具体经营业务的情形

答案：ABCD

考点：本题考查重大资产重组业务。

217. 有下列（　　）情形的，不得收购公众公司。

A. 收购人负有数额较大债务，到期未清偿，且处于持续状态

B. 收购人最近 2 年有重大违法行为或者涉嫌有重大违法行为

C. 收购人最近 2 年有严重的证券市场失信行为

D. 收购人是完全民事行为能力的自然人

答案：ABC

考点：收购人为自然人的，存在《公司法》第一百四十六条规定的情形（其中一条是无民事行为能力或者限制民事行为能力）的，不得收购公众公司。

218. 关于证券公司开展柜台市场业务的说法正确的是（　　）。

A. 证券公司为投资者交易提供服务的，应经中国证监会批准可从事证券经纪业务

B. 证券公司与特定交易对手方进行柜台交易的，应经中国证监会批准可从事证券自营业务

C. 证券公司在柜台市场开展业务，不得欺诈、误导投资者，不得侵害投资者合法权益

D. 证券公司在柜台市场开展业务，应当遵守有关法律法规，遵循诚实信用、公平自愿的原则

答案：ABCD

考点：本题考查证券公司开展柜台市场业务的总体要求。

219. 证券公司可以采取（　　）方式发行、销售与转让私募产品。

A. 协议　　B. 报价

C. 做市　　D. 集中竞价

答案：ABC

考点：证券公司可以采取协议、报价、做市、拍卖竞价、标购竞价等方式发行、销售与转让私募产品，不得采用集中竞价方式，法律法规有明确规定的除外。

220. 证券公司进行柜台交易，应当与特定交易对手方或投资者以（　　）方式签订柜台交易合同，约定双方的权利义务。

A. 书面　　B. 电子

C. 传真　　D. 口头

答案：AB

考点：证券公司进行柜台交易，应当与特定交易对手方或投资者以书面或电子方式签订柜台交易合同，约定双方的权利义务。

221. 关于证券公司柜台市场业务结算的说法正确的是（　　）。

A. 为柜台市场提供结算服务的机构应当按照约定为投资者办理交易结算

B. 柜台市场私募产品的登记、结算可以由证券公司自行办理，也可以由中国证监会认可的其他机构办理

C. 收付双方的结算账户都是同一证券公司第三方存管账户的，证券公司可以根据结算需要在收付双方资金账户之间进行资金划转

D. 证券公司与其第三方存管客户发生交易的，应当通过参与柜台市场的自有资金专用存款账户与柜台市场客户资金专用存款账户进行资金结算，相关资金划转应当符合客户交易结算资金存管的规定

答案：ABCD

考点：本题考查证券公司柜台市场业务结算。

222. 证券公司在柜台市场开展业务，应当建立健全柜台市场（　　）制度，保障

柜台市场安全、有序运行。

A. 产品管理　　B. 业务管理

C. 合规管理　　D. 风险管理

答案：ABCD

考点：证券公司在柜台市场开展业务，应当建立健全柜台市场产品管理、业务管理、合规管理和风险管理等制度，保障柜台市场安全、有序运行。

223. 证券公司在进行柜台交易前，应当采取有效措施了解客户的（　　）情况。

A. 信用状况　　B. 财产与收入状况

C. 金融知识　　D. 口味爱好

答案：ABC

考点：参与柜台交易的投资者应当是合格投资者。证券公司在进行柜台交易前，应当采取有效措施了解投资者的身份、财产与收入状况、信用状况、金融知识、投资经验、风险承受能力等情况。

224. 证券公司应当制定明确的柜台市场信息披露规则，信息披露义务人应当对所披露信息的（　　）负责。

A. 合法性　　B. 完整性

C. 准确性　　D. 真实性

答案：BCD

考点：证券公司应当制定明确的柜台市场信息披露规则，信息披露义务人应当对所披露信息的真实性、准确性、完整性负责。

225. 证券公司应当督促信息披露义务人按照约定向投资者披露信息，并根据信息性质及私募业务相关规定分类披露，包括（　　）。

A. 公开披露　　B. 非公开披露

C. 向特定对象披露　　D. 向非特定对象披露

答案：AC

考点：证券公司应当督促信息披露义务人按照约定向投资者披露信息，并根据信息性质及私募业务相关规定分类披露，包括公开披露和向特定对象披露。

226. 以下（　　）属于不得向公众披露的私募业务信息。

A. 涉及第三方商业秘密的信息　　B. 涉及证券公司客户隐私的信息

C. 法律法规禁止向公众公开的信息　　D. 合同约定不得向公众公开的信息

答案：ABCD

考点：本题考查不得向公众披露的私募业务信息。（1）涉及证券公司客户隐私的信息；（2）涉及第三方商业秘密的信息；（3）合同约定不得向公众公开的信息；（4）法律法规和自律规则禁止向公众公开的信息。

227. 公募基金宣传推介材料禁止性行为包括（　　）。

A. 使用高收益、无风险等词汇

B. 使用或者登载单位、个人的推荐性文字

C. 使用欲购从速、申购良机等表述

D. 夸大或者片面宣传基金管理人

答案：ABCD

考点：本题考查公募基金宣传推介材料禁止性行为。

228. 募集机构及其从业人员推介私募基金时，禁止通过以下渠道推介或者变相公开推介，包括（　　）。

A. 未设置特定对象确定程序的微信朋友圈

B. 公开出版资料

C. 未设置特定对象确定程序的讲座

D. 面向社会公众的宣传单

答案：ABCD

考点：本题考查私募基金不得公开宣传。募集机构及其从业人员推介私募基金时，禁止有以下行为公开推介或者变相公开推介：公开出版资料；面向社会公众的宣传单、布告、手册、信函、传真；海报、户外广告；电视、电影、电台及其他音像等公共传播媒体；公共、门户网站链接广告、博客等；未设置特定对象确定程序的募集机构官方网站、微信朋友圈等互联网媒介；未设置特定对象确定程序的讲座、报告会、分析会；未设置特定对象确定程序的电话、短信和电子邮件等通讯媒介。

229. 针对公募基金，证券公司应当履行的持续为投资人提供信息的服务包括（　　）。

A. 及时告知投资人其认购、申购、赎回的基金名称以及基金份额的确认日期、确认份额和金额等信息

B. 提供有效途径供投资人实时查询其所持基金的基本信息

C. 定期向投资人主动提供基金保有情况信息

D. 按照中国证监会的规定，做好有关信息传递工作，向投资人及时提供对其投资决策有重大影响的信息

答案：ABCD

考点：本题考查公募基金证券公司应当履行的披露义务。

230. 根据《证券公司代销金融产品管理规定》，证券公司及其从事金融产品代销业务的人员在代销金融产品过程中不得进行的行为有（　　）。

A. 根据产品内容向客户宣传金融产品

B. 采取抽奖、回扣、赠送实物等方式诱导客户购买金融产品

C. 与客户分享投资收益、分担投资损失

D. 使用除证券公司客户交易结算资金专用存款账户外的其他账户，代委托人接收

客户购买金融产品的资金

答案：BCD

考点：本题考查代销金融产品的一般性禁止性规定。根据《证券公司代销金融产品管理规定》，证券公司及其从事金融产品代销业务的人员在代销金融产品过程中不得有下列行为（1）采取夸大宣传、虚假宣传等方式误导客户购买金融产品；（2）采取抽奖、回扣、赠送实物等方式诱导客户购买金融产品；（3）与客户分享投资收益、分担投资损失；（4）使用除证券公司客户交易结算资金专用存款账户外的其他账户，代委托人接收客户购买金融产品的资金；（5）证券公司从事代销金融产品活动的人员不得接受委托人给予的财物或其他利益；（6）其他可能损害客户合法权益的行为。

231. 根据《证券期货经营机构私募资产管理业务运作管理暂行规定》，证券经营机构在销售中不得存在的行为包括（　　）。

A. 资产管理计划名称中含有“保本”字样

B. 向投资者口头或者通过短信、微信等各种方式承诺保本保收益

C. 通过报刊、电台、电视、互联网等公众传播媒体，讲座、报告会、分析会等方式向不特定对象宣传具体产品

D. 向投资者宣传资产管理计划预期收益率

答案：ABCD

考点：本题考查销售私募类产品的禁止性规定。

232. 根据《证券公司为期货公司提供中间介绍业务试行办法》第九条的规定，证券公司受期货公司委托从事介绍业务，应当提供的服务有（　　）。

A. 协助办理开户手续

B. 提供期货行情信息、交易设施

C. 代理客户进行期货交易、结算或者交割

D. 代期货公司、客户收付期货保证金

答案：AB

考点：本题考查证券公司中间介绍业务的业务范围。根据《证券公司为期货公司提供中间介绍业务试行办法》第九条的规定，证券公司受期货公司委托从事介绍业务，应当协助办理开户手续；提供期货行情信息、交易设施；中国证监会规定的其他服务。

233. 中国证券业协会对备案材料（　　）进行审核。

A. 齐备性　　B. 完整性

C. 合规性　　D. 真实性

答案：AC

考点：本题考查衍生品业务备案。

三、判断题。不选、错选均不得分。

1. 证券经纪业务，是指在证券交易中，接受投资者委托，处理交易指令、办理清算交收的经营性活动。（ ）

答案：正确

考点：证券经纪业务，是指在证券交易中，接受投资者委托，处理交易指令、办理清算交收的经营性活动。

2. 证券交易商，是指接受客户委托、代理客户买卖证券并以此收取佣金的中间人。（ ）

答案：错误

考点：证券经纪商，是指接受客户委托、代理客户买卖证券并以此收取佣金的中间人。

3. 证券公司应当对证券经纪人进行不少于 100 个小时的执业前培训，其中法律法规和职业道德的培训时间不少于 20 个小时。（ ）

答案：错误

考点：证券公司应当对证券经纪人进行不少于 60 个小时的执业前培训，其中法律法规和职业道德的培训时间不少于 20 个小时。

4. 证券公司见证开户，证券公司等开户代理机构当面见证客户开户的，证券公司可以委派 2 名或以上工作人员为投资者办理开户手续，其中至少 1 名应为见证人员。（ ）

答案：正确

考点：见证开户的特殊要求：证券公司等开户代理机构当面见证客户开户的，证券公司可以委派 2 名或以上工作人员为投资者办理开户手续，其中至少 1 名应为见证人员。

5. 证券经纪商向客户收取的佣金（包括代收的证券交易监管费和证券交易所手续费等）不得高于证券交易金额的 5‰。（ ）

答案：错误

考点：证券经纪商向客户收取的佣金（包括代收的证券交易监管费和证券交易所手续费等）不得高于证券交易金额的 3‰。

6. 在上交所新设科创板主要服务于符合国家战略、突破关键核心技术、市场认可度高的科技创新企业。（ ）

答案：正确

考点：在上交所新设科创板，坚持面向世界科技前沿、面向经济主战场、面向国家重大需求，主要服务于符合国家战略、突破关键核心技术、市场认可度高的科技创新企业。

7. 创业板主要服务成长型创新创业企业。（　）

答案：正确

考点：根据近年来经济形势变化和多层次资本市场发展实际，改革后创业板将定位为：深入贯彻创新驱动发展战略，适应发展更多依靠创新、创造、创意的大趋势，主要服务成长型创新创业企业，支持传统产业与新技术、新产业、新业态、新模式深度融合。

8. 申请开通创业板交易权限的投资者条件：个人投资者申请权限开通前 20 个交易日证券账户及资金账户内的资产日均应不低于人民币 20 万元，并参与证券交易 24 个月以上。（　）

答案：错误

考点：个人投资者申请权限开通前 20 个交易日证券账户及资金账户内的资产日均应不低于人民币 10 万元，并参与证券交易 24 个月以上。

9. 个人投资者参与中国存托凭证交易，申请权限开通前 20 个交易日证券账户及资金账户内的资产日均不低于人民币 300 万元。（　）

答案：正确

考点：个人投资者参与中国存托凭证交易，申请权限开通前 20 个交易日证券账户及资金账户内的资产日均不低于人民币 300 万元（不包括该投资者通过融资融券交易融入的资金和证券）。

10. 个人参与北交所股票交易，申请权限开通前 20 个交易日证券账户和资金账户内资产日均不低于人民币 50 万元。（　）

答案：正确

考点：个人参与北交所股票交易，申请权限开通前 20 个交易日证券账户和资金账户内资产日均不低于人民币 50 万元（不包括该投资者通过融资融券融入的资金和证券）。

11. 单独从事证券投资咨询业务的机构，应当有 10 名以上符合证券投资咨询从业条件的专职人员。（　）

答案：错误

考点：单独从事证券投资咨询业务的机构，应当有 5 名以上符合证券投资咨询从业条件的专职人员。

12. 同时从事证券投资咨询业务和期货交易咨询业务的机构，应当有 10 名以上符合证券投资咨询、期货交易咨询从业条件的专职人员。（　）

答案：正确

考点：同时从事证券投资咨询业务和期货交易咨询业务的机构，应当有 10 名以上符合证券投资咨询、期货交易咨询从业条件的专职人员。

13. 证券投资咨询人员可以在 2 个证券投资咨询机构执业。（　　）

答案：错误

考点：证券投资咨询人员不得同时在 2 个或者 2 个以上的证券投资咨询机构执业。

14. 证券投资顾问应当根据了解的客户情况，在评估客户风险承受能力和服务需求的基础上，向客户提供适当的投资建议服务。（　　）

答案：正确

考点：证券投资顾问应当根据了解的客户情况，在评估客户风险承受能力和服务需求的基础上，向客户提供适当的投资建议服务。

15. 证券投资顾问向客户提供投资建议，应当具有合理的依据。（　　）

答案：正确

考点：证券投资顾问向客户提供投资建议，应当具有合理的依据。

16. 证券投资顾问服务费用可以以个人账户收取。（　　）

答案：错误

考点：证券投资顾问服务费用应当以公司账户收取。禁止证券公司、证券投资咨询机构及其人员以个人名义向客户收取证券投资顾问服务费用。

17. 证券投资顾问业务档案的保存期限自协议终止之日起不得少于 5 年。（　　）

答案：正确

考点：证券投资顾问业务档案的保存期限自协议终止之日起不得少于 5 年。

18. 证券公司从事自营的专业人员在离开原岗位后的 12 个月内不得从事面向社会公众开展的证券投资咨询业务。（　　）

答案：错误

考点：证券公司的自营、受托投资管理、财务顾问和投资银行等业务部门的专业人员在离开原岗位后的 6 个月内不得从事面向社会公众开展的证券投资咨询业务。

19. 证券基金经营机构应当对使用港股通投资顾问服务的情况实行留痕管理，相关业务档案的保存期限自协议终止之日起不得少于 5 年。（　　）

答案：正确

考点：证券基金经营机构应当对使用港股通投资顾问服务的情况实行留痕管理，以书面或者电子文件形式记录香港机构提供港股投资顾问服务的时间、方式、内容和依据等信息。相关业务档案的保存期限自协议终止之日起不得少于 5 年。

20. 证券投资咨询人员应当以行业公认的谨慎、诚实和勤勉尽责的态度，为投资人或者客户提供证券投资咨询服务。（　　）

答案：正确

考点：证券投资咨询人员应当以行业公认的谨慎、诚实和勤勉尽责的态度，为投资人或者客户提供证券投资咨询服务。

21. 证券投资咨询机构向证券监管部门报送的文件、资料有虚假陈述或者重大遗漏

的，由证监会派出机构处 2 万元以上 5 万元以下的罚款。（ ）

答案：错误

考点：证券投资咨询机构向证券监管部门报送的文件、资料有虚假陈述或者重大遗漏的，由证监会派出机构处 1 万元以上 5 万元以下的罚款。

22. 证券投资咨询人员同时在两个证券投资咨询机构执业的，由证监会派出机构单处或者并处警告、没收违法所得、1 万元以上 10 万元以下罚款。（ ）

答案：正确

考点：证券、期货投资咨询人员同时在两个或者两个以上的证券、期货投资咨询机构执业的，由证监会派出机构单处或者并处警告、没收违法所得、1 万元以上 10 万元以下罚款。

23. 证券投资咨询机构最近 24 个月内存在违反诚信的不良记录，不得担任财务顾问。（ ）

答案：正确

考点：证券公司、证券投资咨询机构和其他财务顾问机构最近 24 个月内存在违反诚信的不良记录，不得担任财务顾问。

24. 发行人未按照规定保存有关文件和资料的，责令改正，给予警告，并处以 20 万元以上 100 万元以下的罚款。（ ）

答案：错误

考点：发行人、证券登记结算机构、证券公司、证券服务机构未按照规定保存有关文件和资料的，责令改正，给予警告，并处以 10 万元以上 100 万元以下的罚款。

25. 证券登记结算机构，泄露、隐匿、伪造、篡改或者毁损有关文件和资料的，给予警告，并处以 20 万元以上 200 万元以下的罚款。（ ）

答案：正确

考点：发行人、证券登记结算机构、证券公司、证券服务机构泄露、隐匿、伪造、篡改或者毁损有关文件和资料的，给予警告，并处以 20 万元以上 200 万元以下的罚款。

26. 证券公司申请保荐业务资格注册资本不低于人民币 1 亿元、净资本不低于人民币 5 000 万元。（ ）

答案：正确

考点：证券公司申请保荐业务资格注册资本不低于人民币 1 亿元、净资本不低于人民币 5 000 万元。

27. 证券公司申请保荐业务资格，要求从业人员不少于 50 人。（ ）

答案：错误

考点：证券公司申请保荐业务资格，应当具有良好的保荐业务团队且专业结构合理，从业人员不少于 35 人，其中最近 3 年从事保荐相关业务的人员不少于 20 人。

28. 发行人聘请保荐机构，应当与其签订保荐协议，保荐协议签订后，保荐机构应

当在5个工作日内向承担辅导验收职责的中国证监会派出机构报告。（ ）

答案：正确

考点：发行人聘请保荐机构，应当与其签订保荐协议，明确双方的权利和义务，按照行业规范协商确定履行保荐职责的相关费用。保荐协议签订后，保荐机构应当在5个工作日内向承担辅导验收职责的中国证监会派出机构报告。

29. 证券发行可以采用联合保荐，但参与联合保荐的保荐机构不得超过3家。（ ）

答案：错误

考点：证券发行规模达到一定数量的，可以采用联合保荐，但参与联合保荐的保荐机构不得超过2家。

30. 公开发行公司债券，最近3年平均可分配利润足以支付公司债券1年的利息。（ ）

答案：正确

考点：公开发行公司债券，最近3年平均可分配利润足以支付公司债券1年的利息，具有合理的资产负债结构和正常的现金流量。

31. 发行和购买企业债券应当遵循自愿、互利、有偿的原则。（ ）

答案：正确

考点：发行和购买企业债券应当遵循自愿、互利、有偿的原则。

32. 融资融券业务，是指在证券公司向客户出借资金供其买入证券或者出借证券供其卖出，并由客户交存相应担保物的经营活动。（ ）

答案：正确

考点：融资融券业务，是指在证券交易所或者国务院批准的其他证券交易场所进行的证券交易中，证券公司向客户出借资金供其买入证券或者出借证券供其卖出，并由客户交存相应担保物的经营活动。

33. 证券公司应当对融资融券业务实行分散管理。（ ）

答案：错误

考点：证券公司应当对融资融券业务实行集中统一管理。

34. 证券公司应当健全业务隔离制度，融资融券业务的前、中、后台应当相互分离、相互制约。（ ）

答案：正确

考点：证券公司应当健全业务隔离制度，融资融券业务的前、中、后台应当相互分离、相互制约，各主要环节应当分别由不同的部门和岗位负责，负责风险监控和业务稽核的部门和岗位应当独立于其他部门和岗位。

35. 证券公司申请融资融券业务资格，公司最近3年内不存在因涉嫌违法违规正被中国证监会立案调查的情形。（ ）

答案：错误

考点：证券公司申请融资融券业务资格，公司最近 2 年内不存在因涉嫌违法违规正被中国证监会立案调查或者正处于整改期间的情形。

36. 客户申请开立信用业务证券账户前，应当已经在申请开展融资融券业务的证券公司开设普通证券账户且从事证券交易的时间满半年以上。（　）

答案：正确

考点：客户申请开立信用业务证券账户前，应当已经在申请开展融资融券业务的证券公司所属营业部及与其具有控制关系的其他证券公司营业部开设普通证券账户且从事证券交易的时间满半年以上。

37. 融资融券业务合同的基本内容应包含当事人姓名、住所信息。（　）

答案：正确

考点：融资融券业务合同的基本内容应包含：当事人姓名、住所、订立合同的目的和依据等信息。

38. 证券公司向客户融资、融券，应当向客户收取一定比例的保证金。保证金必须是现金形式。（　）

答案：错误

考点：证券公司向客户融资、融券，应当向客户收取一定比例的保证金。保证金除现金形式外还可以证券充抵。

39. 可作为融资买入或融券卖出的证券统称为标的证券，标的证券涵盖四大类证券，主要包括股票、证券投资基金、债券、其他证券。（　）

答案：正确

考点：在交易所上市交易的并经交易所认可的可作为融资买入或融券卖出的证券统称为标的证券，标的证券涵盖四大类证券，主要包括股票、证券投资基金、债券、其他证券。

40. 证券金融公司应当每两个交易日公布转融资余额、转融券余额、转融通成交数据及转融通费率。（　）

答案：错误

考点：证券金融公司应当每个交易日公布转融资余额、转融券余额、转融通成交数据及转融通费率。

41. 证券金融公司净资本与各项风险资本准备之和的比例不得低于 100%。（　）

答案：正确

考点：证券金融公司应当遵守以下风险控制指标规定：（1）净资本与各项风险资本准备之和的比例不得低于 100%；（2）对单一证券公司转融通的余额，不得超过证券金融公司净资本的 50%；（3）融出的每种证券余额不得超过该证券上市可流通市值的 10%；（4）充抵保证金的每种证券余额不得超过该证券总市值的 15%。

42. 证券金融公司可以为他人的债务提供担保。（ ）

答案：错误

考点：证券金融公司不得为他人的债务提供担保。

43. 证券公司经营自营业务，自营权益类证券及其衍生品的合计额不得超过净资本的 80%。（ ）

答案：错误

考点：根据《证券公司风险控制指标计算标准规定》，证券公司经营自营业务，自营权益类证券及其衍生品的合计额不得超过净资本的 100%。

44. 证券公司从事证券自营业务时，可以减少损失为目的，利用内幕信息从事证券交易活动。（ ）

答案：错误

考点：证券公司从事证券自营业务时，严禁以获取利益或者减少损失为目的，利用证券交易内幕信息的知情人和非法获取内幕信息的人利用内幕信息从事证券交易活动。

45. 证券公司债券交易人员薪酬与激励合计超过 200 万元人民币的，超过部分应按照等分原则递延发放，周期不少于 2 年。（ ）

答案：错误

考点：证券公司债券交易人员薪酬与激励合计超过 100 万元人民币的，超过部分应按照等分原则递延发放，周期不少于 2 年。

46. 资产管理产品按照投资性质不同，分为浮动收益类产品、权益类产品、商品及金融衍生品类产品和混合类产品。（ ）

答案：错误

考点：资产管理产品按照投资性质不同，分为固定收益类产品、权益类产品、商品及金融衍生品类产品和混合类产品。

47. 固定收益类产品投资于存款、债券等债权类资产的比例不低于 50%。（ ）

答案：错误

考点：固定收益类产品投资于存款、债券等债权类资产的比例不低于 80%。

48. 权益类产品投资于股票、非上市企业股权等权益类资产的比例不低于 30%。（ ）

答案：错误

考点：权益类产品投资于股票、非上市企业股权等权益类资产的比例不低于 80%。

49. 集合资产管理计划的投资者人数不少于 2 人，不超过 200 人。（ ）

答案：正确

考点：集合资产管理计划的投资者人数不少于 2 人，不超过 200 人。

四、综合题。每问备选答案中有一项或多项符合题目要求，不选、错选均不得分。

（一）W证券公司近日开展了股票期权业务，其中包括股票期权经纪业务以及股票期权做市业务。请回答以下问题：

（1）若W证券公司计划从事股票期权经纪业务试点，其应当符合的基本条件包括（　　）。

A. W证券公司具有证券经纪业务资格

B. W证券公司的股票期权经纪业务制度健全，拟负责股票期权经纪业务的高级管理人员具备股票期权业务知识和相应的专业能力，配备2名具备相应专业能力的业务人员

C. W证券公司应具有满足从事股票期权经纪业务相关要求的营业场所、经营设备、技术系统等软硬件设施

D. W证券公司及其董事、监事、高级管理人员最近半年内未因重大违法违规行为受到行政处罚或刑事处罚

（2）W证券公司从事股票期权做市业务，应当符合的条件包括（　　）。

A. W证券公司具有证券自营业务资格

B. W证券公司最近6个月净资本持续不低于20亿元

C. W证券公司最近18个月净资本等风险控制指标持续符合规定标准

D. W证券公司具有完备的做市业务实施方案、相关内部管理制度及开展做市商业务所需的专业人员

答案：（1）AC；（2）ACD

解析：（1）证券公司从事股票期权经纪业务试点，应当符合下列基本条件有：股票期权经纪业务制度健全，拟负责股票期权经纪业务的高级管理人员具备股票期权业务知识和相应的专业能力，配备3名具备相应专业能力的业务人员。公司及其董事、监事、高级管理人员最近1年内未因重大违法违规行为受到行政处罚或刑事处罚，故选项BD错误。（2）最近6个月净资本持续不低于40亿元属于可以从事股票期权做市业务的条件，故选项B错误。

（二）X证券公司近日设立了另类子公司Y公司，设立过程符合相关的法律规定。请回答以下问题：

（1）X证券公司设立Y公司，应当符合的要求包括（　　）。

A. X证券公司具有健全的公司治理结构，完善有效的内部控制机制、风险管理制度和合规管理制度

B. X证券公司最近6个月内各项风险控制指标符合中国证监会及中国证券业协会的

相关要求，且设立另类子公司后，各项风险控制指标仍持续符合规定

C. X 证券公司具备中国证监会核准的证券自营业务资格

D. X 证券公司最近 6 个月未因重大违法违规行为受到刑事或行政处罚，且不存在因涉嫌重大违法违规正受到监管部门和有关机关调查的情形

（2）Y 公司下列行为中属于另类子公司业务规则中业务底线要求不得存在的行为有（　　）。

A. Y 公司向投资者募集资金开展基金业务

B. Y 公司从事了实体业务

C. Y 公司从事财务投资

D. Y 公司下设了 Z 机构

答案：（1）ABC；（2）ABD

解析：（1）最近 1 年未因重大违法违规行为受到刑事或行政处罚，且不存在因涉嫌重大违法违规正受到监管部门和有关机关调查的情形，属于证券公司设立另类子公司应当符合的要求，故选项 D 错误。（2）为了防范另类子公司变相或绕道开展有关业务，避免风险传递，另类子公司不得存在的行为有：向投资者募集资金开展基金业务；从事或变相从事实体业务，财务投资的除外；下设任何机构，故选项 C 错误。

（三）P 证券公司接受 Q 期货公司委托，为 Q 期货公司介绍客户参与期货交易并提供其他相关服务的业务活动。请回答以下问题：

（1）根据《证券公司为期货公司提供中间介绍业务试行办法》第九条的规定，P 证券公司受 Q 期货公司委托从事介绍业务，应当提供的服务包括（　　）。

A. P 证券公司协助办理开户手续

B. P 证券公司提供期货行情信息

C. P 证券公司提供交易设施

D. P 证券公司提供中国证监会规定的其他服务

（2）P 证券公司和 Q 期货公司签订了书面委托协议，该协议应当载明的事项包括（　　）。

A. P 证券公司介绍业务的范围

B. P 证券公司介绍业务的对接规则

C. P 证券公司和 Q 期货公司的违约责任

D. Q 期货公司报酬支付的方式

答案：（1）ABCD；（2）ABCD

解析：（1）根据《证券公司为期货公司提供中间介绍业务试行办法》第九条的规定，证券公司受期货公司委托从事介绍业务，应当提供下列服务：协助办理开户手续；提供期货行情信息、交易设施；中国证监会规定的其他服务，故选项 ABCD 均正确。（2）证券公司从事介绍业务，应当与期货公司签订书面委托协议。委托协议应当载明

的事项有：介绍业务的范围；介绍业务对接规则，报酬支付及相关费用的分担方式，违约责任，故选项 ABCD 均正确。

（四）李某是一名资产管理计划的投资者，其委托刘某和徐某分别对资产进行投资管理和托管，并签订了相关协议。请回答以下问题：

（1）下列属于李某可以享受的权利的有（　　）。

A. 李某可以分享资产管理计划财产收益

B. 李某可以取得分配清算后的剩余资产管理计划财产

C. 李某可以参加或申请召集资产管理计划份额持有人大会，但无法行使相关职权

D. 李某可以对于单一资产管理计划按照合同的约定追加、提取委托财产

（2）下列属于李某应该履行的义务的有（　　）。

A. 李某应该认真阅读并遵守资产管理合同，同时保证投资资金的来源及用途合法

B. 李某应该接受合格投资者认定程序，如实填写风险识别能力和风险承担能力问卷

C. 李某应该认真阅读并签署风险揭示书

D. 李某应该在持有的资产管理计划份额范围内，承担资产管理计划亏损或者终止的无限责任

答案：（1）ABD；（2）ABC

解析：（1）根据合同的规定，参加或申请召集资产管理计划份额持有人大会，行使相关职权属于资产管理计划的投资者享有的权利，故选项 C 错误。（2）在持有的资产管理计划份额范围内，承担资产管理计划亏损或者终止的有限责任属于资产管理计划的投资者应履行的义务，故选项 D 错误。

第四章　证券市场典型违法违规行为及法律责任

一、单项选择题。以下备选项中只有一项最符合题目要求，不选、错选均不得分。

1. 非法吸收公众存款或者变相吸收公众存款，扰乱金融秩序，涉嫌下列（　　）情形之一的，应予立案追诉。

①非法吸收或者变相吸收公众存款数额在 50 万元以上的

②非法吸收或者变相吸收公众存款对象 150 人以上的

③非法吸收或者变相吸收公众存款，给集资参与人造成直接经济损失数额在 50 万元以上的

A. ①③　　B. ①②　　C. ②③　　D. ①②③

答案：C

考点：考查非法吸收公众存款罪的刑事立案追诉标准。

2. 非法吸收公众存款或者变相吸收公众存款，扰乱金融秩序的，处（　　）年以下有期徒刑或者拘役，并处或者单处罚金；数额巨大或者有其他严重情节的，处（　　）年以上（　　）年以下有期徒刑，并处罚金。

A. 3；3；10　　B. 5；5；10

C. 2；2；5　　D. 5；5；10

答案：A

考点：考查非法吸收公众存款罪的法律责任。

3. 根据《证券法》第一百九十一条规定，证券交易内幕信息的知情人或者非法获取内幕信息的人违反《证券法》第五十三条的规定，从事内幕交易的，责令依法处理非法持有的证券，没收违法所得，并处以违法所得（　　）倍以上（　　）倍以下的罚款；没有违法所得或者违法所得不足 50 万元的，处以（　　）万元以上（　　）万元以下的罚款。

A. 3；10；50；100　　B. 3；10；50；500

C. 1；10；50；100　　D. 1；10；50；500

答案：D

考点：考查利用未公开信息交易的行政责任。

4. 按照中国证监会《信息披露违法行为行政责任认定规则》的规定，下列选项中符合从轻或者减轻处罚考虑的情形有（　　）。

A. 在获悉公司信息披露违法后，向公司有关主管人员或者公司上级主管提出质疑并采取了适当措施的

B. 在信息披露违法行为被发现后，及时主动要求公司采取纠正措施或者向证券监管机构报告的

C. 当事人在信息披露违法事实所涉及期间，由于不可抗力、失去人身自由等无法正常履行职责的

D. 在信息披露违法案件中变造、隐瞒、毁灭证据，或者提供伪证，妨碍调查的

答案：A

考点：选项 B：考查《信息披露违法行为行政责任认定规则》第二十条规定。在信息披露违法行为被发现前，及时主动要求公司采取纠正措施或者向证券监管机构报告的认定从轻或减轻处罚。选项 C：考查《信息披露违法行为行政责任认定规则》第二十一条规定。当事人在信息披露违法事实所涉及期间，由于不可抗力、失去人身自由等无法正常履行职责的，不予行政处罚考虑。选项 D：考查《信息披露违法行为行政责任认定规则》第二十三条规定。在信息披露违法案件中变造、隐瞒、毁灭证据，或者提供伪证，妨碍调查的，应当从重处罚。

5. 单位从事内幕交易的，应当对直接负责的主管人员和其他直接责任人员给予警告，并处以（　　）万元以上（　　）万元以下的罚款。国务院证券监督管理机构工作人员从事内幕交易的，从重处罚。

A. 50；100　　B. 10；100

C. 20；200　　D. 20；100

答案：C

考点：考查利用未公开信息交易的行政责任。

6. 按照《刑法》第一百八十条规定，对犯内幕交易、泄露内幕信息罪的人员，处 5 年以下有期徒刑或者拘役，并处或者单处违法所得 1 倍或者（　　）倍以下罚金；情节特别严重的，处（　　）年以上 10 年以下有期徒刑。

A. 3；1　　B. 5；3

C. 3；2　　D. 5；5

答案：D

考点：本题考查《刑法》第一百八十条的规定。

7. 持有公司（　　）以上股份的股东及其董事、监事、高级管理人员，公司的实际控制人及其董事、监事、高级管理人员，构成内幕交易、泄露内幕信息罪的犯罪

主体。

A. 1%　　B. 5%

C. 10%　　D. 15%

答案：B

考点：本题考查对内幕交易、泄露内幕信息罪的犯罪主体的掌握。

8. 操纵证券、期货市场表现为利用资金、信息等优势或者滥用职权操纵市场、制造市场假象，影响证券、期货市场。下列选项中属于操纵证券、期货市场的手段有（　　）。

A. 发行人的董事在涉及证券发行的信息尚未公开前，从事与该信息相关的证券交易活动

B. 某基金管理人与他人串通以事先约定好的时间进行交易

C. 某一散户在某一时点进行大额证券买卖

D. 某行业协会工作人员将对证券交易价格有重大影响的信息暗示给他人从而将该证券卖出

答案：B

考点：操纵证券、期货市场，是指通过：（1）单独或合谋，集中资金优势、持股或者持仓优势或者利用信息优势联合或者连续买卖；（2）与他人串通以事先约定的时间、价格和方式相互进行交易；（3）在自己实际控制的账户之间进行交易，或者以自己为交易对象，自买自卖等方式，操纵证券、期货市场（含交易价格、交易量等）的行为。A选项和D选项属于内幕交易的情形。

9. 根据《最高人民检察院、公安部关于公安机关管辖的刑事案件立案追诉标准的规定（二）》第三十四条的规定，通过策划、实施资产收购或者重组、投资新业务、股权转让、上市公司收购等虚假重大事项，误导投资者做出投资决策，并进行相关交易或者谋取相关利益，证券交易成交额在（　　）万元以上的应予立案追诉。

A. 3 000　　B. 2 000　　C. 1 000　　D. 5 000

答案：C

考点：考查操纵证券、期货市场的刑事立案标准。

10. 按照《刑法》第一百八十二条规定，操纵证券、期货市场，情节严重的，处（　　）年以下有期徒刑或者拘役，并处或者单处罚金；情节特别严重的，处（　　）年以上10年以下有期徒刑，并处罚金。

A. 3；5　　B. 1；3

C. 5；8　　D. 5；5

答案：D

考点：本题考查《刑法》第一百八十二条规定，操纵证券、期货市场，情节严重的，处5年以下有期徒刑或者拘役，并处或者单处罚金；情节特别严重的，处5年以上

10年以下有期徒刑，并处罚金。

11. 按照《最高人民检察院、公安部关于公安机关管辖的刑事案件立案追诉标准的规定（二）》第三十五条的规定，当擅自运用客户资金或者其他委托、信托的财产数额在（　　）万元以上的，应予立案追诉。

A. 30　　B. 50

C. 60　　D. 100

答案：A

考点：本题考查《最高人民检察院、公安部关于公安机关管辖的刑事案件立案追诉标准的规定（二）》第三十五条的规定。背信运用受托财产涉嫌下列情形之一的，应予立案追诉：（1）擅自运用客户资金或者其他委托、信托的财产数额在30万元以上的；（2）虽未达到上述数额标准，但多次擅自运用客户资金或者其他委托、信托的财产，或者擅自运用多个客户资金或者其他委托、信托的财产的；（3）其他情节严重的情形。

12. 按照《最高人民检察院、公安部关于公安机关管辖的刑事案件立案追诉标准的规定（二）》第三十五条的规定，关于背信运用受托财产应予立案追诉的理解正确的是（　　）。

A. 擅自运用客户资金或者其他委托、信托的财产数额达到10万元的，应予立案追诉

B. 擅自运用客户信托的财产数额未达到30万元的，不予立案追诉

C. 擅自运用客户资金数额未达到30万元，但擅自运用多个客户资金的，应予立案追诉

D. 擅自运用客户资金或者其他委托、信托的财产数额达到20万元的，应予立案追诉

答案：C

考点：本题考查《最高人民检察院、公安部关于公安机关管辖的刑事案件立案追诉标准的规定（二）》第三十五条的规定。

13. 未经国家有关主管部门批准，向社会不特定对象发行、以转让股权等方式变相发行股票或者公司、企业债券，或者向特定对象发行、变相发行股票或者公司、企业债券累计超过（　　）人的，应当认定为《刑法》第一百七十九条规定的"擅自发行股票、公司、企业债券"。

A. 100　　B. 150

C. 200　　D. 300

答案：C

考点：根据《最高人民法院关于审理非法集资刑事案件具体应用法律若干问题的解释》第六条规定，未经国家有关主管部门批准，向社会不特定对象发行、以转让股

权等方式变相发行股票或者公司、企业债券，或者向特定对象发行、变相发行股票或者公司、企业债券累计超过 200 人的，应当认定为《刑法》第一百七十九条规定的“擅自发行股票、公司、企业债券”。

14. 根据《最高人民检察院、公安部关于公安机关管辖的刑事案件立案追诉标准的规定（二）》第六条的规定，依法负有信息披露义务的公司、企业向股东和社会公众提供虚假的或者隐瞒重要事实的财务会计报告，或者对依法应当披露的其他重要信息不按照规定披露，涉嫌未按照规定披露的重大诉讼、仲裁、担保、关联交易或者其他重大事项所涉及的数额或者连续（　　）个月的累计数额占最近一期披露的净资产（　　）以上的，应予立案追诉。

A. 12；40%　　B. 6；40%

C. 12；50%　　D. 6；50%

答案：C

考点：根据《最高人民检察院、公安部关于公安机关管辖的刑事案件立案追诉标准的规定（二）》第六条的规定，依法负有信息披露义务的公司、企业向股东和社会公众提供虚假的或者隐瞒重要事实的财务会计报告，或者对依法应当披露的其他重要信息不按照规定披露，涉嫌未按照规定披露的重大诉讼、仲裁、担保、关联交易或者其他重大事项所涉及的数额或者连续 12 个月的累计数额占净资产 50% 以上的，应予立案追诉。

15. （　　）直接授意、指挥从事信息披露违法行为，或者隐瞒应当披露信息、不告知应当披露信息的，应当认定其指使从事信息披露违法行为。

A. 控股股东　　B. 实际控制人

C. 控股股东、实际控制人　　D. 以上都不是

答案：C

考点：控股股东、实际控制人直接授意、指挥从事信息披露违法行为，或者隐瞒应当披露信息、不告知应当披露信息的，应当认定控股股东、实际控制人指使从事信息披露违法行为。

16. 以下行为中，认定为不予行政处罚考虑的情形有（　　）。

A. 当事人对认定的信息披露违法事项提出具体异议记载于董事会、监事会、公司办公会会议记录等，并在上述会议中投反对票的

B. 当事人在信息披露违法事实所涉及期间，由于不可抗力、失去人身自由等无法正常履行职责的

C. 对公司信息披露违法行为不负有主要责任的人员在公司信息披露违法行为发生后及时向公司和证券交易所、证券监管机构报告的

D. 以上都是

答案：D

考点：本题考查认定为不予行政处罚考虑的情形。

17. 下列关于信息披露义务人的表述正确的是（　　）。

A. 违规披露、不披露重要信息的犯罪既能由故意构成，也能由过失构成

B. 造成或者虚减资产达到当期披露的资产总额20%以上，应予立案追诉

C. 违规披露、不披露重要信息罪的犯罪主体为特殊主体，即依法负有信息披露义务的公司、企业及相关责任人员

D. 本罪侵犯的客体是国家有关公司、企业的合法权益

答案：C

考点：违规披露、不披露重要信息的犯罪只能由故意构成，过失不构成本罪。造成或者虚减资产达到当期披露的资产总额30%以上，应予立案追诉。违规披露、不披露重要信息罪的犯罪主体为特殊主体，即依法负有信息披露义务的公司、企业及相关责任人员。本罪侵犯的客体是国家有关公司、企业的财会报告及其他重要信息的管理秩序和股东、社会公众和其他利害关系人的合法权益。

18.《刑法》第一百七十九条规定，未经国家有关主管部门批准，擅自公开或变相公开发行证券，数额巨大、后果严重的，下列处罚中不正确的有（　　）。

A. 处5年以下有期徒刑或者拘役，并处或者单处非法募集资金金额1%以上5%以下罚金

B. 单位犯该罪的，对单位判处罚金

C. 单位犯该罪的，对其直接负责的主管人员和其他直接责任人员，处5年以下有期徒刑或者拘役

D. 退还所募资金并加算银行同期存款利息，处以非法所募资金金额1%以上5%以下罚款

答案：D

考点：本题考查未经国家有关主管部门批准，擅自发行股票或者公司、企业债券，数额巨大、后果严重或者有其他严重情节的情形。

19. 一家公司发行证券进行筹资，下列行为构成欺诈发行证券罪的是（　　）。

A. 行为人在招股说明书、认股书、公司、企业债券募集办法等发行文件中隐瞒重要事实或编造重大虚假内容，但尚未发行证券

B. 行为人因过失制作了虚假招股说明书、认股书、公司、企业债券募集办法等发行文件，且已经发行股票和公司、企业债券

C. 行为人制作了虚假的招股说明书、认股书、公司、企业债券募集办法等发行文件发行证券，并达到数量巨大、后果严重或者有其他严重情节

D. 行为人仅仅制作了虚假招股说明书、认股书、公司、企业债券办法等发行文件并未实施证券发行

答案：C

考点：本题考查对欺诈发行证券罪的犯罪构成的理解与掌握。

主观方面：本罪主观上只能是故意构成，过失不构成本罪。

客观方面：（1）行为人必须实施在招股说明书、认股书、公司、企业债券募集办法等发行文件中隐瞒重要事实或编造重大虚假内容的行为；（2）行为人必须既制作了虚假的上述文件，且已经发行证券的才构成本罪；（3）行为人制作虚假招股说明书、认股书、公司、企业债券募集办法等发行文件或者公司、企业债券的行为，必须达到一定严重程度，即达到“数量巨大、后果严重或者有其他严重情节的”，才构成犯罪。

20. 下列关于欺诈发行证券罪的犯罪与擅自发行股票、公司、企业债券罪的犯罪，理解正确的是（　　）。

A. 因为个人缺乏公信力，所以自然人不会成为欺诈发行证券罪与擅自发行股票、公司、企业债券罪的主体

B. 因公司发布了虚假招股说明书、认股书、公司、企业债券募集办法等发行文件，造成市场异常波动，构成欺诈发行证券罪

C. 对擅自公开或者变相公开发行证券设立的公司，由依法履行监督管理职责的机构或者部门会同县级以上地方人民政府予以取缔

D. 未经国家有关部门批准，向社会发行、以转让股权等方式变相发行证券的，一旦有此行为即构成擅自发行股票、公司、企业债券罪

答案：C

考点：选项 A，构成擅自发行股票、公司、企业债券罪的犯罪主体既可以是自然人，也可以是单位；构成欺诈发行证券罪的犯罪主体主要是单位，自然人在一定条件下也能成为犯罪主体。选项 B，公司必须是制作了虚假招股说明书、认股书、公司、企业债券募集办法等发行文件，发行了股票和公司、企业债券，且达到一定的严重程度，即达到“数量巨大、后果严重或者有其他严重情节”。选项 D，擅自发行股票、公司、企业债券，构成犯罪的，以擅自发行股票、公司、企业债券罪定罪处罚。

21. 根据《最高人民检察院、公安部关于公安机关管辖的刑事案件立案追诉标准的规定（二）》第三十四条的规定，利用虚假或者不确定的重大信息，诱导投资者进行期货交易，行为人进行相关期货交易，实际控制的账户连续（　　）个交易日的累计成交量达到同期该期货合约总成交量（　　）% 以上，且期货交易占用保证金数额在（　　）万元以上的应予立案追诉。

A. 10；20；1 000　　B. 10；20；500

C. 20；20；500　　D. 20；20；1 000

答案：B

考点：考查操纵证券、期货市场的刑事立案标准。

22. 根据《刑法》第一百六十条的规定，在招股说明书、认股书、公司、企业债券募集办法等发行文件中隐瞒重要事实或者编造重大虚假内容，发行股票或者公司、企业

债券、存托凭证或者国务院依法认定的其他证券，数额巨大、后果严重或者有其他严重情节的，处（ ）年以下有期徒刑或者拘役，并处或者单处罚金；数额特别巨大、后果特别严重或者有其他特别严重情节的，处（ ）年以上有期徒刑，并处罚金。

A. 5；5　　B. 3；5

C. 5；3　　D. 3；3

答案：A

考点：本题考查欺诈发行证券罪的刑事责任。

23. 在招股说明书、认股书、公司、企业债券募集办法等发行文件中隐瞒重要事实或者编造重大虚假内容，发行股票或者公司、企业债券、存托凭证或者国务院依法认定的其他证券的，发行人负有刑事责任，下列说法中错误的是（ ）。

A. 控股股东、实际控制人组织、指使实施上述行为的，处 5 年以下有期徒刑或者拘役，并处或者单处非法募集资金金额 20% 以上 1 倍以下罚金

B. 单位犯上述罪的，只对单位判处非法募集资金金额 50% 以上 1 倍以下罚金

C. 数额巨大、后果严重或者有其他严重情节的，处 5 年以下有期徒刑或者拘役，并处或者单处罚金

D. 数额特别巨大、后果特别严重或者有其他特别严重情节的，处 5 年以上有期徒刑，并处罚金

答案：B

考点：本题考查《刑法》第一百六十条的规定。单位犯上述罪的，对单位判处非法募集资金金额 20% 以上 1 倍以下罚金，并对其直接负责的主管人员和其他直接责任人员，依照《刑法》第一百六十条第一款的规定处罚。

24. 下列关于非法吸收公众存款罪的犯罪构成中，错误的是（ ）。

A. 犯罪主体只能是自然人

B. 本罪犯罪主观方面为故意

C. 本罪侵犯的客体是国家金融管理秩序

D. 本罪的客观方面表现为非法吸收或者变相吸收公众存款的行为

答案：A

考点：本题考查非法吸收公众存款罪的犯罪构成。选项 A，本罪的犯罪主体为一般主体，包括自然人和单位。

25. 根据《刑法》第一百八十五条的规定，商业银行、证券交易所、期货交易所、证券公司、期货经纪公司、保险公司或者其他金融机构，违背受托义务，擅自运用客户资金或者其他委托、信托的财产，情节严重的，对单位判处罚金，并对其直接负责的主管人员和其他直接责任人员，处（ ）年以下有期徒刑或者拘役，并处（ ）万元以上（ ）万元以下罚金。

A. 3；3；30　　B. 2；3；30

C. 5；5；50　　　　　　　　　　　　D. 3；3；10

答案：A

考点：考查背信运用受托财产罪的法律责任。

26. 根据《刑法》第一百六十一条的规定，依法负有信息披露义务的公司、企业向股东和社会公众提供虚假的或者隐瞒重要事实的财务会计报告，或者对依法应当披露的其他重要信息不按照规定披露，严重损害股东或者其他人利益，或者有其他严重情节的，对其直接负责的主管人员和其他直接责任人员，处（　　）年以下有期徒刑或者拘役，并处或者单处罚金；情节特别严重的，处（　　）年以上10年以下有期徒刑，并处罚金。

A. 5；3　　　　　　　　　　　　B. 3；5

C. 5；5　　　　　　　　　　　　D. 3；3

答案：C

考点：本题考查信息披露义务人及中介机构的法律责任。

27. 下列关于擅自改变公开发行证券募集资金用途的认定及法律责任的说法中，错误的是（　　）。

A. 公司对公开发行股票所募集资金，必须按照招股说明书或者其他公开发行募集文件所列资金用途使用

B. 改变公开发行股票所募集资金的用途，必须经董事会做出决议

C. 擅自改变公开发行股票所募集资金的用途，未作纠正的，或者未经股东大会认可的，不得公开发行新股

D. 公开发行公司债券筹集的资金，必须按照公司债券募集办法所列资金用途使用

答案：B

考点：本题擅自改变公开发行证券募集资金用途的法律责任。B项应该是经股东大会做出决议。

28. 根据《刑法》第一百八十一条的规定，编造并且传播影响证券、期货交易的虚假信息，扰乱证券、期货交易市场，造成严重后果的，处（　　）年以下有期徒刑或者拘役，并处或者单处（　　）万元以上（　　）万元以下罚金。

A. 3；1；10　　　　　　　　　　B. 5；3；10

C. 5；1；10　　　　　　　　　　D. 3；3；10

答案：C

考点：考查编造并传播证券、期货交易虚假信息罪的刑事责任。

29. 根据《证券法》第一百九十四条的规定，证券公司及其从业人员违反《证券法》第五十七条的规定，有损害客户利益的行为的，给予警告，没收违法所得，并处以违法所得（　　）倍以上（　　）倍以下的罚款。

A. 1；5　　　　　　　　　　　　B. 3；10

C. 3；5　　D. 1；10

答案：D

考点：本题考查诱骗投资者买卖证券、期货合约的行政责任。

30. 按照《刑法》第一百八十一条规定，故意提供虚假信息或者伪造、变造、销毁交易记录，诱骗投资者买卖证券、期货合约，造成严重后果的，处5年有期徒刑或者拘役，并处或者单处（　　）万元以上10万元以下罚金。

A. 1　　B. 2

C. 3　　D. 5

答案：A

考点：本题考查故意提供虚假信息或者伪造、变造、销毁交易记录，诱骗投资者买卖证券、期货合约，造成严重后果的情形。

31. 根据《证券法》第一百八十三条的规定，证券公司承销或者销售擅自公开发行或者变相公开发行的证券的，责令停止承销或者销售，没收违法所得，并处以违法所得（　　）倍以上（　　）倍以下的罚款。

A. 1；10　　B. 3；10

B. 5；10　　D. 2；5

答案：A

考点：考查擅自发行股票、公司、企业债券罪中介机构的法律责任。

32. 根据《最高人民检察院、公安部关于公安机关管辖的刑事案件立案追诉标准的规定（二）》第二十三条的规定，非法吸收或者变相吸收公众存款数额在50万元以上或者给集资参与人造成直接经济损失数额在25万元以上，同时（　　）年内因非法集资受过行政处罚的，应予立案追诉。

A. 2　　B. 1　　C. 3　　D. 5

答案：A

考点：考查非法吸收公众存款罪的刑事立案追诉标准。根据《最高人民检察院、公安部关于公安机关管辖的刑事案件立案追诉标准的规定（二）》第二十三条的规定，非法吸收或者变相吸收公众存款数额在50万元以上或者给集资参与人造成直接经济损失数额在25万元以上，同时涉嫌下列情形之一的，应予立案追诉：（1）因非法集资受过刑事追究的；（2）二年内因非法集资受过行政处罚的；（3）造成恶劣社会影响或者其他严重后果的。

33. 根据《证券法》第一百八十三条的规定，证券公司承销或者销售擅自公开发行或者变相公开发行的证券的，采取的措施中错误的是（　　）。

A. 没收违法所得，并处以违法所得1倍以上10倍以下的罚款

B. 没有违法所得的或违法所得不足100万元的，处以100万元以上2 000万元以下的罚款

C. 情节严重的，处以暂停或者撤销相关业务许可

D. 对直接负责的主管人员和其他直接责任人员给予警告，并处以 50 万元以上 500 万元以下的罚款

答案：B

考点：根据《证券法》第一百八十三条的规定，证券公司承销或者销售擅自公开发行或者变相公开发行的证券的，没有违法所得的或违法所得不足 100 万元的，处以 100 万元以上 1 000 万元以下的罚款。

34. 下列关于保荐人提供虚假证明文件、出具证明文件重大失实的法律责任中，错误的是（　　）。

A. 保荐人出具有虚假记载、误导性陈述或者重大遗漏的保荐书，或者不履行其他法定职责的，责令改正，给予警告，没收业务收入，并处以业务收入 1 倍以上 10 倍以下的罚款

B. 没有业务收入或者业务收入不足 100 万元的，处以 100 万元以上 1 000 万元以下的罚款

C. 情节严重的，并处暂停或者撤销保荐业务许可

D. 对直接负责的主管人员和其他直接责任人员给予警告，并处以 100 万元以上 500 万元以下的罚款

答案：D

考点：本题考查保荐人提供虚假证明文件、出具证明文件重大失实的法律责任。对直接负责的主管人员和其他直接责任人员给予警告，并处以 50 万元以上 500 万元以下的罚款。

35. 下列有关操纵证券、期货市场交易应承担的行政责任中不正确的是（　　）。

A. 责令依法处理非法持有的证券、没收违法所得、并处所得 1 倍以上 10 倍以下罚款

B. 没收违法所得或者违法所得不足 100 万元的，处以 100 万元以上 1 000 万元以下的罚款

C. 单位操纵证券市场的，对直接负责的主管人员和其他直接责任人给予警告

D. 单位操纵证券市场的，并处 1 万元以上 500 万元以下的罚款

答案：D

考点：根据《证券法》规定，前三项全部属于操纵证券、期货市场交易应承担的行政责任，选项 D，单位操纵证券市场的，并处 50 万元以上 500 万元以下的罚款。

36. 根据《刑法》第一百九十二条的规定，以非法占有为目的，使用诈骗方法非法集资，数额较大的，处（　　）年以上（　　）年以下有期徒刑，并处罚金；数额巨大或者有其他严重情节的，处（　　）年以上有期徒刑或者无期徒刑，并处罚金或者没收财产。

A. 1；5；5　　B. 2；5；5

C. 3；7；7　　D. 3；10；10

答案：C

考点：考查集资诈骗罪的法律责任。

37. 根据中国证监会《信息披露违法行为行政责任认定规则》第二十三条规定，关于违规披露、不披露重要信息行政责任，下列（　　）情形应当从重处罚。

A. 不配合证券监管机构监管，或者拒绝、阻碍证券监管机构及其工作人员执法，甚至以暴力、威胁及其他手段干扰执法

B. 在信息披露违法案件中变造、隐瞒、毁灭证据，或者提供伪证，妨碍调查

C. 三次以上违反信息披露规定并受到行政处罚或者证券交易所纪律处分

D. 在信息披露上有不良诚信记录并记入证券期货诚信档案

答案：ABD

考点：考查信息披露违法行为从重处罚的情形。

38. 根据《最高人民检察院、公安部关于公安机关管辖的刑事案件立案追诉标准的规定（二）》第三十一条的规定，利用未公开信息交易，获利或者避免损失数额在50万元以上，或者证券交易成交额在500万元以上，或者期货交易占用保证金数额在100万元以上，同时（　　）年内因证券、期货违法行为受过行政处罚的，应予立案追诉。

A. 1　　B. 2　　C. 3　　D. 4

答案：B

考点：考查利用未公开信息交易的刑事立案标准。

39. 根据《刑法》第一百八十条第四款的规定，证券交易所、期货交易所、证券公司、期货经纪公司等金融机构的从业人员以及有关监管部门或者行业协会的工作人员，利用因职务便利获取的内幕信息以外的其他未公开的信息，违反规定，从事与该信息相关的证券、期货交易活动，或者明示、暗示他人从事相关交易活动，情节严重的，处（　　）年以下有期徒刑或者拘役，并处或者单处违法所得（　　）倍以上（　　）倍以下罚金。

A. 5；1；5　　B. 3；1；5

C. 5；3；10　　D. 3；3；10

答案：A

考点：考查利用未公开信息交易的刑事责任。

40. 根据《最高人民检察院、公安部关于公安机关管辖的刑事案件立案追诉标准的规定（二）》第三十四条的规定，利用虚假或者不确定的重大信息，诱导投资者进行证券交易，行为人进行相关证券交易的成交额在（　　）万元以上的，应予立案追诉。

A. 500　　B. 2 000　　C. 3 000　　D. 1 000

答案：D

考点：考查操纵证券、期货市场的刑事立案标准。

41. 根据《最高人民检察院、公安部关于公安机关管辖的刑事案件立案追诉标准的规定（二）》第三十四条的规定，操纵期货市场行为，实际控制的账户合并持仓连续10个交易日的最高值超过期货交易所限仓标准的（　　）倍，累计成交量达到同期该期货合约总成交量（　　）%以上，且期货交易占用保证金数额在（　　）万元以上的，应予立案追诉。

A. 2；20；500　　B. 2；10；1 000

C. 3；30；500　　D. 3；30；1 000

答案：A

考点：考查操纵证券、期货市场的刑事立案标准。

42. 根据《最高人民检察院、公安部关于公安机关管辖的刑事案件立案追诉标准的规定（二）》第三十五条的规定，擅自运用客户资金或者其他委托、信托的财产数额在（　　）万元以上的，应予立案追诉。

A. 20　　B. 50

C. 30　　D. 100

答案：C

考点：考查背信运用受托财产罪的刑事立案追诉标准。

43. 根据《刑法》第一百七十九条的规定，未经国家有关主管部门批准，擅自发行股票或者公司、企业债券，数额巨大、后果严重或者有其他严重情节的，处（　　）年以下有期徒刑或者拘役，并处以或者单处非法募集资金金额（　　）以上（　　）以下罚金。

A. 5；1%；3%　　B. 5；1%；5%

C. 10；1%；3%　　D. 10；1%；5%

答案：B

考点：考查发行人的法律责任。

44. 根据《证券法》第一百八十条的规定，擅自公开或者变相公开发行证券的，责令停止发行，退还所募资金并加算银行同期存款利息，处以非法所募资金金额（　　）以上（　　）以下的罚款。

A. 1%；5%　　B. 3%；30%

C. 5%；10%　　D. 5%；50%

答案：D

考点：考查发行人的法律责任。

45. 根据《证券法》第一百八十一条的规定，发行人在其公告的证券发行文件中隐瞒重要事实或者编造重大虚假内容，尚未发行证券的，处以（　　）万元以上（　　）万元以下的罚款。

A. 100；500　　B. 100；1 000

C. 200；1 000　　D. 200；2 000

答案：D

考点：考查发行人的行政责任。

46. 根据《证券法》第一百九十六条的规定，收购人未按照本法规定履行上市公司收购的公告、发出收购要约义务的，责令改正，给予警告，并处以（　　）万元以上（　　）万元以下的罚款。

A. 10；50　　B. 10；100

C. 50；500　　D. 100；1 000

答案：C

考点：考查信息披露义务人及中介机构的法律责任。

47. 根据《证券法》第一百九十六条的规定，收购人未按照本法规定履行上市公司收购的公告、发出收购要约义务的，对直接负责的主管人员和其他直接责任人员给予警告，并处以（　　）万元以上（　　）万元以下的罚款。

A. 10；50　　B. 10；100

C. 20；200　　D. 50；500

答案：C

考点：考查信息披露义务人及中介机构的法律责任。

48. 根据《证券法》第一百九十七条的规定，信息披露义务人未按照本法规定报送有关报告或者履行信息披露义务的，责令改正，给予警告，并处以（　　）万元以上（　　）万元以下的罚款。

A. 10；50　　B. 10；100

C. 20；200　　D. 50；500

答案：D

考点：考查信息披露义务人及中介机构的法律责任。

49. 根据《证券法》第一百九十七条的规定，信息披露义务人未按照本法规定报送有关报告或者履行信息披露义务的，对直接负责的主管人员和其他直接责任人员给予警告，并处以（　　）万元以上（　　）万元以下的罚款。

A. 10；50　　B. 10；100

C. 20；200　　D. 50；500

答案：C

考点：考查信息披露义务人及中介机构的法律责任。

50. 根据《证券法》第一百九十七条的规定，信息披露义务人报送的报告或者披露的信息有虚假记载、误导性陈述或者重大遗漏的，责令改正，给予警告，并处以（　　）万元以上（　　）万元以下的罚款。

A. 10；50　　B. 10；100

C. 50；500　　D. 100；1 000

答案：D

考点：考查信息披露义务人及中介机构的法律责任。

51. 根据《证券法》第一百九十七条的规定，信息披露义务人报送的报告或者披露的信息有虚假记载、误导性陈述或者重大遗漏的，对直接负责的主管人员和其他直接责任人员给予警告，并处以（　　）万元以上（　　）万元以下的罚款。

A. 10；50　　B. 10；100

C. 50；500　　D. 100；1 000

答案：C

考点：考查信息披露义务人及中介机构的法律责任。

52. 根据《证券法》第一百八十四条的规定，证券公司承销证券违反《证券法》第二十九条规定的，责令改正，给予警告，没收违法所得，可以并处以（　　）万元以上（　　）万元以下的罚款。

A. 10；50　　B. 10；100

C. 50；500　　D. 100；1 000

答案：C

考点：考查违反证券承销业务规定的行为认定及法律责任。

53. 根据《证券法》第一百八十四条的规定，证券公司承销证券违反《证券法》第二十九条规定的，对直接负责的主管人员和其他直接责任人员给予警告，可以并处以（　　）万元以上（　　）万元以下的罚款。

A. 10；50　　B. 20；200

C. 50；500　　D. 100；1 000

答案：B

考点：考查违反证券承销业务规定的行为认定及法律责任。

54. 根据《证券法》第一百八十二条的规定，保荐人出具有虚假记载、误导性陈述或者重大遗漏的保荐书，或者不履行其他法定职责的，对直接负责的主管人员和其他直接责任人员给予警告，并处以（　　）万元以上（　　）万元以下的罚款。

A. 10；50　　B. 20；200

C. 50；500　　D. 100；1 000

答案：C

考点：考查提供虚假证明文件、出具证明文件重大失实的法律责任。

55. 根据《证券法》第一百九十四条的规定，证券公司及其从业人员违反《证券法》第五十七条的规定，有损害客户利益的行为的，给予警告，没收违法所得，并处以违法所得 1 倍以上 10 倍以下的罚款；没有违法所得或者违法所得不足 10 万元的，处以（　　）万元以上（　　）万元以下的罚款。

A. 10；50　　B. 10；100

C. 50；500　　D. 100；1 000

答案：B

考点：考查证券公司及其从业人员损害客户利益行为的刑事责任。

56. 根据《证券法》第一百九十一条的规定，证券交易内幕信息的知情人或者非法获取内幕信息的人违反《证券法》第五十三条的规定从事内幕交易的，责令依法处理非法持有的证券，没收违法所得，并处以违法所得 1 倍以上 10 倍以下的罚款；没有违法所得或者违法所得不足 50 万元的，处以（　　）万元以上（　　）万元以下的罚款。

A. 10；50　　B. 10；100

C. 50；500　　D. 100；1 000

答案：C

考点：考查内幕交易的法律责任。

57. 根据《证券法》第一百九十一条的规定，单位从事内幕交易的，还应当对直接负责的主管人员和其他直接责任人员给予警告，并处以（　　）万元以上（　　）万元以下的罚款。

A. 10；50　　B. 20；200

C. 50；500　　D. 100；1 000

答案：B

考点：考查内幕交易的法律责任。

58. 根据《最高人民法院关于修改〈最高人民法院关于审理非法集资刑事案件具体应用法律若干问题的解释〉的决定》（法释〔2022〕5 号）规定，未经国家有关主管部门批准，向社会不特定对象发行、以转让股权等方式变相发行股票或者公司、企业债券，或者向特定对象发行、变相发行股票或者公司、企业债券累计超过（　　）人的，应当认定为《刑法》第一百七十九条规定的“擅自发行股票、公司、企业债券”。

A. 200　　B. 500　　C. 100　　D. 300

答案：A

考点：本题考查擅自发行股票、公司、企业债券罪的认定。

59. 根据最高人民检察院、公安部 2022 年 4 月 29 日发布的关于印发《最高人民检察院 公安部关于公安机关管辖的刑事案件立案追诉标准的规定（二）》的通知，在招股说明书、认股书、公司、企业债券募集办法等发行文件中隐瞒重要事实或者编造重大虚假内容，发行股票或者公司、企业债券、存托凭证或者国务院依法认定的其他证券，非法募集资金金额在（　　）万元以上的，应予立案追诉。

A. 2 000　　B. 5 000　　C. 1 000　　D. 3 000

答案：C

考点：本题考查欺诈发行证券罪的刑事立案追诉标准。

60. 根据《最高人民检察院、公安部关于公安机关管辖的刑事案件立案追诉标准的规定（二）》第四十四条的规定，以非法占有为目的，使用诈骗方法非法集资，数额在（　　）万元以上的，应予立案追诉。

A. 20　　B. 500　　C. 100　　D. 10

答案：D

考点：本题考查集资诈骗罪的刑事立案追诉标准。

二、多项选择题。以下备选项中有两项或两项以上符合题目要求，多选、少选、错选均不得分。

1. 违反国家金融管理法律规定，向社会公众（包括单位和个人）吸收资金的行为，同时具备下列（　　）条件的，应当认定为非法吸收公众存款或者变相吸收公众存款。

A. 未经有关部门依法许可或者借用合法经营的形式吸收资金

B. 未向社会公开宣传，在亲友或者单位内部针对特定对象吸收资金

C. 承诺在一定期限内以货币、实物、股权等方式还本付息或者给付回报

D. 向社会公众即社会不特定对象吸收资金

答案：ACD

考点：考查非法吸收公众存款罪的认定。

2. 根据《最高人民检察院、公安部关于公安机关管辖的刑事案件立案追诉标准的规定（二）》第三十条的规定，内幕交易、泄露内幕信息行为，涉嫌下列（　　）情形的，应予立案追诉。

A. 获利或者避免损失数额在 50 万元以上的

B. 证券交易成交额在 100 万元以上的

C. 2 年内 3 次以上实施内幕交易、泄露内幕信息行为的

D. 明示、暗示 3 人以上从事与内幕信息相关的证券、期货交易活动的

答案：ACD

考点：考查内幕交易、泄露内幕信息罪的立案标准。

3. 如果在发行证券过程中，发行人在其公告的证券发行文件中隐瞒重要事实或者编造重大虚假内容，其应负的法律责任包括（　　）。

A. 尚未发行证券的，处以 200 万元以上 2 000 万元以下的罚款

B. 已经发行证券的，处以非法所募资金金额 10% 以上 1 倍以下的罚款

C. 对直接负责的主管人员和其他直接责任人员，处以 100 万元以上 800 万元以下罚款

D. 发行人的控股股东、实际控制人组织、指示从事相关违法行为的，没收违法所得，并处以违法所得 10% 以上 1 倍以下罚款

答案：ABD

考点：根据《证券法》第一百八十一条的规定，发行人在其公告的证券发行文件中隐瞒重要事实或者编造重大虚假内容，尚未发行证券的，处以 200 万元以上 2 000 万元以下的罚款；已发行证券的，处以非法所募资金金额 10% 以上 1 倍以下的罚款；对直接负责的主管人员和其他直接责任人员，处以 100 万元以上 1 000 万元以下罚款；发行人的控股股东、实际控制人组织、指示从事相关违法行为的，没收违法所得，并处以违法所得 10% 以上 1 倍以下罚款。

4. 信息披露义务人未按照规定披露信息，或者公告的证券发行文件、定期报告、临时报告及其他信息披露资料存在虚假记载、误导性陈述或者重大遗漏、致使投资者蒙受损失的，相关责任人应该承担的责任包括（　　）。

A. 信息披露义务人未按照《证券法》规定报送有关报告或者履行信息披露义务的，责令改造，给予警告并处 50 万元以上 500 万元以下罚款

B. 对直接负责的主管人员和其他直接责任人给予警告，并处 20 万元以上 200 万元以下罚款

C. 发行人的控股股东、实际控制人组织、指示从事违法行为的，或者隐瞒相关事项导致损失的，处 50 万元以上 500 万元以下罚款

D. 信息披露义务人报送的报告或者披露的信息有虚假记载、误导性陈述或者重大遗漏的，责令改造，给予警告，并处以 100 万元以上 1 000 万元以下的罚款

答案：ABCD

考点：本题考查信息披露义务人未按照规定披露信息，或者公告的证券发行文件、定期报告、临时报告及其他信息披露资料存在虚假记载、误导性陈述或者重大遗漏、致使投资者蒙受损失的情形。

5. 利用未公开信息交易需承担的行政责任包括（　　）。

A. 利用未公开信息进行交易给投资者造成损失的，应当依法承担赔偿责任

B. 证券交易内幕信息的知情人从事内幕交易的，责令依法处理非法持有的证券，没收违法所得，并处以违法所得 1 倍以上 10 倍以下的罚款

C. 单位从事内幕交易的，应对直接负责的主管人员和其他直接责任人给予警告。并处 20 万元以上 200 万元以下的罚款

D. 国务院证券监督管理机构工作人员从事内幕交易的，从重处罚

答案：BCD

考点：本题考查利用未公开信息交易需承担的民事责任。

6. 下列属于非法集资的要件的有（　　）。

A. 非法性　　　　B. 利诱性

C. 社会性　　　　　　　　　　　　D. 经济性

答案：ABC

考点：本题考查非法集资的三要件。非法集资的三要件为：一是“未经国务院金融管理部门依法许可或者违反国家金融管理规定”，即非法性；二是“许诺还本付息或者给予其他投资回报”，即利诱性；三是“向不特定对象吸收资金”，即社会性。

7. 根据《最高人民检察院、公安部关于公安机关管辖的刑事案件立案追诉标准的规定（二）》第五条规定，在招股说明书、认股书、公司、企业债券募集办法等发行文件中隐瞒重要事实或者编造重大虚假内容，发行股票或者公司、企业债券、存托凭证或者国务院依法认定的其他证券，涉嫌下列（　　）情形之一的，应予立案追诉。

A. 非法募集资金金额在 1 000 万元以上的

B. 虚增或者虚减资产达到当期资产总额 30% 以上的

C. 虚增或者虚减营业收入达到当期营业收入总额 30% 以上的

D. 虚增或者虚减利润达到当期利润总额 50% 以上的

答案：ABC

考点：考查欺诈发行证券罪的刑事立案追诉标准。

8. 诱骗投资者买卖证券、期货合约罪的犯罪主体中，属于犯罪主体的有（　　）。

A. 证券交易所的从业人员　　　　B. 期货经纪公司的从业人员

C. 期货业协会的工作人员　　　　D. 基金管理公司的从业人员

答案：ABC

考点：诱骗投资者买卖证券、期货合约罪的犯罪主体是特殊主体，主要包括两个方面：(1) 证券交易所、期货交易所、证券公司、期货经纪公司的从业人员；(2) 证券业协会、期货业协会或者证券期货监督管理部门的工作人员。

9. 根据《最高人民法院关于审理非法集资刑事案件具体应用法律若干问题的解释》第二条，实施下列（　　）行为之一的，应当依照刑法第一百七十六条的规定，以非法吸收公众存款罪定罪处罚。

A. 不具有房产销售的真实内容或者不以房产销售为主要目的，以返本销售、售后包租、约定回购、销售房产份额等方式非法吸收资金的

B. 以转让林权并代为管护等方式非法吸收资金的

C. 以代种植（养殖）、租种植（养殖）、联合种植（养殖）等方式非法吸收资金的

D. 以委托理财、融资租赁等方式非法吸收资金的

答案：ABCD

考点：考查非法吸收公众存款罪。

10. 根据《最高人民法院关于审理非法集资刑事案件具体应用法律若干问题的解释》第七条，使用诈骗方法非法集资，具有下列（　　）情形之一的，可以认定为“以非法占有为目的”。

A. 肆意挥霍集资款，致使集资款不能返还的

B. 携带集资款逃匿的

C. 隐匿、销毁账目，或者搞假破产、假倒闭，逃避返还资金的

D. 抽逃、转移资金、隐匿财产，逃避返还资金的

答案：ABCD

考点：考查集资诈骗罪的认定。

11. 下列行为特征中属于变相公开发行证券的包括（　　）。

A. 非公开发行股票及其股权转让，采用广告、公告、广播、电话等公开方式或变相公开向社会公众发行

B. 向不特定对象发行证券

C. 公司股东自行或委托他人以公开方式向社会公众转让股票

D. 向特定对象转让股票，未经中国证监会注册，转让后公司股东累计超过 200 人

答案：ACD

考点：本题考查变相公开发行证券的几种情形。

12. 证券公司违反证券承销业务规定需承担的法律责任包括（　　）。

A. 责令改正、给予警告，没收违法所得；可以并处 50 万元以上 500 万元以下的

B. 情节严重的，暂停或者撤销相关业务许可

C. 对直接负责的主管人员和其他直接责任人给予警告，可以并处 50 万元以上 1 000 万元以下的罚款

D. 证券公司承销证券给其他证券承销机构或者投资者造成损失的，应当依法承担赔偿责任

答案：ABD

考点：中介机构违反证券承销业务规定需承担的法律责任包括：对直接负责的主管人员和其他直接责任人给予警告，可以并处 20 万元以上 200 万元以下的罚款。

13. 内幕交易的犯罪主体包括（　　）。

A. 发行人控制或者实际控制的公司及其董事、监事、高级管理人员

B. 国务院证券监督管理机构规定的可以获取内幕信息的其他人员

C. 因职责、工作可以获取内幕消息的证券监督管理机构工作人员

D. 正常获取证券、期货交易内幕消息的人员

答案：ABC

考点：本题考查内幕交易的犯罪主体，正常获取证券、期货交易内幕消息的人员不属于内幕交易的主体。

14. 操纵证券、期货市场罪，是指有下列（　　）情形之一，操纵证券、期货市场，影响证券、期货交易价格或者证券、期货交易量。

A. 单独或者合谋，集中资金优势、持股或者持仓优势或者利用信息优势联合或者

连续买卖

B. 以成交为目的，申报买入、卖出证券、期货合约并撤销申报

C. 在自己实际控制的账户之间进行证券交易，或者以自己为交易对象，自买自卖期货合约的

D. 利用虚假或者不确定的重大信息，诱导投资者进行证券、期货交易

答案：ACD

考点：本题考查操纵证券、期货市场罪的概念。

15. 根据中国证监会《信息披露违法行为行政责任认定规则》第二十二条规定，关于违规披露、不披露重要信息行政责任，发生下列（　　）情形，不得单独作为不予处罚的情形认定。

A. 不直接从事经营管理

B. 任职时间短、不了解情况

C. 相信专业机构或者专业人员出具的意见和报告

D. 受到股东、实际控制人控制或者其他外部干预

答案：ABCD

考点：考查信息披露违法行为不予行政处罚的情形。

16. 根据中国证监会《信息披露违法行为行政责任认定规则》第十九条规定，一般情形下，信息披露违法责任人员的责任大小，可以从以下（　　）方面考虑责任人员与案件中认定的信息披露违法的事实、性质、情节、社会危害后果的关系综合分析认定。

A. 在信息披露违法行为发生过程中所起的作用

B. 知情程度和态度

C. 职务、具体职责及履行职责情况

D. 专业背景

答案：ABCD

考点：考查影响信息披露违法责任人员责任大小的因素。

17. 根据《证券法》第五十五条的规定，禁止任何人以下列（　　）手段操纵证券市场，影响或者意图影响证券交易价格或者证券交易量。

A. 单独或者通过合谋，集中资金优势、持股优势或者利用信息优势联合或者连续买卖

B. 不以成交为目的，频繁或者大量申报并撤销申报

C. 利用虚假或者不确定的重大信息，诱导投资者进行证券交易

D. 与他人串通，以事先约定的时间、价格和方式相互进行证券交易

答案：ABCD

考点：考查操纵证券、期货市场罪的行政责任。

18. 证券公司承销证券，不得有下列行为（　　）。

A. 进行虚假的或者误导投资者的广告宣传或者其他宣传推介活动

B. 以不正当竞争手段招揽承销业务

C. 其他违反证券承销业务规定的行为

D. 以正当手段进行广告宣传或者其他宣传推介活动

答案：ABC

考点：考查违反证券承销业务规定的行为认定。

19. 保荐人应当（　　），对发行人的申请文件和信息披露资料进行审慎核查，督导发行人规范运作。

A. 遵守业务规则　　B. 遵守行业规范

C. 诚实守信　　D. 勤勉尽责

答案：ABCD

考点：考查提供虚假证明文件、出具证明文件重大失实的法律责任。

20. 根据《最高人民检察院、公安部关于公安机关管辖的刑事案件立案追诉标准的规定（二）》第三十三条的规定，诱骗投资者买卖证券、期货合约案，涉嫌下列（　　）情形之一的，应予立案追诉。

A. 获利或者避免损失数额在 5 万元以上的

B. 造成投资者直接经济损失数额在 50 万元以上的

C. 虽未达到上述数额标准，但多次诱骗投资者买卖证券、期货合约的

D. 致使交易价格或者交易量异常波动的

答案：ABCD

考点：考查诱骗投资者买卖证券、期货合约的刑事立案追诉标准。

21. 《证券法》中，证券、期货交易内幕信息的知情人员、单位包括（　　）。

A. 发行人及其董事、监事、高级管理人员

B. 持有公司 5% 以上股份的股东及其董事、监事、高级管理人员

C. 发行人控股或者实际控制的公司及其董事、监事、高级管理人员

D. 因职务、工作可以获取内幕信息的证券交易场所、证券公司、证券登记结算机构、证券服务机构的有关人员

答案：ABCD

考点：考查内幕交易、泄露内幕信息罪的犯罪构成。

三、判断题。不选、错选均不得分。

1. 未经国家有关主管部门注册，向不特定对象发行证券或者向特定对象发行证券累计超过 100 人的为擅自公开发行证券。　　（　　）

答案：错误

考点：未经国家有关主管部门注册，向不特定对象发行证券或者向特定对象发行证券累计超过 200 人的为擅自公开发行证券。

2. 未经国家有关主管部门批准，擅自发行股票，后果严重或者有其他严重情节的，处 5 年以下有期徒刑或者拘役，并处或者单处非法募集资金金额 1% 以上 5% 以下罚金。 （ ）

答案：正确

考点：根据《刑法》第一百七十九条的规定，未经国家有关主管部门批准，擅自发行股票或者公司、企业债券，数额巨大、后果严重或者有其他严重情节的，处 5 年以下有期徒刑或者拘役，并处或者单处非法募集资金金额 1% 以上 5% 以下罚金。

3. 证券公司承销或者销售擅自公开发行或者变相公开发行的证券的，处以违法所得 2 倍以上 10 倍以下的罚款。 （ ）

答案：错误

考点：根据《证券法》第一百八十三条的规定，证券公司承销或者销售擅自公开发行或者变相公开发行的证券的，责令停止承销或者销售，没收违法所得，并处以违法所得 1 倍以上 10 倍以下的罚款；没有违法所得或者违法所得不足 100 万元的，处以 100 万元以上 1 000 万元以下的罚款。

4. 非法吸收公众存款或者变相吸收公众存款，扰乱金融秩序的，处 2 年以下有期徒刑或者拘役，并处或者单处罚金。 （ ）

答案：错误

考点：根据《刑法》第一百七十六条的规定，非法吸收公众存款或者变相吸收公众存款，扰乱金融秩序的，处 3 年以下有期徒刑或者拘役，并处或者单处罚金。

5. 集资诈骗罪是指以非法占有为目的，使用诈骗方法非法集资的行为。 （ ）

答案：正确

考点：集资诈骗罪是指以非法占有为目的，使用诈骗方法非法集资的行为。

6. 公司对公开发行股票所募集资金，必须按照招股说明书所列资金用途使用；改变资金用途，必须经董事会做出决议。 （ ）

答案：错误

考点：公司对公开发行股票所募集资金，必须按照招股说明书或者其他公开发行募集文件所列资金用途使用；改变资金用途，必须经股东大会做出决议。

7. 发行人擅自改变公开发行证券所募集资金的用途的，责令改正，处以 100 万元以上 500 万元以下的罚款。 （ ）

答案：错误

考点：根据《证券法》第一百八十五条的规定，发行人违反本法相关规定擅自改变公开发行证券所募集资金的用途的，责令改正，处以 50 万元以上 500 万元以下的罚款。

8. 证券公司承销证券违反《证券法》第二十九条规定的，没收违法所得，可以并处30万元以上500万元以下的罚款。（　）

答案：错误

考点：根据《证券法》第一百八十四条的规定，证券公司承销证券违反《证券法》第二十九条规定的，责令改正，给予警告，没收违法所得，可以并处50万元以上500万元以下的罚款。

9. 保荐人出具有虚假记载、误导性陈述或者重大遗漏的保荐书，处以业务收入1倍以上10倍以下的罚款。（　）

答案：正确

考点：根据《证券法》第一百八十二条的规定，保荐人出具有虚假记载、误导性陈述或者重大遗漏的保荐书，或者不履行其他法定职责的，责令改正，给予警告，没收业务收入，并处以业务收入1倍以上10倍以下的罚款；没有业务收入或者业务收入不足100万元的，处以100万元以上1 000万元以下的罚款。

10. 诱骗投资者买卖证券、期货合约案，获利或者避免损失数额在3万元以上的，应予立案追诉。（　）

答案：错误

考点：诱骗投资者买卖证券、期货合约案，获利或者避免损失数额在5万元以上的，应予立案追诉。

11. 发行人申请公开发行股票、可转换为股票的公司债券，依法采取承销方式的，或者公开发行法律、行政法规规定实行保荐制度的其他证券的，应当聘请证券公司担任保荐人。（　）

答案：正确

考点：发行人申请公开发行股票、可转换为股票的公司债券，依法采取承销方式的，或者公开发行法律、行政法规规定实行保荐制度的其他证券的，应当聘请证券公司担任保荐人。

12. 提供与证券发行相关的虚假的资产评估、会计、审计、法律服务、保荐等证明文件，情节特别严重的，处10年以上15年以下有期徒刑，并处罚金。（　）

答案：正确

考点：提供与证券发行相关的虚假的资产评估、会计、审计、法律服务、保荐等证明文件，情节特别严重的，处10年以上15年以下有期徒刑，并处罚金。

13. 期货经纪公司的从业人员，故意提供虚假信息，诱骗投资者买卖证券，造成严重后果的，属于诱骗投资者买卖证券、期货合约罪。（　）

答案：正确

考点：诱骗投资者买卖证券、期货合约罪，是指证券交易所、期货交易所、证券公司、期货经纪公司的从业人员，证券业协会、期货业协会或者证券期货监督管理部门的工作人员，故意提供虚假信息或者伪造、变造、销毁交易记录，诱骗投资者买卖证券、期货合约，造成严重后果的行为。

14. 诱骗投资者买卖证券、期货合约，造成投资者直接经济损失数额在 10 万元以上的，应予立案追诉。（ ）

答案：错误

考点：诱骗投资者买卖证券、期货合约，造成投资者直接经济损失数额在 50 万元以上的，应予立案追诉。

15. 证券公司及其从业人员为牟取佣金收入，诱使客户进行不必要的证券买卖，没收违法所得，并处以违法所得 1 倍以上 10 倍以下的罚款。（ ）

答案：正确

考点：根据《证券法》第五十七条的规定，禁止证券公司及其从业人员为牟取佣金收入，诱使客户进行不必要的证券买卖。根据《证券法》第一百九十四条的规定，证券公司及其从业人员违反《证券法》第五十七条的规定，有损害客户利益的行为的，给予警告，没收违法所得，并处以违法所得 1 倍以上 10 倍以下的罚款。

16. 证券交易所的从业人员利用因职务便利获取的内幕信息以外的其他未公开的信息，违反规定，从事与该信息相关的证券交易活动，属于利用未公开信息交易罪。（ ）

答案：正确

考点：利用未公开信息交易，是指证券交易所、期货交易所、证券公司、期货经纪公司、基金管理公司、商业银行、保险公司等金融机构的从业人员以及有关监管部门或者行业协会的工作人员，利用因职务便利获取的内幕信息以外的其他未公开的信息，违反规定，从事与该信息相关的证券、期货交易活动，或者明示、暗示他人从事相关交易活动，情节严重的行为。

17. 利用未公开信息交易行为，获利或者避免损失数额在 200 万元以上的，应予立案追诉。（ ）

答案：错误

考点：利用未公开信息交易行为，获利或者避免损失数额在 100 万元以上的，应予立案追诉。

18. 利用内幕交易、泄露内幕信息行为，获利或者避免损失数额在 50 万元以上的，应予立案追诉。（ ）

答案：正确

考点：根据《最高人民检察院、公安部关于公安机关管辖的刑事案件立案追诉标准的规定（二）》第三十条的规定，内幕交易、泄露内幕信息行为，获利或者避免损失数额在 50 万元以上的，应予立案追诉。

19. 单独或者合谋，集中资金优势、持股或者持仓优势或者利用信息优势联合或者连续买卖，影响证券、期货交易价格或者证券、期货交易量，属于内幕交易罪。（　）

答案：正确

考点：单独或者合谋，集中资金优势、持股或者持仓优势或者利用信息优势联合或者连续买卖，影响证券、期货交易价格或者证券、期货交易量，属于操纵证券、期货市场罪。

20. 编造并且传播影响证券、期货交易的虚假信息，扰乱证券、期货交易市场，造成严重后果的，处 10 年以下有期徒刑或者拘役，并处或者单处 2 万元以上 10 万元以下罚金。（　）

答案：错误

考点：根据《刑法》第一百八十一条的规定，编造并且传播影响证券、期货交易的虚假信息，扰乱证券、期货交易市场，造成严重后果的，处 5 年以下有期徒刑或者拘役，并处或者单处 1 万元以上 10 万元以下罚金。

21. 编造、传播虚假信息或者误导性信息，扰乱证券市场的，没收违法所得，并处以违法所得 1 倍以上 10 倍以下的罚款。（　）

答案：正确

考点：根据《证券法》第一百九十三条的规定，违反《证券法》第五十六条第一款的规定，编造、传播虚假信息或者误导性信息，扰乱证券市场的，没收违法所得，并处以违法所得 1 倍以上 10 倍以下的罚款；没有违法所得或者违法所得不足 20 万元的，处以 20 万元以上 200 万元以下的罚款。

22. 证券服务机构未勤勉尽责，所制作、出具的文件有虚假记载、误导性陈述或者重大遗漏的，责令改正，没收业务收入，并处以业务收入 1 倍以上 10 倍以下的罚款。（　）

答案：正确

考点：根据《证券法》第二百一十三条的规定，证券服务机构违反《证券法》第一百六十三条的规定，未勤勉尽责，所制作、出具的文件有虚假记载、误导性陈述或者重大遗漏的，责令改正，没收业务收入，并处以业务收入 1 倍以上 10 倍以下的罚款，没有业务收入或者业务收入不足 50 万元的，处以 50 万元以上 500 万元以下的罚款；情节严重的，并处暂停或者禁止从事证券服务业务。

23. 证券服务机构为证券的发行活动制作的文件有虚假记载、误导性陈述或者重大遗漏，给他人造成损失的，应当与委托人承担连带赔偿责任，能够证明自己没有过错的，也应当承担连带赔偿责任。（　）

答案：错误

考点：根据《证券法》第一百六十三条的规定，证券服务机构为证券的发行、上市、交易等证券业务活动制作、出具审计报告及其他鉴证报告、资产评估报告、财务顾问报告、资信评级报告或者法律意见书等文件有虚假记载、误导性陈述或者重大遗漏，给他人造成损失的，应当与委托人承担连带赔偿责任，但是能够证明自己没有过错的除外。

24. 擅自运用客户资金或者其他委托、信托的财产数额在 30 万元以上的，应予立案追诉。（　　）

答案：正确

考点：根据《最高人民检察院、公安部关于公安机关管辖的刑事案件立案追诉标准的规定（二）》第三十五条的规定，擅自运用客户资金或者其他委托、信托的财产数额在 30 万元以上的，应予立案追诉。

25. 商业银行擅自运用客户资金，情节严重的，对单位判处罚金，并对其直接负责的主管人员和其他直接责任人员，处 3 年以下有期徒刑或者拘役，并处 10 万元以上 30 万元以下罚金。（　　）

答案：错误

考点：根据《刑法》第一百八十五条之一的规定，商业银行、证券交易所、期货交易所、证券公司、期货经纪公司、保险公司或者其他金融机构，违背受托义务，擅自运用客户资金或者其他委托、信托的财产，情节严重的，对单位判处罚金，并对其直接负责的主管人员和其他直接责任人员，处 3 年以下有期徒刑或者拘役，并处 3 万元以上 30 万元以下罚金；情节特别严重的，处 3 年以上 10 年以下有期徒刑，并处 5 万元以上 50 万元以下罚金。

26. 采用广告、公告、广播、电话、传真等方式向社会公众发行证券不属于变相公开发行。（　　）

答案：错误

考点：变相公开发行包括但不限于以下几种情形：（1）非公开发行股票及其股权转让，采用广告、公告、广播、电话、传真、信函、推介会、说明会、网络、短信、公开劝诱等公开方式或变相公开方式向社会公众发行；（2）公司股东自行或委托他人以公开方式向社会公众转让股票。

27. 在招股说明书隐瞒重要事实，非法募集资金金额在 500 万元以上的，应予立案追诉。（　　）

答案：错误

考点：在招股说明书、认股书、公司、企业债券募集办法等发行文件中隐瞒重要事实或者编造重大虚假内容，发行股票或者公司、企业债券、存托凭证或者国务院依法认定的其他证券，涉嫌下列情形之一的，应予立案追诉：（1）非法募集资金金额在 1 000 万元以上的；（2）虚增或者虚减资产达到当期资产总额 30% 以上的；（3）虚增或者虚减营业收入达到当期营业收入总额 30% 以上的。

28. 非法吸收或者变相吸收公众存款数额在 50 万元以上的，应予立案追诉。（　　）

答案：错误

考点：根据《最高人民检察院、公安部关于公安机关管辖的刑事案件立案追诉标准的规定（二）》第二十三条的规定，非法吸收公众存款或者变相吸收公众存款，扰乱金融秩序，涉嫌下列情形之一的，应予立案追诉：（1）非法吸收或者变相吸收公众存款数额在100万元以上的；（2）非法吸收或者变相吸收公众存款对象150人以上的；（3）非法吸收或者变相吸收公众存款，给集资参与人造成直接经济损失数额在50万元以上的。

29. 非法吸收公众存款，在提起公诉前积极退赃退赔，减少损害结果发生的，不可以从轻或者减轻处罚。（　　）

答案：错误

考点：非法吸收公众存款，在提起公诉前积极退赃退赔，减少损害结果发生的，可以从轻或者减轻处罚。

30. 在自己实际控制的账户之间进行证券交易操纵证券、期货市场，影响证券、期货交易价格或者证券、期货交易量，属于操纵证券、期货市场罪。（　　）

答案：正确

考点：在自己实际控制的账户之间进行证券交易，或者以自己为交易对象，自买自卖期货合约的，操纵证券、期货市场，影响证券、期货交易价格或者证券、期货交易量，属于操纵证券、期货市场罪。

四、综合题。每问备选答案中有一项或多项符合题目要求，不选、错选均不得分。

Y证券公司的工作人员王某因为向其好友武某提供内幕消息且进行了内幕交易构成了内幕交易、泄露内幕信息罪。请回答以下问题：

（1）下列关于王某犯下的内幕交易、泄露内幕信息罪的说法中，正确的有（　　）。

A. Y证券公司的工作人员王某是该罪的主体

B. 王某的好友武某是该罪的主体

C. 该罪侵犯的客体是证券、期货交易市场的正常管理秩序和证券、期货投资人的合法利益

D. 该罪的主观方面可以是故意，也可以是过失

（2）王某的下述行为应予以立案追诉的情况有（　　）。

A. 王某获利数额为70万元

B. 王某的证券交易成交额为400万元

C. 王某在2年内3次以上实施内幕交易、泄露内幕信息行为

D. 期货交易占用保证金数额为 20 万元

答案：(1) ABC；(2) ABC

解析：(1) 该罪的主观方面只能是故意，过失不构成本罪，故选项 D 错误。(2) 内幕交易、泄露内幕信息行为，涉嫌下列情形之一的，应予立案追诉：获利或者避免损失数额在 50 万元以上的；证券交易成交额在 200 万元以上的；期货交易占用保证金数额在 100 万元以上的；2 年内 3 次以上实施内幕交易、泄露内幕信息行为的，故选项 D 错误。

第五章　行业文化、职业道德与从业人员行为规范

一、单项选择题。以下备选项中只有一项最符合题目要求，不选、错选均不得分。

1. 以下有关人员无权在发行保荐书上签字的是（　　）。

A. 保荐机构法定代表人　　B. 内核负责人

C. 保荐业务部门负责人　　D. 项目主办人

答案：D

考点：考查保荐代表人执业行为规范中的持续督导要求。保荐机构法定代表人、保荐业务负责人、内核负责人、保荐业务部门负责人、保荐代表人和项目协办人应当在发行保荐书上签字，保荐机构法定代表人、保荐代表人应当同时在证券发行募集文件上签字。

2. 保荐机构、保荐代表人、保荐业务负责人、内核负责人、保荐业务部门负责人及其他保荐业务相关人员违反《证券发行上市保荐业务管理办法》，未诚实守信、勤勉尽责地履行相关义务的，由（　　）责令改正。

A. 中国证监会　　B. 国务院证券监督管理机构

C. 中国证券业协会　　D. 证券交易所

答案：A

考点：考查保荐代表人执业行为规范中的监管措施。

3. （　　）对违反廉洁从业规定的会员及其从业人员，采取自律惩戒措施，并按照规定记入证券期货市场诚信档案。

A. 中国证监会　　B. 国务院证券监督管理机构

C. 中国证券业协会　　D. 证券交易所

答案：C

考点：考查自律惩戒措施及相关法律责任。

4. 证券期货经营机构应当于每年（　　）之前，向中国证监会有关派出机构报送上年度廉洁从业管理情况报告。

A. 3 月 30 日　　B. 4 月 30 日

C. 5 月 30 日　　D. 6 月 30 日

答案：B

考点：考查报告义务。

5.《证券期货市场诚信监督管理办法》规定的违法失信信息，在诚信档案中的效力期限为（　　）年，但因证券期货违法行为被行政处罚、市场禁入、刑事处罚和判决承担较大侵权、违约民事赔偿责任的信息，其效力期限为（　　）年。

A. 3；3　　B. 3；5

C. 5；3　　D. 5；5

答案：B

考点：考查诚信信息的效力期限。

6. 证券期货经营机构应当制定具体、有效的事前风险防范体系、（　　）和事后追责机制，对所从事的业务种类、环节以及相关工作进行科学系统的廉洁风险评估，识别廉洁从业风险点，强化岗位制衡与监督机制并确保运行有效。

A. 事中内部控制体系　　B. 事中管控措施

C. 事中监管执法　　D. 事中风险评估

答案：B

考点：考查廉洁从业的内部控制机制中的制度建设。

7. 证券期货经营机构应当制定工作人员廉洁从业规范，明确廉洁从业要求，加强从业人员廉洁培训和教育，培育廉洁从业文化，（　　）开展覆盖全体工作人员的廉洁培训与教育，确保工作人员熟悉廉洁从业的相关规定。

A. 每周　　B. 每月

C. 每个季度　　D. 每年

答案：D

考点：考查廉洁从业的内部控制机制中的人员管理。

8. 证券期货经营机构在内部检查中，发现存在违反规定行为的，证券期货经营机构应当在（　　）个工作日内，向中国证券业协会有关派出机构报告。

A. 5　　B. 7

C. 10　　D. 12

答案：C

考点：考查廉洁从业要求中的报告义务。

9. 证券公司应当自从业人员从事证券业务之日起（　　）个工作日内，通过协会从业人员管理平台，将经公司审核合格的登记信息提交至协会进行登记。

A. 5　　B. 7

C. 10　　D. 12

答案：A

考点：考查证券业从业人员的登记程序。

10. 证券业从业人员所从事的业务类别或其他重要登记信息发生变化的，所在机构应当自发生变化之日起（　　）个工作日内办理变更登记。

A. 5　　B. 7

C. 10　　D. 12

答案：A

考点：考查证券业从业人员的登记程序。

11. 从业人员离职的，所在机构应当自劳动关系（或委托代理关系）解除之日起（　　）个工作日内办理注销登记。

A. 5　　B. 7

C. 10　　D. 12

答案：A

考点：考查证券业从业人员的登记程序。

12. 从业人员受到刑事处罚、被证券市场禁入或被认定为不适当人选、受到不适合从事相关业务相当的纪律处分的，协会予以（　　）。

A. 注销登记或注销注册　　B. 中止登记

C. 联合惩戒　　D. 终生追责

答案：A

考点：考查证券从业人员的违规处理及惩戒机制。

13. 以下最可能进行证券经纪业务营销业务的是（　　）。

A. 取得证券经纪营销执业证书，但 2 年没有年检的甲

B. 取得证券经纪营销执业证书，同时兼任风险管控工作的乙

C. 通过证券经纪人专项考试取得从业资格的丙

D. 通过证券经纪人专项考试取得从业资格并取得证券经纪营销执业证书的丁

答案：D

考点：根据《关于加强证券公司从事经纪业务营销活动人员资格管理的通知》，进行证券经济业务营销业务的人员应该通过证券经纪人专项考试取得从业资格并取得证券经纪营销执业证书，参加年检。从事技术、风险监控、合规管理人员不得从事营销、客户账户和客户资金存管等业务活动。

14. 接受证券公司委托，代理其从事客户招揽和客户服务等活动的证券公司以外的自然人指（　　）。

A. 证券经纪人　　B. 证券公司客户经理

C. 做市商　　D. 委托代理人

答案：A

考点：证券经纪人是指接受证券公司委托，代理其从事客户招揽和客户服务等活动的证券公司以外的自然人。

15. 根据《证券经纪人管理暂行规定》，以下关于证券经纪人与证券公司之间的委托关系不正确的是（　　）。

A. 证券经纪人执业的前提条件是取得证券经纪人证书

B. 证券公司只能通过本公司员工的人员从事客户招揽和客户服务活动

C. 证券经纪人只能接受一家证券公司的委托

D. 证券经纪人只能是自然人

答案：B

考点：《证券经纪人管理暂行规定》对证券经纪人与证券公司之间的委托关系做出了相关规定：证券经纪人是指接受证券公司委托，代理其从事客户招揽和客户服务等活动的证券公司以外的自然人；证券公司可以通过公司员工或委托公司以外的人员从事客户招揽和客户服务活动；取得证券经纪人证书以后，证券经纪人方可执业；证券经纪人只能接受一家证券公司的委托，并应当专门代理证券客户招揽和客户服务等活动。

16. 证券公司应对证券经纪人进行执业前培训，培训时间不少于（　　）个小时。

A. 20　　B. 30

C. 60　　D. 90

答案：C

考点：证券公司应对证券经纪人进行不少于 60 个小时的执业前培训，其中法律法规和职业道德的培训不少于 20 个小时。

17. 证券公司应对证券经纪人进行执业前培训，其中法律法规和职业道德的培训不少于（　　）个小时。

A. 10　　B. 20

C. 30　　D. 40

答案：B

考点：证券公司应对证券经纪人进行不少于 60 个小时的执业前培训，其中法律法规和职业道德的培训不少于 20 个小时。

18. 证券经纪人不得代客户在相关合同、协议、文件等资料上签字的禁止性行为属于（　）的规定。

A.《证券经纪人管理暂行规定》

B.《证券经纪人执业规范（试行）》

C.《关于加强证券经济业务管理的规定》

D.《证券公司监督管理条例》

答案：B

考点：按照《证券经纪人执业规范（试行）》的规定，证券经纪人不得代客户在相关合同、协议、文件等资料上签字。

19. 持续督导工作结束后，保荐机构应当在发行人公告年度报告之日起的（　　）个工作日内向中国证监会、证券交易所报送保荐总结报告书。

A. 5　　　　B. 10

C. 15　　　　D. 20

答案：B

考点：本题考查保荐代表人的持续督导工作。

20. 发行人在持续督导期间首次公开发行股票并上市之日起（　　）个月内控股股东或者实际控制人发生变更，中国证监会可根据情节轻重，自确认之日起 3 个月到 12 个月内不受理相关保荐代表人具体负责的推荐；情节特别严重的，撤销其保荐代表人资格。

A. 6　　　　B. 12

C. 24　　　　D. 36

答案：B

考点：本题考查保荐代表人违反有关规定的法律责任或被采取的监管措施。

21. 发行人在持续督导期间首次公开发行股票并上市之日起 12 个月内累计（　　）以上的资产或者主营业务发生重组，中国证监会可根据情节轻重，自确认之日起 3 个月到 12 个月内不受理相关保荐代表人具体负责的推荐；情节特别严重的，撤销其保荐代表人资格。

A. 20%　　　　B. 30%

C. 50%　　　　D. 80%

答案：C

考点：本题考查保荐代表人违反有关规定的法律责任或被采取的监管措施。

22. 按照《上市公司并购重组财务顾问业务管理办法》规定，财务顾问主办人应该最近（　　）个月未因执业行为违反行业规范而受到行业自律组织的纪律处分。

A. 6　　　　B. 12

C. 24　　　　D. 36

答案：C

考点：本题考查财务顾问主办人应该具备的条件。参见《上市公司并购重组财务顾问业务管理办法》规定。

23. 按照《上市公司并购重组财务顾问业务管理办法》规定，财务顾问主办人应该最近（　　）个月未因执业行为违法违规受到处罚。

A. 6　　　　B. 12

C. 24　　　　D. 36

答案：D

考点：本题考查财务顾问主办人应该具备的条件。

24. 证券评级机构及证券资信评级业务人员从事证券评级业务，应遵循一致性原则，不包括（　　）。

A. 对同一类评级对象评级

B. 对同一类评级对象跟踪评级

C. 采用一致的评级标准和工作程序

D. 不能调整评级标准

答案：D

考点：本题考查证券评级业务的原则。评级标准有调整的，应当充分披露。

25. 证券评级机构评级委员会委员及评级从业人员在开展证券评级业务期间，本人、直系亲属持有受评级机构或者受评级证券发行人的股份达到（　　）以上，应当回避。

A. 3%　　B. 5%

C. 10%　　D. 15%

答案：B

考点：本题考查证券资信评级业务人员的回避及禁止行为。

26. 证券评级机构评级委员会委员及评级从业人员在开展证券评级业务期间，本人、直系亲属持有评级委托方、受评级证券或者受评级机构发行的证券金额超过（　　）万元的，应当回避。

A. 20　　B. 50

C. 100　　D. 120

答案：B

考点：本题考查证券资信评级业务人员的回避及禁止行为。

27. 下列不属于证券行业文化基本要求的是（　　）。

A. 坚持依法合规，牢固发展基础

B. 坚持诚实守信，恪守职业操守

C. 坚持廉洁自律，弘扬清风正气

D. 坚持守正创新，崇尚专业精神

答案：D

考点：本题考查行业文化基本要求。

28. 证券行业文化建设的实现机制是（　　）。

A. 行为作用　　B. 组织作用

C. 观念作用　　D. 制度作用

答案：B

考点：本题考查组织作用是证券行业文化建设的实现机制。

29. 以下关于证券行业文化中观念层建设重要意义的说法中，错误的是（　　）。

A. 观念是文化建设的思想源泉

B. 观念是文化的重要载体和落地的关键环节

C. 是企业在生产经营过程中长期积淀形成的精神成果

D. 是全体工作人员普遍的信条和价值观

答案：B

考点：本题考查证券行业文化建设的观念层建设。行为是文化的重要载体和落地的关键环节。

30. 以下不属于证券行业文化建设中建立长效激励的是（　　）。

A. 切实转变简单以业绩为导向的经营理念，构建激励与约束并重、长期与短期兼顾的制度机制，注重有效激励与问责监督相统一

B. 采用适度拉长考核周期、薪酬递延发放、建立单项业务风险准备金、依法实施员工持股计划或股权激励等方式，建立长周期的考核评价体系和收入分配机制，减少激励的短期化、短视化

C. 坚持诚实守信，尊崇法律制度，恪守职业操守，公平公正对待客户、合作伙伴、竞争对手及社会公众等利益相关方，切实保护投资者合法权益

D. 将廉洁从业、合规执业、诚信执业和践行企业文化等情况纳入绩效考核与人员管理体系，加强正向引导激励和反向惩戒约束作用

答案：C

考点：本题考查证券行业文化建设中建立长效激励的制度。

31. 在证券行业文化建设中落实责任担当，以下说法错误的是（　　）。

A. 立足于证券行业服务实体经济发展、服务国家发展战略、服务人民美好生活向往的职责与使命

B. 自觉维护国家金融安全，强化社会责任意识

C. 积极参与社会公益事业，与经济社会共生共荣、融合发展

D. 加强证券公司及其工作人员风险管理，建立工作人员信息管理机制和内控机制

答案：D

考点：本题考查证券行业文化建设中落实责任担当的概念。

32. 在证券行业文化建设中融合发展战略，以下说法不包括（　　）。

A. 将文化建设与公司发展战略相融合，使公司具体经营决策与其发展战略和文化理念保持一致

B. 必须结合公司实际，并与公司发展模式、业务理念相融合

C. 制定明确的与其文化理念和核心价值观相契合的发展战略，实现发展战略与文化理念和核心价值观的有机统一

D. 加强投资者保护，严格履行投资者适当性管理义务，不断优化客户服务，积极

回应投资者关切，做好投资者教育工作

答案：D

考点：本题考查证券行业文化建设中融合发展战略的概念和内涵。

33. 强化文化认同是指注重公司文化的传达，做到明确一致和充分有效。文化只有得到真正认同，才能获得生命力，才能传承和延续。以下不属于强化文化认同具体内涵的是（　　）。

A. 在行业文化核心价值观的基础上，结合自身特点和公司发展战略，进一步提炼形成公司文化理念，在公司内部凝聚文化共识

B. 建立健全与文化建设、道德风险防范有关的制度和机制安排，将文化理念融入各项管理制度和业务流程，确保文化建设有效落地

C. 积极履行社会责任，在发展普惠金融、绿色金融、金融扶贫、公益事业等方面加大资源投入和工作力度，塑造公司和行业健康良好社会形象

D. 建立常态化文化教育培训机制，采取有效措施鼓励工作人员参加文化和职业道德等方面培训，认同并主动践行公司文化

答案：C

考点：本题考查证券行业文化建设中强化文化认同的内涵。

34. （　　）是在证券公司各个层级贯彻和践行文化理念、在执行层面持续有效推进文化建设的前提，也是有效平衡利益、科学经营决策的基础。

A. 组织活力　　B. 秉承守正创新

C. 崇尚专业精神　　D. 坚持可持续发展

答案：A

考点：本题考查组织活力是在证券公司各个层级贯彻和践行文化理念、在执行层面持续有效推进文化建设的前提，也是有效平衡利益、科学经营决策的基础。

35. 下列选项中，不属于秉承守正创新的内涵的是（　　）。

A. 专注主业，更好地服务于创新驱动战略和供给侧结构性改革，增强发展的适应性，以创新促发展

B. 围绕服务实体经济和满足广大投资者多元化的金融需求，开展产品、业务、管理、组织等方面创新，提升金融资源配置的效率，拓展市场的广度和深度

C. 不断提高专业化水平，培养专业精神和专业主义，提升专业附加值，形成学习专业、尊崇专业、按专业精神做事的文化氛围

D. 坚持合规风控与创新发展并重，把合规管理和风险控制贯穿于创新发展全过程。强化员工审慎执业与风险防范意识

答案：C

考点：本题考查秉承守正创新的内涵。

36. 以下选项中，不属于崇尚专业精神内涵的是（　　）。

A. 精业敬业，树立持续学习理念，不断更新专业知识和专业技能，持续提升研究、定价、销售、交易、资产配置、金融科技等现代投资银行的核心专业能力，适应国际化发展趋势，打造差异化发展的“硬实力”

B. 坚持以客户为中心，开发个性化、差异化、定制化的金融产品和服务，积极运用数字化手段重构商业模式、提升客户服务质量和水平，用专业赢得口碑、信赖与尊重

C. 秉持良好的职业道德操守，打造过硬的专业声誉，维护行业良性发展生态，增强专业化发展“软实力”

D. 专注主业，更好地服务于创新驱动战略和供给侧结构性改革，增强发展的适应性，以创新促发展

答案：D

考点：本题考查崇尚专业精神的内涵。D 项是秉承守正创新的内容。

37.（　　）是落实廉洁从业管理职责的第一责任人。

A. 董事会

B. 监事会

C. 高级管理人员

D. 证券期货经营机构主要负责人

答案：D

考点：本题考查廉洁从业的内部机制中的人员管理。

38. 因证券期货违法行为被行政处罚、市场禁入的信息，效力期限为（　　）年。效力期限自奖励、处罚处分决定生效之日起算。

A. 1　　B. 2

C. 3　　D. 5

答案 D

考点：本题考查诚信信息的效力期限。

39. 下列情况中，不属于《证券法》规定的禁止证券公司从业人员从事的行为是（　　）。

A. 张某利用因职务便利获取的内幕信息以外的其他未公开的信息，违反规定，从事与该信息相关的证券交易活动

B. 王某在证券交易活动中做出虚假陈述或者信息误导

C. 赵某因故未在规定时间内向客户提供交易的确认文件后于 3 个工作日内补上

D. 李某就职公司实施股权激励计划，李某因此获得了公司部分股票

答案：D

考点：本题考查《证券法》规定的禁止证券公司从业人员从事的行为。

40. 下列不属于违反《证券法》规定的禁止证券公司从业人员从事的行为是（　　）。

A. 赵某认为某证券可能大涨，在未经客户委托的情况下，为客户买卖证券

B. 钱某为了牟取佣金收入，诱使客户进行不必要的证券买卖

C. 孙某在担任营业部负责人期间，私自在外兼任甲、乙、丙三家公司法定代表人、董事，并兼任甲公司总经理，实际控制并经营甲公司，从事证券投资等活动

D. 李某在了解客户需求、财务状况及风险承受能力后，为客户推荐了一只股票

答案：D

考点：本题考查证券法中禁止证券公司及其从业人员从事的行为。

41. 保荐机构更换保荐代表人的，应当通知发行人，并在（　　）个工作日内向中国证监会、证券交易所报告。

A. 3　　B. 5

C. 10　　D. 15

答案：B

考点：本题考查保荐机构更换保荐代表人的规定。

42. 保荐机构、保荐业务负责人、内核负责人或者保荐业务部门负责人在1个自然年度内被采取《证券发行上市保荐业务管理办法》第六十五条规定的监管措施累计5次以上，中国证监会可以暂停保荐机构的保荐业务资格（　　）个月，责令保荐机构更换保荐业务负责人、内核负责人或者保荐业务部门负责人。

A. 3　　B. 6

C. 9　　D. 12

答案：A

考点：本题考查保荐代表人违反规定的法律责任或被采取的监管措施。

43. A证券公司及其保荐代表人张某为B生物科技公司首次公开发行股票并上市的保荐机构及保荐代表人，张某在工作玩忽职守，没有充分核查发行人收入确认政策、固定资产、关联交易和关联方资金占用等情况。以下说法错误的是（　　）。

A. 张某的行为违反了保荐机构及其保荐代表人遵守法律、行政法规和中国证监会、证券交易所、中国证券业协会的相关规定，恪守业务规则和行业规范，诚实守信，勤勉尽责，尽职推荐发行人证券发行上市，持续督导发行人履行规范运作、信守承诺、信息披露等义务

B. A公司违反了保荐机构应当保证保荐代表人勤勉尽责，严格控制风险，提高保荐业务整体质量的相关规定

C. 监管机关有权对A证券公司和张某出具警示函的行政监督管理措施

D. 张某在2个自然年度内被采取《证券发行上市保荐业务管理办法》第六十五条规定的监管措施累计3次以上，中国证监会就可以6个月内不受理张某具体负责的推荐

答案：D

考点：本题考查证券发行上市保荐业务管理办法中保荐代表人的义务以及违反有关

规定的法律责任或被采取的监管措施。

44. 财务顾问主办人应当满足（ ）个月无违反诚信的不良记录。

A. 12　　B. 24

C. 36　　D. 48

答案：B

考点：本题考查财务顾问主办人应具备的条件。

45. 财务顾问应当建立健全内部报告制度，并对证监会提出的问题进行充分的研究、论证，审慎回复。不需要在回复意见上签名的是（ ）。

A. 部门负责人

B. 财务顾问的法定代表人或者其授权代表人

C. 财务顾问主办人

D. 项目协办人

答案：A

考点：本题考查财务顾问主办人签章以及报告制度。

46. 针对证券资信评级从业人员应具备的条件和管理，以下说法错误的是（ ）。

A. 证券评级机构的从业人员应当符合的条件仅由证券行业自律组织制定

B. 证券评级机构开展证券评级业务，应当成立评级项目组。评级项目组成员应当具备从事相关项目的工作经历或者与评级项目相适应的知识结构，项目组组长应当完成证券从业人员登记且从事资信评级业务 3 年以上

C. 证券评级机构应当建立证券评级从业人员和管理人员的培训制度，开展培训活动，采取有效措施提高人员的职业道德和业务水平

D. 证券评级机构的人员考核和薪酬制度，不得影响评级从业人员依据独立、客观、公正、审慎、一致性的原则开展业务

答案：A

考点：本题考查针对证券资信评级从业人员应具备的条件。

47. 证券评级机构评级委员会委员及评级从业人员在开展证券评级业务期间应当回避的情形中，说法错误的是（ ）。

A. 本人、直系亲属持有评级委托方、受评级机构或者受评级证券发行人的股份达到 10% 以上，或者是受评级机构、受评级证券发行人的实际控制人

B. 本人、直系亲属担任评级委托方、受评级机构或者受评级证券发行人的董事、监事和高级管理人员

C. 本人、直系亲属担任评级委托方、受评级机构或者受评级证券发行人聘任的会计师事务所、律师事务所、财务顾问等证券服务机构的负责人或者项目签字人

D. 本人、直系亲属持有评级委托方、受评级证券或者受评级机构发行的证券金额超过 50 万元，或者与评级委托方、受评级机构、受评级证券发行人发生累计超过 50 万

元的交易

答案：A

考点：本题考查证券资信评级业务人的回避。选项 A 应为本人、直系亲属持有评级委托方、受评级机构或者受评级证券发行人的股份达到 5% 以上，或者是受评级机构、受评级证券发行人的实际控制人。

48. 证券业协会及会员记入的诚信信息、其他执业声誉信息的效力期限为（　　）年，自决定做出或生效之日起算。

A. 2　　B. 3　　C. 4　　D. 5

答案：B

考点：本题考查执业声誉信息的效力期限。证券业协会及会员记入的诚信信息、其他执业声誉信息的效力期限为 3 年，自决定做出或生效之日起算。

49. 证券公司分支机构负责人强制离岗或因故缺位（　　）个工作日以上的，证券公司应当指定专人代为履行职务，并在指定之日起（　　）个工作日内向分支机构所在地证监局报告。

A. 5；5　　B. 5；3　　C. 7；5　　D. 7；3

答案：B

考点：本题考查履职限制、审计要求及薪酬递延。证券公司分支机构负责人强制离岗或因故缺位 5 个工作日以上的，证券公司应当指定专人代为履行职务，并在指定之日起 3 个工作日内向分支机构所在地证监局报告，代为履行职务的时间不得超过 3 个月。

50. 根据《证券投资顾问业务暂行规定》，下列关于证券投资咨询机构及其人员提供证券投资顾问服务的说法，错误的是（　　）。

A. 不得为公司及其关联方的利益损害客户利益

B. 不得为证券投资顾问人员及其利益相关者的利益损害客户利益

C. 不得为特定客户利益损害其他客户利益

D. 可以代客户做出投资决策

答案：D

考点：本题考查证券投资咨询人员禁止性行为规定和法律责任。根据《证券投资顾问业务暂行规定》，证券投资咨询机构及其人员提供证券投资顾问服务，应当：（1）不得为公司及其关联方的利益损害客户利益；不得为证券投资顾问人员及其利益相关者的利益损害客户利益；不得为特定客户利益损害其他客户利益。（2）证券投资顾问不得代客户做出投资决策。

51. 保荐业务负责人、内核负责人、保荐业务部门负责人有以下（　　）情形，不得参与该项目。

A. 没有担任发行人及其关联方的董事、监事、高级管理人员或核心技术人员

B. 没有担任发行人及其关联方的控股股东、实际控制人的董事、监事、高级管理

人员

C. 直接或间接持有发行人股份

D. 与发行人及其关联方不存在其他影响履行保荐职责的利害关系

答案：C

考点：本题考查保荐代表人执业行为规范。保荐业务负责人、内核负责人、保荐业务部门负责人有以下情形之一的，不得参与该项目：（1）担任发行人及其关联方的董事、监事、高级管理人员或核心技术人员；（2）担任发行人及其关联方的控股股东、实际控制人的董事、监事、高级管理人员；（3）直接或间接持有发行人股份；（4）担任发行人聘任的其他证券服务机构的负责人、专家顾问或者项目组成员；（5）与发行人及其关联方存在其他影响履行保荐职责的利害关系；或存在其他影响独立专业判断的情形。

52. 对投资银行类项目负有主要管理或执行责任人员的收入递延支付年限原则上不得少于（　　）年。

A. 1　　B. 2　　C. 3　　D. 5

答案：C

考点：本题考查保荐代表人执业行为规范。对投资银行类项目负有主要管理或执行责任人员的收入递延支付年限原则上不得少于3年。

二、多项选择题。以下备选项中有两项或两项以上符合题目要求，多选、少选、错选均不得分。

1. 保荐业务负责人、内核负责人、保荐业务部门负责人有以下（　　）情形之一的，不得参与该项目。

A. 担任发行人及其关联方的董事、监事、高级管理人员或核心技术人员

B. 担任发行人及其关联方的控股股东、实际控制人的董事、监事、高级管理人员

C. 直接或间接持有发行人股份

D. 担任发行人聘任的其他证券服务机构的负责人、专家顾问或者项目组成员

答案：ABCD

考点：考查保荐代表人执业行为规范中的回避制度。

2.（　　）是证券行业文化理念的体现，是资本市场长期稳定健康发展的价值取向。

A. 合规　　B. 诚信　　C. 专业　　D. 稳健

答案：ABCD

考点：考查行业的文化理念。

3. 证券行业文化建设包括三个层次十个方面的关键要素，以下属于组织层要素的

有（　　）。

A. 融合发展战略　　B. 激发组织活力

C. 秉承守正创新　　D. 强化文化认同

答案：ABD

考点：考查行业文化建设十要素。秉承守正创新属于证券行业文化建设的观念层要素。

4. 证券行业文化建设包括三个层次十个方面的关键要素，以下属于观念层要素的是（　　）。

A. 秉承守正创新　　B. 崇尚专业精神

C. 坚持可持续发展　　D. 强化文化认同

答案：ABC

考点：考查行业文化建设十要素。强化文化认同属于证券行业文化建设的组织层要素。

5. 证券行业文化建设包括三个层次十个方面的关键要素，以下属于行为层要素的是（　　）。

A. 平衡各方利益　　B. 加强声誉约束

C. 建立长效激励　　D. 落实责任担当

答案：ABCD

考点：考查行业文化建设十要素。

6. 平衡利益是证券公司实现稳健经营的基础，具体包含以下（　　）内涵。

A. 完善公司治理和内部控制机制

B. 健全合规管理与全面风险管理

C. 坚持诚实守信，遵崇法律制度，恪守职业操守

D. 依法实施员工持股计划或股权激励等方式

答案：ABC

考点：考查行业文化建设十要素。依法实施员工持股计划或股权激励等方式属于建立长效激励。

7. 加强声誉约束具体包含（　　）内容。

A. 增强工作人员声誉风险意识

B. 建立工作人员声誉约束及评价机制

C. 加强公司声誉风险管理

D. 适度拉长考核周期、薪酬递延发放

答案：ABC

考点：考查行业文化建设十要素。适度拉长考核周期、薪酬递延发放属于建立长效激励。

8. 落实责任担当是文化建设的重要抓手，具体包含（　　）内容。

A. 主动服务国家战略　　B. 积极履行社会责任

C. 加强投资者保护　　D. 明确责任主体

答案：ABCD

考点：考查行业文化建设十要素。

9. 融合发展战略具体包含以下（　　）内容。

A. 将文化建设的总体要求纳入公司章程或制定专门制度文件

B. 研究制定明确的与其文化理念和核心价值观相契合的发展战略

C. 公司的具体经营决策应与发展战略、文化理念相统一

D. 公司内部的具体经营决策之间应当协调配合

答案：ABCD

考点：考查行业文化建设十要素。

10. 强化文化认同具体包含以下（　　）内容。

A. 在行业文化核心价值观的基础上，结合自身特点和公司发展战略，进一步提炼形成公司文化理念

B. 建立健全与文化建设、道德风险防范有关的制度和机制安排

C. 建立常态化文化教育培训机制，采取有效措施鼓励工作人员参加文化和职业道德等方面培训

D. 通过多种途径宣传文化理念，打造公司文化品牌

答案：ABCD

考点：考查行业文化建设十要素。

11.（　　）应当充分了解廉洁从业有关规定，落实各项廉洁从业要求，并承担相应的廉洁从业责任。

A. 董事

B. 监事

C. 高级管理人员及各层级管理人员

D. 工作人员

答案：ABCD

考点：考查廉洁从业的内控机制。

12. 证券期货经营机构及其工作人员在开展证券期货业务及相关活动中，不得以（　　）方式向公职人员、客户、正在洽谈的潜在客户或者其他利益关系人输送不正当利益。

A. 提供礼金、礼品、房产、汽车、有价证券、股权、佣金返还等财物，或者为上述行为提供代持等便利

B. 提供旅游、宴请、娱乐健身、工作安排等利益

C. 安排显著偏离公允价格的结构化、高收益、保本理财产品等交易

D. 直接或者间接向他人提供内幕信息、未公开信息、商业秘密和客户信息，明示或者暗示他人从事相关交易活动

答案：ABCD

考点：考查廉洁从业的要求。

13. 证券期货经营机构工作人员不得以（　　）方式谋取不正当利益。

A. 直接或者间接以《证券期货经营机构及其工作人员廉洁规定》第九条规定的方式收受、索取他人的财物或者利益

B. 直接或者间接利用他人提供或主动获取的内幕信息、未公开信息、商业秘密和客户信息谋取利益

C. 以诱导客户从事不必要交易、使用客户受托资产进行不必要交易等方式谋取利益

D. 违规从事营利性经营活动，违规兼任可能影响其独立性的职务或者从事与所在机构或者投资者合法利益相冲突的活动

答案：ABCD

考点：考查廉洁从业的要求。

14. 融资融券、股票质押式回购交易等融资类业务中禁止性行为包括（　　）。

A. 违规为客户提升授信额度，或者在融资资金、融券券源有限的情况下，违反公司相关制度私自决定钱券分配

B. 向特定客户以明显低于公司资金成本或者同期市场资金价格的利率提供融资，或者违反公司规定设置较宽松的违约处置条件

C. 为客户违规使用融出资金、规避信息披露义务、违规减持等违规行为提供便利

D. 为客户与客户之间的融资、融券违规提供中介服务

答案：ABCD

考点：考查融资融券、股票质押式回购交易等融资类业务中禁止性行为。

15. 有下列情形（　　）之一的，协会可对其从轻或减轻采取自律措施，情节特别轻微，未造成不良影响的，协会可视情况对其免于采取自律措施。

A. 主动发现、上报违反本细则行为并积极有效整改，落实内部追责的

B. 能够配合检查，并如实说明相关违反《证券经营机构及其工作人员廉洁从业实施细则》行为的

C. 主动采取措施消除、减轻不良影响的

D. 协会认定可从轻或减轻处理的其他情形

答案：ABCD

考点：考查自律惩戒措施及相关法律责任。

16. 证券经营机构及其工作人员违反《证券经营机构及工作人员廉洁从业实施细

则》，有下列情形（　　）之一的，协会应当从重处理。

A. 产生较大不良影响

B. 在协会检查、调查过程中，不如实提供有关文件或者资料，伪造、隐匿、篡改、毁损证据，或者逃避、拒绝、阻碍协会工作人员依照有关规定履行自律管理职责的

C. 对投诉人、举报人、证人等有关人员进行打击报复、陷害的

D. 协会认定应当从重处理的其他情形

答案：ABCD

考点：考查自律惩戒措施及相关法律责任。

17. 从事证券期货市场活动的证券从业人员的诚信信息包括（　　）。

A. 姓名、性别、国籍、身份证件号码，法人或者其他组织的名称、住所、统一社会信用代码等基本信息

B. 中国证监会做出的表彰、奖励、评比

C. 中国证监会及其派出机构做出的行政许可决定

D. 中国证监会及其派出机构做出的行政处罚、市场禁入决定和采取的监督管理措施

答案：ABCD

考点：考查中国证监会诚信管理的有关规定。

18. 从业人员是指在证券基金经营机构从事证券基金业务和相关管理工作的人员，从业人员应当持续符合的条件包括（　　）。

A. 品行良好

B. 具备从事证券基金业务所需的专业能力，掌握证券基金业务相关的专业知识

C. 最近 3 年未因犯罪被判处刑罚

D. 最近 5 年未被中国证监会撤销基金从业资格或者被基金业协会取消基金从业资格

答案：ABCD

考点：考查从业人员应当具备的条件。

19. “合规、诚信、专业、稳健”是证券业文化理念的体现，是资本市场长期稳定健康发展的价值取向，下列选项中正确的是（　　）。

A. 合规是底线　　　B. 诚信是义务

C. 专业是保证　　　D. 稳健是特色

答案：AB

考点：考查证券行业的文化理念。

20. 下列属于行业文化建设基本要求的是（　　）。

A. 坚持依法合规，牢固发展基础

B. 坚持诚实守信，恪守职业操守

C. 坚持专业精神，提升服务能力

D. 坚持稳健经营，促进健康发展

答案：ABCD

考点：考查行业文化建设的基本要求，其中除了上述四项还包括坚持廉政自律，弘扬清风正气和牢记社会责任，展现良好形象。

21. 委托、聘用第三方机构或者个人提供投资顾问、财务顾问、产品代销、专业咨询等服务，应当明确第三方的资质条件，事先签署服务协议，履行内部控制审批程序，协议中应明确约定（　　）。

A. 服务内容　　B. 服务期限

C. 法律法规　　D. 费用标准

答案：ABD

考点：考查廉洁从业的内部控制机制中的财经纪律。

22. 证券期货经营机构及其工作人员在开展期货业务及相关活动中，不得以（　　）方式向公职人员、客户、正在洽谈的潜在客户或者其他利益关系人输送不正当利益。

A. 提供礼金、礼品、房产、汽车、有价证券、股权、佣金返还等财物，或者为上述行为提供代持等便利

B. 提供旅游、宴请、娱乐健身、工作安排等利益

C. 安排显著偏离公允价格的结构化、高收益、保本理财产品等交易

D. 直接或者间接向他人提供内幕信息、未公开信息、商业秘密和客户信息，明示或者暗示他人从事相关交易活动

答案：ABCD

考点：考查廉洁从业要求中禁止性行为的总体性规定。

23. 证券经营机构及其工作人员在开展自营业务、资产管理业务、另类投资业务或者提供有关服务的过程中，不得通过（　　）方式输送或者谋取不正当利益。

A. 侵占或者挪用受托资产

B. 不公平对待不同投资组合，在不同账户间输送利益

C. 以明显偏离市场公允估值的价格进行交易

D. 以不正当手段为本人或者团队谋取有利评选结果、佣金分配收入或者绩效考核结果

答案：ABC

考点：考查自营业务、资产管理业务、另类投资业务禁止性行为。D 选项为证券投资咨询业务中禁止性行为。

24. 有关保荐代表人制作或者出具的文件不齐备或者不符合要求的，下列说法正确的是（　　）。

A. 中国证监会会视情节轻重，采取责令改正、监管谈话、出具警示函等监管措施

B. 中国证监会会视情节轻重，采取监管或者市场禁入措施

C. 情节严重的，中国证监会可以在 3 个月到 12 个月内不受理保荐机构，保荐代表人具体负责的推荐

D. 情节严重的，中国证监会可以在 6 个月到 24 个月内不受理保荐机构，保荐代表人具体负责的推荐

答案：AC

考点：考查保荐代表人违反有关规定的法律责任或被采取的监管措施。

25. 保荐代表人出现（　　）情形之一的，中国证监会可以根据情节轻重，在 3 个月到 36 个月内不受理相关保荐代表人具体负责的推荐，情节严重的，采取认定为不适当人选的监管措施。

A. 未完成或者未参加辅导工作

B. 重大事项未报告、未披露

C. 伪造或者变造签字、盖章

D. 尽职调查工作日志缺失或者遗漏、隐瞒重要问题

答案：ABCD

考点：考查保荐代表人违反有关规定的法律责任或被采取的监管措施。

26. 根据《证券期货经营机构私募资产管理业务管理办法》《关于证券期货经营机构从事私募资产管理业务投资经理登记的通知》，证券公司投资经理应当具备（　　）。

A. 从事证券业务所需的专业能力

B. 有 3 年以上投资管理、投资研究、投资咨询等相关业务经验

C. 良好的诚信记录和职业操守

D. 近 12 个月未被监管机构采取重大行政监管措施、行政处罚

答案：ABC

考点：考查资产管理业务投资经理应具备的条件。应当是近 3 年未被监管机构采取重大行政监管措施、行政处罚。

27. 从事证券经纪业务的人员违反《关于加强证券经纪业务管理的规定》，中国证监会及其派出机构可视情况采取的措施有（　　）。

A. 责令改正

B. 监管谈话

C. 出具警示函

D. 暂不受理与行政许可有关的文件

答案：ABCD

考点：从事证券经纪业务的人员违反《关于加强证券经纪业务管理的规定》，中国证监会及其派出机构可视情况采取责令改正、监管谈话、出具警示函、暂不受理与行政

许可有关的文件、责令处分有关人员、暂停核准新业务、限制业务活动等监管措施。

28. 证券经纪人可以从事的活动包括（　　）。

A. 向客户介绍证券公司和证券市场的基本情况

B. 向客户介绍证券投资的基本知识

C. 向客户传递由证券公司统一提供的证券类金融产品宣传推介材料及有关信息

D. 向客户介绍开户、交易等业务流程

答案：ABCD

考点：以上均属于证券经纪人在执业过程中，根据证券公司授权可全部或部分从事的活动。

29. 下列关于证券公司与证券经纪人签订委托合同的说法正确是（　　）。

A. 签订合同前，应对证券经纪人进行严格审查

B. 应当遵循公平、效益、诚实信用的原则

C. 合同内可以不明确代理期间

D. 合同应该明确双方的权利义务

答案：AD

考点：证券公司与证券经纪人签订委托合同应遵循平等、自愿、诚实信用的原则；合同应载明双方名称、代理权限和代理期间等事项。BC 选项不正确。

30. 根据《证券经纪人管理暂行规定》，证券经纪人不得有（　　）行为。

A. 替客户办理账户开立、注销、转移

B. 与客户约定分享投资收益

C. 向客户传递由证券公司统一提供的证券类金融产品宣传推介材料及有关信息

D. 为客户之间的融资提供中介、担保或者其他便利

答案：ABD

考点：ABD 属于《证券经纪人管理暂行规定》中规定的，证券经纪人不得有的行为，C 向客户传递由证券公司统一提供的证券类金融产品宣传推介材料及有关信息属于规定的业务。

31. 除财务顾问的法定代表人或者其授权代表人之外，应当在财务顾问专业意见上签名的还有（　　），并加盖财务顾问单位公章。

A. 部门负责人　　　　B. 内部核查机构负责人

C. 财务顾问主办人　　　　D. 项目协办人

答案：ABCD

考点：本题考查财务顾问主办人签章及报告制度。

32. 下列关于财务顾问主办人保密与培训制度表述正确的有（　　）。

A. 财务顾问及其财务顾问主办人应当严格履行保密责任，不得利用职务之便买卖相关上市公司的证券或者谋取其他不当利益

B. 财务顾问及其财务顾问主办人应当督促委托人、委托人的董事、监事和高级管理人员及其他内幕信息知情人严格保密，不得进行内幕交易

C. 财务顾问应当按照证监会的要求，配合提供上市公司并购重组相关内幕信息知情人买卖、持有相关上市公司证券的文件，并向证监会报告内幕信息知情人的违法违规行为，配合证监会依法进行调查

D. 财务顾问主办人应当参加中国证券业协会组织的相关培训，接受后续教育

答案：ABCD

考点：本题考查财务顾问主办人保密与培训制度。

33. 行为蕴含着丰富的文化信息，是文化的重要载体和落地的关键环节。证券行业文化建设行为层面的关键要素包括（　　）。

A. 平衡各方利益　　B. 建立长效激励

C. 加强声誉约束　　D. 落实责任担当

答案：ABCD

考点：本题考查行业文化建设行为层要素。

34. 证券行业文化建设中，组织层建设的关键要素是（　　）。

A. 融合发展战略　　B. 强化文化认同

C. 激发组织活力　　D. 平衡各方利益

答案：ABC

考点：本题考查证券行业文化建设的组织层建设。

35. 在证券行业文化组织层建设中，会对证券公司的经营发展和工作人员的行为产生直接或间接影响的手段包括（　　）。

A. 在公司发展中融合文化理念　　B. 建立良好的组织关系、交互模式

C. 确立良好的工作氛围　　D. 加强声誉约束

答案：ABC

考点：本题考查证券行业文化建设的组织层建设。

36. 观念是指导文化建设的思想源泉，是企业在生产经营过程中长期积淀形成的精神成果，是全体工作人员普遍的信条和价值观，是文化的“基因”。下列属于证券行业文化观念层建设要素的有（　　）。

A. 秉承守正创新　　B. 崇尚专业精神

C. 强化文化认同　　D. 坚持可持续发展

答案：ABD

考点：本题考查证券行业文化建设的观念层建设。

37. 在证券行业文化建设中平衡各方利益的内涵包括（　　）。

A. 完善公司治理和内部控制机制，确保党委、股东会、董事会、监事会和管理层各司其职、协调运作

B. 健全合规管理与全面风险管理，形成较强的合规风控意识

C. 推动服务国家战略，助力金融强国，维护金融安全

D. 坚持诚实守信，尊崇法律制度，恪守职业操守

答案：ABD

考点：本题考查证券行业文化建设中的平衡各方利益要素。

38. 声誉约束是文化建设的有力保障，加强声誉约束的内涵包括（　　）。

A. 增强工作人员声誉风险意识，确保工作人员充分知晓并理解需遵循的行为规范，保持职业审慎，重视职业声誉，避免损害公司和行业声誉的行为

B. 建立工作人员声誉约束及评价机制，通过明确制度规范、责任分工、将声誉情况纳入公司人事管理体系、建立声誉管理信息登记报送机制和监督检查等机制，防范和管理工作人员声誉风险

C. 加强公司声誉风险管理，将声誉风险管理贯穿于经营管理的所有领域，主动识别并防范声誉风险，强化对声誉风险及事件的审慎评估和管理

D. 将廉洁从业、合规执业、诚信执业和践行企业文化等情况纳入绩效考核与人员管理体系，加强正向引导和反向惩戒约束作用

答案：ABC

考点：本题考查证券行业文化建设中加强声誉约束的内涵。

39. 只有结合公司实际，并与公司发展模式、业务理念相融合，文化建设工作才能抓出成效。在证券行业文化建设中融合发展战略，具体内涵包括（　　）。

A. 将文化建设的总体要求纳入公司章程或制定专门制度文件，持续推进文化建设工作

B. 研究制定明确的与其文化理念和核心价值观相契合的发展战略，实现发展战略与文化理念和核心价值观的有机统一

C. 公司的具体经营决策应与发展战略、文化理念相统一，实现行动与目标的协调一致

D. 公司内部的具体经营决策之间应当协调配合，共同服务于实现公司发展战略目标和践行公司文化理念

答案：ABCD

考点：本题考查证券行业文化建设中融合发展战略的内涵。

40. 激发组织活力是指将文化建设与人才团队建设有机结合，努力打造团结协作、多元包容的精神氛围。其具体内涵包括（　　）。

A. 建立和深化将客户及公司利益置于个人或部门利益之上的共同认知，通过各种方式增强团队之间的协同性和公司整体的凝聚力

B. 尊重工作人员的多元化背景与见解

C. 鼓励工作人员对现状提出建设性意见和多元化观点

D. 激励员工发挥主动性和创造力为公司发展建言献策，增强长期健康发展的韧劲和动力。

答案：ABCD

考点：本题考查证券文化建设中激发组织活力的内涵。

41. 创新是证券行业发展的重要驱动力，但盲目创新、不当创新会对行业和社会造成巨大危害。秉承守正创新，应当以（　　）为前提开展业务和产品创新。

A. 紧扣新时代金融工作核心任务

B. 聚焦高质量发展目标

C. 坚守合规风控底线

D. 培养专业精神和专业主义

答案：ABC

考点：秉承守正创新强调“突出主业”“规范创新”，是指把握好创新发展的方向，在紧扣新时代金融工作核心任务、聚焦高质量发展目标、坚守合规风控底线的前提下开展业务和产品创新。

42. 在证券行业文化建设中，坚持可持续发展的具体内容包括（　　）。

A. 切实把创新成为第一动力、协调成为内生特点、绿色成为普遍形态、开放成为必由之路、共享成为根本目的，作为推动证券行业和公司高质量发展的靶向目标，全面贯彻新发展理念

B. 重视人才、业务、公司、行业的长期健康发展，鼓励构建 ESG（环境、社会、治理）治理架构和治理机制，推动经济、社会、环境的协调发展

C. 秉持良好的职业道德操守，打造过硬的专业声誉，维护行业良性发展生态

D. 坚守底线思维，筑牢风险意识，坚持稳中求进，提高风险识别、应对和化解能力，以稳健作为经营底色和鲜明特质

答案：ABD

考点：本题考查证券行业文化建设中坚持可持续发展的具体内容。

43. 证券期货经营机构及其工作人员不得以（　　）谋取不正当利益。

A. 直接或者间接通过聘请第三方机构或者个人的方式输送利益

B. 以与监管人员或者其他相关人员熟悉，或者以承诺价格、利率、获得批复及获得批复时间等为手段招揽项目、商定服务费

C. 在证券发行与承销过程中暗箱操作，以代持、信托等方式输送或者谋取不正当利益

D. 以非公允价格为利益关系人配售债券

答案：ABCD

考点：本题考查证券期货经营机构及其工作人员的禁止性行为。

44. 下列情况中属于《证券法》规定的禁止证券公司从业人员从事的行为有（　　）。

A. 王某借他人名义持有、买卖股票或者其他具有股权性质的证券

B. 张某通过员工持股计划获得任职公司赠送的股票

C. 李某私下接受客户委托买卖证券

D. 赵某违背客户的委托为其买卖证券

答案：ACD

考点：本题考查《证券法》规定的禁止证券公司从业人员从事的行为。

45. 根据《证券业从业人员执业行为准则》，证券从业人员不得从事以下（　　）活动。

A. 利用未公开信息进行交易活动

B. 编造、传播虚假信息，做出虚假陈述或信息误导，扰乱证券市场

C. 接受利益相关方在中秋节赠送的礼物

D. 向客户做出保证最低收益的承诺

答案：ABCD

考点：本题考查证券业从业人员执业行为准则的禁止性规定。

46. 根据《证券经纪人管理暂行规定》，证券经纪人不得有的行为包括（　　）。

A. 提供、传播虚假或者误导客户的信息，或者诱使客户进行不必要的证券买卖

B. 与客户约定分享投资收益，对客户证券买卖的收益或者赔偿证券买卖的损失做出承诺

C. 采取贬低竞争对手、进入竞争对手营业场所劝导客户等不正当手段招揽客户

D. 泄露客户的商业秘密或者个人隐私

答案：ABCD

考点：本题考查证券经纪业务营销人员执业行为的禁止性规定。

47. 以下属于证券投资咨询人员的是（　　）。

A. 证券咨询顾问

B. 证券投资顾问

C. 证券评估师

D. 证券分析师

答案：BD

考点：证券投资咨询人员，即从事证券、期货投资咨询业务的投资咨询人员，主要包括证券投资顾问和证券分析师。

48. 关于《证券市场资信评级业务管理暂行办法》中证券评级业务针对的对象包括（　　）。

A. 经中国证监会依法注册发行的债券、资产支持证券

B. 在证券交易所或者经中国证监会认可的其他证券交易场所上市交易或者挂牌转让的债券、资产支持证券

C. 上述两项证券的发行人、发起机构、上市公司、非上市公众公司、证券期货经营机构以及中国证监会规定的其他评级对象

D. 国债

答案：ABC

考点：本题考查《证券市场资信评级业务管理暂行办法》中证券评级业务对象。

49. 关于证券评级业务的原则，以下说法正确的是（　　）。

A. 证券评级机构及其人员及证券资信评级业务人员从事证券评级业务，应当遵循一致性原则，对同一类评级对象评级，或者对同一评级对象跟踪评级，应当采用一致的评级标准和工作程序

B. 评级标准或者工作程序有调整的，应当充分披露

C. 制定科学的评级方法、和完善的质量控制制度

D. 遵守行业规范、职业道德和业务规则，勤勉尽责，恪尽职守，审慎分析，充分揭示相关风险

答案：ABCD

考点：本题考查证券评级业务的原则。

50. 关于证券评级机构评级委员会委员及评级从业人员在开展证券评级业务期间的禁止行为，以下说法正确的是（　　）。

A. 证券评级机构及其人员在开展证券评级业务中，不得有违反公平竞争、进行利益输送、直接或者间接谋取不正当利益以及其他破坏市场秩序的行为

B. 证券评级机构及其评级从业人员应当在对评级对象相关风险进行充分分析的基础之上独立得出评级结果，防止评级结果受到其他商业行为等因素的不当影响

C. 证券评级机构的董事、监事和高级管理人员以及评级从业人员不得以任何方式在评级委托方、受评级机构或者受评级证券发行人兼职

D. 证券评级机构的董事、监事和高级管理人员不得投资其他证券评级机构。证券评级机构的实际控制人、股东、董事、监事、高级管理人员应当遵纪守法，不得从事损害证券评级机构及其评级对象合法权益的活动

答案：ABCD

考点：本题考查证券评级机构评级委员会委员及评级从业人员在开展证券评级业务期间的禁止行为。

51. 执业声誉信息的采集、管理、应用等相关活动，应当遵循（　　）的原则，不得侵犯国家秘密、商业秘密和个人隐私。

A. 合法　　B. 正当　　C. 客观　　D. 安全

答案：ABCD

考点：执业声誉信息的采集、管理、应用等相关活动，应当遵循合法、正当、必要、客观、安全的原则，不得侵犯国家秘密、商业秘密和个人隐私。

52. 证券投资顾问不得通过（　　）等公众媒体，做出买入、卖出或者持有具体证券的投资建议。

A. 广播　　B. 电视　　C. 网络　　D. 报刊

答案：ABCD

考点：本题考查证券投资咨询人员禁止性行为规定和法律责任。证券投资顾问不得通过广播、电视、网络、报刊等公众媒体，做出买入、卖出或者持有具体证券的投资建议。

53. 根据《证券投资顾问业务暂行规定》相关规定，证券投资咨询机构及其证券投资顾问违反法律、行政法规和《证券投资顾问业务暂行规定》的，中国证监会及其派出机构可以采取（　　）等监管措施。

A. 责令改正　　B. 监管谈话

C. 出具警示函　　D. 责令清理违规业务

答案：ABCD

考点：本题考查证券投资咨询人员禁止性行为规定和法律责任。根据《证券投资顾问业务暂行规定》相关规定，证券投资咨询机构及其证券投资顾问违反法律、行政法规和《证券投资顾问业务暂行规定》的，中国证监会及其派出机构可以采取责令改正、监管谈话、出具警示函、责令增加内部合规检查次数并提交合规检查报告、责令清理违规业务、责令暂停新增客户、责令处分有关人员等监管措施。

54. 保荐代表人、其他从事保荐业务的人员应当践行（　　）的行业文化。

A. 合规　　B. 诚信　　C. 专业　　D. 务实

答案：ABC

考点：本题考查保荐代表人执业行为规范。保荐代表人、其他从事保荐业务的人员应当践行合规、诚信、专业、稳健的行业文化，不包含务实。

55. 保荐机构及其保荐代表人、其他从事保荐业务的人员在开展保荐业务活动中，不得存在（　　）行为。

A. 以提供礼金、礼品、旅游、娱乐健身、房产、汽车、有价证券、工作安排等手段向公职人员输送不正当利益

B. 利用内幕信息谋取不正当利益

C. 利用本机构或者客户资产向不具备相关专业能力或者未提供相应服务的第三方支付咨询费

D. 以非公允价格或者不正当方式，为本人、证监会系统在职人员或离职人员及其利益关系人，获取拟上市公司股权

答案：ABCD

考点：本题考查保荐代表人执业行为规范。

56. 中国证券业协会对保荐机构及其保荐代表人、其他从事保荐业务的人员进行执

业质量自律检查，并对保荐工作质量做出评价和建议，供证监会、证券交易所备查。检查内容包括（　　）。

A. 保荐业务内部控制等制度的制定与执行

B. 保荐机构和相关人员独立履职情况

C. 工作底稿制度的制定以及工作底稿的编制、管理与保存

D. 从业人员的登记信息、执业情况、培训情况、廉洁从业情况及其证明材料

答案：ABCD

考点：本题考查自律管理。

三、判断题。不选、错选均不得分。

1. “合规、诚信、专业、稳健”是证券行业文化理念的体现，是资本市场长期稳定健康发展的价值取向。（　　）

答案：正确

考点：“合规、诚信、专业、稳健”是证券行业文化理念的体现，是资本市场长期稳定健康发展的价值取向。

2. 证券经营机构应当制定具体、有效的事前风险防范体系、事中管控措施和事后追责机制。（　　）

答案：正确

考点：证券经营机构应当制定具体、有效的事前风险防范体系、事中管控措施和事后追责机制，对所从事的业务种类、环节及相关工作进行科学、系统的廉洁风险评估，识别廉洁从业风险点，强化岗位制衡与内部监督机制并确保运作有效。

3. 证券期货经营机构协助他人向监管人员输送利益，中国证监会应当从重处理。（　　）

答案：正确

考点：证券期货经营机构及其工作人员，直接、间接或者唆使、协助他人向监管人员输送利益，中国证监会应当从重处理。

4. 证券期货经营机构及其工作人员主动发现、上报违反行为并积极有效整改，落实内部追责的，协会可对其从轻或减轻采取自律措施。（　　）

答案：正确

考点：证券期货经营机构及其工作人员主动发现、上报违反本细则行为并积极有效整改，落实内部追责的，协会可对其从轻或减轻采取自律措施。

5.《证券期货市场诚信监督管理办法》规定的违法失信信息，在诚信档案中的效力期限为5年。（　　）

答案：错误

考点：《证券期货市场诚信监督管理办法》规定的违法失信信息，在诚信档案中的效力期限为3年，但因证券期货违法行为被行政处罚、市场禁入、刑事处罚和判决承担较大侵权、违约民事赔偿责任的信息，其效力期限为5年。

6. 证券公司董事长不是证券从业人员。（ ）

答案：错误

考点：证券公司董事长、从事业务管理工作的其他董事和监事、高级管理人员、分支机构负责人均为本书所称从业人员。

7. 证券从业人员最近2年未因犯罪被判处刑罚，依然可以继续从业。（ ）

答案：错误

考点：证券从业人员应该满足，最近3年未因犯罪被判处刑罚。

8. 证券公司应当自相关人员从事证券业务之日起3个工作日内，将经公司审核合格的登记信息提交至中国证券业协会进行登记。（ ）

答案：错误

考点：证券公司应当自相关人员从事证券业务之日起5个工作日内，通过中国证券业协会从业人员管理平台，将经公司审核合格的登记信息提交至中国证券业协会进行登记。

9. 登记人员从事的业务类别发生变化的，证券公司应当自发生变化之日起5个工作日内为其办理变更登记。（ ）

答案：正确

考点：登记人员从事的业务类别发生变化的，证券公司应当自发生变化之日起5个工作日内为其办理变更登记。

10. 登记人员离职的，证券公司应当自劳动关系或者委托代理关系解除之日起10个工作日内为其办理注销登记。（ ）

答案：错误

考点：登记人员离职的，证券公司应当自劳动关系或者委托代理关系解除之日起5个工作日内为其办理注销登记。

11. 登记人员被认定为不适当人选，证券公司应当自上述情形发生之日起5个工作日内为其办理注销登记。（ ）

答案：正确

考点：登记人员受到刑事处罚、被采取证券市场禁入措施、被认定为不适当人选、受到不适合从事相关业务相当的纪律处分等不再符合从业条件的，证券公司应当自上述情形发生之日起5个工作日内为其办理注销登记或者注销注册。

12. 证券从业人员不得自营或者为他人经营与所任公司同类或者存在利益冲突的业务。（ ）

答案：正确

考点：证券从业人员应当保证有足够的时间和精力履行职责，不得自营或者为他人经营与所任公司同类或者存在利益冲突的业务。

13. 从业人员可以使用个人名义从事证券基金业务活动。 （ ）

答案：错误

考点：从业人员应当以所在机构的名义从事证券基金业务活动，不得同时在其他证券基金经营机构执业。

14. 中国证券业协会建立人员名单分类机制，根据证券公司从业人员执业情况、专业能力水平评价情况、处罚处分措施情况、诚信信息、其他执业声誉信息等。 （ ）

答案：正确

考点：中国证券业协会建立人员名单分类机制，根据证券公司从业人员执业情况、专业能力水平评价情况、处罚处分措施情况、诚信信息、其他执业声誉信息等，建立并公布最近3年受过中国证监会或者行业自律组织有关处罚处分措施的人员名单、保荐代表人等专项业务人员综合执业信息分类名单及协会认为有必要的其他名单，强化人员分类管理和声誉约束。

15. 中国证券业协会建立执业案例示范，根据证券公司从业人员执业情况、处罚处分措施情况等，推广执业正面典型、通报执业负面案例。 （ ）

答案：正确

考点：中国证券业协会建立执业案例示范、警示机制，根据证券公司从业人员执业情况、处罚处分措施情况等，推广执业正面典型、通报执业负面案例。

16. 证券公司更换管理员的，应当于3个工作日内更新管理员有关信息。 （ ）

答案：错误

考点：证券公司须向协会报送管理员有关信息，并应当将管理员的姓名、联系方式、电子邮箱、工作部门、职务岗位等信息在公司内部公开。证券公司更换管理员的，应当于5个工作日内更新管理员有关信息。

17. 拟任证券经营机构分支机构负责人的人员，应当具备5年以上与其拟任职务相关的证券、基金、金融、法律、会计、信息技术等工作经历。 （ ）

答案：错误

考点：拟任证券经营机构分支机构负责人的人员，应当具备3年以上与其拟任职务相关的证券、基金、金融、法律、会计、信息技术等工作经历。

18. 证券基金经营机构聘任分支机构负责人，应当自做出聘任决定之日起5个工作日内向中国证监会相关派出机构报送备案材料。 （ ）

答案：正确

考点：证券基金经营机构聘任分支机构负责人前，应当考察确认其是否符合相应的任职条件，并自做出聘任决定之日起5个工作日内参照《证券基金经营机构董事、监事、高级管理人员及从业人员监督管理办法》第十一条的规定向中国证监会相关派出机构报送备案材料。

19. 自证券基金经营机构做出聘任决定之日起20个工作日内，高级管理人员无正当理由未实际到任履行相应职责的，证券基金经营机构应当撤销对受聘人的聘任决定。（ ）

答案：正确

考点：自证券基金经营机构做出聘任决定之日起20个工作日内，高级管理人员和分支机构负责人无正当理由未实际到任履行相应职责的，证券基金经营机构应当撤销对受聘人的聘任决定，并自做出撤销聘任决定之日起5个工作日内向中国证监会相关派出机构报告。

20. 证券基金经营机构应当对其高级管理人员的人员名单在官方网站进行公示，并自发生变化之日起30个工作日内进行更新。（ ）

答案：错误

考点：证券基金经营机构应当对其董事、监事、高级管理人员和分支机构负责人的人员名单在官方网站进行公示，并自发生变化之日起20个工作日内进行更新。

21. 证券基金经营机构的独立董事，可以在拟任职的机构担任监事会成员。（ ）

答案：错误

考点：证券基金经营机构的独立董事，不得在拟任职的机构担任董事会外的职务。

22. 证券公司高级管理人员兼职的，证券基金经营机构应当在知悉有关情况之日起5个工作日内向中国证监会相关派出机构报告。（ ）

答案：正确

考点：董事、监事、高级管理人员、部门负责人、分支机构负责人兼职的，应当及时通知证券基金经营机构，证券基金经营机构应当在知悉有关情况之日起5个工作日内向中国证监会相关派出机构报告。

23. 证券公司董事长不能履行职务的，应当在15个工作日内决定由符合任职条件的人员代为履行职务。（ ）

答案：正确

考点：证券基金经营机构董事长、总经理、合规负责人因故不能履行职务的，证券基金经营机构应当按照《公司法》和公司章程的规定，在15个工作日内决定由符合任职条件的人员代为履行职务，相关人员代为履行职务应当谨慎勤勉尽责，且时间不得超过6个月。

24. 证券公司分支机构负责人强制离岗或因故缺位10个工作日以上的，证券公司应当指定专人代为履行职务。（ ）

答案：错误

考点：证券公司分支机构负责人强制离岗或因故缺位5个工作日以上的，证券公司应当指定专人代为履行职务，并在指定之日起3个工作日内向分支机构所在地证监局报告，代为履行职务的时间不得超过 3 个月。

25. 证券基金经营机构高级管理人员离任的，证券基金经营机构应当对其进行审计，并自其离任之日起 3 个月内将离任审计报告向中国证监会相关派出机构报告。（　）

答案：错误

考点：证券基金经营机构董事长、高级管理人员、分支机构负责人离任的，证券基金经营机构应当对其进行审计，并自其离任之日起 2 个月内将离任审计报告向中国证监会相关派出机构报告。

26. 证券投资咨询人员具有高中以上学历。（　）

答案：错误

考点：证券投资咨询人员应当具有大学本科以上学历。

27. 证券投资咨询人员应当具有从事证券业务两年以上的经历。（　）

答案：正确

考点：证券投资咨询人员具有从事证券业务两年以上的经历，期货投资咨询人员具有从事期货业务两年以上的经历。

28. 保荐代表人不得为失信被执行人，应最近 5 年内具备 36 个月以上保荐相关业务经历、最近 12 个月持续从事保荐相关业务，最近 3 年未受到证券交易所等自律组织的重大纪律处分或者中国证监会的行政处罚、重大行政监管措施。（　）

答案：正确

考点：保荐机构聘用保荐代表人前，应当对其从业经历、诚信信息、违法违规情况等进行审慎调查，保证其符合从业条件。保荐代表人不得为失信被执行人，应最近 5 年内具备 36 个月以上保荐相关业务经历、最近 12 个月持续从事保荐相关业务，最近 3 年未受到证券交易所等自律组织的重大纪律处分或者中国证监会的行政处罚、重大行政监管措施。

29. 保荐机构更换保荐代表人的，应当在 15 个工作日内向中国证监会说明原因。（　）

答案：错误

考点：保荐机构更换保荐代表人的，应当通知发行人，并在 5 个工作日内向中国证监会、证券交易所报告，说明原因。

30. 持续督导工作结束后，保荐机构应当在发行人公告年度报告之日起的 15 个工作日内向中国证监会、证券交易所报送保荐总结报告书。（　）

答案：错误

考点：持续督导工作结束后，保荐机构应当在发行人公告年度报告之日起的 10 个工作日内向中国证监会、证券交易所报送保荐总结报告书。

31. 证券公司对投资银行类项目负有主要管理责任人员的收入递延支付年限原则上

不得少于 3 年。 (　　)

答案：正确

考点：证券公司对投资银行类项目负有主要管理或执行责任人员的收入递延支付年限原则上不得少于 3 年。

32. 在财务顾问机构中负责并购重组项目的签名人员为财务顾问主办人，应当最近 12 个月无违反诚信的不良记录。 (　　)

答案：错误

考点：在财务顾问机构中负责并购重组项目的签名人员为财务顾问主办人，应当最近 24 个月无违反诚信的不良记录。

33. 证券投资经理，应当具有 3 年以上投资相关业务经验。 (　　)

答案：正确

考点：投资经理是指证券基金经营机构从事自营业务、私募资产管理业务中负责投资的专业人员，投资经理，应当具有 3 年以上投资管理、投资研究、投资咨询等相关业务经验。

34. 证券评级机构开展证券评级业务，应当成立评级项目组，项目组组长应当完成证券从业人员登记且从事资信评级业务 3 年以上。 (　　)

答案：正确

考点：证券评级机构的从业人员应当符合中国证监会及相关自律组织证券从业人员管理相关规定。证券评级机构开展证券评级业务，应当成立评级项目组。评级项目组成员应当具备从事相关项目的工作经历或者与评级项目相适应的知识结构，项目组组长应当完成证券从业人员登记且从事资信评级业务 3 年以上。

35. 证券评级机构及其人员在开展证券评级业务中，不得有违反公平竞争的行为。 (　　)

答案：正确

考点：证券评级机构及其人员在开展证券评级业务中，不得有违反公平竞争、进行利益输送、直接或者间接牟取不正当利益以及其他破坏市场秩序的行为。

36. 投资经理离任的，证券基金经营机构应当对其进行离任审查，并自离任之日起 2 个月内形成离任审查报告。 (　　)

答案：正确

考点：根据《证券基金经营机构董事、监事、高级管理人员及从业人员监督管理办法》，投资经理离任的，证券基金经营机构应当对其进行离任审查，并自离任之日起 2 个月内形成离任审查报告，以存档备查。证券基金经营机构不得聘用从其他证券基金经营机构离任未满 6 个月的投资经理，从事投资、研究、交易等相关业务。

37. 私募资产管理业务投资经理离任的，证券期货经营机构应当立即对其进行离任审查，并自离任之日起 60 个工作日内将审查报告报送中国证监会相关派出机构和证券

投资基金业协会。 ( )

答案：错误

考点：根据《证券期货经营机构私募资产管理业务管理办法》，私募资产管理业务投资经理离任的，证券期货经营机构应当立即对其进行离任审查，并自离任之日起30个工作日内将审查报告报送中国证监会相关派出机构和证券投资基金业协会。

38. 参与债券投资交易的人员薪酬与激励合计超过100万元人民币的，超过部分应当按照等分原则递延发放，递延周期不少于3年。 ( )

答案：错误

考点：根据《证券基金经营机构债券投资交易业务内控指引》，参与债券投资交易的人员薪酬与激励合计超过100万元人民币的，超过部分应当按照等分原则递延发放，递延周期不少于2年。

39. 《证券期货市场诚信监督管理办法》规定的违法失信信息，在诚信档案中的效力期限为3年。 ( )

答案：正确

考点：《证券期货市场诚信监督管理办法》规定的违法失信信息，在诚信档案中的效力期限为3年，但因证券期货违法行为被行政处罚、市场禁入、刑事处罚和判决承担较大侵权、违约民事赔偿责任的信息，其效力期限为5年。

40. 诚信信息、其他执业声誉信息通过证券期货市场诚信档案数据库获取，自做出或者认定之日起10个工作日内记入执业声誉信息库。 ( )

答案：错误

考点：按照相关规定的诚信信息、其他执业声誉信息通过证券期货市场诚信档案数据库获取，或者由证券业协会做出或者认定，并自做出或者认定之日起5个工作日内记入执业声誉信息库。

41. 证券经纪人，是指接受证券公司的委托，代理其从事客户招揽和客户服务等活动的自然人，委托人可以是本公司。 ( )

答案：错误

考点：证券经纪人，是指接受证券公司的委托，代理其从事客户招揽和客户服务等活动的证券公司以外的自然人。

42. 证券公司应当在与证券经纪人签订委托合同前，对其资格条件进行严格审查，对不具备规定条件的人员，证券公司也可以签订委托合同。 ( )

答案：错误

考点：证券公司应当在与证券经纪人签订委托合同前，对其资格条件进行严格审查。对不具备规定条件的人员，证券公司不得与其签订委托合同。

43. 证券公司应当对证券经纪人进行不少于200个小时的执业前培训。 ( )

答案：错误

考点：证券公司应当对证券经纪人进行不少于60个小时的执业前培训，其中法律法规和职业道德的培训时间不少于20个小时。证券公司应当对证券经纪人执业前培训的效果进行测试。

44. 证券投资咨询人员只包括证券投资顾问。（　）

答案：错误

考点：证券投资咨询人员主要包括证券投资顾问及证券分析师两类。

45. 同一人员可以同时登记为证券分析师和证券投资顾问。（　）

答案：错误

考点：同一人员不得同时登记为证券分析师和证券投资顾问。

46. 保荐代表人不用掌握税务知识。（　）

答案：错误

考点：保荐代表人还应当熟练掌握保荐业务相关的法律、会计、财务管理、税务、审计等专业知识。

47. 除了参加一般业务水平评价测试外，保荐代表人还应当参加保荐从业资格考试，作为证明其专业能力的参考。（　）

答案：正确

考点：除了参加一般业务水平评价测试外，保荐代表人还应当参加保荐代表人专业能力水平评价测试，作为证明其专业能力的参考。

48. 保荐机构应当建立健全对保荐代表人及其他保荐业务相关人员的持续培训制度。（　）

答案：正确

考点：保荐机构应当建立健全对保荐代表人及其他保荐业务相关人员的持续培训制度。

49. 保荐机构不需要每年要开展覆盖全体保荐代表人、其他从事保荐业务的人员的廉洁文化培训。（　）

答案：错误

考点：保荐机构应当加强廉洁文化建设，每年开展覆盖全体保荐代表人、其他从事保荐业务的人员的廉洁文化培训，确保保荐代表人、其他从事保荐业务的人员熟悉廉洁从业相关规定。

50. 保荐代表人不得利用内幕信息谋取不正当利益。（　）

答案：正确

考点：保荐代表人不得利用内幕信息、未公开信息、客户信息、商业秘密等信息谋取不正当利益。

四、综合题。每问备选答案中有一项或多项符合题目要求，不选、错选均不得分。

（一）根据《证券发行上市保荐业务管理办法》（以下简称《保荐办法》）《证券公司保荐业务规则》，F 保荐机构履行保荐职责，指定品行良好、具备组织实施保荐项目专业能力的保荐代表人徐某具体负责保荐工作。请回答以下问题。

（1）下列关于徐某任职条件的说法中，正确的有（　　）。

A. F 保荐机构聘用保荐代表人前，应当对徐某的从业经历、诚信信息、违法违规情况等进行审慎调查，保证其符合从业条件

B. 徐某不得为失信被执行人，应最近 5 年内具备 24 个月以上保荐相关业务经历，最近 12 个月持续从事保荐相关业务

C. 徐某最近 5 年未受到证券交易所等自律组织的重大纪律处分或者中国证监会的行政处罚、重大行政监管措施

D. F 保荐机构聘用徐某后，应当保证其在执业期间持续符合法律法规、监管规定、自律规则等要求

（2）下列关于徐某任职条件的说法中，正确的有（　　）。

A. 徐某应熟练掌握证券业务专业知识，具备相应的专业能力

B. 参加一般业务水平评价测试之后，徐某可以不参加保荐代表人专业能力水平评价测试

C. 除了熟练掌握证券市场基本法律法规和金融市场基础知识外，徐某还应当熟练掌握保荐业务相关的法律、会计、财务管理、税务、审计等专业知识

D. 徐某专业能力水平评价测试结果未达到基本要求的，F 保荐机构应当出具书面说明并提供验证其专业能力水平的充足材料

（3）下列关于徐某培训规定的说法中，正确的有（　　）。

A. F 保荐机构应当建立健全对徐某的持续培训制度

B. 徐某应当按照相关规定参加业务培训，培训内容应当包括法律法规、宏观政策、职业道德及保荐业务相关理论、专业技能等

C. 徐某自首次执业登记日的下一年起，每两个自然年为一个培训周期

D. 徐某需要在每个培训周期内完成一定时间的业务培训，建议不少于 15 学时

答案：（1）AD；（2）ACD；（3）ABD

解析：（1）保荐代表人不得为失信被执行人，应最近 5 年内具备 36 个月以上保荐相关业务经历、最近 12 个月持续从事保荐相关业务，最近 3 年未受到证券交易所等自律组织的重大纪律处分或者中国证监会的行政处罚、重大行政监管措施，故选项 BC 错误。（2）除了参加一般业务水平评价测试外，保荐代表人还应当参加保荐代表人专业

能力水平评价测试，作为证明其专业能力的参考，故选项 B 错误。（3）从业人员自首次执业登记日的下一年起，每个自然年为一个培训周期，故选项 C 错误。

（二）根据《证券法》的相关规定，Q 证券投资咨询机构聘用了朱某作为证券投资咨询人员。请回答以下问题。

（1）下列关于朱某从业条件的说法中，正确的有（　　）。

A. 朱某需要具备完全民事行为能力

B. 朱某需要具有大学本科以上学历

C. 朱某需要未受过刑事处罚或者与证券业务有关的严重行政处罚

D. 朱某需要具有从事证券业务五年以上的经历

（2）下列关于朱某应具备的专业能力的说法中，正确的有（　　）。

A. 朱某除了熟练掌握证券市场基本法律法规和金融市场基础知识外，还应当熟练掌握证券投资顾问业务相关的法律、财务管理、证券投资等专业知识

B. 朱某还应当熟练掌握发布证券研究报告业务相关的法律、会计、财务管理、证券估值等专业知识

C. 除参加一般业务水平评价测试外，朱某还应参加证券投资顾问专业能力水平评价测试，作为证明其专业能力的参考

D. 朱某还应参加证券分析师专业能力水平评价测试，作为证明其专业能力的参考

（3）下列关于朱某禁止性行为规定要求的说法中，错误的是（　　）。

A. 朱某可以代理委托人从事证券投资

B. 朱某可以与委托人约定分享证券投资收益或者分担证券投资损失

C. 朱某可以与投资人约定分享投资收益或者分担投资损失

D. 朱某不得利用咨询服务与他人合谋操纵市场或者进行内幕交易

答案：（1）ABC；（2）ABCD；（3）ABC

解析：（1）证券投资咨询人员具有从事证券业务两年以上的经历属于证券投资咨询人员必须具备的条件，而不是 5 年以上的经历，故选项 D 错误。（2）除了应当熟练掌握证券业务专业知识，具备相应的专业能力，熟练掌握证券市场基本法律法规和金融市场基础知识外，证券投资顾问还应当熟练掌握证券投资顾问业务相关的法律、财务管理、证券投资等专业知识；证券分析师还应当熟练掌握发布证券研究报告业务相关的法律、会计、财务管理、证券估值等专业知识。除参加一般业务水平评价测试外，证券投资顾问还应参加证券投资顾问专业能力水平评价测试，作为证明其专业能力的参考；证券分析师还应参加证券分析师专业能力水平评价测试，作为证明其专业能力的参考。故选项 ABCD 均正确。（3）证券投资咨询从业人员不得代理委托人从事证券投资，不得与委托人约定分享证券投资收益或者分担证券投资损失，不得与投资人约定分享投资收益或者分担投资损失，故选项 ABC 错误。

（三）根据《证券经纪人管理暂行规定》的相关规定，K 证券公司委托公司以外的

人员陈某作为证券经纪人。请回答以下问题。

（1）下列关于K证券公司与陈某之间的委托关系的说法中，正确的有（　　）。

A. K证券公司可以委托公司以外的人员陈某从事客户招揽和客户服务等活动

B. K证券公司委托陈某，应当按照《证券公司监督管理条例》规定的证券经纪人形式进行，也可以采取其他形式

C. 陈某为证券从业人员，应当符合规定的条件

D. 陈某应当在执业过程中向客户明示其与K证券公司的委托代理关系

（2）下列关于K证券公司与陈某签订委托合同的说法中，正确的有（　　）。

A. K证券公司应当在与陈某签订委托合同前，对其资格条件进行严格审查

B. K证券公司与陈某签订委托合同时，应当遵循平等、自愿、诚实信用的原则，公平地确定双方的权利和义务

C. 委托合同应当载明K证券公司的名称和证券经纪人的姓名

D. 委托合同应当载明陈某的代理权限，可以不载明代理期间

（3）下列关于陈某执业前培训和登记的说法中，正确的有（　　）。

A. K证券公司应当对陈某进行不少于50个小时的执业前培训

B. K证券公司对陈某进行法律法规和职业道德的培训时间不少于25个小时

C. K证券公司对陈某执业前培训的效果进行测试

D. K证券公司应当在与陈某签订委托合同、对其进行执业前培训并经测试合格后，为其向中国证券业协会进行登记

答案：（1）ACD；（2）ABC；（3）CD

解析：（1）证券公司可以通过公司员工或者委托公司以外的人员从事客户招揽和客户服务等活动。委托公司以外的人员的，应当按照《证券公司监督管理条例》规定的证券经纪人形式进行，不得采取其他形式，故选项B错误。（2）委托合同应当载明证券经纪人的代理期间，故选项D错误。（3）证券公司应当对证券经纪人进行不少于60个小时的执业前培训，其中法律法规和职业道德的培训时间不少于20个小时，故选项AB错误。

（四）张某是M证券经营机构的一名工作人员，平时既负责开展证券期货业务及相关活动，也负责开展投资银行类业务。请回答以下问题。

（1）张某的下列行为中，属于输送不正当利益行为的有（　　）。

A. 张某向公职人员提供了礼金和礼品

B. 张某向客户提供了旅游和娱乐健身服务

C. 张某给客户安排了显著偏离公允价格的结构化、高收益、保本理财产品

D. 张某向其在银行工作的妻子提供了客户信息

（2）张某的下列行为中，属于谋取不正当利益的有（　　）。

A. 张某直接收受、索取他人的财物或者利益

B. 张某间接利用他人提供的内幕信息谋取利益

C. 张某以诱导客户从事不必要交易、使用客户受托资产进行不必要交易等方式谋取利益

D. 张某违规利用职权为其父母从事营利性经营活动提供便利条件

答案：(1) ABCD；(2) ABCD

解析：(1) 向公职人员、客户、正在洽谈的潜在客户或者其他利益关系人提供礼金、礼品、房产、汽车、有价证券、股权、佣金返还等财物，或者为上述行为提供代持等便利；提供旅游、宴请、娱乐健身、工作安排等利益；安排显著偏离公允价格的结构化、高收益、保本理财产品等交易；直接或者间接向他人提供内幕信息、未公开信息、商业秘密和客户信息，明示或者暗示他人从事相关交易活动；其他输送不正当利益的情形属于输送不正当利益行为。故选项 ABCD 均正确。(2) 证券期货经营机构工作人员不得以下列方式谋取不正当利益：直接或者间接以《规定》第九条规定的方式收受、索取他人的财物或者利益；直接或者间接利用他人提供或主动获取的内幕信息、未公开信息、商业秘密和客户信息谋取利益；以诱导客户从事不必要交易、使用客户受托资产进行不必要交易等方式谋取利益；违规从事营利性经营活动，违规兼任可能影响其独立性的职务或者从事与所在机构或者投资者合法利益相冲突的活动；违规利用职权为近亲属或者其他利益关系人从事营利性经营活动提供便利条件。故选项 ABCD 均正确。